중국 농민 르포

중국학총서 ❸

중국 농민 르포

천구이디 · 우춘타오 지음 | 박영철 옮김

도서출판 길

중국학총서❸

중국 농민 르포

2014년 10월 15일 제1판 제1쇄 인쇄
2014년 10월 20일 제1판 제1쇄 발행

지은이 | 천구이디 · 우춘타오
옮긴이 | 박영철
펴낸이 | 박우정

기획 | 이승우
편집 | 이효숙
전산 | 최원석

펴낸곳 | 도서출판 길
주소 | 135-891 서울 강남구 신사동 564-12 우리빌딩 201호
전화 | 02)595-3153   팩스 | 02)595-3165
등록 | 1997년 6월 17일 제113호

ISBN 978-89-6445-096-3 03300

『중국 농민 르포』(원제 : 中國農民調査)를 출간한 때가 2004년 초였
으니 어느덧 10년의 세월이 흘렀다. 본래 이 책에서 제기한 문제가 이
미 지나간 일이 되어 사람들에게서 잊혔으리라고 생각했는데 천만 뜻
밖에도 전 국무원 총리 주룽지(朱鎔基)가 이 문제를 다시 제기해주었
다. 주 총리는 이 책을 늘 잊지 않고 계속 마음에 두고 있다가 2011년
4월 칭화(淸華) 대학 개교 100주년 기념일에 특별히 이 책을 가지고
와서 학생들에게 잘 읽어보라고 했던 것이다. 그러면서 주 총리는 학
생들에게 비판의식을 갖고 이 책을 읽으라는 말과 함께 "이 책이 국
외의 수많은 이견분자들로부터 지지를 받고 있기 때문이다"라는 말을
덧붙였다고 한다. 우리는 이 이야기를 듣고 참 이상하다는 생각이 들
었다. 사실을 말하자면 이 책이 막 출간되었을 무렵 수백 개의 신문과
잡지에 전국 각지의 독자들이 투고한 수천 통에 달하는 편지와 수만
명의 네티즌이 쓴 댓글의 내용이 모두 이 책에 대해 매우 긍정적이었
기 때문이다. 그들의 글이 금지당한 후에는 또 1,000만 권이 넘는 해

적판이 전국에 퍼졌을 정도로 중국에서 가장 환영받는 책의 하나가 되었다.

중국의 저명한 학자 당궈잉(黨國英)은 이렇게 말했다. "어쩌면 100년 후 우리의 후손들은 우리가 살아온 이 시대를 잘 이해하지 못할지도 모른다. 그러나 우리의 시대는 분명히 존재한다. 이 시대는 진실을 말하려면 용기가 필요하고 위험을 무릅써야 한다. 사람들은 모두 진실을 듣기를 원한다. 허울 좋은 이야기는 너무나 많지만 진실된 이야기는 어디에서도 듣기 어렵기 때문이다. 바로 이 때문에 우리는 벅찬 가슴으로『중국 농민 르포』를 읽는 것이다."

중국 속담에 "재상의 뱃속에서는 배도 저을 수 있다"는 말이 있다. '재상'이라는 귀한 신분의 주룽지 총리가 다른 의견을 받아들이지 않고, 진실을 듣지 않고, 사실을 직시하지 않으려는 것은 참으로 뜻밖이다.『중국 농민 르포』가 금서(禁書)가 된 지 이미 오래되었지만 그가 여전히 이 책을 놓아주지는 않고 '대국 총리'로서 마땅히 가져야 할 기량과 풍모를 잃고 악담을 퍼붓고 있으니 참으로 경악할 일이다.

10년 전의 사실이 이미 웅변으로 증명하고 있다. 우리의 이 책은 하나의 병리(病理) 보고서이며, 9억 명 중국 농민의 생존 상황을 사실대로 기록한 것이다. 평론가 허시라이(何西來)는 이렇게 말했다. "이것은 '좋은 것만 보고하는' 책이 아니다. 태평성세를 꾸며대는 책도 아니고 사실을 미화하는 책도 아니다. 이것은 엄준(嚴峻)한 진실을 독자와 대중에게 알리는 책이며, 중국의 농업, 농촌, 농민문제의 복잡함과 절박함과 위험성을 있는 대로 다 털어놓은 책이다."

우리는 이 책을 쓸 때 세상을 등지고 틀어박혀 미친 듯이 우직하게 써내려갔다. 심지어 우리가 언론과 출판의 자유가 없는 나라에서 살고 있다는 사실조차 잊어버렸다. '성역'을 만날 때는 다른 사람이라면 에둘러 갔을지도 모르겠지만 우리는 겁 없이 그대로 써내려갔다.

그리고 역시 이 책은 중국 전역의 서점에 나온 지 1개월 만에 금서가 되었다. 이어서 책 속에서 비판받은 관리가 자신의 명예를 훼손했다는 이유로 우리를 그의 관할구역 내의 법원에 고소했고, 법원은 아주 신속하게 국가의 재판기관 명의로『중국 농민 르포』와 그 저자에 대한 정치적 재판을 진행했다. 우리는 두려워하지 않고 법정에 섰다. 왜냐하면 우리가 쓴 내용은 엄연한 사실이며 수많은 독자와 미디어의 지지를 받고 있었기 때문이다. 그런데 엉뚱하게도 중국(물론 중국 대륙을 가리킨다)의 모든 대중매체들이 우리의 소송에 개입하지 말라는 통고를 받았다.

이러한 상황에 우리는 경악했다. 법원이란 '법치국가'를 선전해야 하는 기관이 아닌가? 신문과 방송의 접촉을 금지한다는 것은 이번 안건의 심리 진행에 대해 '사회의 공기(公器)'가 정상적인 여론을 감독하는 일을 불허하겠다는 뜻이다. 다시 말해 우리에게 관심을 가진 모든 독자가 법에 따라 누릴 수 있는 사실을 알 권리를 박탈당한 것이다. 우리가 목격한 것은 중국 대륙의 대중매체가 보여준 집단적 실어증이었다.

한 가지 위로가 되었던 일은 이러한 준엄한 형세에서도 의연히 권력을 두려워하지 않는 정의로운 변호사가 선뜻 나서서 우리를 위해 무료로 변론을 해주었고, 재판을 참관했던 미국의『뉴욕타임스』와『워싱턴포스트』그리고 홍콩의『사우스 차이나 모닝 포스트』기자들이 금지를 뚫고 사건을 만천하에 밝혀준 일이다. 결국 이 재판은 중국 최고 지도층을 놀라게 했는데, 불가사의하게도 한 장의 지시문이 내려오자 최고인민법원은 분명히 우리가 재판을 이긴 상황인데도 마침내 우리와 우리 변호사를 등지고『중국 농민 르포』를 출판한 인민문학출판사(人民文學出版社)에 대해서 막무가내로 적지 않은 '배상금'을 원고에게 지불하라고 요구한 것이다. 인민문학출판사는 당연히 이를 거부했다. 원고가 고소한 것은 '명예훼손 안건'이었기 때문에 출판사는 지방법원의 판결을 받아들일 수 없었다. 설령 지방법원에서 출판사가 명예를 훼손한 사실을 인정하고 경제적 배상의 판결을 내렸다 하더라도, 판결에 불복한다면 제2심인 성급(省級) 법원에 상소할 권리가 있는 것이다. 그런데 중국 최고인민법원은 어째서 이렇게 난폭하게 출판사가 향유할 권리를 박탈하는 것인가? 세계는 이미 21세기에 들어섰는데도 중국의 수도에서는 어떻게 이토록 황당한 일이 벌어지고 있단 말인가!

그 후 우리는 울분에 차서 3년에 걸쳐 이 황당하고 슬프고 고달팠던 재판에 대한 이야기를 자세하게 써서『판결을 기다리며』라는 이름으로 책을 냈다. 이 책은 중국 대륙에서는 발표할 수가 없었지만 2009년에 타이완과 일본에서 출판이 되었고 또 프랑크푸르트 국제도서전에도 출품되었다. 그리고 우리도 독일 정부의 초청을 받아 회의에 참가했다.

그런데 참으로 우스운 일은『중국 농민 르포』는 금서가 되었지만, 이 책에서 제기한 허다한 문제들이 오히려 중국 정부에 의해 차례차례 해결되고 있다는 사실이다. 예를 들면 농업세와 농업특산세가 드디어 폐지되었다. 주룽지 총리가 반포한 양곡수매정책은 새로운 정부에 의해 아주 신속하게 근본적으로 개혁되었으니, '중국의 제3차 농촌개혁'이라고 불린 농촌세비개혁에 의해 종지부를 찍게 된 것이다. 요컨대 사실이 이미 증명하듯이 사회 진보를 기록하고 추진하기로 뜻을 세운 르포 작가로서 우리는 양심에 비추어 한 점 부끄러운 바가 없다. 나아가 우리의『중국 농민 르포』는 중국 정부의 정책 조정에 대해서도 역사적인 공헌을 했다고 말할 수 있다.

우리는 후진타오(胡錦濤) 정부의 10년에도 희망을 걸었지만 결과는 매우 실망스러운 것이었다. 그 10년은 중국의 개혁이 정체된 10년이었고, 법치가 크게 후퇴한 10년이었다. 우리가 『중국 농민 르포』에서 기록했던, 농민에게 부과된 쇠털같이 많은 가혹한 세금들은 비록 억제되었다고는 하지만 농민의 부담은 결코 경감되지 않고 농민의 토지는 각지의 당과 정부관리의 '맛난 고기'가 되어 마구 약탈당해 백성이 안심하고 살 수가 없는 상황인 것이다. 그 과정에서 벌어진 일들은 이 책에서 폭로한 것보다 더 끔찍한 경우도 많다. 중국이 개혁개방한 지 벌써 30여 년이 지났지만 가장 상처받은 이들은 농민들이다.

중국은 10억 명이 넘는 인구대국이지만 사람들이 자신의 목소리를 낼 수가 없다. 그래서 '대약진 시기'에는 3,600만 명이 굶어 죽는 공전의 재난을 당했고, 또 10년간의 '문화대동란'(文化大動亂)을 겪고는 국민경제가 붕괴되는 위기의 국면에 처하기도 했다. 그러나 중국 인민은 세계 어떤 국가의 인민보다도 더 막중한 대가를 치르고서도 아직 언론의 자유를 얻지 못하고 있다.

이제 『중국 농민 르포』의 한국어판이 출간되는 소식에 우리는 한없이 기뻐하며 동시에 이 책이 중국 본토에서 하루빨리 해금(解禁)될 날이 오기를 묵묵히 기도한다.

2014년 4월 베이징에서
저자 씀

소리 없는 자들을 위하여

이 책은 르포 작가로 세계적인 명성을 얻고 있는 중국의 천구이디(陳桂棣), 우춘타오(吳春桃) 부부가 쓴 『중국 농민 르포(원제: 中國農民調査)』(인민문학출판사, 2004)를 번역한 것이다. 그 내용이 농업과 농민에 대한 중국공산당의 정책을 적나라하게 비판한 때문인지 중국에서는 출간된 지 1개월 만에 판매금지를 당하고 말았는데 오히려 해적판이 1,000만 부 이상 유통되었다고 한다. 중국 농촌과 농민의 비참한 실상을 감동적으로 전하는 유례없는 책이라 할 이 작품은 해외에서도 높이 평가되어 2004년 독일 문화계에서 "중국 농민에 대한 불평등을 고발한 기념비적인 작품"이라는 찬사와 함께 레트레 율리시스상(Lettre Ulysses Award) 대상을 받았다. 이미 일본어(2005, 문예춘추사), 영어(Harper Collins Publishers, 2006), 독일어(Zweitausendeins, 2006), 프랑스어(François Bourin Editeur, 2007), 이탈리아어(Marsilio, 2007) 등 각국어로 번역·출판된, 세계가 주목하는 저작이라고 할 만하다. 국내 번역은 좀 늦어진 감이 있지만 저자와 이 책에 대해서는 국내 언론도 일찍이 주목해 중국 현지에서 여러 차례 저자를 인터뷰한 바 있다.*

장제스(蔣介石)의 국민당 군대를 물리치고 1949년 중국 대륙에 수립된 공산주의 중국은 소련 공산주의와 달리 농촌과 농민을 기반으로 한 중국 특색의 공산주의로서 세계의 좌파들로부터 상당한 지지를 받기도 했다. 그러나 중국은 늘 죽(竹)의 장막에 가려져 있어 그 진실이 상당 부분 드러나지 않았다. 가령 문화대동란(문화대혁명)만 하더라도 아직도 그 실체가 베일에 가려져 있고 사실을 밝히는 일이 금기 상태에 있는 것처럼 보이듯이, 중국이 자랑하던 농민공산주의의 진실도 어둠 속에 가려져 있었다고 해야 옳을 것이다. 이런 점에서 이 책은 아마 공산중국이 성립한 이후 농촌사회의 진실을 처음으로 상세하게 밝혀 준 획기적인 저작이라고 할 만하다.

저자들은 이 책을 쓰기 위해 3년에 걸쳐 농업 중심지인 안후이성(安徽省) 전역의 농촌 곳곳을 돌아다니며 조사하고, 또 전국의 농업문제 전문가와 행정관리를 두루 취재했는데 그 시간은 힘들고 쓰라린 고통의 연속이었다고 한다. 르포 작가로서 저자들은 이 가난한 농촌에서 자신들이 목격한, 일반인들은 상상도 하지 못할 죄악과 고난, 불가항력과 항쟁, 침묵과 감동 그리고 비장함을 전하겠다고 말한다.

책의 내용이 무거웠던 만큼 번역도 쉬운 작업이 아니었다. 몇 번의 경험으로 번역이 고단하고 어려운 일이라는 것을 알고 있었지만 이번 번역은 전과는 다른 어려움을 주었다. 한 언어를 다른 언어로 치환하는 번역 작업 자체의 어려움도 어려움이지만, 무엇보다 번역할 대상의 내용이 슬프고 고통스러워 힘들었다. 예를 들면 농민 딩쭤밍(丁作明)의 죽음은 이 책의 앞부분에서 언급되는 한 사건이지만 그가 파출

---

* 『한겨레신문』, 2005년 2월 20일자; 『조선일보』, 2011년 1월 12일자 등 참조.

소에서 불법고문 끝에 개처럼 맞아 죽은 비극은 우리의 근대사에서도 반복되었던 일이거니와, 1970년대 후반에 어두운 대학시절을 보낸 나 역시 독재정권의 기관에 끌려가 비슷한 경험의 문턱에까지 가본 적이 있어서 남의 일 같지 않게 느껴졌다.

이 책은 주로 중국 농민의 실태를 조사하고 그들이 왜 그렇게 가 난한지 그 원인과 해결책을 추구한 것이다. 그 원인으로 우선 마오쩌 둥(毛澤東)의 농민을 기반으로 하는 중국공산주의 노선에도 불구하고 농업을 희생으로 하는 산업화 정책으로 인해 농민이 부당하게 희생되 어온 점, 그리고 지방의 공산당 간부들에 의해 농민에게 불법적으로 세금과 비용이 부과되어온 점을 주로 들고 있다. 말하자면 농민들은 국가의 희생적인 산업화 정책과 지방의 불법적 수탈이라는 양 방면의 착취를 당해왔다는 것이다. 이른바 농민적 공산주의라는 노선 아래 중 화인민공화국이 건설되고 반세기나 지난 공산주의 중국에서 당간부들 에 의한 농민의 착취와 불법감금 등이 자행되는 사태는 놀랍고도 서글 픈 일이 아닐 수 없다.

사실 이 책의 원서명인『중국농민조사』는 젊은 마오쩌둥이 1920년 대에 중국 농촌을 조사한 데서 따왔다고 한다.* 마오쩌둥이 1927년에 호남농민운동을 조사한 후 작성한「호남농민운동고찰보고」(湖南農民運 動考察報告)는 그가 당 내부의 권력투쟁에서 농민대중운동에 기반을 둔 공산주의로 노선을 잡고 우위를 점하는 데 방향을 제시했던 문헌으로 유명하다. 그런데 이「호남농민운동고찰보고」의 내용을 살펴보면 이 책이 전하는 농민 현실과 관련한 아이러니한 역사의 진실이 엿보인다.

---

*『中國農民調査』(文藝春秋: 2005) 일본어판「역자 후기」참조.

"전국이 아직 통일되지 않고 제국주의 군벌세력이 타도되지 않아서 농민이 정부에 부담하는 무거운 세금, 즉 혁명군의 군비는 해소할 방법이 없다. 그러나 토호열신(土豪劣紳)이 지방정치를 장악했을 때 농민에게 부과했던 가혹한 세금 등은 농민운동의 흥기에 의해 토호열신이 타도됨으로써 폐지되거나 적어도 경감되었다. 이것도 농민협회의 공적의 하나로 꼽아야 할 것이다."*

이렇게 중국공산당이 농민을 치켜세우고 마오쩌둥이 이끄는 공산주의 정권이 수립된 지 반세기가 지났지만 중국 농촌은 각종 무거운 세금으로 고통받고 있으며, 이에 항의하던 농민이 같은 공산당 '동지'에게 무자비하게 고문을 당해 살해되는 것이 현실이라고 『중국 농민르포』는 고발한다. 과거의 '토호열신'은 사라졌을지 몰라도 공산주의 중국에서 새로운 형태의 착취가 나타난 것이다.

이러한 현실에 대해 저자들은 곤혹스럽다고 고백하며 이렇게 반문한다. "이런 악당이 어떻게 촌의 당위원회 지도자 자리에 앉을 수 있었던 것일까? 뿐만 아니라 그는 당위원회 부주임에 불과한데 당위원회 주임이나 당지부 서기는 또 무엇을 하고 있는 것일까? 그와 함께 나쁜 물이 든 것인가 아니면 보고도 못 본 체하는 것인가? 이런 의문은 우리의 취재 중 가장 곤혹스러웠던 점이었다."(제2장 「악인이 마을을 다스리다」)

그런데 더욱 놀라운 사실은 봉건시대의 악질 토호에 비해 현대의 토호, 즉 당간부들이 더 많은 해악을 끼치고 있다는 점이다. 즉 봉건시

---

* 「湖南農民運動考察報告」, 『毛澤東選集』(第一卷), 第十一件 廢苛捐, 人民出版社, 1991, p. 39.

대의 촌에도 이러한 악질 토호가 있었고 인민의 분노도 컸지만, 지금의 악질 토호는 촌락의 공권력을 합법적으로 획득하고 있기 때문에 봉건시대의 악질 토호에 비해 사회적으로 더 많은 해를 끼치고 있다는 것이다. 이러한 상황은 중국의 지도자 중 누구보다 부지런히 농촌을 시찰했다고 하는 원자바오(溫家寶) 전 총리의 말에서도 확인해볼 수 있을 것이다.

> "천년 전에 당태종은 '물은 배를 띄울 수도 있지만 배를 가라앉힐 수도 있다'고 말했지요. 이 물은 말하자면 바로 중국의 농민이오! 당태종 이세민은 농민이 중요한 걸 잘 알고 있었어요. 역대 왕조 중에서 농민이 중요한 걸 모르는 왕조는 없었지요. 그러나 일단 정권을 장악하면 농민을 대표하기는커녕 언제나 거꾸로 농민을 착취하거나 심하면 진압했지요. 역사를 거울삼아 볼 때, 내 생각으로는 중국공산당도 마찬가지로 이 준엄한 과제에 직면하고 있습니다."
>
> (제5장 「어둡고 오래된 이야기」)

이러한 역사의 악순환에 대해 촌민들도 새로운 무기를 들고 대처하게 되는데 놀랍게도 그것은 바로 법이라는 것이었다. 농민들의 법에 대한 각성, 법치의 존중은 세비개혁과 함께 『중국 농민 르포』의 핵심적인 키워드라고 할 수 있다. 농민들이 법을 무기로 자신의 합법적 권익을 확보하는 길을 깨달은 것은, 저자들이 말하는 바와 같이 중국 농민의 엄청난 진보이자 전에 없던 새로운 일이다. 그러나 농민들이 새로운 법의식을 갖고 문제를 해결하려는 것은 아직은 그다지 큰 효과가 나지 않은 것처럼 보인다. 그것은 마치 새 술을 헌 부대에 따르려는 것과 같기 때문일까? 예를 들어 샤오장장(小張莊)의 경우 "법률적 절차가 진행된 후에도 법을 집행하는 기관이 이 사건을 전혀 법에 의거해 처리하지 않는다는 점이었다. 이것은 지방에 설치된 국가의 법원이 지방의 특수 이익을 대표하는 지방의 법원으로 전락했다는 것을 의미했고, 이런 사실은 샤오장장의 촌민에게 참으로 공포와 절망을 느끼게 했다"(제2장 「악인이 마을을 다스리다」)는 말은 나에게도 공포스러운 느낌을 주었다.

이렇게 지방정부에 절망한 농민들에게 남은 수단은 이제 상방(上訪)밖에는 없었다. 상방은 흔히 서민들이 통상의 절차를 뛰어넘어 상급기관이나 중앙정부를 찾아가서 문제해결을 탄원하는 것을 가리키는데, 우리 식으로 말하자면 신문고를 울리는 것이다. 그러나 우리에게도 고금에 신문고라든가 이와 유사한 국민고충처리위원회 등이 있지만 과문한 탓인지 몰라도 실제로 이런 기능이 얼마나 제대로 작동하는지는 회의적이다. 이 책에서도 상방의 효과는 매우 회의적이다. 다시 말해 농민들은 견디다 못해 상방을 택했지만 상방의 길도 순탄하지만은 않았던 것이다. 인내와 노력, 희생과 여론의 관심이 동원된 우여곡절 끝에 세비개혁이라는 열매가 우선 맺어져 개혁의 서막이 열리게 된 것이다.

요컨대 이 책은 농업문제를 고발하고 농민의 항쟁을 전달하면서 문제해결책을 제시하고 있다. 농민의 끈질긴 항쟁의 이야기를 솔직하고 용감하게 전달하는 르포와 농민부담을 줄이기 위한 조치로서 세비개혁에 관한 이야기가 주된 내용을 이룬다. 그런데 세비개혁은 말처럼 간단한 일이 아니다. 그것이 성공하기 위해서는 단순한 징세개혁에 머무를 것이 아니라 토지개혁이면서 지방정부를 개혁하는 것이어야 하는, 요컨대 하나의 복잡하고 심각한 사회변혁이어야 할 것이라고 개혁의 입안자 허카이인(何開蔭)은 말한다. 그래서 세비개혁을 제대로 추진하기 위해서는 계획경제를 시장경제로 개혁할 필요가 있으며, 시장경제로 개혁하기 위해서는 민주와 법제가 필요하다는 것을 결론으로 제시하는데 참으로 엄청난 내용이라고 하지 않을 수 없다.

그런데 이러한 엄청난 내용을 제시하는 데는 그만한 역사적 배경이 있다고 생각된다. 그것은 바로 '세액은 누적되기는 하나 줄어들지는 않는 해악'이라고 갈파한 '황종희(黃宗羲)의 법칙'을 되풀이하지 않기 위한 것이다. 명나라 말기의 대학자 황종희가 갈파한 이 법칙은 전근대적 관료제로 지배되는 중국과 같은 전근대적 농업사회에서 농민들의 착취가 필연적으로 일어날 수밖에 없었던 역사를 말해준다. 그것은 근본적으로 전근대적 농업사회에 기반한 재정의 불충분과 전근대의 사대부적 통치주의 등이 맞물려 일어난 현상으로서 광범위한 사회변혁이 없이는 치유되기 어려운 구조적 문제라고 요약할 수 있다. 허카이인이 제시한 과감한 세비개혁은 중국의 징세행정이 당나라 양세법(兩稅法) 이래 현대에 이르기까지 계속 시행착오를 반복해왔다고 판단하고 이를 근본적으로 개혁하려고 한 것이다. 허카이인의 세비개혁안이 획기적인 것은 그것이 시장경제의 제시와 함께 민주와 법제를 동시에 제시한 데 있다. 이것은 중국 역사상 처음 보는 것이요, '황종희의 법칙'도 이로써 타파될 가능성이 보이는 것이다.

세비개혁의 문제는 중국 관료제의 개혁이라고 바꿔 말할 수도 있다. 중국 관료제는 세계에서 가장 오래된 역사를 자랑하기도 하지만, 그 내용 또한 불변의 관료제로서 어떠한 정권이 상층부에 자리를 잡아도 그 하층에는 이러한 중국 관료를 떠받들며 살아온 농민대중의 불변의 희생구조가 있었다는 것이다. 이 책이 발간 이후 한 달 만에 중국당국에 의해 금서 처분을 받은 이유도 역사학을 전공하는 나에게는 그런 수천 년 중국사의 기밀을 건드렸기 때문이 아닌가 여겨지기도 한다.

간혹 중국이 미국을 넘어서서 세계의 패자(覇者)가 될 것인가라는 질문을 받을 때면 나는 현재의 중국으로서는 불가능하다고 대답한다. 이유는 간단하다. 세계가 중국이 패자가 되는 것을 바라지 않기 때문이다. 쉽게 말하면 중국이 패자가 되는 문명세계에서 살고 싶어 하지 않을 것이기 때문이다. 넓은 영토와 값싼 노동력이 넘쳐나는 시장만으로는 대국(大國)은 되겠지만 강국(強國)이 되기는 어렵다. 중국은 변화하지 않으면 안 된다. 중국의 농민대중들이 적어도 이 책에 나타난 바와 같은 문제로 상방하는 일이 있어서는, 중국이 G2라 불리는 것도 곤란하지 않을까? 현재의 수준으로서는 중국은 그저 대국일 수는 있어도 강국이라 할 수는 없을 것이다.

하버드 대학 역사학부의 니얼 퍼거슨(Niall Ferguson) 교수는 그의 저서 『시빌라이제이션』(Civilization)에서 중국이 경제대국으로서 초강대국이라는 점은 인정하지만, 경제 외의 면에서는 회의적인 입장을 피력한 바 있다. 퍼거슨의 책 제목인 '문명화'(Civilization)에서 가장 중시하는 강대국의 요소는 법치와 민주로 읽혀진다. 말하자면 언론의 자유와 이를 뒷받침하는 사법제도 측면에서 중국이 세계적인 강대국으로서의 자격이 있는가를 이 책은 묻고 있는 것이다.* 이와 마찬가지로 최근의 젊은 사회과학자들도 중국의 경제성장이 눈부시게 빠르다고는 하나 중국 역시 과거의 소련처럼 공산당 통치 아래 이루어진 착취적인 제도 속의 성장이라는 본질을 벗어나지 않는 사례에 포함시키고, 만약 포용적인 정치제도를 향한 근본적인 정치변혁이 일어나지

---

* 니얼 퍼거슨, 구세희 · 김정희 옮김, 『시빌라이제이션』, 21세기북스, 2011, 491~
  505쪽.

않는 한 지속가능한 성장은 불가능하다고 경고한다.*

이 책에서 말하는 대로 2002년에 전국적으로 농촌세비개혁이 추진되었고, 그 후 2005년에는 농업세가 폐지되어 농민부담이 많이 줄어든 결과는 어쨌든 농민부담의 경감을 가져온 것으로 상당한 수확이라고 할 수 있다. 그러나 저자의 한국어판 서문에 보이는 바, 세비개혁 이후에도 농촌의 상황은 여전히 비관적이라는 평가와 농민부담은 경감되었지만 농촌과 도시의 차이는 오히려 확대되고 있다는 통계는 중국 농촌의 전망을 어둡게 하는 요소이다.** 민주와 법치가 결여된 세비개혁은 위험하다고 할 것이다.

또한 세비개혁이 추진되고 있다고 하지만 '황종희의 법칙', 즉 폐지되고 개선되었던 세금들이 다시금 되살아나는 악순환의 법칙이 과연 사라졌는지는 주시할 부분이다. 세비개혁 후에 며칠 안 되어 현과 향촌의 간부들이 다시 손을 벌려 각종 명목의 징수가 되살아났다는 하소연을 들었다고 저자가 말하듯이, 구시대의 폐단이 완전히 사라진 것은 아니었다. 그럼에도 불구하고 이제는 '황종희의 법칙'을 벗어날 수 있는 역사적 전환기를 맞이하고 있다고 할 수 있는 것은 중국도 산업화의 시대를 맞이해 사회가 구조적으로 변화하고 있기 때문이다. 세비개혁과 농업세의 폐지로 지방정부의 재정 권한이 대폭 줄어든 것도 전과는 다른 모습이다. 재정이 줄어든 지방정부는 재정 조달을 위해 다양한 수단을 강구하고 있다고 한다. 세비개혁 후 현장 조사에 의하면 재정권이 대폭 축소된 지방정부가 차관이나 재산매각 등의 편법

---

* 대런 애쓰모글루 · 제임스 로빈슨, 최완규 옮김, 『국가는 왜 실패하는가』, 시공사, 2012, 221~22쪽.
** 중국의 농업문제와 간단한 통계적 전망에 대해서는 성균중국연구소 엮음, 『차이나 핸드북』, 김영사, 2014, 「삼농문제」 참조.

을 동원해서 재정을 보충하는 모습을 전하고 있는데,* 이 과정에서 농민과의 갈등이 불거질 수도 있다. 가령 세계 언론을 떠들썩하게 했던 2011년 9월 광둥성 우칸촌(烏坎村)의 농민시위가 일례이다. 농민시위는 지방의 촌민위원회 간부가 마을 공동의 토지를, 경작권이 있는 농민의 동의를 얻지 않고 부동산개발업자에게 매각한 데서 비롯되었는데 그 배경에는 지방정부와 업자의 결탁이 있었다. 수많은 농민시위 중에서도 이 사건이 유명해진 것은 연행된 시위자가 사망하기도 했던 데다가 4개월간 당국과 대치한 끝에 타협적 성과를 얻어, 촌민들 스스로 직접선거를 통해 최초의 민주적인 촌민위원회를 구성했기 때문이다. 또한 이 일은 중국 역사상 최초의 민주주의 선거라는 역사적 사건이라는 점에서 중국 풀뿌리 민주주의의 모델로『뉴욕타임스』등을 통해 전 세계에 보도되었기 때문이기도 하다. 이 과정에서 농민 측이 트위터 등 인터넷을 활용해 외부세계와 기민하게 연락한 점도 주목할 만하다.

최근의 소식에 의하면 아직도 우칸촌의 토지문제는 해결되지 않았고, 당시 시위 지도자 중의 한 사람이었던 좡례훙(莊烈宏)이 당국의 탄압으로 미국 뉴욕으로 이주해서 망명을 신청했다는 보도도 있었다. "나도 우칸촌에 남아 있었다면 당국에 보복을 당했을 것"이라고 말한 것으로 보아 같이 시위를 주도했던 동지들이 뇌물수수 혐의로 체포되자 망명을 신청한 것 같은데, 올해 1월 부인과 함께 미국으로 여행을 간 뒤 귀국하지 않았다고 한다. 그가 미국에서 전하는 말이 인상적이다. "내가 미국에 머무르려는 것은 두려움이 없는 자유를 누릴 수 있기 때문이며, 2011년 시위 당시 구금당했을 때 인생에서 가장 큰 행운

---

* 周飛舟,「從汲取型政權到懸浮型政權 : 稅費改革對國家與農民關系之影響」,『社會學研究』, 2006-3.

은 자유라는 것을 깨달았다"는 것이다.* 광둥성의 농민 쾅례홍이 뉴욕에 이주해서 망명을 신청했다는 것도 놀랍지만 그에게서 자유라는 말이 흘러나오는 것은 참으로 격세지감을 느끼게 한다. 자유! 참으로 소박하면서도 소중한, 인간 존재의 근원을 가리키는 말이 아닌가! 쾅례홍이 망명을 신청한 것은 자유의 소중함을 깨달았고, 자신이 중국에서는 그 자유를 누릴 수 없다고 판단했기 때문일 것이다. 그 자유(free)란 무엇보다도 법제적인 의미에서의 자유를 뜻할 것이다.『혼비 옥스퍼드 사전』에 따르면, 자유란 첫째로 개인에 대해서 쓰이는 설명으로 "남에게 통제받지 않고 자유로운; 개인적 권리 및 사회적 · 정치적 자유(liberty)를 갖는"이라고 되어 있고, 둘째로 국가에 대해 같은 방식으로 "다른 국가에 의해 통제받지 않는; 개인의 권리가 존중되는 대의정부가 있는"이라고 설명되어 있다.** 두 가지 설명 모두 개인의 존재, 즉 개인의 자유를 존중하는 것이 기본이다. 우칸촌의 민주주의 실험은 이제 실패했다는 평가조차 나오기도 하지만, 중국에서 매년 수만 건 발생하고 있다는 농민들의 시위는 이제 과거의 숱한 '농민 반란'들과는 차원이 다른 것으로 보아야 할 것이다. 이 책에서도 말하고 있지만, 농민들이 법률을 무기로 자신의 합법적 권익을 확보하는 길을 깨닫고 새로운 방법으로 싸우려 하고 있기 때문이다. 이것은 중국 농민의 엄청난 진보이며 전에 없던 새로운 일로 주목하지 않으면 안 된다.

그러나 중국의 농민들이 이처럼 깨어가고 있는 반면에 당국자들은 오히려 구태의연한 것이 아닌가 하는 우려를 하게 한다. 원래 배부른 사람들이 잠에서 깨어나기 어려운 법일 것이다. 우칸촌 사건은 겉

---

* 『경향신문』, 2014년 3월 26일자 참조.
** A. S. Hornby, *Oxford Advanced Learner's English-Chinese Dictionary*, 1990, 'free' 참조.

으로 드러남으로써 유명해졌지만, 또 하나 잘 드러나지 않는 문제가 있다. 예를 들면 지방정부가 재정문제를 해결하기 위해 토지와 같은 공유재산의 매각과 함께 또 하나의 방법으로 차관을 이용하는데, 이 문제는 겉으로 잘 드러나지 않기 때문에 더욱 해결하기 어려운 문제일지도 모른다. 즉 지방정부가 개인 명의를 이용해 지방의 부자들에게서 돈을 빌려와 재정을 메꾸고 나서 결산일이 되어도 막무가내로 지불을 연기한다는 것이다. 세비개혁이 추진되어 마음대로 농민들에게서 돈을 거둘 수가 없게 되자 보다 합리적인 방법으로 돈을 빌려 쓰고서는 지불을 연체하는 수법을 쓰는 것인데, 경제 사정의 여하에 따라 그 파장이 우려되는 것으로 일부는 갚기도 하지만 재정 상황이 좋지 않은 경우에는 거의 조폭 수준으로 변신하기도 한다는 것이다.* 재정에서 이처럼 지방정부의 공동화 현상이 심각해지면 결국은 채무불이행과 정부의 기능 마비를 야기하게 될 수도 있다. 그 이전에 지방민의 폭동이 일어나게 될지도 모를 일이다. 그렇게 되면 1000년 전 송대(宋代) 왕안석(王安石)의 신법개혁을 둘러싸고 벌어졌던 구법당과 신법당의 당쟁과 내분 그리고 망국과 비슷한 현상이 일어날지도 모른다. 그러나 송대와는 비교도 되지 않는 방대한 규모의 관료제를 운영하고 있는 현대 중국에서 이런 일이 일어나기는 어려운 것으로 보인다. 그리고 무엇보다도 상방하는 농민들의 법의식이나 우칸촌 농민시위 지도자의 자유에의 각성은 참으로 새로운 중국에 대한 전망을 기대하게 한다. 이제 옛날처럼 지방간부들이 농민을 함부로 수탈하는 일은 점점 어려워질 것이다. 농민의 법의식이 전에 없이 높아졌기 때문이다. 이 책에 누차 등장하는 상방은 요순(堯舜)시대에까지 소급되는 유서 깊은 전통

---

* 周飛舟, 앞의 논문 참조.

을 자랑하는 제도이지만, 백성들이 스스로 법을 공부해서 의식적으로 관을 대상으로 자신의 권리를 주장하는 모습은 전혀 새로운 것이다. 아니 이 책에 나오는 것처럼 '행정소송법'을 운운하는 일 자체가 중국 역사상 전대미문의 현상인 것이다. 요컨대 상방하는 농민들의 법치나 자유의 각성에 걸맞은 중국 관료의 각성과 새로운 제도에 대한 진지한 모색 여하에 따라 중국의 장래가 결정된다고 해도 과언이 아니다. 이를 위해 지금은 상방과 법치에 대한 중국 지도층의 깊은 역사적 통찰이 촉구되는 역사적 전환기이다.

결론적으로 이 책의 주제는 인간 해방을 위한 실천적인 노력으로서의 근대화에 있다고 보인다. '황종희의 법칙'은 오랜 시간 중국 역사를 이끌고 속박해온 굴레였지만 이제 세계화 속의 산업화라는 새로운 역사의 전환기에서 중국은 그 굴레를 벗어날 기회를 맞이하고 있다고 생각된다. 그러나 중국공산당 당국은 오랜 시간 독재체제의 관성에 젖어 시민과 논의하고 타협하는 방법과 기술은 익힐 줄을 모르는 것 같다. 이 책에 나오는 상방의 좌절이라든가 최근의 우칸촌 사태를 통한 획기적인 민주화 실험에서 간헐적으로 보이는 불안함에서도 이런 전통은 계속 살아나고 있는 것 같다. 최근 한국의 언론에도 보도된 바와 같이 상방하러 베이징에 상경한 농민을 잡아가두는 '흑감옥'(黑監獄)이라는 사설 감금 시설이 대로에 버젓이 설치되어 학대와 구타 등이 자행되고, 중앙정부는 이를 관행으로 묵인하고 있는 것이 중국의 현재 상황이기도 하다.* 이러한 일들은 긴 시야로 보면 과도기적 현상일 것이라고 생각되지만 요컨대 중국의 위와 아래, 정부와 민간이 의사소통

---

* 『조선일보』, 2014년 2월 3일자 참조.

을 통해 해결되지 않으면 안 될 것이다. 상방은 그런 의미에서 돌이켜볼 가치가 있는 수많은 역사적 선례의 자료이다.

돌이켜보면 중국을 비롯해 동아시아 각국의 근대화 과정은 대개 위로부터의 개혁이었다. 역사적으로 시민민주주의의 전통이 미약한 군주제 관민사회의 산물이 가져온 결과물일 것이고 우리의 근대사도 여기에서 자유롭지 않다. 생각해보면 한 국가의 근대화를 논할 때 굳이 위와 아래를 따지지 않고 서로 합의하고 논의해서 원만한 길을 택할 수 있다면 가장 좋을 것이다. 물론 더 좋은 방법은 위와 아래의 구분 자체가 없는 것이며, 상방할 문제 자체가 애초에 없는 상태일 것이다. 그러나 상방의 전통은 유구하지만 "하늘은 높고 황제는 멀고"라는 중국 속담처럼 중국 정부는 상방제도를 유사 이래 설정은 해놓았으되 실질적으로는 수많은 장애를 설치해놓은 것 같다. 상방은 요컨대 의사소통이다. 현대 중국에서 1년에 농민시위만 수만 건이 발생한다는 것은 의사소통에 심각한 장애가 있다는 표시이다. 현명한 정치가라면 상방에 배인 땀과 눈물의 의미를 잘 헤아려 그 에너지를 발전적으로 이용하려 할 것이다.

이 책을 번역하며 경찰서에서 고문을 당해 죽는 농민 딩쭤밍의 장면에서 나의 우울한 학창시절을 떠올리며 가슴이 아프기도 했지만, 이 책에는 감동적인 장면도 많다. 농민들의 고통을 알리기 위해 두 달치 생활비에 해당하는 길이의 전보를 상부에 보낸 린촨현(臨泉縣) 부주석 위광쉬안(于廣軒), 농민들을 있는 그대로 취재하기 위해 무지막지한 그들의 요구에 밭도랑의 흙탕물을 마시는 것도 주저하지 않은 스대협이라 불린 용감무쌍한 여기자 스서우친(史守琴), 318세대가 단합해 향정부를 고소하고 마침내 승리를 거둔 난지향(南極鄉)의 농민들, 덩샤오핑(鄧小平)도 공산당에서 세 번밖에 제명당하지 않았다는데 네 번이나 제명당하면서도 굴하지 않고 자신의 의지를 관철시킨 농민 천싱한(陳興漢), 그리고 세비개혁에 이론을 제공한 불굴의 농업기술학자 허카이인 등의 이야기는 감동을 넘어 아름답기까지 하다.

『중국 농민 르포』의 가장 큰 장점은 무엇보다도 역사의 희비극을 현장을 통해 가감 없이 전달하는 그 필력의 뚝심에 있다. 새삼스레 역사에 진보가 있다면 바로 이런 수많은 성실한 사람들의 묵묵한 노력 때문이라는 점을 강렬하게 일깨워준다. 그리고 진보를 위해서는 중국이나 우리처럼 민주주의 전통이 엷고 미약한 관민(官民)사회에서 지식인의 책무가 더욱 중대하다는 것을 반성하게 된다.

중국의 대문호 루쉰(魯迅)은 일찍이 「소리 없는 중국」에서 "진실한 소리이어야 비로소 중국인과 세계인을 감동시킬 수 있다. 진실한 소리이어야 세계인과 함께 세계를 살아갈 수가 있다"*라고 말한 적이 있다. 이 책은 바로 소리 없는 중국 민중의 소리를 대변한 것이라고 할 만하다. 이 책 중에서 "민의와 민정(民情)을 정상적으로 표현할 수 없기 때문에 어떤 지방에서는 농민들이 이미 '해방된' 몸으로 또다시 '부모관'(父母官)의 면전에서 무릎을 꿇고 엎드리거나, 심지어 '죽음을 무릅쓰고 가마를 가로막는' 옛사람의 방법을 본떠 대로상에서 지도자의 차량 행렬에 뛰어들어 억울함을 하소연하는 일이 벌어지는 것도 이상한 일이 아니다"라는 저자의 말은 믿기 어려울 정도의 충격을 준다. 2000년 전에 쓰이던 '부모관'이라는 말이 현대 중국에서도 통용되고 백발이 성성한 노인이 젊은 당간부 앞에서 무릎을 꿇는 장면은 너무나 처연하다. (이것은 본래 유교의 시조 공자가 그렇게 가르친 것은 아니지 않

---

* 魯迅, 「無聲的中國」(1927), 『魯迅全集』, 第4卷, 人民文學出版社, 2005.

은가?) 이렇게 소리 없고 힘없는 사람들의 소리를 대변하는 이 책이 여전히 금서 처분에 묶여 있는 것은 중국 지도층이 농민에 비해 진실에 대해 오히려 몽매하다는 사실을 역설할 뿐이다. 저자와 함께 이 책의 조속한 해금을 기원한다.

끝으로 이 책의 출간과 관련해 감사를 드려야 할 몇 분이 있다. 우선 교토(京都) 대학 유학시절의 은사였던 후마 스스무(夫馬進) 교수이다. 내가 중국 법제사(法制史)에 관심이 많은 점을 아는 선생은 몇 년 전에 당시 교토 대학 부속 인문과학연구소에서 이 책의 후속편이라 할 『판결을 기다리며』를 읽고 있다면서 참고하라며 보내주었던 것이다. 그때까지만 해도 나는 이 책의 존재에 대해서 어렴풋이 알고 있었을 뿐이다. 언론의 보도가 있고 국내에 번역된다는 예고는 있었지만 실물은 보지 못했기 때문이다. 나는 『판결을 기다리며』를 읽다가 『중국 농민 르포』에 강한 흥미를 느끼게 되었고, 당시 출간을 예고하고 있던 도서출판 길에 문의를 해보았더니 기존 번역자의 사정으로 번역이 중단되었다는 말을 들었다. 얼떨결에 그러면 내가 해보면 어떻겠느냐고 해서 우연찮게 번역을 하게 되었다. 애초 나는 본문 400쪽 분량의 원서를 6개월 만에 완역할 생각이었으나 출판사와의 당초 약속을 지키지 못하고 2년이 걸려서야 원고를 넘길 수 있었다. 그것도 일부 논술적인 부분은 번역에서 제외하고 말이다. 오랜 시간과 수고를 들였지만 번역자로서는 저자의 르포를 따라가며 중국 사회의 실상을 관찰할 수 있는 귀중한 경험을 할 수 있었던 시간이었다. 후마 선생은 그 후에도 내가 이 책을 번역하고 있다는 말을 듣고 상방에 관련된 자료도 소개해주었지만, 일본에서는 쉽게 구득할 수 있을 자료들이 여기에서는 늘 그렇듯이 구하기 어려웠던 점이 유감스러웠다. 이것은 한국과 일본의 중국학의 차이를 반영하는 것이리라. 어쨌든 이 번역은 후마 선생과의 인연이 없었다면 나오기 어려웠을 책으로, 이 자리를 빌려 후마 선생에게 마음의 감사를 드리고자 한다.

후마 선생이 보낸 자료 중에는 역시 나의 유학시절 은사였던 다니카와 미치오(谷川道雄) 선생의 논저가 있었는데, 바로 중국 농민의 상방을 다룬 것이어서 많은 자극을 받았다. 다니카와 선생은 원래 중국 중세사를 전공했는데, 정년 이후의 만년에도 현대 중국의 농민문제에 몰두했다는 사실이 놀라웠다. 사대부적 풍모에 온화한 인품을 지녔던 노선생은 보잘것없는 유학생을 참으로 따뜻하게 환대해주어 지금까지도 사람을 그립게 한다. 선생이 정년을 맞이한 이후에도 현대 중국 농민의 상방문제에 몰두했던 사실은 나를 놀라게 했지만, 생각해보면 그것은 유학시절 사석에서 관료주의가 화제에 오르면 늘 "해치우자!(야츠케로!)"라며 웃곤 했던 그 반골적인 기질에서 연유했을 것이라고 짐작된다. 생전의 선생의 인덕과 학덕에 감사하며 이 자리를 빌려 삼가 선생의 영혼의 안식을 기원한다.

번역을 일단 마치고 나서 교정하는 과정에서 생긴 에피소드도 그냥 넘기기에는 아깝다. 교정지를 주고받고 하면서 나는 자신 있게 번역했다고 생각했지만, 최후에 단정하기 어려운 한 구절에 대해서 결국 객원교수로 와 있던 어느 중국인 교수에게서 뜻을 확인해보고는 소스라치게 놀란 적이 있었다. 솔직히 내 중국어 능력의 한계라기보다는 네이티브가 아니고서는 알 수 없는 속어(俗語)였다. 그 후 나는 그 교수로부터 전화를 받고 다시 한 번 놀랐는데 책이 나오게 되면 자신의 이름을 밝히지 말아달라는 내용이었다. 이 책이 중국에서는 금서이기 때문에 혹시 자신이 좋지 않은 일에 연루될까 염려했던 것이다. 중국 공산당은 세상 곳곳에서 무소불위의 권력을 휘두르고 있다고 하지만,

그 전화는 대륙 본토에서 멀리 떨어진 이곳에서까지 중국의 언론자유의 부재와 공산당의 권력을 체험하게 한 소중한 사건으로 남아 있다. 그런데 이 에피소드를 떠올리다 보니 문득 30년 전의 학창시절이 오버랩되는 것은 무슨 까닭일까? 불과 30년 전만 하더라도 이곳의 언론자유의 상황 역시 현재의 중국과 별 차이가 없었던 것이다. 그렇다면 현재 이곳의 상황은 어떤가? 언론의 자유와 관련해 최후의 보루라 할 수 있는 법조계에 전관예우는 예나 지금이나 끊이지 않고, '향판'이니 '황제노역'이니 '법피아'니 하는 해괴한 말을 듣고 있노라면 이곳의 언론자유도 심상치는 않은 것 같다. 『중국 농민 르포』에는 사마천(司馬遷)의 그림자가 언뜻 스쳐 지나가지만, 2000년 전 사마천이 절규했던 "천도는 옳은가 그른가?"라는 동양적 정의(正義)에 대한 물음은 오늘날에도 여전히 유효하다. 한탄스럽게도 중국과 한국은 법과 정의에 목말라하고 있음에는 오십보백보의 상황인 것이다.

감사의 말이 길어졌지만 알기 어려운 현대 중국의 촌민제도의 실상과 상방 문제에 대해 현실적 조언을 해준 동인당(東仁堂) 강대화 원장님께도 감사의 말씀을 드리고 싶다. 끝으로 이 책의 번역을 승낙해주고 몇 차례 원고의 지연도 혜량해준 도서출판 길의 이승우 실장에게 깊이 감사드린다. 또한 세심한 교정 작업과 지도 작성에 많은 수고와 협조를 아끼지 않은 편집진에게도 깊이 감사드린다.

2014년 8월
정묵재(井默齋)에서 옮긴이

차 례

중국 지도

헤이룽장성
하얼빈시

창춘시 지린성

선양시
라오닝성

우루무치시

닝샤회족자치구

네이멍구자치구

후허하오터시

허베이성
베이징시

신장위구르자치구

산시성
스자좡시 톈진시

인촨시

타이위안시 지난시
산둥성

칭하이성
시닝시 란저우시

간쑤성
산시성
정저우시 장쑤성

시안시 허난성
안후이성 난징시 상하이시

허페이시

스짱자치구-티베트
쓰촨성
청두시 후베이성 우한시 항저우시

충칭시 저장성

라싸시
창사시 난창시

구이저우성 후난성
장시성
구이양시 푸젠성
푸저우시

윈난성
쿤밍시 광시장족자치구
광저우시 광둥성
타이완

난닝시 홍콩 특별행정구
마카오 특별행정구

하이커우시
하이난성

안후이성 위치

안후이성 지도

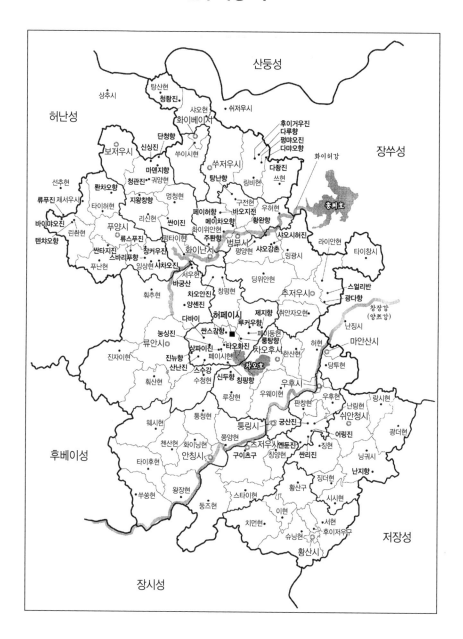

현실과
이념의 사이에서

중국은 농업대국이다. 13억 명의 인구 가운데 9억 명이 농민이다. 그러나 농민들이 농촌에서 어떻게 살아가고 있는지 대다수의 도시인들이 잘 모르게 된 지 오래되었다. 이제는 어렴풋이 기억나는 일이지만, 지난 세기인 1970년대에 세계를 놀라게 한 위대한 개혁은 농촌에서 시작되었다. 농촌에서 '청부제'(大包干)를 시행한 이래, 농업생산은 매년 다 팔기 곤란할 정도로 대풍년을 거두었고, 허다한 벼락부자가 생겨났다. 한때 중국의 농민은 부자가 되어서 기름이 자르르 흐르는 것 같았다. 그러나 이후 오래지 않아 도시개혁이 심화됨에 따라 우리가 중국의 농업, 농촌, 농민에 관한 소식을 다시 듣게 되는 일은 극히 드물어졌다. 날이 갈수록 많은 농민이 생명처럼 생각한 토지를 버리고 서로 의지해왔던 촌락과 손에 익숙한 농사를 떠나 외로움과 굴욕과 멸시를 참으면서도 각지의 도시로 밀려드는 광경을 보게 되었고, 이렇게 해서 100만 명을 단위로 헤아리는 중국 농민이 불러일으킨 '농민공(農民工)의 물결'은 점차 지난 세기말의 10여 년간 하나의 기이한 풍경이 되었다.

　　요 몇 년 우리는 르포를 쓰기 위해 각지의 농촌에 파고들어갈 기회가 있었는데, 그때 적지 않은 농민 친구들을 사귀었고 그들이 농촌에 대해 이야기하는 것을 자주 듣게 되었다. 그때 우리는 원래 우리의 인상에 남아 있던 농촌의 풍속화는 머나먼 환상적인 전원의 목가에 불과하다는 것을 알게 되었다. 어떤 사람은 농촌의 풍속화는 도시의 들뜬 생활이 이미 습관이 되어버린 도시인이 농촌에 대해 갖는 일종의 동경이라고 말하기도 한다. 그러나 현실 생활 속의 농촌은 결코 그렇지가 않고, 농민이 바라보는 농촌은 전혀 달라서 농민에게 그렇게 한가한 정취는 없으며, 그들의 생활은 매우 피로하고 매우 무겁다고 말하는 사람도 있다.

　　이전에 우리는 화이허강(淮河)이 오염된 실태를 파악하기 위해 안후이성(安徽省) 화이베이평원(淮北平原)의 한 촌락을 지나간 적이 있었는데, 그곳의 수많은 농가는 집 안에 있는 것이라고는 사방의 벽밖에 없을 정도로 너무나 가난해서 놀랐던 기억이 있다. 어떤 집은 놀랍게도 전 가족이 채소를 판 돈 5위안(2014년 환율로 한화 약 900원 — 옮긴이)으로 봄 한철을 지냈으니 생활의 궁핍함이란 해방 당시의 몇 년만도 못한 것이었다. 어떤 농민은 우리에게 손가락을 꼽아가며 계산을 해보였는데, 종자와 화학비료, 관개, 기계사용료와 각종 세금과 비용을 빼고 1묘(畝: 1묘는 약 666.7제곱미터 — 옮긴이)당 밀의 산출이 900근이 안 된다면 올 한해 농사는 헛수고 한 셈이라고 한탄했다. 그런데 화이베이평원의 농촌에서 1묘당 900근의 밀을 산출하는 것은 결코 흔한 일이 아니었다. 800근만 산출해도 꽤 괜찮은 편이었으며, 보통은 겨우 600근 정도였다. 말하자면 지금의 농민생활로는 이미 농사도 계속하기가 어려운 상태인데 농민들은 오히려 쇠털만큼 많은 각종 세금과 비용을 부담하고 있었던 것이다.

농민들은 눈물을 흘리며 말했다. "청부제가 우리에게 남겨준 좋은 점은 벌써 오래전부터 조금씩 사라져서 지금은 아무것도 남아 있는 게 없습니다!"

생각지도 않게 안후이성에서 가장 가난한 지방은 강남에, 그것도 천하에 유명한 황산시(黃山市)에, 도로도 불통이고 전화도 불통인 황산시 슈닝현(休寧縣) 바이지향(白際鄉)에 있었다. 그곳에서 우리는 놀랍게도 다산리(大山里)의 농업이 아직도 원시적인 화전경작 상태에 머물러 있는 현실을 목격했다. 농민은 1년 내내 수고해도 평균수입이 겨우 700위안, 월평균 58위안(한화로 1만 440원 ─ 옮긴이)에 불과했다. 많은 농민들이 깨진 흙벽돌로 만든, 어둡고 습기 차고 비좁은 집에서 살고 있었는데, 어떤 집은 기와를 올릴 수 없어서 지붕도 나무껍질로 덮고 있을 정도였다. 가난하기 때문에 일단 병에 걸리면 작은 병은 참고 견디고 큰 병이 걸리면 죽기만 기다릴 뿐이라 했다. 향(鄉) 전체 호수는 620호인데, 그중 빈곤호가 514호로 무려 82.9퍼센트, 인구로는 전체 인구 2,180명 중에서 빈곤자가 1,770명으로 81퍼센트에 달했다. 그러나 이렇게 가난한 향촌에 대해서 몇 년 전부터 향촌 간부들이 과장된 허위보고를 해서 상급정부로부터 "이미 빈곤을 벗어났다"라고 간주되어 가혹한 세금이 부과되어 왔으니, 농민들은 참으로 갑갑한 상태였다. 게다가 이 향의 향장(鄉長)은 우리가 가기 직전에 처벌을 받긴 했지만 농민의 골수를 빨아먹는 탐관오리였다. 우리는 법을 어기면서 자기 배를 불리는 자가 없는 곳이 없다는 사실에 놀람과 동시에 숨이 막힐 정도로 사태가 심각하다고 느꼈다.

바이지향을 떠나던 그날, 우리는 특별히 저장강(浙江) 쪽에서 하산하기로 했다. 도중에 지상의 '천당'(天堂)이라고 불리는 항저우시(杭

州市)의 춘안현(淳安縣) 중저우진(中洲鎮)에 들렀는데, 그 풍요로움이란 대단한 것이었다.

2000년 봄 후베이성(湖北省) 젠리현(監利縣) 치반향(棋盤鄉) 당위원회 서기 리창핑(李昌平)이 국무원 지도자에게 보낸 편지에서 "농민은 괴롭고 농촌은 가난하며 농업은 위험하다"라고 말했는데, 이 말은 우리가 안후이성 농촌에서 보고들은 것이 다른 많은 곳에서도 똑같이 존재한다는 뜻이다. 리창핑의 '삼농'(三農: 삼농은 농업, 농촌, 농민을 가리킨다. 삼농문제란 농업의 저수익성, 농촌의 황폐, 농민의 빈곤을 뜻한다―옮긴이)문제에 관한 상서(上書)는 분명히 총리의 마음을 움직였다. 주룽지(朱鎔基: 1998~2003년 국무원 총리―옮긴이)는 다음과 같이 회답했다. "'농민은 괴롭고 농촌은 가난하며 농업은 위험하다'라는 말이 전면적인 상황은 아닐지라도 문제는 우리가 종종 일부 좋은 상황을 전체 상황으로 간주하고 말단기관의 '좋은 소식'을 잘못 믿고 문제의 엄중함을 경시한다는 데 있다."

이 사건으로부터 우리처럼 평생 도시에서 사는 사람들은 백번을 생각해도 이해할 수 없는 하나의 문제가 뚜렷이 떠오르게 되었다. 오늘날 중국의 거대한 변화는 20여 년 전에 세계가 주목한 대변혁에 의해서 이루어진 것이고, 그 대변혁의 선두에 선 것은 수억 명의 농민들이었는데, 지금 그들은 왜 이렇게 감당하기 어려운 지경에 빠져버린 것인가?

우리가 중국 역사상 일찍이 없었던 새로운 시대에 들어선 것을 부정할 수는 없지만 하층 인민, 특히 9억 명 농민의 생존을 소홀히 한 점에 대해서는 이 시대의 사람들이 철저히 책임을 느껴야 할 것이다.

따라서 우리가 당면한 것은 결코 단순한 농업문제나 간단한 경제문제가 아니라 신시대의 집권당이 당면한 최대의 사회문제라고 인정할 수 있을 것이다. 우리는 분명히 이유도 없이, 나날이 발전하는 도시에 살면서 광대한 농촌을 망각하고 있지만, 9억 명의 농민형제가 진정으로 풍족함을 누리지 못하는 한, 모든 낙관적인 경제통계 숫자는 그 의의를 잃어버릴 것이다.

미국 하버드 대학의 경제학자 드와이트 퍼킨스(Dwight Perkins)는 "미래의 개혁자에게 말하자면, 중국이 겪은 정치 경험은 누구의 눈에도 명백하지만 한 가지 잊어버린 것이 있다. 그것은 개혁 과정 중에 수익자가 반드시 있다는 사실이다"라고 말한 적이 있는데, 그의 말은 지금도 깊이 되새겨 볼 가치가 있다. 지난 세기의 개혁 초기에 수익자는 청부제를 행한 농민과 개별 상공업자와 선전(深圳) 특구의 개척자들이었다. 그러나 개혁의 중심이 도시로 이동하면서 수익자도 신생 기업가 계층이나 인맥과 뇌물을 통해 신속히 부를 쌓은 정부관리들 그리고 어느 정도 집단을 이루었다고 할 수 있는 도시 중산층으로 바뀌었다. 이 사회 최대의 집단인 9억 명의 농민은 이제 수익자가 아닐 뿐 아니라 생산이 늘어도 수입은 늘지 않기 때문에 지방에 따라서는 심지어 "옛날이 더 좋았다"라는 국면도 출현하는 상태이다.

우리는 늘 세계 7퍼센트의 경지로 세계 인구 21퍼센트를 먹여 살리고 있다든가 우리 농민이 13억 명의 인구에게 충분한 양곡을 제공하는 것은 세계적인 위대한 공헌이라고 하면서 자랑하지만, 종종 미처 생각지 못하는 것이 있다. 바로 세계 농민의 40퍼센트를 차지하는 중국 농민이 세계 인구의 21퍼센트를 먹여 살리고 있는 것에 불과하다는 사실이다. 이는 우리의 농업수준이 상당히 낙후되어 있고 절대다수의 농민은 극히 낮은 생활수준에 놓여 있다는 사실을 설명해준다.

유엔이 발표한 「인간발전보고서」(Human Development Report)는 지구상의 162개 국가와 지역을 발전지수에 따라서 순위를 매기고 있는데, 중국은 87위에 머물러 있다. 이 순위는 매우 실망스러운 것이다. 20여 년에 걸친 개혁개방의 성공에 따라 중국의 GNP는 비약적으로 증가해 기적의 경제성장이라고 칭찬을 받고 있지만, 중국의 농업문제를 주시하고 있던 노벨경제학상 수상자 로렌스 클라인(Lawrence Klein)은 중국 경제에는 두 가지의 큰 문제, 곧 농업과 인구문제가 있다고 지적했고, 노벨물리학상 수상자인 양전닝(楊振寧)도 같은 이야기를 했다. 바로 "중국이 당면한 가장 어려운 문제는 1인당 평균수입이 너무 낮다는 점"이다.

한 가지 부정할 수 없는 사실은 농업, 농촌, 농민문제는 이미 미래 중국의 현대화를 좌우하는 중요한 요소이자 국가 전체의 운명과 관련된 문제이고, 현재 우리의 현대화 수준을 유지할 수 있느냐 없느냐와 관련된 문제이며, 우리가 노력과 투쟁을 통해 어렵게 창조해온 개혁개방의 성과를 하루아침에 무너뜨릴 수도 있는 문제라는 것이다.

르포작가로서 우리는 늘 현실을 직시한 대화를 하지 않으면 안 된다. 이처럼 준엄한 문제에 직면해서 작가는 눈을 돌려서는 안 된다. 그래서 우리는 2000년 10월 1일 허페이(合肥)에서 출발해서 안후이성 50여 개 현과 시에 걸친 광대한 농촌을 융단식으로 뛰어다녔고, 다음에는 농업문제 연구와 실천의 전문가 및 관리를 중앙에서 지방까지 찾아다니며 가능한 한 취재했다. 이렇게 2년에 걸쳐 진행한 조사는 힘들고 쓰라린 것이었다.

우리는 안후이성의 농촌이 보여주는 면모가 농업을 주된 산업으로 하는 중국의 전국 12개 성 중에서도 가장 대표적인 것이라고 확신한다. 농촌의 개혁에 대해서 말한다면 안후이성은 전국의 모든 성과 시와 자치구 중에서 더욱 전형적인 의의를 가질 것이다. 왜냐하면 신중국 농촌의 3대 개혁이라 칭하는 토지개혁, '청부제', 농촌세비(農村

稅費)개혁 중 뒤의 두 가지가 안후이성에서 시작되었기 때문이다. 주룽지는 여러 차례 "농업문제에 관해 중앙정부가 중대한 정책을 결정할 때, 나는 종종 안후이성에 가서 조사하고 연구했다. 많은 성공 경험이 모두 안후이성에서 왔고, 안후이성은 중국의 농업에 매우 큰 공헌을 했다고 말할 수 있다"라고 말했다. 원자바오(溫家寶: 2003~13년 국무원 총리—옮긴이)도 이렇게 말한 적이 있다. "농촌정책에 관한 문제에 대해서는 나는 우선 안후이성에 가서 여러 사람의 의견을 듣고 싶다고 생각한다. 안후이성에는 농촌의 사정을 숙지하고 의욕적으로 의견을 진술하는 동지가 많기 때문이다. 나는 올 때마다 수확이 있었다." 따라서 안후이성의 광대한 농촌을 취재하면 그대로 중국의 농민을 알 수가 있는 것이다.

우리는 본래 농가에서 태어나 농촌에서 어린 시절을 보낸 사람들이다. 이제 낯설어진 들판을 분주히 돌아다니다 보니 갑자기 어머니의 품속에 돌아온 것같이 가슴이 뭉클해지면서 눈물이 쏟아질 것 같았다. 그것은 대자연의 혈육과도 같은 정(情)이었다. 우리가 도시로 이주한 이래 다시 느껴본 적이 없는 정이었다.

우리 같은 요즘의 작가에게는 열정과 냉정이 결여되어 있다고 말하지만 중국의 농민에게 다가갔을 때 우리는 이제까지 느껴본 적이 없는 놀라움과 고통을 느꼈다.

지금의 중국은 어디를 가도 아직은 결코 행복한 세상이 아니며, 우리에게는 아직도 가난한 곳과 가난한 사람들이 너무나 많다는 사실을 말하고 싶다. 오늘날 도시를 떠나본 적이 없는 수많은 사람들이 중국 전체가 베이징이나 상하이 같다고 생각하고, 어떤 외국인들은 한번 와 보고는 중국이 모두 이렇다고 생각한다. 사실은 그렇지 않다.

우리가 본 것은 당신이 상상도 못한 가난, 상상도 못한 죄악, 상상도 못한 고난, 상상도 못한 어쩔 수 없음, 상상도 못한 항쟁, 상상도 못한 침묵, 상상도 못한 감동, 상상도 못한 비장함이라는 것을 말하려고 한다.

우리는 이번에 안후이성에서 솔선해서 진행한 농촌세비개혁 실험 작업이 20여 년 전 안후이성에서 발생한 '청부제'와 똑같이 경악스러움과 가슴 졸이는 결과를 가져오리라고는 상상도 하지 못했다. 우리의 취재활동은 이번 개혁과 동시에 진행되었다. 그 때문에 취재활동도 개혁과 똑같이 마음이 격동되고, 똑같이 불안과 초조에 애를 태우고, 똑같이 우여곡절을 겪기도 하다가 결국 개혁의 시도와 똑같이 중단하지 않을 수 없게 되어 고뇌 끝에 원래의 계획을 포기하게 되었다.

문제가 엄중하다는 것을 알게 되면서 우리는 여러 번 자신의 능력과 용기에 회의를 품고, 이렇게 중대하고 민감한 과제에 작가로서의 임무를 다할 수 있는지 회의했던 것인데 이 또한 상상도 하지 못했던 일이다.

그러나 우리는 결국 계속해나갔다. 왜냐하면 문학과 사회의 책임은 수동적인 것이 아니라고 확신했기 때문이다. 그것은 창백한 과거의 기억이어서는 안 되며 독자와 함께 역사가 오늘에 제시하는 무언가를 찾는 것일 터이다. 다시 말해 중국의 내일은 우리의 오늘의 지혜와 노력에 의해 결정되기 때문이다.

이제 중국의 농업, 농촌, 농민의 이야기를 시작하면서 먼저 자신부터 냉정해지지 않으면 안 된다. 마음의 평정이 없다면 우리의 심중에 일어났던 저 무수한 파란을 가라앉힐 수가 없을 것 같기 때문이다.

제1장

순도자 殉道者

1. 루잉촌路營村의 소동

삶과 죽음은 분명 서로 다른 개념이다. 세상모르는 어린아이와 실어증의 노인을 제거하는 것은 아마 세상에서 가장 실수하기 어려운 일에 속할 것이다. 그러나 어떤 경우에는 이것도 너무나 모호해서 사람을 놀라게 하니, 어떤 사람은 분명히 살아 있는데도 이미 죽은 것 같고 어떤 사람은 이미 죽었는데도 오히려 살아 있는 것과 같기 때문이다.

딩쭤밍(丁作明)은 분명히 그런 경우이다. 딩쭤밍은 이미 죽었다. 그의 죽음은 "태산보다 무겁다"고 할 수는 없지만, 그가 죽은 지 8년이 지난 2001년 2월 10일 우리가 화이베이평원에서도 가난하기로 이름난 리신현(利辛縣)에 가서, 지왕창향(紀王場鄉) 루잉촌(路營村)으로

가는 길을 여러 사람에게 물었을 때, 대답하는 사람들은 루잉촌으로 가는 길을 가르쳐주기 전에 신기하게도 똑같은 말로 이렇게 되물었던 것이다. "당신들은 딩쭤밍에게 가려는 것이오?"

이것은 우리가 전혀 생각지 못한 상황이었다.

딩쭤밍은 평범한 농민이었다. 별로 특별한 점은 없는데 굳이 말한 다면 다른 농민에 비해 몇 년 더 학교를 다녔다는 것이다. 그는 초등학교에서 고등학교까지 학업을 마쳤고 열심히 공부했다. 집안이 가난해서 끼니를 거를 때도 있었지만 불평하지 않고 마당의 물독으로 달려가서 마치 타조같이 엉덩이를 들어올리고 머리를 물독 안에 집어넣어 꿀 꺽꿀꺽 물을 들이마시고는 변함없이 노래를 부르며 학교로 뛰어갔다. 대학 입학시험을 볼 때는 합격선에서 겨우 몇 점이 모자라 많은 사람들이 아쉬워했다. 그는 루지중학(路集中學)의 고등학교를 졸업했고, 졸업 후에는 루잉촌으로 돌아갈 수밖에 없었다. 그래서 일자무식한 촌놈과 다를 바 없이, 중국의 모든 농민과 똑같이 밭 갈고 농작물을 기를 수밖에 없었다. 남들과 다른 점이 있다고 한다면 머릿속에 먹물이 든 딩쭤밍은 신문을 읽거나 라디오를 듣거나 문구를 따지거나 머리를 쓰기를 좋아했다는 것이다. 평소에 사람됨은 그렇게도 겸손했지만 한편으로는 고지식해서 바른 말을 잘했고 촌과 향의 높은 사람들에게도 굽히지 않고 말했다. 바로 이것이 원인이 되어 다른 사람들에 비해서 더 많이 거슬렸기 때문에 결국 죽음을 초래하게 되었던 것이다.

그는 분명히 벌써 죽었는데 리신현 사람들은 왜 우리에게 "딩쭤밍에게 가려는 것이오?"라고 묻는 것일까? 설마 딩쭤밍에게 갈 수 있는 길이 아직도 있다는 말인가?

1993년 2월 21일은 딩쭤밍이 간절히 기다렸던, 춤이라도 출 듯이 기쁜 날일 터였다. 그러나 그는 이날이 자기 인생의 최후의 날이 되리라고는 상상도 하지 못했을 것이다.

그 전날 오전 딩쭤밍은 향(鄉)정부로부터 상방(上訪: 인민대중이 상급기관에 가서 문제를 호소하고 해결을 요구하는 행위를 말한다―옮긴이)하러 간 일곱 명의 촌민과 함께 향 회의에 출석하라는 통지를 받았다. 회의 석상에서 향정부 지도자로부터 현(縣)에서 그들의 고소장을 중시하고 있기 때문에, 여덟 명 중에서 두 사람을 선출하고 다시 당원과 간부 중에서 각각 두 사람을 뽑아서 회계감사팀을 만들어 루잉촌 간부의 경제 상태를 전면 조사하고 싶다는 말을 들었다. 이날 오전 회계감사팀이 정식으로 성립되어 감사를 시작했다. 이 소식에 루잉촌 촌민 전부가 기뻐서 어쩔 줄을 몰랐다. 사람들의 눈살을 찌푸리게 하던 수심이 말끔히 사라졌다. 어떤 농민들은 도랑을 가로질러 맞은편에 있는 상점으로 뛰어가 폭죽을 사서 마을 입구에서 터뜨릴 준비를 했다. 그것으로 사람들의 화를 풀려는 것이었다. 다만 그해의 설은 지난해보다 빨리 와서 1월 22일이 음력으로 섣달그믐이고 2월 6일이 정월 대보름이었는데, 이미 정월 대보름도 지났기 때문에 상점에 물건이 떨어져 폭죽을 살 수가 없었다. 그러나 딩쭤밍은 이날 어느 해보다 훨씬 상쾌한 기분이었다.

리신현은 해방 후 새로 생긴 현이다. 본래는 궈양(渦陽), 푸양(阜陽), 멍청(蒙城), 타이허(太和), 펑타이(風台), 잉상(潁上) 등 여섯 현(縣)에 나누어져 있었는데, 이 여섯 현은 어느 쪽이나 가난한 지구였다. 경내에 황토의 진흙지대가 많아서 한번 비가 내리면 길이 질퍽거려 사람이 다닐 수 없을 정도였다. 게다가 석회토와 알칼리성 토양이 곳곳에 쌓여 있었다. 루잉촌은 원래 외지고 낙후한 곳이었지만 설상가상으로 1991년 대규모 홍수를 만나 집집마다 달그랑거릴 정도로 가난해졌다. 그해는 설날이 다가와도 마을에는 설을 쇠는 기분이 전혀 없었다. 전

체 마을의 1인당 연평균 수입은 400위안(한화로 7만 2,000원―옮긴이)
도 안 되었는데, 위에서 부과하는 각종 부담은 1인당 총 103.17위안이
나 되었다. 1년 내내 아침 일찍 일어나 밤늦게까지 부지런히 일해 다리
는 가늘어지고 허리가 휠 정도지만, 수확한 양곡은 먹을 것을 제하고
는 전부 촌(村)정부가 각종 명목의 '제류금'(提留金: 문자 그대로는 떼어
서 남겨두는 돈이라는 뜻인데, 촌정부가 관리비 등의 명목으로 임의로 할당
해서 징수하는 돈을 말한다―옮긴이)으로 가져가버렸다. 몇 세대는 수입
액이 납부액에 미치지 못했는데, 촌정부와 향정부는 경찰과 한통속이
되어 "완납하지 않으면 구류하겠다!"고 협박을 해댔다.

　"돈이 없어도 고향에 돌아와 설을 쇤다"는 것은 자고로 중국인의
풍습이다. 딩쭤밍이 납득할 수 없었던 것은, 빚쟁이에게 쫓겨 감히 고
향에 돌아와 설을 쇠지 못한다는 것은 해방 전에나 있을 법한 일이었
는데 지금 루잉촌에서 그런 일이 일어나고 있다는 사실이었다. 중국
농민은 해방되어 주인이 되지 않았는가? 그런데 왜 이렇게 괴로운 것
인가? "철저히 인민의 이익을 위해 일해야 할" 당의 농촌 간부는 또
왜 이렇게 흉악하단 말인가? 그래서 그는 루잉촌의 다른 사람들은 감
히 할 수 없었던 일을 하기로 했다.

　그는 라디오와 신문을 통해 당중앙이 베이징에서 전국농촌공작회
의를 개최한 소식을 접하고, 며칠 밤을 들여 중앙의 새로운 정책을 수
집하고 그것을 누구나 알기 쉬운 자료로 정리한 후, 집집마다 남몰래
돌아다니면서 '선전활동'을 하기 시작했다. 공산당회의의 정신을 선전
하는 일을 숨어서 한다는 것은, 이전에 '국민당 통치지구'에서 지하공
작원이 비밀활동을 하는 것 같기도 해서 딩쭤밍은 어색한 느낌도 들었
지만 한편으로는 흥분되기도 했다.

　그의 눈동자는 농가의 대들보에 매달린 전구의 불빛 속에서 밝게

빛나고 있었다. 그는 촌민들에게 단호히 말했다. "촌의 간부들이 이런 식으로 '제류금'을 징수하는 것은 중앙의 정신을 위배하는 일입니다."

딩쭤밍의 진지한 자세와 정확한 지식은 어두운 곳에 틀어박힌 채 부당한 대우도 참고 견디며 살아오는 것이 습관이 된 촌민들의 마음을 움직였다. 그러나 잠시 적막이 흐른 후, 누군가 조심스레 이렇게 물었다. "주위의 촌이나 부근의 향진(鄕鎭)도 모두 이런 식으로 하고 있지 않소? 하늘은 높고 황제는 멀리 있으니, 당신이 그들을 어찌할 수 있겠소?"

"올바른 것을 말하는데 통하지 않을 리가 없소"라며 딩쭤밍은 자신의 신념을 굽히지 않았다.

그는 국무원의 최신 규정을 또박또박 촌민에게 읽어주었다. "농민에게서 징수하는 제류금은 전년의 1인당 평균수입의 5퍼센트를 초과할 수 없다."

그는 5퍼센트를 특히 강조했다. "분명합니다. 촌정부가 우리에게서 징수하는 제류금은 이 규정을 훨씬 초과한 것입니다. '5퍼센트'의 다섯 배보다 더 많습니다. 이번에 개최된 농촌공작회의에서는 '농민의 이익을 보호하고 농민의 부담을 경감해야 한다'라고 명확하게 요구하고 있습니다. 그들은 분명히 제멋대로 하고 있는 겁니다. 우리는 향정부에 가서 정의의 실현을 촉구해야 합니다."

"향정부가 우리 말을 들어주겠습니까?" 이 일이 어렵다고 여기는 사람은 이렇게 말했다.

그러자 군대에서 돌아온 한 촌민이 참다못해 소리를 질렀다. "자고로 '관리가 핍박하면 백성은 반항한다'라는 말이 있소. 하물며 이것은 중앙의 규정에 따라 위에다 문제를 호소하는 것이잖소. 향정부가 안 들어주면 현정부에 갈 것이오."

농가의 분위기는 점점 열기를 띠어갔다.

누군가는 다음과 같은 고발을 했다. "촌지부 서기 둥잉푸(董應福)는 촌민들이 모은 돈으로 만든 양곡창고를 몰래 다른 촌에 대여해서 임대료 9,000위안을 받아먹었고, 그 후에도 양곡창고를 주물러 판매대금 3만~4만 위안을 집어삼켰지. 특히 재난이 닥쳤던 해에는 구제물자 횡령을 중죄로 처벌하고 사형까지 집행한다고 중앙에서 지령이 내려왔는데도, 둥잉푸는 루잉촌에 구제물자로 보내온 옷과 음식을 자기가 차지했지. 또 계획출산(한 자녀 출산정책―옮긴이)의 벌금이나 각종 '제류금' 명목의 돈을 전혀 장부에 기입하지 않고 있는데 이것도 자기가 해먹으려는 것 같아."

곧 사람들의 이야기는 촌 간부에서 향 간부로 옮아가고 너도 한 마디 나도 한 마디씩 말소리가 끊이지 않으면서 시끌벅적해졌다.

누군가는 이런 이야기를 폭로했다. "지왕창향 캉(康) 향장의 아들은 애비의 권세를 등에 업고 횡포를 부립니다. 전기충격기를 휘두르고 수갑을 흔들며 루잉촌을 휘저으면서 각종 돈을 마구 강요합니다. 1991년 대홍수 때 상부에서 수재를 입은 농민에게 어떠한 '제류금'도 징수해서는 안 된다고 규정했는데도 캉의 아들은 오히려 민병을 데리고 마치 일본군마냥 마을에 들이닥쳐 촌민의 재물을 약탈했습니다. 집에 숨어서 문을 열어주지 않고 있으면 곧 사람을 시켜 문을 부수고 푼돈까지 남김없이 약탈하고 문을 부순 '공신'(功臣)에게 줄 수고비까지 챙겨갔습니다. 거둘 만큼 거둔 다음에는 부하를 이끌고 왁자지껄 요릿집으로 몰려가 진탕 먹고 마신 대금도 역시 촌민들이 모아둔 돈에서 지불하게 했습니다."

사람들은 말을 하면 할수록 화가 나서 결국에는 딩쭤밍을 바라보면서 그의 의견을 청했다. 딩쭤밍은 말했다. "신발을 꿰매려면 바늘과실이 필요하고, 사람을 고발하려면 증거가 필요합니다. 우리는 향당위 원회에 가서 이러한 불만을 상신하고 촌정부의 장부를 조사하도록 요구할 수 있습니다."

그날 딩쥐밍은 일곱 명의 촌민과 함께 향당위(鄕黨委)를 찾아가 서기 리쿤푸(李坤富)에게 촌민들이 상신한 문제와 장부를 조사해달라는 요구를 진술했다.

향당위 서기 리쿤푸는 딩쥐밍이 내민 '제류'표를 꼼꼼히 살펴보고 말했다. "분명히 제류가 많기는 하군요. 먼저 우리가 합의하게 해주시오. 이틀 후 당신들에게 회답을 주겠습니다."

그런데 이틀이 지났지만 향정부에서는 연락이 없었다. 또 이틀이 지나고 다시 며칠이 지난 후, 루잉촌의 간부와 당원이 참가한 간부회의에서 향당위의 정법(政法) 담당 부서기 런카이차이(任開才)가 갑자기 루잉촌 지부 서기에게 제류금의 과다징수 문제에 대해 설명하라고 요구했다. 둥잉푸는 머리끝까지 화를 내며 제류금이 많은 것은 어느 촌이나 마찬가지인데 사람들 앞에서 설명하는 것은 좋을 게 없다고 말했다. 촌민이 향정부에 고발해서 장부를 조사하도록 요구했는데, 그가 신축한 기와집에 샘이 나서 고발한 것이 아닌가 짐작된다는 설명을 듣자, 둥잉푸는 즉시 태도가 돌변해 말했다. "누가 내 장부를 조사하랬다고? 또 어떤 미친놈이 내 집을 뭐라고 그래? 할 테면 해보라지! 죽고 싶다면 말이야. 내 수입으로는 작은 트랙터도 못 사고 기와집도 못 짓는다고 하는 놈이 있지만, 그러나 나는 트랙터도 샀고 집도 지었다. 이건 내 능력이야. 너희가 가난한 것은 그래도 싼 거야. 만약 나에게 손을 대려고 한다면 가만두지 않겠어!"

일개 당지부 서기가 감히 향정부의 간부회의 석상에서 이렇게 폭언을 퍼붓는다는 것은 믿기 어려운 일이었다. 그러나 부서기는 제지하지 않았다. 회의가 끝난 후 회의 석상의 정황이 전해지자 루잉촌의 촌민들은 분노로 들끓었다. "공산당 세상에는 설마 국법도 없다는 말인가?"

딩쮜밍은 분노를 삭힐 수 없어서 설 3일 전에 루잉촌의 제류금 위법 징수 정황을 적은 자료를 리신현의 기율검사위원회에 직접 갖고 갔다.

접수하는 사람이 난처한 듯이 말했다. "지금은 연말이니 자료는 우선 여기에 놓아두고 가시오."

루잉촌의 그해 설날은 확실히 적막했고 폭죽을 울리는 집도 거의 없었다. 정월 18일이 되자 더 이상 참을 수 없게 된 많은 촌민들이 잇달아 딩쮜밍을 찾아왔는데 그때 딩쮜밍이 연말연시 동안 고발장을 쓰고 있었다는 것을 알게 되었다. 그는 루잉촌과 지왕창향에서 일부 간부들이 당중앙과 국무원의 정책 규정을 함부로 위반해 농민에게 막대한 부담을 끼친 여러 가지 사례를 줄줄이 써 내려갔다.

사람들은 모두 딩쮜밍의 행동에 감동을 받았다. 그렇다, 사람은 응당 정신을 갖고 살아야 한다. 늘 사회에 대한 책임감을 가져야 한다. 떨어지는 낙엽에 맞아 머리를 다칠까 두려워 부패한 현상을 보고도 못 본 척하고 사악한 세력에 항쟁하지 않는다면 이 민족은 희망이 없을 것이다. 그래서 정월 18일 밤, 외진 루잉촌의 촌민들은 없는 돈을 모아 여비를 만들어 딩쮜밍을 포함한 여덟 명의 촌민 대표를 어둠을 틈타 몰래 촌 밖으로 내보냈던 것이다.

현위원회 사무국 왕(汪) 주임은 딩쮜밍의 고발장을 보고 깜짝 놀랐다. 루잉촌 촌민이 고발한 정황은 상상을 초월할 정도로 심각한 것이었다. 왕 주임은 신속히 현위원회 서기 다이원후(戴文虎)에게 보고했다. 다이원후는 부임한 지 얼마 되지 않았으나 태도는 극히 분명했다. 때문에 현위원회의 회답은 딩쮜밍 일행에게 큰 만족감을 주었다. "우리는 가능한 한 빨리 향정부로 하여금 회계감사팀을 조직해 루잉촌 행정 간부의 장부에 대해서 감사를 진행하도록 하겠소. 당신들이 상신한 향정부의 정황에 대해서도 가능한 한 신속히 사실을 조사해 처리하겠소."

이렇게 되자 설도 쇠지 못한 딩쮜밍은 사람들이 어렵사리 모아준 여비를 한푼이라도 아끼려고 현성(縣城)에서 머무르지 않고 곧바로 촌민 대표들을 이끌고 지왕창향으로 가는 농촌 버스에 올라탔다. 사람들의 오장육부를 모두 뒤집어놓을 듯한 버스 안에서 그는 가슴 가득 자신감과 기쁨을 느끼며 현 간부의 말을 되새기고 있었다. 그러나 그는 무시무시한 재난이 바로 눈앞에서 자신을 기다리고 있을 줄은 모르고 있었다. 죽음의 신이 지옥의 문에서 소리도 없이 나타나 섬뜩하게 웃고 있을 줄은 상상도 하지 못했던 것이다.

2. 파출소에서 벌어진 참사

그해 2월 11일, 음력으로는 정월 20일 오후 3시경, 촌민 쉬싸이쥔(徐賽俊)과 딩다강(丁大剛) 두 사람은 따사로운 햇볕 아래서 '하육주'(下六周)를 두고 있었다. '하육주'란 화이베이평원의 농민들이 만든 일종의 바둑이다. 두 사람이 정신없이 바둑을 두고 있는 것을 딩쮜밍이 옆에서 구경하고 있었는데, 지나가던 루잉촌 부촌장 딩옌러(丁言樂)가 이를 보고 다가왔다. 딩옌러는 자신과 계획출산의 책임자였던 자신의 아내가 제류금과 계획출산의 벌금을 횡령했다고 딩쮜밍이 현정부에 고발한 사실을 알고 있었고, 이 때문에 딩쮜밍을 매우 원망하고 있었다. 그래서 일부러 트집을 잡아 딩쮜밍과 싸움을 벌이려고 했다.

딩옌러는 쉬싸이췬과 딩다강을 위협하며 말했다. "너희들 이건 도박이야! 너희들을 잡아갈 거야." 그는 이렇게 말하면서 딩쥐밍을 주시하고 있었다.

딩쥐밍은 이상한 듯이 말했다. "이건 놀이를 하는 거지 무슨 법을 어긴 것이 아니잖소. 또 법을 어겼다고 해도 사람을 잡아가는 것은 파출소에서 해야 되는 일 아니오?"

딩옌러가 매섭게 말했다. "꼭 그렇진 않지!"

딩쥐밍은 이런 말투를 가장 듣기 싫어했다. 간부가 되자마자 태도를 바꾸는 이런 종류의 인간이 역겨웠다. 그러나 그는 상대방이 일부러 트집을 잡아 싸움을 일으키려는 것으로 보여 다시 말대꾸를 하지 않았다.

그러자 딩옌러는 더 기가 올라 어깨로 딩쥐밍을 밀쳤다. 한편으로 밀치며 한편으로는 고함을 치면서 행패를 부리기 시작했다. "어쩔 건데, 때리고 싶지? 때려 봐, 때려 봐!"

딩쥐밍은 도무지 어찌할 바를 몰랐다. 부촌장이라는 딩옌러가 이렇게까지 저질일 줄은 몰랐기 때문에 계속 뒤로 물러설 뿐이었다. 딩옌러는 더욱 한 발짝 한 발짝 압박해왔는데 밀고 들어올수록 흉포해졌다. 딩쥐밍은 할 수 없이 비켜갈 수밖에 없었다. 딩쥐밍이 몸을 옆으로 돌려 비켜난 순간 딩옌러는 몸의 균형을 잃고 미끄러져 옆의 밭에 얼굴부터 처박고 말았다. 딩옌러는 이렇게 해서 결국 '버젓하고 당당하게' 보복을 할 수 있는 이유를 만드는 데 성공한 것이다.

딩쥐밍은 자기에게 고발당한 사람들이 결코 보통 사람은 아니기 때문에 방법을 강구해서 기회를 보아 보복할지도 모른다고 예상은 하고 있었다. 다만 딩옌러의 이런 방법은 너무나 비열하고 수준 이하여서 아무 말도 하지 않고 집으로 돌아가버리고 말았다.

현대문명에서 멀리 떨어진 루잉촌에서는, "찐빵도 주식이고, 촌장도 간부다"라는 말이 결코 농담이 아니었다. 딩쥐밍이 향정부는 물론 현정부에까지 촌 간부를 고발했으니 죽음을 자초한 것이나 다름없었다. 딩옌러가 본래 앙심을 품은 데다가 다시 미끄러져 얼굴을 진흙에 처박았으니 불에 기름을 끼얹은 격이었다. 일을 크게 벌이려고 "딩쥐밍에게 구타당했다"는 것을 구실로 그날 오후 여섯 차례나 집으로 찾아와 딩쥐밍을 때리려고 했다. 딩쥐밍의 아내 주둬팡(祝多芳)은 상황을 알 수 없었기 때문에 거듭 정중히 사과할 수밖에 없었지만 딩옌러는 결코 그만두려고 하지 않았다.

곧 딩옌러의 아들 딩제(丁杰)가 손에 칼을 들고 문밖에서 욕을 하면서 딩쥐밍에게 "빨리 나와"라고 소리를 질러댔다.

그날 저녁 촌민들은 모두 딩쥐밍에게 빨리 루잉촌을 떠나 일단 피신해 있으라고 권했다. 처음에는 딩쥐밍은 죽어도 떠날 생각이 없었다. 나쁜 것은 촌 간부인데 왜 자신이 피해야 하는가 말이다. 나중에 다시 생각해보니 현의 지도자가 이미 그들이 제기한 촌정부의 장부감사 요구를 지지해주었으니, 촌 간부의 횡령에 대한 조사는 이미 시간 문제인 것 같고, 작은 문제로 큰일을 그르쳐서 현정부의 계획에 지장을 주어서는 안 되겠다는 생각이 들었다. '딩옌러 등이 가장 두려워하는 것은 내가 없어지는 것이다. 이 사람들은 혼란을 일으키고 싶은 것이다. 혼란을 일으켜 시비를 물타기하려고 하는 것이다.' 이렇게 생각한 딩쥐밍은 그날 밤 울분을 참고 조용히 루잉촌을 떠났다.

다음날 아침 먼동이 터올 무렵 딩옌러는 과연 온 가족을 이끌고 악귀처럼 딩쥐밍의 집을 찾아와서 또 한바탕 소란을 피우려고 했다.

딩쥐밍의 아내 주둬팡이 조심스럽게 말했다. "딩쥐밍은 집에 없습니다."

딩옌러가 어찌 믿겠는가. 그는 집 안으로 밀고 들어와서는 가족에게 샅샅이 찾으라고 명령을 내렸지만 딩쭤밍의 그림자도 보이지 않자, 울화통을 터뜨리면서 말했다. "어제 딩쭤밍에게 맞아 다쳤으니 치료비 내놔!"

이때 루잉촌 지부 서기 둥잉푸가 나타났다. 그는 딩옌러의 아내 쑨야전(孫亞珍)과 짜고 딩옌러가 향의 병원에 입원하도록 했다. 그 후 쑨야전은 계획출산 담당자의 신분으로서 향장 캉쯔창(康子昌)과 향당위 부서기 런카이차이에게 전날 저녁에 썼던 고발 자료를 건네며, "딩옌러가 계획출산 업무를 열심히 추진하던 중에 딩쭤밍의 원한을 사서 길 가는 도중에 구타를 당했습니다"라고 하면서 딩쭤밍을 엄중히 처벌해달라고 요구했다.

캉쯔창과 런카이차이는 쑨야전이 딩쭤밍을 고발한 사실의 진위에 대해서는 전혀 알려고 하지도 않고 오히려 이를 고소하게 생각했다. 왜냐하면 당시 현위원회로부터 이미 지왕창향으로 통지가 내려왔는데, 현위원회는 지왕창향 당위원회와 향정부가 가능한 한 신속하게 상방 대표가 참가하는 회계감사팀을 만들어 루잉촌 간부의 장부에 대해 전면적으로 감사를 실시하라고 아주 분명하게 지시했기 때문이다. 상방한 사람이 누구인지 캉쯔창과 런카이차이 두 사람이 알아볼 필요도 없이 앞장서서 말썽을 피운 사람이 바로 딩쭤밍이라는 것을 알아챘다.

부하들의 문제를 상부에 고발당하는 것은 캉쯔창과 런카이차이에게는 받아들이기 어려운 일이었다. 더구나 이번에 딩쭤밍이 현위원회에 고발할 때 그들의 문제도 덩달아 알려졌을 것이었다. 이것은 지왕창향의 대외 이미지를 손상시키고 지왕창향 당위원회와 향정부의 명예를 훼손하는 일이다. 이것은 절대 허락할 수 없는 일이고 용인하기도 어려운 일이었다.

그래서 캉쯔창과 런카이차이는 쑨야전의 고발 자료를 넘겨받은 후 즉시 향 파출소에 딩쭤밍 문제에 대해 엄중히 처리하라고 지시했다.

　　지왕창향 파출소는 이미 헌법과 법률에 따라 인민을 보호하고 적을 공격하도록 파견한 기구가 아니라 완전히 향진(鄕鎭) 지도간부들의 '어용도구'가 되어 있었다. 향장과 부서기의 지시를 받자 시비곡직을 가리지 않고 즉시 소환장을 발송해 딩쭤밍에게 당장 파출소로 출두하도록 명령했다.

　　루잉촌 밖에 피신해 있던 딩쭤밍은 파출소에서 자기를 찾는다는 말을 듣고 참으로 이상하다고 느꼈다. 그는 분명 딩옌러 부부가 꾸민 짓일 것이라고 생각했다. 그러나 그는 이 일을 복잡하게 생각하지 않았다. 자신이 법을 어긴 일이 없는 이상 누가 무고하려고 해도 소용없을 것이며, 사실은 어디까지나 사실이라고 확신하고 있었던 것이다. 딩쭤밍은 정정당당하게 파출소로 걸어 들어갔다.

　　상상해보면 파출소로 걸어 들어가는 그의 발걸음은 자신감에 차 있었을 것이다. 왜냐하면 바로 그날 현위원회가 요구한 회계감사팀이 정식으로 성립되었을 뿐만 아니라 이미 업무를 시작해서 곧 촌 간부의 횡령문제가 명명백백하게 드러나리라고 믿고 있었기 때문이다.

　　그러나 파출소 안에 들어선 순간, 딩쭤밍은 이 세계가 거꾸로 되어 있다는 것을 알아차렸다. '사슴을 가리켜 말이라 한다'는 것이 결코 『사기』(史記)에 쓰여 있는 이야기인 것만은 아니었고, 사슴을 가리켜 억지로 말이라 하는 것도 결코 환관 조고(趙高)만이 할 수 있는 악행이 아니었다.

　　이후 벌어진 일에 대해 언론매체에서 지금까지 어떠한 공표도 이루어진 적은 없다. 다행인 것은 이 사건이 수사되고 해결된 이후 일부 내부 문건이 정리되었고, 이번 조사 과정 중에 피눈물과 공포에 가득 찬 '보고'를 발견하게 되었다는 것이다. (다음은 그 보고이다─옮긴이.)

파출소 부소장 펑즈중(彭志中)이 딩쮜밍을 보고 처음 던진 말은 이랬다. "너는 왜 딩옌러를 때렸나?"

딩쮜밍이 말했다. "나는 때리지 않았습니다. 나는 지금까지 아무도 때린 적이 없습니다."

펑즈중은 말투를 매섭게 해서 똑같은 질문을 했다.

딩쮜밍은 다시 한 번 변명했다. "나는 지금까지 아무도 때린 적이 없습니다. 촌에 가서 조사해보면 알 겁니다."

펑즈중이 짜증을 내면서 다시 물었다. "네가 딩옌러를 때리지 않았다면 딩옌러의 마누라가 왜 너를 향정부에 고소했겠나?"

딩쮜밍은 대답할 필요를 느끼지 못했다. 이 질문은 펑즈중이 딩옌러에게 물어야 할 것이었다.

"말해!" 펑 부소장은 이미 인내심을 잃고 거칠게 말했다.

"당신들이 내가 분명히 딩옌러를 때렸다고 말하는데 증거라도 있습니까?" 딩쮜밍은 더 이상 참을 수 없었다. "그날 현장에 있던 촌민 중에서 어린애라도 좋으니 누군가 내가 딩옌러를 때렸다는 것을 증언한다면 내가 모든 책임을 지겠습니다."

펑즈중은 딩쮜밍의 진술은 완전히 무시하고 두 가지 처분을 제시했다. "첫째, 딩쮜밍은 딩옌러에게 280.5위안의 의료비를 지급한다. 둘째, 지왕창향의 장날에 딩쮜밍은 인력거로 딩옌러를 병원에서 집으로 데려다 준다."

이렇게 말도 안 되게 사람을 모함하려는 처분을 딩쮜밍은 당연히 받아들일 수 없어서 즉시 반발했다. "나는 딩옌러를 때리지 않았으니 딩옌러가 상처를 입었을 리가 없습니다. 그가 왜 입원했는지 모르겠지만 나하고는 상관 없는 일입니다."

평즈중이 탁자를 치면서 말했다. "내 말을 무시하겠다는 건가? 다시 묻겠다. 본관의 판정은 이미 나왔다. 돈을 낼 건가 안 낼 건가?"

딩쭤밍은 평소 법률 방면의 지식에 유의하고 있었기 때문에 이렇게 말했다. "나는 딩옌러를 때리지 않았습니다. 이렇게 판정을 내린다면 나도 상소할 겁니다."

평즈중은 드디어 격노해 딩쭤밍에게 손가락질하며 큰소리를 질러댔다. "지금 당장 너를 잡아 가둘 거야, 알겠어?"

딩쭤밍은 조금도 굴하지 않고 말했다. "방금 당신이 내린 처분에 의하더라도 나는 '형사범죄'가 되지는 않습니다. 나를 '형사구류'(刑事拘留)한다고 해도 24시간 내에 나를 구류하는 원인을 분명히 설명해줘야 될 겁니다."

평즈중이 말했다. "좋다, 잘 들어. 내가 너를 23시간 30분 가둬두지. 그리고 석방한 후 다시 23시간 30분을 가둬둘 거야. 돈을 낼 때까지 계속할 거야!" 그는 치안공동방위대원 주촨지(祝傳濟)와 지훙리(紀洪禮), 자오진시(趙金喜)를 불러 즉시 딩쭤밍을 파출소에 불법으로 설치한 '유치실'에 가두라고 명령했다. 국가공안부와 안후이성(安徽省) 공안청은 각각 1989년과 1992년에 공문으로 파출소 내에 불법으로 가두는 시설을 만들어서는 안 된다고 엄명한 바 있다.

딩쭤밍은 어두운 방에 끌려들어간 후 평즈중을 향해 크게 외쳤다. "나는 법을 어기지 않았는데 왜 나를 가두는 겁니까?"

평즈중은 딩쭤밍을 가리키면서 주촨지, 지훙리, 자오진시 세 사람에게 말했다. "저 자식 아직도 흥분하고 있구만. 당장 저 녀석 열기를 더 올려." 말을 마치고 평즈중은 자리를 피했다.

딩쭤밍은 물론 평즈중이 파출소에서 평소 쓰던 관용어로 지껄인 말의 의미를 알 수 없었지만, 이것은 피의자가 아직 불복하고 있으니 본때를 좀 보여주라는 뜻으로 체벌과 구타를 가해도 좋고 필요하다면 모든 수단을 동원해서라도 자백을 받아내라는 것이었다.

주촨지는 딩쮜밍의 중학교 동창생이고 또 사는 집도 가까웠기 때문에 직접 독수를 가하는 것이 마땅치 않아 핑계를 대고 피해버렸다. 그러나 상관의 안색을 살펴 의도를 관찰하는 데 뛰어나 펑즈중의 환심을 얻고 있던 주촨지는, 딩쮜밍이 부러질지언정 굽히지는 않는 완고한 사람이라는 점, 또 딩쮜밍을 굴복시키는 것은 보통 일이 아니라는 점을 파악하고, 자리를 피하기 전에 지훙리와 자오진시를 문밖으로 불러내 딩쮜밍에게 '라라마부'(拉拉馬步: 엉거주춤한 기마자세를 취하게 하여 고문을 가하는 것―옮긴이)를 시키라고 지시했다.

주촨지가 '라라마부' 네 글자를 입에 올릴 때 어조는 매우 차분했지만 지훙리와 자오진시 두 사람은 그 말을 듣고 일종의 살기를 감지했다. 그것은 이 파출소에서 가장 잔혹한 고문이었기 때문이다.

두 사람이 컴컴한 방으로 들어가는 것을 보고 있던 주촨지는 여전히 안심이 안 되어 치안대 숙소에 돌아가서 다시 왕진쥔(王進軍)에게 펑즈중의 지령을 전하며, 빨리 가서 그들과 함께 딩쮜밍을 굴복시키라고 말했다.

지훙리와 자오진시는 펑즈중과 주촨지의 의중에 따라 딩쮜밍을 유치실에서 숙직실로 끌어내 라라마부를 시켰지만 딩쮜밍이 응하지 않자, 달려들어 밀치고 당겨 강제로 복종시키려고 했다. 그러나 딩쮜밍이 학교를 12년간 다녔어도 결코 문약한 서생이 아니라 대지에서 논밭을 갈면서 단련을 해왔던 터라 둘이 달려들어도 제압하지 못하고 힘에 부쳐 숨을 헐떡거릴 정도였다.

이때 왕진쥔이 곤봉을 손에 들고 들어왔다. 지훙리와 자오진시는 왕진쥔이 무기를 들고 온 것을 보자, 딩쮜밍이 자기들을 때렸다고 거짓말을 했다. 왕진쿼은 딩쭤밍을 가리키면서 소리를 질렀다. "아직도 자백을 하지 않는 거냐? 이제 밥은 다 먹은 줄 알아라!" 그러고는 딩쭤밍에게 라라마부를 시켰지만 딩쭤밍은 여전히 따르지 않았다.

왕진쿼은 상스러운 욕을 하며 얼굴 정면을 향해 곤봉을 휘둘렀다. 딩쭤밍은 재빨리 피했지만 결국 팔과 허리를 연달아 세게 얻어맞고 아파서 소리를 질렀다. 그러나 그래도 그는 복종하지 않았다.

딩쭤밍이 라라마부를 하지 않자 왕진쿼은 더욱 사납게 곤봉을 휘둘렀다.

똑같이 농민인 치안대원 왕진쿼은 왜 자기의 농민형제에게 이렇게 잔인한 일을 저지르는 것인가? 이때의 왕진쿼은 이미 완전히 이성을 잃고 짐승으로 변해 있었다.

왕진쿼이 이렇게 짐승이 된 것은 이번이 처음은 아니었다. 지왕창향 파출소에 와서 치안대원 일을 시작한 뒤로 사람을 때리는 것이 그의 일상 업무가 된 것이다. 아무도 그에게 이런 일을 해서는 안 된다고 일깨워준 사람은 없었다. 오히려 대담하게 하면 할수록 상급자로부터 중용되었다.

곧 왕진쿼의 수중에 있던 곤봉이 금이 가기 시작하더니 부러져 버렸지만 그는 멈추지 않고 이번에는 발로 딩쭤밍을 차서 쓰러뜨렸다. 그리고 전기곤봉으로 바꿔 두 다리를 사정없이 때려 딩쭤밍을 무릎 꿇게 했다.

딩쭤밍이 이미 감당할 힘이 다하고 왕진쿼도 지쳤을 무렵, 이번에는 지훙리가 짐승으로 변하기 시작했다. 그는 굵직한 멜대를 집어들더니 딩쭤밍에게 달려들어 미친 듯이 허리와 엉덩이를 때리기 시작했다.

곧 딩쭤밍은 신음소리조차 낼 수 없게 되었다. 눈앞에서 벌어진 일에 대해서 그가 느낀 것은 경악과 공포 그 자체였다. 그는 분명히 알았다. 자신이 자백하지 않으면 눈앞의 이 인간들이 자신을 죽음으로 몰고 가리라는 것을. 그래도 딩쭤밍은 머리를 숙이고 항복할 생각은 없었다. 그는 눈을 크게 뜨고 더할 수 없는 분노의 목소리로 외쳤다. "내가 촌향의 간부들이 농민부담을 가중시키고 당의 정책을 위배한다고 고발했다고 이렇게 악랄하게 때리는구나. 그러나 두렵지 않다! 너희들이 나를 때려 죽여도 나는 굴하지 않을 것이다! 죽어서 귀신이 되어서라도 나는 고발할 것이다! 너희도 함께 고발할 것이다!"

지훙리는 자신을 노려보는 딩쭤밍의 핏발이 선 눈에 놀라서 들고 있던 멜대를 땅바닥에 떨어뜨렸다.

왕진쥔이 지훙리가 마음이 약해진 것을 보고는 신경질적으로 꾸짖으며 말했다. "제기랄, 이런 겁쟁이 같으니라고. 뭘 겁내는 거야? 입 닥치게 만들어!"

그래서 지훙리는 다시 몽둥이를 집어 들고 사납게 달려들었다. 자오진시는 아예 더러운 수건을 하나 찾아와 딩쭤밍의 입을 틀어막았다. 이렇게 딩쭤밍이 몸을 움직일 수도 말을 할 수도 없게 해놓고 왕진쥔, 자오진시, 지훙리 등 인성을 상실한 세 명의 치안공동방위대원은 번갈아가며 20여 분간 폭행을 가했다. 병으로 집에서 쉬고 있던 파출소 지도원 자오시인(趙西印)이 알아차릴 때까지 지왕창향 파출소의 폭행은 계속되고 있었다.

3. 사건이 중앙을 경악시키다

회계감사팀의 촌민들이 파출소에서 딩쭤밍을 발견했을 때, 그는 이미 숨이 끊어지기 직전이었다. 그들은 딩쭤밍이 그들을 위해 이런 참변을 당한 사실을 알고 그의 몸에 엎드려 통곡했다. 누군가 그의 집에 달려가 소식을 알렸고 누군가는 파출소의 경관에게 분노를 터뜨렸다. "너희들이 사건에 관계하지 않는다면 세상은 훨씬 더 좋아질 거야!"

딩쭤밍의 70세 된 아버지 딩지잉(丁繼營)은 비틀거리며 파출소에 들어서서 아들의 핏기 없는 얼굴을 보고는 콩알만 한 눈물을 주르륵 흘리며 입술을 부들부들 떨면서 "아프냐⋯⋯"라고 묻는 순간 아들 앞에 털썩 무릎을 꿇고 무너졌다.

바로 이때 펑즈중이 파출소에 돌아왔는데 딩쭤밍이 고분고분해졌는지 보기 위해서였다. 딩지잉은 펑즈중이 파출소의 지도자라는 말을 듣고, 또 아들이 부촌장 딩옌러에게 200여 위안의 '의료비'를 지불하라는 판결을 받아들이지 않았기 때문에 이렇게 맞았다는 말을 듣고 펑즈중에게 애절하게 빌었다. "내가 딩옌러에게 사죄하겠습니다. 딩옌러의 의료비는 내가 물겠습니다. 내일 돈을 지불할 테니 우리 아들을 석방해주십시오."

펑즈중도 치안대원이 이렇게 심하게 손을 댈 줄은 몰랐고 딩지잉이 마침 그에게 간청하는 참에, 손을 흔들어 빨리 데리고 가라는 신호를 보냈다. 그러나 그는 자신이 이미 내린 판결을 잊지는 않았다. "내일 반드시 의료비를 파출소에 보내도록!"

딩지잉은 감사팀의 촌민과 함께 급히 딩쭤밍을 향(鄕) 병원에 데려갔다. 딩쭤밍은 복부의 통증이 심했는데 향 병원에서는 조치할 수가 없어서 리신현의 병원에 데려가 응급처치를 하도록 했다.

다음날 오전 8시에 딩쬐밍은 비장 파열에 따른 대출혈이라는 진단을 받고 긴급 수혈을 했지만 되돌릴 수는 없었다. 너무 늦었던 것이다. 딩쬐밍은 결국 현 병원의 수술대 위에서 숨을 거두었다. 아버지 딩지잉은 아들이 죽었다는 말을 듣고 벽을 치며 통곡했다. "이 자식아, 넌 왜 그런 바보짓을 했니? 네 말은 이치에 맞지만 저들에게는 권력이 있어. 어떻게 약자가 강자를 꺾을 수 있다고 생각했단 말이냐?"

딩쬐밍의 아내 주둬팡도 이 잔혹한 사실을 받아들이기 어려웠다. 그녀는 한편으로 통곡하면서 한편으로 외쳤다. "여보, 그들이 당신을 죽도록 때리는데 왜 200위안을 주지 않았어요? 돈이 목숨보다 더 귀했나요? 당신이 이렇게 가버리면 병든 두 노인과 세 아이들, 큰애는 여섯 살이고 막내는 두 주밖에 안 됐는데, 나더러 앞으로 어떻게 하라고요?"

옆에서 지켜보던 회계감사팀의 촌민들이 딩지잉과 주둬팡에게 너무 상심하지 말라고 하면서도 자신들도 흐르는 눈물을 참지 못하며 비통하게 외쳤다. "쬐밍아, 쬐밍아, 평소에는 그렇게 총명하던 사람이 어제는 왜 그렇게 바보가 된 거야? 저들이 너를 이렇게 죽도록 때리도록 너는 어째서 소리 한번 질러보지 못한 거야?"

딩쬐밍이 앞장서서 농민부담 문제를 현정부에 고소했다가 파출소에서 맞아죽었다는 소식은 청천벽력같이 지왕창향 사람들을 놀라게 했다.

루잉촌 촌민들은 분노했다. 분노의 화염이 평소 조그만 일에도 신중하던 그들의 마음의 울타리를 태워버려서 너나 할 것 없이 앞뒤 가리지 않고 집을 뛰쳐나와 딩옌러의 집에 몰려들어 딩옌러 부부에게 냉큼 나오라고 소리쳤다. 그러나 딩옌러는 이미 낌새를 알아채고 일족이 모두 도망간 뒤여서 집은 이미 텅 비어 있었다.

　그 후 8년의 세월이 흘러 우리가 루잉촌에 들어갈 때까지 딩옌러 일가의 모습을 본 루잉촌 촌민은 없었다. 상하이(上海)나 난징(南京)으로 갔다고도 하고 하이난(海南)이나 선전(深圳)으로 갔다고도 하는데, 요컨대 고향을 떠나 타향에서 일하며 살고 있다는 것이다. 루잉촌에서 본래 힘깨나 쓰던 부촌장이었지만, 그 후로는 세상을 방랑하는 신세가 되어 사방을 떠도는 가련한 유랑민이 된 것이다.

　딩옌러의 집으로 쳐들어갔다가 허탕 친 촌민들은 분노를 참지 못하고 방향을 돌려 파출소를 향해 돌진했다. 그렇지만 이전에 그렇게 기고만장하던 부소장 펑즈중과 양심이라곤 찾아볼 수 없던 지훙리, 자오진시, 왕진촨은 모두 숨어버리고 없었다.

　두 번이나 허탕을 친 촌민들은 더욱 격분해 이번에는 직접 현정부로 가기로 했다. 루잉촌 촌민들이 출발하려고 할 때 부근의 루지촌(路集村), 옌좡촌(彦莊村), 리위안촌(李園村), 주위안촌(朱園村), 리러우촌(李樓村), 궈차오촌(郭橋村), 창잉촌(常營村)의 촌민들도 소문을 듣고 달려와서 분노를 참지 못하고 루잉촌의 상방 대열에 합세했다.

　각종 부담이 너무 무거워 생활을 유지하기 어려운 것은 분명 루잉촌만의 문제가 아니었던 것이다. 딩쭤밍이 현정부에 일련의 문제를 상신하고 촌 간부의 장부를 조사해달라고 요구한 것은 그들의 이익과 소원을 대표한 것과 마찬가지였으므로 딩쭤밍의 죽음에 대해서 그들은 수수방관할 수 없었다. 사람들은 만약 일치단결해서 항쟁하지 않으면 내일은 자신들이 딩쭤밍처럼 당하리라는 것을 말하지 않아도 서로 알고 있었다. 이리하여 루잉촌을 출발한 상방 대열은 거대한 손으로 눈덩이를 굴리듯이 순식간에 확대되어 현성에 도착하기도 전에 이미 3,000여 명의 대집단이 되어 있었다. 호호탕탕한 대열은 누런 먼지를 일으키며 트랙터, 삼륜차, 농업용 차량과 우차(牛車), 인력거 등이 내는 엔진소리, 나팔소리, 방울소리와 함께 전진하고 있었다.

중국 농민은 세계에서 가장 착하고 말 잘 듣고 인내심 강한 특수한 집단이라고 할 수 있을 것이다. 그러나 일단 분노하면 세계에서 가장 방대하고 가장 두려워할 줄 모르며 파괴적인 집단이 될 수도 있는 것이다.

1993년 2월 21일, 안후이성 리신현 지왕창향 파출소에서 발생한 '딩쭤밍 사건'은 장래 '중국농업발전사'를 쓸 학자들이 소홀히 다루거나 회피할 수 없는 운명으로 정해져 있다. 왜냐하면 딩쭤밍은 중국 9억 명의 농민 중에서 농민부담 문제를 상신해서 살해된 최초의 사람이고, 자신의 젊은 생명을 희생해 중국 농촌이 아주 심각한 현실에 처해 있는 상황을 사람들이 소홀히 하거나 회피해서는 안 된다는 사실을 일깨워주었기 때문이다.

당시 리신현과 현정부는 감히 태만할 수 없어서 급히 서둘러 길을 막았다. 사태가 계속 확대되어 조정할 수 없게 되면 악인에게 이용될까 두려웠기 때문이다. 그들은 사건을 회피하지 않고 적극적으로 처리하려고 했다. 다만 사태가 다른 지역까지 퍼져나가 전 지구(地區)가 시끄러워지는 것을 바라지 않았기 때문에 엄밀하게 정보를 통제했다. 그들은 이런 사건이 밖으로 새어나간다면 리신현과 현정부의 지도자들에게도 좋을 일은 아무것도 없다고 생각했다.

'좋은 것만 보고하고 나쁜 것은 보고하지 않는다'라는 이러한 관행은 이상한 일을 보아도 이상하게 생각하지 않게 된, 중국의 오랜 습관이다.

그러나 이 사건은 그래도 새어나갔다. 심지어 안후이성위원회 서기와 성장(省長)도 사정을 모르고 있을 때, 중앙정부는 사건을 이미 알고 경악했던 것이다. 당중앙과 국무원의 많은 지도자들은 이 사건의 진상을 자세히 알고 있었을 뿐만 아니라 신속히 명확한 지시를 내렸다.

사건을 폭로한 것은 신화사(新華社) 안후이성 지사의 기자 쿵샹잉(孔祥迎)이었다.

쿵샹잉은 원래 다른 취재 업무로 리신현에 갔다가 '딩쭤밍 사건'을 알고 크게 놀랐고 가슴이 아팠다. 당시 그는 안후이성 지사에서 농촌 보도를 담당하고 있었기 때문에 자연히 안후이성의 농업에 관련된 모든 뉴스에 대해 특히 민감했다. 게다가 중국의 저명한 통신사의 기자로서 뉴스를 다루는 데 구속과 금기가 많은 지방의 기자와 달리 사회적 책임감과 시대적 사명감을 갖고 처리할 수 있었다. 그는 '딩쭤밍 사건'이 현재 중국 농촌에 넘쳐나고 있는 '사회문제'를 반영하고 있다고 느꼈다.

더구나 농민부담의 경감은 이미 당중앙과 국무원이 깊이 관심을 기울여서 이미 명확히 규정을 내린 일이었다. 이에 지왕창향의 한 교양 있고 정책을 이해할 줄 아는 젊은 농민이 당의 결정에 의거해 당의 조직을 향해 정당한 요구를 했고, 그래서 현위원회의 지지를 얻었는데도 백주 대낮에 맞아죽다니, 그것도 인민의 법 집행기관에서 말이다. 사건의 악랄함과 문제의 엄중함은 저도 모르게 몸서리쳐질 정도였다. 그래서 그는 급히 취재계획을 바꿔 일체의 압박과 방해를 무릅쓰고 신속히 사건의 진상을 정리해 '내부 참고자료'를 만들어 베이징의 신화사 본사로 보냈다. 본사에서도 신속히 이 조사 보고의 전문을 중앙의 최고정책을 결정하는 층에 보내는 기관지 『국내동태청양』(國內動態淸樣)에 게재했다.

안후이성 정부의 직원은 국무원 비서장 천쥔성(陳俊生)이 걸어온 전화를 받고는 넋을 잃을 수밖에 없었다. 이 전화를 받을 때까지 관할 푸양시(阜陽市) 행정서(行政署)건 리신현 정부건 어디에서도 이 사건에 대해 보고한 적이 없었기 때문이다. 게다가 상부에서 이렇게 급박하게 걸어온 전화는 안후이성 정부 역사상 이제껏 없었던 일이었다.

천쥔성은 맨 처음 이렇게 물었다. "리신현 지왕창향 루잉촌의 청년 농민 딩쭤밍이 농민의 과잉 부담을 상신한 일로 박해를 받아 죽은 사건에 대해서 어떻게 처리했습니까?"

전화를 받은 직원은 이 일에 대해서는 전혀 모르기 때문에 대답을 할 수 없었다. 전화기 저편에서 천쥔성이 다시 말했다. "처리 정황에 대해서 즉시 나에게 보고하시오. 중앙의 동지들이 이 사건에 대해서 모두 지시를 내릴 정도로 중시하고 있소. 나는 여기서 당신들의 전화를 기다리겠소."

그리고 천쥔성은 사무국과 자택의 전화번호뿐만 아니라 중난하이(中南海) 내부의 '직통전화번호'도 가르쳐주었다. 그때 회의에 출석하고 있던 그는 회의 기간 중의 구체적인 연락방법에 대해서도 설명해주었다.

이러한 전화는 역사상 전례가 없는 일이었다!

일련의 전화번호를 전해 듣고 나서 안후이성 정부의 직원도 사안의 중대함을 깨닫게 되어 관련 지도자에게 연락하고 푸양지구위원회와 행정부서에 전보를 쳤다.

리신현 당위원회 서기 다이원후는 이때야 비로소 지왕창향 사건이 '일대 사건'이 되었다는 것을 알았다. 딩쭤밍의 죽음이 만약 '농민 부담'과 인과관계가 있다면 이것은 큰일이다, 지왕창향 당위원회와 향정부의 지도자들도 문책당할 것이고 현위원회도 책임을 회피할 수 없으리라는 것을 그는 깨달았다. 비록 자신은 리신현에 부임한 지 한 달밖에 되지 않아 아직 사정을 잘 모르는 것이 많기 때문에 이치대로라면 자신이 져야 할 책임은 '지도상의 책임'이지만, 그러나 성정부의 긴급 전문을 받고 나서 그가 느낀 사태의 엄중함을 생각하면 문제는 그렇게 간단치가 않은 것 같았다. 우선 그는 이 일이 자신에게 어떤 부담을 주지 않기를 원했다. 또 리신현의 이 일로 안후이성의 이미지가 나쁜 영향을 받는 것도 원하지 않았다. 1991년의 대홍수 이래 외지인은 모두 안후이성 사람을 '난민'(難民)으로 보고 있는데 딩쬒밍 사건의 진상이 밖으로 전해지면 안후이성의 농촌은 또 어떤 이미지가 되겠는가? 이렇게 엄청난 사건이 리신현에서 발생해 (외부로 알려지면) 현위원회 서기로서 자신의 체면은 뭐가 되겠는가?

물론 다이원후는 딩쬒밍 사건이 발생하기 얼마 전에 쓰촨성(四川省) 어메이산(蛾眉山) 밑의 런서우현(仁壽縣)에서도 과중한 농민부담으로 인해 만 명이 넘는 대규모의 상방이 발생했고, 농민과 경찰이 격렬히 충돌해 분노한 농민이 경찰차를 불태운 사실을 전혀 알지 못했다. 이 일로 중앙에서는 골치 아파하고 있었는데 잇달아 안후이성에서 또 사람이 죽었으니 이번 일의 처리에 대해 특히 관심을 기울이는 것은 당연했다. 중앙에서는 이번 일로 인해 더 큰일이 벌어지지 않기를 바라고 있었던 것이다.

리신현 당위원회 서기 다이원후는 생각을 많이 해봤지만 결국 선택한 것은 누구나 익숙한 방법인, 좋은 것은 보고하고 나쁜 것은 보고하지 않는, 일을 만들지 않고 편안히 지내는 것이었다. 그는 딩쬒밍의 죽음과 '농민부담' 문제를 무관한 것으로 해버리기만 하면 나머지는 다 잘 해결될 것이라고 생각했다.

24시간이 경과하기 전에 리신현 당위원회와 현정부는 성위원회와 성정부에 다음과 같이 보고했다. "딩쬒밍의 죽음은 순전히 민사 분규에서 유발된 것이며, 농민부담 문제와는 무관합니다."

다이윈후는 요행을 바라고 보낸 이 회신에 의해서 결국 자신의 찬란한 앞길이 차단되리라고는 상상도 하지 못했다.

안후이성 당위원회와 성정부가 원한 것도 물론 "농민부담과 무관하다"라는 결론이었다. 그들은 즉시 국무원의 천쥔성에게 회신 전화를 걸었다.

그러나 천쥔성은 일처리에 빈틈이 없는 사람이었고 게다가 이 일은 수많은 중앙의 지도자들이 지시를 내리고 주시하는 사안이었다. 그는 안후이성의 보고를 접하고 나서 홀연 의혹이 생겼다. "도대체 신화사 기자가 오보를 낸 것인가, 아니면 안후이성이 중앙을 속이고 있는 것인가? 중요한 것은 이 사건 처리의 정황이 아니라 오히려 딩쭤밍 사건의 본질이 아닌가?"

천쥔성은 문제를 신화사에 넘겨 답을 얻으려고 했다.

신화사는 국무원 비서장 천쥔성의 전화를 받고 나서 뭔가 이상하다고 느꼈다. 왜냐하면 안후이성 지사의 기자 쿵샹잉의 조사 보고는 매우 구체적인 것이어서 사무국에서 거짓으로 꾸며낼 수 없는 내용이기 때문이었다. 그러나 신중을 기하기 위해서 천쥔성의 전화 내용과 안후이성에서 보고한 내용을 함께 안후이성 지사에 통지했다.

현장 취재와 원고 정리를 줄곧 진지하게 해온 쿵샹잉은 '딩쭤밍 사건'에 대한 안후이성의 조사 결론을 보고 매우 의외라는 느낌이 들었다. 그는 이런 일이 일어나서는 안 된다고 생각했다. 안후이성의 결론은 틀림없이 그가 이해한 사실을 철저히 부정하는 것이었다. 그는 물론 받아들일 수 없었다. 그래서 안후이성 지사는 본사에 매우 완강한 태도로 회신했다. "사실을 명확히 밝히기 위해서 중앙에서 직접 사람을 파견해서 조사할 것을 요청합니다."

중앙기율위원회 집법감찰실, 국무원 법제국, 국가계획위원회, 국가

농업부, 최고인민검찰원 등 관련 부문으로 구성된 공동조사팀이 신속히 만들어졌다. 그들은 안후이성의 각급 지도자에게는 통지하지 않고 베이징을 출발해서 남하하여 곧바로 지왕창향 루잉촌으로 들어갔다.

중앙공동조사팀이 갑자기 사건 현장에 나타나자, 안후이성 푸양지구 및 리신현 당위원회와 정부의 지도자들은 크게 놀라지 않을 수 없었다.

조사팀은 우선 딩쭤밍의 가족에 대해 위로를 표한 후, 루잉촌 촌민들을 만나 좌담회를 열었다. 조사팀의 조사 범위는 루잉촌에 국한하지 않고 부근의 리러우촌과 옌좡촌에까지 확대되었다. 현장 조사에는 지방 간부를 수행하지 않았으며 피조사인에 대해서는 정치상의 보호를 실시했기 때문에 주변의 촌민들도 잇달아 찾아와서 조사팀에게 실정을 상신했다.

이리하여 수도에서 내려온 '포청천'(包靑天)이 '암행조사'한다는 소식이 즉시 리신현에 퍼져나갔다.

4. 중앙특파원의 눈물

2000년 10월 30일 오후, 안후이성 당위원회 건물의 사무실에서 17년간 농업경제위원회 부주임을 역임한 우자오런(吳昭仁)이 우리의 취재에 응해주었다.

이미 일선에서 물러나 '안후이성 인민정부 자문위원'과 '안후이성 농업경제학회 이사장'을 맡고 있던 우자오런은 당시 공동조사팀이 안후이성에 왔을 때의 일을 마치 어제 일처럼 말하기 시작했다. 그는 공동조사팀을 베이징까지 전송했는데, 마침 자신도 베이징에 갈 일이 있어서 조사팀과 같은 열차에 동승했다는 점을 강조했다. 그러나 그는 당시 안후이성의 지도자들이 조사팀이 리신현에 무엇을 조사하러 왔는지 또 어떤 생각을 하고 있는지 매우 알고 싶어 했던 사실을 부정하지는 않았다. 업무관계상 이제는 국가농업부에서 이 조사팀에 참가한 두 사람의 이름도 말할 수 있다고 했다. 그들은 합작경제지도사(合作經濟指導司)의 농민부담관리처(農民負擔管理處) 처장 리셴강(李顯剛)과 부처장 황웨이(黃煒)였다. 황웨이는 아주 유능한 여성 동지이고, 리셴강은 이전에 국무원 부총리 장춘윈(姜春雲)의 비서였다. 농업부의 '농민부담 감독관리'를 담당하는 처장과 부처장이 함께 출진했다는 사실은 이 일을 얼마나 중시했는지를 설명해준다.

공동조사팀의 책임자는 중앙기율위원회 집법감찰실의 쩡샤오둥(曾曉東) 주임이었다.

우자오런은 쩡샤오둥이 리신현 농민들의 생활 상태를 이야기하면서 눈물을 하염없이 흘렸다고 우리에게 말해주었다. 이 에피소드는 우자오런에게 깊은 인상을 남겼던 것 같다. 보통 사람들의 생각으로는 집법감찰 간부라면 철석같은 심장을 가진 냉철한 사람으로 상상하기 쉬운데, 쩡샤오둥은 조사를 하던 중에 마음이 크게 흔들렸던 것이다. 쩡샤오둥은 눈시울을 붉히면서 이렇게 말했다고 한다. "정말 생각도 못했소. 해방된 지 수십 년이 지났는데도 농민이 아직도 이렇게 고통을 받고 있다니, 부담이 이렇게 과중하다니, 농민에 대한 당의 일부 간부들의 태도가 이렇게 악랄할 줄이야⋯⋯." 그는 눈물을 흘리면서 머리를 절레절레 흔들었다.

쩡샤오둥은 우자오런에게 이렇게 말했다. "우리가 조사해서 알아낸 것은 사실 신화사 기자가 보고한 정황보다 훨씬 더 엄중하오! 루잉촌 전부가 아주 가난한데 촌의 당지부 서기와 몇몇 촌 간부가 사는 집만 기와집이니, 이것만 봐도 뭐가 문제인지 분명하오. 루잉촌에는 두 개의 생산대(生産隊)가 있는데 몇 년간 계속 피를 팔아 생계를 이어가고 있소. 이렇게 고생을 하는데도 각종 부담은 여전히 다 완납할 수도 없고 중앙의 규정을 크게 위반하고 있으니 사람이 참을 수가 없는 것 아니오? 딩쭤밍은 무슨 '계획생산 문제'를 말한 것이 아니라 단지 농민의 부담이 과중하다는 것을 상신한 것뿐인데 맞아죽다니!"

쩡샤오둥은 여기까지 말하자 격동한 나머지 입술이 부들부들 떨리면서 굵은 눈물방울이 볼을 타고 흘러내렸다고 한다.

쩡샤오둥의 말에 의하면, 문제를 상신하는 농민들은 조사팀을 만날 때 우선 오랫동안 무릎을 꿇고 일어나지 않았다고 한다. 그중에는 걸음걸이가 부자유스러운 백발이 성성한 노인도 있었다. 그는 태어나서 이렇게 충격을 받은 적이 없었다. 생각해보라. 만약 거대한 슬픔과 고통, 오랜 억압이 없었다면, 세상의 온갖 풍파를 다 겪었을 법한 노인이 어찌 굴욕적으로 무릎을 꿇고 자기 손자뻘 되는 조사원에게 이렇게 예의를 표할 수 있단 말인가?

이 사람들은 모두 우리가 늘 입에 달고 말하는, 해방되어 나라의 주인이 되었다는 중국 농민이 아닌가? 그들의 구부러진 허리와 비틀린 영혼은 공동조사팀의 모든 사람을 놀라게 했고 깊은 침묵에 빠져들게 했다.

딩쭤밍의 죽음을 이렇게 중앙이 중시한 것은 틀림없이 전례 없는 일이었다. 딩쭤밍이 참혹하게 죽은 지 26일째 되는 날, 즉 1993년 3월 19일에 중국공산당 중앙사무국과 국무원 사무국은 공동으로 '농민부담의 경감에 관한 긴급 통지'를 발표했다. 이어서 6월 20일에 국무원은 베이징에서 전국농민부담경감업무회의를 개최했다. 이후 한 달 만인 7월 22일에는 중국공산당 중앙사무국과 국무원 사무국이 다시 공동으로 '농민부담 항목에 대해 심사 처리한 의견에 관한 통지'를 발표했는데, 농민부담과 관련해 강제로 할당되거나 편승해서 징수된 것으로 취소나 유보 또는 수정이 필요하거나 단호히 바로잡아야 할 것이 120개 항목에 달할 정도로 많았다.

이렇게 단기간에 농민부담 문제에 대해 신속하게 긴급 통지할 뿐만 아니라 명쾌한 일련의 상응 조치를 취하고 아울러 전국적인 업무회의를 개최한 것은 중화인민공화국 건국 44년의 역사상 미증유의 일이었다.

법률의 존엄성을 유지하고, 공민의 인신과 권리를 보호하며, 사회치안을 위협하는 범죄분자를 엄격히 단속하기 위해 안후이성 푸양지구 중급인민법원은 1993년 7월 2일 리신현에서 '딩쭤밍 사건'에 책임이 있는 여섯 명의 범죄자를 공개심리했다. 그 결과 왕진쿼은 사형 및 정치적 권리의 종신 박탈, 자오진시는 무기징역, 지훙리는 징역 15년, 펑즈중은 징역 12년, 주촨지는 징역 7년의 판결을 받았다.

한편 당과 정부의 기율을 숙정하기 위해 푸양지구 당위원회와 행정서는 그 전에 다음과 같은 결정을 내렸다. 리신현 당위원회 서기 다이원후는 당내 경고 처분, 부현장 쉬화이탕(徐懷棠)은 행정상 강직 처분, 지왕창향 당위원회 서기 리쿤푸는 당내 엄중경고 처분, 향장 캉쯔창은 당 내외 모든 직무의 박탈 및 당내 감찰 처분, 향당위원회 부서기 런카이차이는 면직 처분을 받았다.

아울러 지구 내의 인민대중에게는 간부들이 당의 정책을 성실히 이행하는지 더욱 잘 감독하도록 요구했고, 각 현이나 시에는 반드시 더 나은 조치를 취해 농민부담을 현실적으로 경감하라는 명령을 내렸다.

속이 시원한 결정이었다.

2001년 봄 2월, 우리는 딩쮀밍의 집을 찾아갔다. 여섯 식구가 사는 집은 딩쮀밍을 잃은 뒤 마치 집의 대들보를 잃은 것 같았다. 지방정부가 이 불행한 가정을 위해 농업세를 면제해주었지만, 생활은 매우 어려워 보였다. 대문에 붙인 대련(對聯)을 적은 종이색도 원래의 붉은색이 바래서 엷은 보랏빛으로 변해 있는 것을 보면, 그들이 아직도 거대한 슬픔에서 헤어나오지 못하고 있다는 것을 알 수 있었다.

딩지잉 노인은 병약한 데다가 백발이 성성한 쇠약한 몸이었으나, 당시의 상황을 회상할 때는 노안에 눈물이 마구 흘러내렸다. 노인은 과거의 판결문과 지구 법원이 발행한 수취증을 꺼내와서, 흰 종이에 묵서된 판결문상의 민사배상금이 아직도 지불되지 않고 있다고 알려주었다. 그들은 여러 번 푸양지구 법원을 찾아갔을 뿐 아니라 찢어지게 가난한 형편에 그들에게는 천문학적인 금액의 재판 비용을 납부했는데도 7년이 지나도록 당시 판결된 배상금은 감감 무소식인 것이었다.

딩쮀밍의 어머니인 딩루(丁路)는 반신불수로 모든 생활을 누워서 하는 지경이어서 그 고통을 말로 하기 어려운 상황이었다. 딩쮀밍의 아내 주둬팡은 화학비료공장에 일하러 나가서 오른팔이 절단되는 중상을 입어 다시는 힘든 일을 할 수 없는 형편이었다. 세 아이는 학교의 배려로 학교에 납부하는 잡비를 면제받았지만, 14세인 딩옌(丁艶)과 12세인 딩웨이(丁衛)는 학업을 중단하고 집에서 어머니를 도와 힘닿는 대로 농삿일을 해서 일가의 생활을 거들지 않으면 안 되었다.

루잉촌을 떠날 때 우리는 딩쮀밍의 무덤을 찾아갔다. 생사가 갈려 있어 그와 대화를 나눌 수는 없었지만 우리는 묵묵히 이런 비극이 다시는 일어나지 않기를 기도했다.

딩쮀밍이 그의 젊은 생명을 희생한 덕분에 중앙을 진동시켜 결국

9억 명의 농민이 스스로를 지킬 수 있는 보검을 가질 수 있게 되었다.

본래 우리는 그가 최초의 순도자이자 최후의 순도자이어야 한다고 생각했다. 그러나 그 후 우리가 구전현(固鎭縣) 탕난향(唐南鄕) 장차오촌(張橋村)의 샤오장장(小張莊)을 방문했을 때 딩쮀밍의 비극은 아직 끝나지 않았다는 것을 비로소 알았다. 샤오장장에서 발생한 사건은 딩쮀밍 사건보다 더 악질적인 것으로, 우리를 소스라치게 놀라게 했다. 그 피비린내 나는 광경을 사람들은 아마 믿을 수 없을 것이다. 그것은 '딩쮀밍 사건'이 일어난 지 5년 후, 중앙에서 수차례에 걸쳐 명령하고 훈계한 다음에 벌어진 사건이었다.

제2장

악인이 마을을 다스리다

5. 5분간의 혈극

상품의 대량유통에 따라서 사람들은 일반적으로 '發'('파'로 발음, 발전하다―옮긴이)과 비슷한 발음을 가진 '8'('바'로 발음―옮긴이)이라는 숫자를 선호하게 되었다. 그래서 1998년 2월 18일은 사람들에게 운수대길의 날로 생각되었던 것이다. 그러나 이날은 안후이성 구전현 탕난향 장차오촌의 샤오장장에서는 영원히 불길한 날이 되었다.

샤오장장은 화이허강 기슭의 저지대에 있다. 요 몇 년간 수해가 계속돼 촌민들의 생활이 어려워진 데다가 촌 간부들이 한도 끝도 없이 가렴주구(苛斂誅求)하는 탓에 집집마다 힘든 나날을 보내고 있었다. 촌 간부의 비행에 대해서 샤오장장의 촌민은 결코 참고 견디고만 있지는 않았다. 장자취안(張家全)과 장자위(張家玉), 장훙촨(張洪傳), 장구이마오(張桂毛) 등 혈기 넘치는 남자들이 여러 차례 촌정부의 회계감사를 요구하는 의견을 향당위원회와 촌의 당서기에게 상신했다. 작년 봄에는 촌민 장자창(張家昌)이 구전현 인민검찰원에 고발장을 보내기도 했다.

촌민의 계속되는 상방과 고발에 대해 촌위원회 부주임 장구이취안(張桂全)은 격분해 이를 갈았다. 그는 비록 '부촌장'에 불과했지만 그를 두려워하지 않는 사람은 없었다. '이 늙은이'는 어떤 일이든 해치우고야 마는 악인이라는 것을 잘 알고 있었기 때문이다. 장구이취안 본인도 촌민들의 원한이 주로 자기를 향한 것이라는 사실을 알고 있었지만 향정부에 자기 뒤를 봐주는 사람이 있다는 것을 믿고 촌민들을 안중에 두지 않았다. 어느 날 그는 치안공동방위대원 두 명을 집으로 불렀다. 그런 후 능청스럽게 자신을 고발한 장흥찬에게 청산할 테니 집으로 오라고 연락했다. 장흥찬은 함정일 것이라고는 생각지 못하고, 도리에 맞게 행동하면 천하에 무서울 것이 없다는 마음으로 신바람이 나서 서둘러 갔다. 장흥찬이 막 문에 들어서자마자 장구이취안이 욕설을 퍼부으며 자신의 두 아들과 치안대원에게 두들겨패라고 지시해 순식간에 장흥찬은 피투성이가 되고 말았다. 만약 장흥찬의 조카 장구이잉(張桂應)이 소식을 듣고 구하러 오지 않았다면 장흥찬은 어떻게 되었을지 모른다.

그러나 장구이취안의 폭력적인 위협은 촌민을 억누를 수 없었다. 기대했던 것과는 반대로 오히려 샤오장장의 전체 당원, 촌 간부들과 80여 호의 농민들은 일치단결해 향정부에 두 차례, 촌의 당지부 서기의 집을 다섯 차례 찾아가서 장구이취안을 조사해 처리할 것과 촌정부의 재무 장부를 철저히 감사해줄 것을 강력히 요구했다.

촌민들의 반복되는 호소와 청구는 결국 탕난향 당위원회의 관심을 이끌어냈다. 마침 이때 구전현 정부도 각 향촌의 재정을 전면적으로 감사할 계획이었기 때문에, 향당위원회 서기 줘페이위(左培玉)는 샤오장장에서 온 상방 촌민들에게 이렇게 말했다. "마침 잘 됐습니다. 우리 현에서도 이번에 재정감사를 할 작정이었기 때문에 이렇게 하기로 했습니다. 향기율검사위원회 서기 왕자원(王加文)이 재정 부문의 회계사 세 명을 대동해 먼저 여러분의 촌부터 감사를 시작하기로 하겠습니다."

이 소식에 샤오장장의 촌민들은 매우 기뻐했다.

그해 2월 6일, 향기율검사위원회 서기 왕자원이 회계사 세 명과 향정부에서 샤오장장을 담당하는 쉐자오청(薛兆成)을 대동하고 샤오장장에 들어왔다.

2월 9일, 왕자원의 지지하에 촌민들은 충분한 준비와 민주적인 협의를 거쳐 촌 전체의 87세대 중에서 열두 명의 민중대표를 선출하고 합동 회계감사팀을 조직했다. 사람들이 깊이 신뢰하고 있는 장자위, 장구이위(張桂玉), 장훙촨, 장구이마오 등은 모두 대표에 들어 있었다. 장구이취안의 사람됨을 잘 알고 있는 사람들은 회계감사가 순탄하지는 않을 것이라고 예감하고, 엄격한 감사의 방법과 기율을 제정하는 외에, 열두 명의 대표가 사적으로 약정해 만약 장구이취안이 누군가의 집에 가서 행패를 부리면 나머지 대표들이 반드시 현장에 달려가서 의외의 사건이 벌어지는 것을 막기로 했다.

이러한 감사 작업에 대해 장구이취안은 처음부터 극력 방해하려고 했다. 우선 유언비어를 퍼뜨려 누군가 독을 넣어 자신의 아들을 죽이려고 했다고 하면서 사람들의 이목을 다른 곳으로 쏠리게 하려고 했다. 그리고 여러 차례 촌회의 석상에서 이렇게 큰소리쳤다. "열두 명의 좆 같은 대표들이 감사를 해서 나를 어떻게 해보겠다고 하는데 그렇게 쉽지는 않을 거야! 내가 어떻게 되면 그놈들도 살아갈 수 없을 거라구.

나를 어떻게 할 수 없다면 내가 그놈들이 살아갈 수 없게 해줄 거야. 죽이지는 못하더라도 팔다리 하나쯤은 분질러 놓고 말겠어!"

2월 14일, 감사팀이 감사할 '촌 제류금' 장부 목록을 제출하자, 재무회계 담당자인 촌지부 부서기 장덴후(張店虎)가 장부를 갖고 와서 적당히 얼버무려 책임을 회피하려고 했다. 이것은 본래 장구이취안을 거들어주려는 것이었으나, 뜻밖에도 장구이취안을 화나게 만들었다. 장구이취안이 장덴후를 찾아가 "장부를 내놓지 말았어야지!"라며 화를 냈던 것이다. 2월 15일에는 장구이취안의 며느리 장슈팡(張秀芳)이 시아버지가 사람을 죽이려고 한다는 말을 꺼냈다.

장구이취안의 이러한 위협에 직면해서 촌과 향의 지도자들은 전혀 중시하지 않았고, 감사 대표도 장구이취안이 사람을 겁주려는 것에 불과하다고 생각하고 전혀 중요한 일로 여기지 않았다.

그런데 아무도 생각하지 못한 일이 일어나고 말았다. 감사가 시작된 지 9일째 되는 2월 18일 이른 아침, 장구이취안은 정말로 살인의 칼날을 휘둘렀던 것이다.

그날은 음력으로 정월 22일이고 다음날이 바로 '우수'였는데, 부슬부슬 봄비가 앞당겨 내리고 있었다. 크지도 작지도 않은 빗방울이 샤오장장 농가의 지붕을 도닥거릴 때, 사람들은 마치 자장가를 듣는 것처럼 잠에 취해 있었다. 날이 환히 밝았을 때도 마을 사람들은 아직도 이불 속에 웅크리고 있었다.

58세인 웨이쑤잉(魏素營)은 그날도 일찍 자리에서 일어나 여느 때처럼 서둘러 부엌으로 갔다. 그녀는 남편처럼 밖에 나다니지는 않았지만 마을에서 벌어지는 일에 대해서는 잘 알고 있었다. 남편 장구이위는 마을사람들에게 촌민 대표로 뽑혀 다른 열한 명의 대표와 함께 어떤 일이 있어도 계획대로 촌정부의 재무 장부를 감사해야 할 것이었다. 이것은 87세대의 촌민들이 남편에게 보낸 신임이자 그들의 절실한 이익이 걸린 일이기 때문에 웨이쑤잉은 촌의 큰일을 그르칠까 두려워서 아침 일찍 밥을 지었던 것이다.

창밖은 아직 어둑어둑했고 봄비는 여전히 부슬부슬 내리고 있었다. 웨이쑤잉이 밥과 반찬을 차려놓고 남편 장구이위와 아들 장샤오쑹(張小松)이 식탁에 막 둘러앉았을 때 집 안의 낡은 자명종은 7시 10분을 가리키고 있었다. 그때 장구이취안이 자신의 다섯째 아들 장위량(張余良)과 일곱째 아들 장러이(張樂義)를 데리고 문 앞에 나타났다. 이어서 촌정부의 회계를 보고 있는 장자후이(張家會)와 그의 아들 장제(張杰)도 나타났다.

장구이취안이 두 아들을 데리고 온 것은 이미 살육을 결심했다는 의미였고, 지금 필요한 것은 다만 핑곗거리였다.

아버지가 마을의 회계를 맡고 있었기 때문에 촌민들의 장부감사에 대해 똑같이 감정이 상해 있던 장제는 대뜸 장구이위에게 대들며 비아냥거리는 투로 말했다. "감사는 어떻게 돼 가쇼? 우리 잘잘못은 가려졌소?"

장구이위는 총명한 사람이어서 그들의 속내를 알아채고 식탁을 떠나 차분히 말했다. "사람들이 나보고 장부를 감사하라고 하는데 내가 어떻게 안 할 수 있겠소?"

이때 장구이취안의 일곱째 아들 장러이가 장구이위에게 욕을 하며 대들었다. "개새끼! 니가 무슨 장부를 감사해?"

"니가 어찌 욕을 ……." 장구이위가 어린 녀석을 꾸짖으며 말했다. "니가 나를 욕하는 걸 보니 니 아비까지 욕할 수 있겠구나!"

그때 장구이취안이 바로 말을 잘랐다. "무슨 욕을 했다 그래!" 그리고 두 아들에게 지시했다. "쳐라!"

장구이취안의 입에서 돌연 튀어나온 이 말을 듣고 장구이위는 순간 멍해졌다.

웨이쑤잉은 상황이 좋지 않다고 보고 다급히 식탁에서 일어나 장구이위 쪽으로 달음질쳐 와서 말했다. "당신들, 사람을 깔보고 남의 집에 와서 도대체 뭐하자는 거요?"

이때 장러이는 이미 문 옆에 있던 나무몽둥이를 잡고 있었고, 장위량도 장구이위의 집에 있던 낫 한 자루를 들고 왔다. 장러이가 장구이위를 향해 몽둥이를 휘두르자 옆에 서 있던 장자후이는 제지하기는 커녕 오히려 장구이위의 허리를 꽉 잡아 움직이지 못하도록 했다. 위급해진 장구이위는 있는 힘을 다해 빠져나온 다음, 바닥에서 벽돌을 집어들었다. 웨이쑤잉은 촌 간부의 자식이 남편을 죽일 듯이 때리려는 것을 보고 어쩔 줄을 몰라 하다가 황급히 부엌에서 식칼을 들고 나왔다.

쌍방이 무기를 들고 서로 노려보면서 일촉즉발의 상태가 되었다.

싸우는 소리에 이웃들이 놀라 일어나게 되었는데, 장러이와 장위량은 적지 않은 촌민들이 현장에 몰려오는 것을 보고는 더 이상 손을 쓰지 못하고 집밖으로 물러났다.

그러나 장구이취안은 단념하지 않고 장구이위의 집 뒤로 가서 욕을 하면서 싸움을 걸었다. "꼬맹이 차오(橋: 장구이위의 어릴 때 이름), 너 이 개자식, 배짱이 있으면 나와봐!"

장구이위는 상대방이 부드럽게 나오면 받아들이지만 강압적으로 나오면 받아들이지 않는 호한(好漢)이었다. 촌 간부가 이처럼 날뛰는 것을 보고 추호도 굴하지 않고 집 뒤로 나와서 꾸짖으며 말했다. "이번에 향정부가 당신의 장부를 감사한다고 해서 민중이 나를 대표로 뽑은 것인데 내게 무슨 잘못이 있단 말이오? 내가 당신의 장부를 검사한다면 나를 어쩔 거요? 그리고 장구이취안, 당신 욕 좀 그만하시오."

말싸움 도중에 장구이취안은 몰래 장러이에게 지시해서 집으로 가서 사람을 불러오게 했다. 얼마 지나지 않아 장구이취안의 장남 장자즈(張加志)와 여섯째 아들 장차오웨이(張超偉)가 흉기를 감추고 현장에 나타났다. 장차오웨이가 오자마자 장구이위를 때리기 시작하자 장위량은 그 틈에 장구이위 수중의 몽둥이를 빼앗았다. 장차오웨이는 적수공권의 장구이위가 여전히 완강히 저항하는 것을 보고 잽싸게 장화 속에서 단도를 꺼냄과 동시에 품속에서 식칼을 꺼내더니 장구이위의 머리와 가슴을 향해 난도질을 했다.

장구이위는 창졸간에 막을 수가 없었고 소리 한번 못 지른 채 털썩 땅바닥에 쓰러지고 말았다.

촌민 대표 장훙촨과 장구이마오가 소리를 듣고 현장에 달려와서 장구이위가 피가 흥건하게 고인 가운데 뻣뻣하게 누워 있는 것을 발견했다. 장훙촨이 분노를 참지 못하고 장구이취안을 향해 외쳤다. "너희들, 어찌 이리 악독한 거야? 빨리 병원으로 옮기지 못해?"

이때 장구이취안은 이미 완전히 이성을 잃고 있었다. 그는 장훙촨과 장구이마오가 달려오는 것을 보고 싸늘하게 웃으며 말했다. "개자식, 잘 왔다! 기다리고 있었다!" 그리고 장남 장자즈에게 소리쳤다. "해치워버려! 나를 감사하겠다는 열두 대표 놈들 모두 죽여버려!"

장훙촨에 가장 가까이 있던 장위량이 바로 달려들어 장훙촨의 가슴과 복부와 허벅지를 연달아 칼로 그어댔다. 장훙촨은 저항할 틈도 없이 쓰러지더니 곧 숨이 끊어졌다.

장위량이 장훙촨에게 달려들 때 장구이취안은 우산을 집어던지며 장구이위를 구조하러 온 장구이마오를 뒤에서 껴안더니 욕을 퍼부었다. "개자식, 네놈이 여기저기 나를 고발하고 다녔지? 나를 감사하겠다고? 해봐!" 체격이 건장한 장구이마오는 뒤에서 껴안겼지만 조금도 놀라지 않고 장구이취안을 상대로 맞붙어 싸웠다. 장구이취안은 장구이마오를 당해낼 수 없다는 것을 알고 큰소리로 아들을 불렀다. "러이야, 이놈 좀 해치워!"

장러이가 식칼을 들고 달려와서 장구이마오의 머리를 향해 휘둘렀다. 장구이마오는 곧바로 땅에 엎어졌다. 이때 눈이 벌게진 장자즈가 달려와 장구이마오의 등에 올라타더니 돼지 잡는 칼로 장구이마오의 등을 세 번 찔러댔다. 후에 법의학 감정에 의하면 장구이마오의 머리에는 베인 상처가 다섯 군데 있었는데, 상처가 깊어 두개골에까지 도달할 정도였다. 두개골 외판이 골절되었고, 왼쪽 폐도 파열된 상태였다고 하니 살인자가 얼마나 흉악했는지 알 수 있을 것이다.

쓰러진 채 숨이 끊어져가던 장구이위는 극렬한 통증으로 신음하고 있었는데, 미친 듯이 날뛰던 장자즈는 장구이위가 아직 숨이 붙어 있는 것을 보고 달려와 가슴과 복부를 다섯 번 연속해서 찔러댔다.

이렇게 순식간에 촌민 대표 세 사람이 장구이위의 집에서 쓰러져버렸다. 빗물이 핏물과 섞여 땅을 붉게 물들이고 주위는 코를 찌르는 피비린내로 가득 찼다.

장구이위의 형 장구이웨(張桂月)는 동생이 흉계에 변을 당했다는 말을 듣고 비통하고 격분해 소의 여물을 섞을 때 사용하는 가는 나무 막대기를 들고 달려왔다. 그는 시력이 좋지 않아서 장자즈의 바로 앞까지 달려와서야 비로소 쓰러져 있는 사람이 동생이라는 것을 알아차렸다. "이건 차오잖아?" 그의 말이 끝나기도 전에 장자즈는 수중의 돼지 잡는 칼로 장구이웨의 가슴을 찔렀다.

16세인 장샤오쑹은 혼란 중에 아버지에게 달려와서 부축해 병원에 데려가려고 했지만, 장차오웨이가 피로 물든 식칼을 들고 가로막아서서는 장샤오쑹의 머리를 찍으려고 했다. 누군가 소리를 질러 일깨워서 장샤오쑹이 머리를 피하자 장차오웨이가 휘두른 식칼은 어깨에 박혔다. 장샤오쑹은 다급히 도망쳐 다행히 목숨은 건졌다.

겨우 5분 사이에 샤오장장은 네 명이 죽고 한 명이 중상을 입는 피비린내나는 아수라장이 되었다.

장구이취안의 넷째 아들인 장쓰마오(張四毛)까지 칼을 들고 헐레벌떡 현장에 달려오고 있을 때, 촌 입구에 걸어놓은 유선방송의 스피커에서는 촌지부 서기 장뎬펑(張店風)이 촌민 대표에게 장부감사를 빨리하라고 재촉하는 소리가 울려나오고 있었다.

6. 형기 중에 중임을 위임받다

현대경제학의 이론에 의하면, 어느 사회집단의 역량은 그 집단에 속한 사람 수의 많고 적음에 달린 것이 아니라 조직력에 의해서 결정된다고 한다. 조직의 역량은 정권과 결합할 때 특히 강대해진다. 중국 농민은 사람 수는 많지만 분산되어서 억압을 막아낼 수 있을 정도의 조직력을 갖추지 못했다. 그러나 향촌의 간부는 긴밀하게 조직되어 있고 농촌에서 국가정권의 합법적인 대리인이다. 만약 이 대리인이 국가 정권의 의지를 버리고 정권의 조직력에 기대어 자신의 이익을 위해 일한다면 그들이 소수일지라도 참으로 무서운 존재가 될 것이다.

장구이취안은 비록 초등학교 정도의 교육밖에 받지 못했지만 촌위원회 부주임이라는 실권을 장악하고(현지에서는 '부촌장'이라 불리고 있었다), 동시에 가족의 힘(일곱 명의 아들)을 빌려 샤오장장에서 세력을 믿고 전횡하며 향정부를 좌우하는 촌의 두목이 되었다.

1997년 그는 현정부에서 징수하라는 밀의 수량이 전년도의 수량과 동일하다는 것을 분명히 알았지만, 1인당 50근을 더 내라고 강요했다. 재물을 모으는 데에는 도가 텄던 인물인지라 '5세1비'(五稅一費)라는 것도 그가 임의로 강제 징수한 항목이었다. 가령 어떤 집에서 돼지 한 마리를 키운다고 하면 45위안을 납부하게 하고, 누가 집을 신축한다고 하면 155위안에서 500위안을 납부하도록 했다. 많이 내고 적게 내는 것은 모두 그의 입에서 나온 말로 결정되었다. 촌의 낡은 집들에는 가구마다 50위안을 내게 하고, 땅콩을 심으면 1묘당 10위안씩 내게 하고, 집에 트랙터가 생기면 1대마다 50위안을 내게 했다. 장구이웨가 있는 돈을 다 쏟아 막 장만한 '소형 사륜 트랙터'는 아직 운전도 하기 전에 45위안을 내야 했다. 이제 사람은 가고 물건만 남게 되었으니, 새 트랙터가 비막이 텐트 속에 우두커니 서 있는 모습은 마치 그의 주인을 위해 애도하는 것처럼 보였다. '계획출산부육비'(計劃出産扶育費)에 대해서는 아무도 '부육'이라는 두 글자의 뜻을 이해하지 못하는데도 벌금만은 장구이취안의 마음대로 부과되었고, 또 대부분은 간이영수증만 끊어주고 장부에는 올리지 않았다.

장구이취안 일가는 교묘하게 명목을 세워 인민의 재산을 수탈하는 데는 악착같으면서도, 규정에 따라 누구나 내야 할 '제류금'이나 자신이 사적으로 설정한 '5세1비'에 대해서는 한푼도 낸 적이 없었다. 자신들은 수중의 권력으로 토지를 빼앗고, 양어장을 강점하고, 공유물을 침범하고, 공금을 횡령하는 등 온갖 나쁜 짓을 다 저지르면서도 촌민들이 이의를 제기하면 일체 허락하지 않았다. 예를 들면 어느 날의 일이었는데, 제대군인 장구이루(張桂錄)의 아내 장차오화(張朝華)가 촌정부에 보리밭을 좀 나눠달라는 부탁을 하려고 장구이취안을 찾아갔다가 다리 위에서 말싸움이 벌어졌다. 장구이취안은 언제 봤다고 촌민이 감히, 그것도 일개 여자가 이런 이야기를 자신한테 하느냐고 화를 내면서 결국 장차오화를 다리 아래로 던져 혼절하게 만들어버렸다. 장차오화의 남편 장구이루는 분노를 참을 수 없어 장구이취안을 구전현 법원 성북법정(城北法庭)에 고소했다. 법원에서 장구이취안은 8,000위안을 배상하라는 판결을 받았지만 줄곧 거부하고 납부하지 않았다. 최후까지 버티다가 의료비를 배상하지 않으면 안 되게 되자, 장구이취안은 놀랍게도 그 비용을 촌민들에게 할당해버렸다.

이런 악당이 어떻게 촌의 당위원회 지도자 자리에 앉을 수 있었던 것일까? 뿐만 아니라 그는 당위원회 부주임에 불과한데 당위원회 주임이나 당지부 서기는 또 무엇을 하고 있는 것일까? 그와 함께 나쁜 물이 든 것인가 아니면 보고도 못 본 체하는 것인가? 이런 의문은 우리의 취재 중 가장 곤혹스러웠던 점이었다.

그 후 장구이취안의 경력을 이해하게 되면서 우리처럼 도시에 사는 사람들에게는 더욱 불가사의한 일이 되었다. 원래 샤오장장의 문제는 재무관리의 혼란에만 있는 것이 아니었다. 조직의 기반 건설에서 드러난 문제점은 더욱 놀라웠다. 1992년 5월 20일, 당시 샤오장장 촌 당위원회 주임이었던 장구이취안은 오직(汚職)과 부녀자 강간죄로 구전현 인민법원에서 징역 1년에 집행유예 2년을 선고받았다. 그동안 샤오장장은 장차오촌에 병합되었는데, 장구이취안은 형기 중인데도 오히려 변신해 장차오촌 촌위원회 부주임이 된 것이다. 촌민들의 말에 의하면, 장구이취안이 부주임이 된 것은 본래 민주적인 선거를 거치지 않고 완전히 향당위원회와 촌지부의 지도자 개인이 제멋대로 지명한 것이라고 한다.

재판에서 판결을 받고 형기 중에 있는 일개 흉악한 범죄자가 여전히 두 개의 당 조직으로부터 중임을 위임받았으니, 온갖 악한 일을 다 저지르던 장구이취안으로 하여금 악행을 뉘우치기는커녕 오히려 두려울 것 없게 만들어 더욱 흉악한 인간으로 만들어버린 셈이다.

엄격히 말해서 장구이취안 같은 사람의 행동방식은 중국의 봉건시대부터 이어져온 농촌의 '악질 토호'[惡覇]의 기본적 특징이다. 그러나 당시의 악질 토호와 비교하면 구별되는 점도 적지 않다. 즉 당시의 촌에도 이러한 악질 토호가 있었고 인민의 분노도 컸지만, 토지는 지금처럼 넓지 않고 재산도 많지 않았으며 게다가 악질 토호가 촌락의 공권력을 합법적으로 획득하지는 않았던 것이다. 그런데 장구이취안은 마음대로 토지와 재산을 차지했을 뿐만 아니라 촌락의 공권력을 합법적으로 획득했다. 장구이취안 같은 촌 간부는 봉건시대의 악질 토호에 비해 사회적으로 더 많은 해를 끼치고 있는 것이다!

장구이취안 부자의 고의적인 살인 사건은 하나의 '개별 사건'이지만, 그러나 이것이 '장구이취안 현상'이라면 우리는 실로 깊이 우려해야 할 것이다. 취재 중에 우리는 '악인이 마을을 다스리는' 현상이 이미 놀라울 정도로 눈에 띄는 현실을 보았다. 장구이취안은 현재 중국 사회의 농촌 말단 부분에서 공권력이 낳은 하나의 생생한 표본이다.

결론이나 사고방식은 아주 간단히 도출할 수 있다. 문제는 어떻게 하면 이러한 비극이 다시 벌어지는 것을 막을 수 있는가이다.

7. 비극은 계속된다

구전현 공안국 방폭경찰(防暴警察)은 신고를 받은 지 20분 만에 샤오장장을 포위했다. 살인 혐의를 받은 장구이취안, 장자즈, 장차오웨이와 장위량은 즉시 체포되었다. 다만 장러이는 잡지 못했는데 피해자의 가족과 현장에 있던 증인에 의하면, 당시 장러이는 그들 부자가 범행에 사용한 흉기를 넣은 가방을 손에 들고 촌지부 서기 장뎬펑과 실탄을 장착한 방폭경찰의 면전을 유유히 빠져나갔다고 한다. 장뎬펑도 확인하지 못했고 경찰도 상황을 몰랐기 때문에 장러이는 촌민 황쯔셴(黃自先)의 집 뒤로 난 샛길을 따라 요행히 빠져나간 것이다.

샤오장장에서 발생한 살인 사건 소식은 신속히 전파되어 나갔다. 그러나 구전현의 당위원회와 정부도, 탕난향의 향위원회와 정부도 농민들이 요구한 민주적 권리와 부담 경감의 문제에 대해서는 홍수를 피하는 맹수처럼 잠자코 있었다. 사건이 벌어진 다음날 밤 샤오장장이 거대한 충격과 비통에 빠져 있는 가운데 구전현의 케이블TV에 갑자기 이런 뉴스가 보도되기 시작했다.

"뉴스를 보도합니다. 본현 탕난향 장차오촌 샤오장장에서 촌민 간의 민사분규로 말싸움이 벌어져 중대한 과실치사 사건이 발생했습니다."

그리고 화면상에 비춰진 것은 현장에서 압수된 것처럼 보이는 '흉기'였는데, 사실은 공안원이 증거품을 하나도 찾지 못했기 때문에 피해자 장구이위의 집에서 대신 가져온 낫과 식칼 등이었다.

뉴스는 전부 거짓이었다!

이 '뉴스'가 한번 나가자 샤오장장은 발칵 뒤집어졌다.

이번 살인 사건으로 아버지 장구이마오를 잃은 외아들 장량(張亮), 장구이위와 장구이웨 두 동생을 잃은 장구이쥐(張桂菊) 그리고 수많은 현장의 목격자와 격분한 촌민들 300여 명이 남녀노소 가릴 것 없이 자발적으로 결집해 뉴스가 방송된 다음날 새벽에 구전현 케이블TV 방송국으로 몰려가 방송국장에게 따져 물었다. "형기도 끝나지 않은 범죄자가 촌장이 되어 더 악질이 되어서 촌민을 억압했고, 민중이 참을 수 없어 자신의 민주적 권리에 따라 장부감사를 요구했다. 게다가 이것은 현정부에서 서명하고 향정부에서 승인한 일인데 어떻게 이처럼 인간성이라곤 찾아볼 수 없는 잔인한 보복을 할 수 있는가? 이것을 어떻게 '과실치사'라고 할 수 있는가? 도대체 누구를 과실로 치사했다는 것인가? 누구를 살해해야 과실이 아니라고 할 수 있는가? 촌민 대표인 피해자와 장구이취안 사이에 분쟁이란 도대체 무슨 분쟁인가?"

방송국장은 벙어리처럼 아무 말도 하지 못했다. 그는 분명히 이렇게 많은 사연이 있는 줄은 몰랐고 사건의 성질이 이렇게 악랄하고 엄중하리라는 것도 알지 못했다. 그는 할 수 없이 사실을 '자백'했다. "현정부의 지도자가 그렇게 방송하라고 지시했습니다."

죽은 사람은 살아 돌아오지 않지만, 그러나 어떻게 죽었는가에 대해서는 분명히 해두지 않으면 안 된다. 피해자는 모두의 이익을 지키기 위해 대표가 되었다가 이렇게 비참하게 살해당한 것이다. 사람들이 비참한 사건을 받아들일 수 없는 상황에서 이 황당한 '뉴스'는 타오르는 불에 기름을 붓는 격이 되었다.

분노한 촌민들은 현위원회 서기를 만나러 가기로 결정했다.

현위원회와 케이블TV방송국은 건물이 붙어 있었다. 촌민들이 방송국 건물로 몰려왔을 때 거리는 사람들로 인산인해를 이루었다. 사람들은 '뉴스'를 보고 모두 사건의 참혹함과 살인자의 잔인함을 알았고, 샤오장장의 촌민들이 '뉴스' 때문에 방송국을 찾아왔다는 말을 듣고 곧 '뉴스'가 거짓이라고 짐작한 것이다. 가짜와 저급한 상품이 시장에 넘쳐나고 있는 요즈음에는 뉴스의 신뢰도도 떨어졌고, 특히 중대한 사고에 대한 뉴스의 진실성에 대해서는 모두들 에누리해서 받아들이기 마련이다. 이 사건이 결국 어떻게 될 것인지 궁금한 사람들이 모이기 시작했고, 곧 3,000여 명이나 되는 사람들이 촌민들을 겹겹이 에워싸게 되었다.

한편 현의 당위원회는 옆에서 이 광경을 지켜보고 있었는데, 샤오 장장의 촌민들이 현위원회를 찾아왔을 때는 지도자들이 이미 자취를 감춰버린 뒤였다.

현정부에서 돌아온 다음날 오후에 샤오장장의 촌민들이 점심 식사를 끝냈을 무렵, 촌지부 서기 장뎬펑이 촌민들에게 황쯔셴의 신축 가옥에서 회의를 개최한다고 통지했다. 그 집은 황쯔셴이 아들의 결혼을 위해 준비한 집인데, 아들이 외지에 일하러 나갔기 때문에 비어 있었다. 그곳에 촌민들이 속속 모여들었다.

가서 보니 향정부에서도 사람이 왔다는 것을 알았다. 탕난향 부향장 허징쿠이(何井奎), 향정법(鄕政法)위원회 서기 추야(邱亞) 그리고 파출소 경관이 함께 와 있었는데, 그들은 촌민들의 '입을 막으러' 온 것이었다.

회의의 분위기는 엄숙해서 질식할 정도였다. 부향장 허징쿠이가 우선 형법의 몇 개 규정을 골라 읽고 나서 상방이나 소요나 함부로 말하는 것을 허락하지 않겠다고 선포했다. 사람들은 모두 긴장했다. 특히 피해자 가족은 도무지 이해할 수 없었다. 가족이 살해되었는데 마치 그들이 국법을 어기기라도 한 것처럼 말하지 않는가? 이래서는 옛날 '인민의 적'이 된 것처럼 '말도 행동도 마음대로' 할 수 없고, 언제 어디서나 경계의 눈에 마주치는 꼴이 되어 사람답게 살 수 없는 것이다.

웨이쑤잉은 집에 돌아오자 침대에 엎어져 대성통곡했다. 그녀는 남편이 왜 죽어야 했는지 알 수 없다고, 원통해도 하소연할 데가 없다며 통곡했다. 그 끔찍한 광경을 두 눈으로 똑똑히 봤는데도 이런 취급을 당한다며 눈이 퉁퉁 부어오를 정도로 울었다. 이 세상은 완전한 암흑이다, 언제 미쳐버릴지 모르겠다며 그녀는 하염없이 울었다.

그리고 5월 7일, 안후이성의 신문사가 제2면에 '촌 주임의 분노로 촌민 네 명이 살해당하다'라는 제목의 기사를 실었다. 이 기사의 게재는 벙부시(蚌埠市)의 검찰기관이 이 사건을 시의 법원에 제소한 시기와 꼭 맞아떨어졌기 때문에 여론이 비등하는 것을 막아보겠다는 의도가 아주 명확했다.

기사의 첫머리는 이렇게 시비를 뒤섞어 놓은 표현을 하고 있었다. "장구이취안이라는 촌의 당위원회 부주임이 촌민의 격렬한 언사에 크게 화를 내서 자식들을 데리고 촌민과 상호 구타한 끝에 네 명의 촌민이 사망하게 되었다."

중국어 문장을 읽을 능력이 있는 사람이라면, 이러한 표현의 기사에서 다음과 같은 결론을 내리게 될 것이다. "'촌민의 격렬한 언사'가 먼저 나오고 장구이취안이 '크게 화를 내서'가 뒤에 있으므로, 살해된 촌민을 포함한 촌민들이야말로 이 사건을 일으킨 장본인이다."

그러나 세심한 독자라면 역시 이런 의문을 품을 것이다. '상호 구타'라는데 왜 죽은 사람은 모두 촌민들뿐인가? 이 '장구이취안이라는 촌의 당위원회 부주임'은 왜 자신의 촌민에게 이렇게 악독하게 굴고 함부로 사람을 죽인 것인가? 촌민의 '격렬한 언사'란 도대체 어떤 내용인가? 이 부주임이란 사람은 왜 '크게 화를 내서' 감히 천하의 극악한 죄인 살인을 저지른 것인가?

이러한 매우 중요한 사항에 대해 기사는 전혀 설명하지 않았다. 분명히 말하기가 어려운 점이 있거나 혹은 감히 말할 수 없기 때문일 것이다.

이 기사는 촌민들이 자신들의 민주적 권리를 행사할 것을 요구했다는 점과 촌민들이 과중한 부담을 감당할 수 없다는 엄중한 사실을 완전히 외면하고 있다. 외면한다는 것은 구린 데가 있다는 것, 즉 간계를 부릴 필요가 있다는 것을 뜻한다.

정의와 사악, 문명과 야만, 진보와 후퇴 사이의 투쟁은 이렇게 민중들 간의 말다툼, 우매하고 무지한 '상호 구타'로 왜곡돼버렸다. '네 명의 촌민 사망'은 마치 거의 자업자득에 불과한 것처럼 보이기도 했다.

샤오장장의 촌민들은 다시 격분했다!

그들은 성성(省城)의 신문사를 찾아가서 분연히 따져 물었다. "사람의 목숨이 달린 이렇게 큰 사건을 당신들은 기초적인 사실조차 조사도 하지 않고 무엇을 근거로 이렇게 보도할 수 있느냐?"

물론 신문사 편집실이 매일 발행해야 하는 원고에 대해 모두 현장에 가서 사실을 조사할 수는 없다. 신문사의 설명으로는, 이 원고가 절차상 착오가 없고, 원고에 검찰기관의 직인이 찍혀 있었기 때문에 다시 사실을 조사할 필요가 없다고 판단하고 발표했다는 것이다.

여기서 명백히 해두고 싶은 것은, 이 사건이 발생한 시점은 1998년 봄이며, 리신현 지왕창향 루잉촌의 '딩쮀밍 사건'이 발생한 1993년 봄이 아니라는 점이다. 중앙정부에서는 누차 농민의 부담을 증가시켜서는 안 된다고 통지하고 충분히 명확한 규정도 만들었다. "어떤 촌도 농민에게 규정 외의 부담을 부과한다면, 그 향과 진의 당위원회 서기와 향장과 진장은 즉시 당정의 처분을 받을 것이며, 현의 서기와 현장(縣長)도 서면으로 자기비판을 해야 한다." 안후이성은 원래 어조가 엄정한 이 문건을 접수한 후 중앙의 지시를 어김없이 관철해 실행에 옮기겠다는 뜻을 표명하기 위해, 다시 한 항목을 추가했다. 즉 해당 시의 서기와 시장도 반드시 성당위원회와 성정부에 보고서를 제출해 자기비판을 하도록 하겠다는 것이었다.

그런데 여기에는 문제가 있었다. 문건의 정신은 틀림없이 시의에 맞고 정확한 것이었으며 엄격한 요구도 농민의 권익을 보호하기 위한 것으로서 여기에 대해서는 나무랄 것이 없다. 그러나 오늘날 한 개 현의 인구는 적으면 수백만 명, 많으면 수천만 명에 달한다. 숲이 크면 별의별 동물이 다 있는 법이다. 이 수많은 인구 중에 무뢰한은 말할 것도 없고 제멋대로 행동하는 사람이 없다고 누가 보증할 수 있겠는가? 즉 그들이 자기비판을 할 수 있겠는가라는 문제인 것이다.

눈앞의 문제는 샤오장장의 장구이취안이 이미 보편적인 촌당위원회 부주임이 아니라는 점이었다. 이 사람은 형기 만료 전에 촌의 간부가 되어 범죄를 저질렀기 때문에 문제가 복잡해졌다. 게다가 그는 촌민에 대해 가렴주구뿐만 아니라 살인까지 저질러서 더욱 문제가 커졌다. 중앙에서는 이러한 문제에 대해 이미 명확한 규정을 마련한 바 있다. 바로 농민부담 문제로 사람 한 명을 살해하거나 여섯 명 이상이 집단으로 상방하게 한 경우에는 반드시 중앙에 보고해야 한다는 규정이다. 그런데 장구이취안 부자는 사람 한 명이 아니라 네 명을 죽이고 한 명을 상해하는 경악스러운 일을 저지른 것이다.

구전현의 당위원회 서기나 현장도, 벙부시의 시위원회 서기나 시장도 모두 이 사실에 난감했고 감히 직시할 수 없었다. 그들이 양심이나 용기가 없었던 것은 아닐지도 모르지만, 눈앞의 이 냉혹한 사실은 그들에게 너무나 갑작스러운 일이었을 뿐만 아니라 분명 잔인하기도 했으며 그들에게 주어진 선택의 여지는 많지 않았다. '딩줘밍 사건'이 중앙을 놀라게 한 것을 아무도 쉽게 잊지는 못할 것이며, 따라서 누구나 이러한 사건에 책임을 지는 일의 위험과 대가를 잘 알고 있었다. 그들은 분명 이런 위험과 대가를 감당하고 싶어 하지 않는 사람들이었다. 그렇지 않다면 사건이 벌어진 뒤의 수상한 일을 해석할 수가 없는 것이다. 또한 평범한 농민이라고는 하나 살해된 네 명의 생명을 그렇게 경시할 수 있는 이유가 어디에 있는지 도무지 알 수 없는 노릇이다.

이러한 사실을 가장 받아들일 수 없는 사람은 당연히 피해자 가족이었다. 그날 피해자 가족 장량과 웨이쑤잉 등 몇 사람은 다시 용기를 내어 현당위원회를 찾아가 현 서기를 만났다. 그들은 젊은 서기 앞에서 오랫동안 무릎을 꿇고 울면서 억울한 사정을 호소했다. 그러나 그들의 육친이 촌민들을 대신해서 장부를 감사하려다가 살해당했다고 말하는 순간, 서기는 갑자기 화를 내며 말했다. "장부 감사라니? 현 전체가 장부를 감사하고 있는 중인데 왜 다른 사람이 아니고 당신들 가족만 죽었나?"

현 서기의 말에 피해자 가족은 어이가 없어서 입이 떡 벌어질 뿐이었다.

현 서기의 말은, 가령 어느 집의 여자가 폭행을 당해서 그 피해를 호소할 때, "세상에 젊고 예쁜 여자가 많은데 왜 다른 여자는 아무 일 없고 당신만 폭행당했는가?" 하고 화내는 것과 마찬가지였다. 말 같지 않은 말이었다.

장부를 감사할 세 명의 촌민 대표가 살해당해서 나머지 아홉 명의 대표는 모두 한없이 비통했지만 샤오장장의 감사 작업은 결코 중단되지 않았으며 감사의 의지는 더욱 굳어지고 진지해졌다.

장구이취안 부자가 체포되면서 감사 작업은 훨씬 수월해졌으며 촌 간부들의 경제상의 수많은 문제가 빙산의 일각처럼 서서히 드러나기 시작했다. 틀림없이 샤오장장의 문제는 장구이취안 한 개인에게만 있는 것이 아니었다. 촌의 당지부 서기, 당위원회 주임, 회계 등도 모두 깨끗하다고 할 수는 없었다. 그들은 이번 감사에 대해 내심 두려워하며 배척하려 했으나 이 일은 현정부에서 총괄하는 일이고, 샤오장장의 감사팀도 향정부에서 결정한 것이라서 아무리 보기 싫고 두렵고 불안해도 장구이취안처럼 어리석게 사람을 죽이러 갈 수도 없었다.

그런데 얼마 지나지 않아 그들은 현과 향 양급 당위원회와 정부가 모두 재무감사에 대해서 입을 다물고 문제를 제기하지 않고 있으며, 장구이취안 부자 살인 사건의 진상에 대해서도 극력 엄폐하고 있다는 사실을 알아차렸다. 그래서 그들의 담은 다시 커지기 시작했다.

장부감사팀은 1997년 샤오장장에서 양곡을 거둘 때 1인당 60근을 더 거두었다는 사실을 밝혀냈는데, 이것은 명백히 국가의 정책을 위반한 것이었다. 감사팀은 지부 서기 장뎬펑의 집을 방문했다. 장뎬펑은 전혀 개의치 않는 태도로 말했다. "맞소. 내가 더 거두라고 그랬소. 더 거두라고 한 것은 내가 더 필요한 데가 있었기 때문이오. 당신들은 신경 쓸 필요 없소." 장뎬펑의 태도는 아주 무지막지했다.

감사팀은 또한 네 명의 촌 간부가 토지 매각대금에서 각각 2,600위안씩 나눠가졌고, 장뎬펑도 매각대금에서 6,000위안을 챙긴 사실을 밝혀냈다. 촌민 대표들이 장뎬펑을 방문하자, 장뎬펑은 태연하게 말했다. "아, 그것 말이오, 그건 수고비요." 그래서는 안 된다고 말하자 장뎬펑은 "내가 쓸 데가 있어서 받았다니까"라고 버젓이 말했다.

또 감사회의 석상에서 촌민 대표가 촌당위원회 주임 장펑즈(張鳳知)에게 "샤오장장의 벼농사 관개비용 4,000위안은 이미 납부했는데 왜 우리 샤오장장의 토지 매각대금에서 4,000위안을 또 공제했습니까?"라고 묻자, 장펑즈가 노발대발하며 소란을 피워 감사를 더 이상 진행할 수 없게 하여 결국 그날 감사회의는 중단되고 말았다.

얼마 후에 촌에서는 이런 소문이 나돌기 시작했다. "샤오장장의 재무감사 결과, 장구이취안은 '횡령 사실이 없고' '장구이취안에게 경제상의 문제가 없다고 하면, 남은 아홉 명의 감사 대표 중 누군가는 현당국에 체포될 것이다!'"

그리고 장구이취안의 넷째 아들 장쓰마오가 기고만장하게 큰소리를 쳤다. "앞으로 좀 시끄러워질 거야. 몇 사람은 목숨 좀 내놔야 할 거야!"

피비린내를 머금은 한줄기 바람이 샤오장장에 계속 불어와 사람들을 숨도 쉬지 못하게 하고 있었다.

공산당원 장자위(張家玉)는 강골의 사나이였다. 농민부담 문제를 적극적으로 촌정부에 상신한 것도 그였고, 감사팀 중에서 감히 문제에 정면으로 부딪친 것도 그였다. 장구이취안 부자의 장자위에 대한 원한은 뼈에 사무칠 정도여서 그들 부자가 네 명을 살해한 뒤, 장구이취안의 여섯째 아들 장차오웨이는 이렇게 외쳤다. "장자위의 집에 가서 완전히 쓸어버립시다!" 다행히 장자위는 당시 경찰에 알리려고 촌 밖으로 나왔기 때문에 화를 면했다. 그러나 지금 장자위는 자신이 위험 속에 있다는 것을 알았다. 자신의 집 입구와 논밭에서 누군가 늘 몰래 지켜보거나 미행하고 있었던 것이다.

장구이취안 일가의 영향력은 여전히 남아 있었다. 장러이는 도피 중이었지만 살인을 저지르고도 눈 한번 깜박하지 않는 이 범죄자가 언제 갑자기 나타날지도 알 수 없는 일이어서 촌민들, 특히 피해자 가족들은 베개를 높이 베고 편안히 잠을 이룰 수 없었다. 장구이위와 장구이웨의 일흔이 넘은 노모는 이 사건을 이야기하면서 눈물로 얼굴을 적셨다. 그녀는 하루아침에 두 아들을 잃고 손자는 중상을 입어 행복했던 가정이 갑자기 풍비박산이 되고 말았던 것이다. 더욱 가슴이 답답한 것은 여러 가지 기미로 볼 때 이 악몽이 끝나려면 아직도 멀었기 때문이다. 그녀는 두려운 기색으로 이렇게 말했다. "아무도 밤에는 집 밖으로 못 나가. 밭에 심어 둔 땅콩도 가서 좀 살펴봐야 하는데 대낮에도 못 나가겠다오!"

8. 제4의 권력

이후의 사태는 갈수록 샤오장장 촌민들의 생각을 벗어나는 방향으로 전개되었다.

향정부에서는 사람을 보내 패해자 가족이나 현장 목격자에게 '함부로 말해서는 안 된다'고 위협했고, 현의 텔레비전 방송과 성의 신문에서는 고의적인 살인 사건을 '과실치사' 또는 '어리석은 촌민들 간의 상호 구타'로 보도했는데, 이런 것들은 모두 법률적 효력이 있는 것은 아니었다. 비록 법률을 잘 알지 못하는 샤오장장의 촌민이라도 인민검찰원과 인민법원에서 말한 것만이 유효하다는 사실을 알고 있었다. 그런데 이상한 것은 법률적 절차가 진행된 후에도 법을 집행하는 기관이 이 사건을 전혀 법에 의거해 처리하지 않는다는 점이었다. 이것은 지방에 설치된 국가의 법원이 지방의 특수 이익을 대표하는 지방의 법원으로 전락했다는 것을 의미했고, 이런 사실은 샤오장장의 촌민에게 참으로 공포와 절망을 느끼게 했다.

벙부시 중급법원은 이 사건을 심리하는 재판을 열면서 아예 사전에 피해자들에게 연락을 하려고 하지도 않았다. 재판이 열린다는 소식을 소문으로만 들어서 피해자의 법정대리인이 변호사를 찾을 시간조차 없을 정도였다.

공산당원이 된 지 25년이 된 촌민 대표 장자위는 당적을 걸고 말을 하기를, 검찰에서는 처음부터 끝까지 아무도 샤오장장에 찾아온 적이 없고, 촌에서도 아무도 그들을 찾아온 적이 없으며, 누군가로부터 사건 발생 현장을 청취했다는 정황도 듣지 못했고, 검찰의 기소장에 어떤 사실이 쓰여 있는지 아무도 아는 사람이 없다고 했다. 피해자 가족과 현장 목격자들은 소문으로 재판이 열린다는 소식을 듣고 당황해 달려왔지만, '방청'하는 것만 허락될 뿐이었고 발언권도 없었다. 그러나 피고인인 장구이취안 부자는 법정에서 귓속말을 주고받고 있었다. 피해자 가족들은 이러한 광경에 어처구니가 없었다.

판결을 내릴 때도 피해자 가족은 마찬가지로 정식으로 통지를 받지 못했다. 소식을 듣고 달려가 비로소 알 수가 있었는데, 흉악한 살인 사건을 주모하고 지휘한 장구이취안과 장구이웨를 죽인 장자즈에게는 사형이 선고되었으나, 촌민 대표 장구이위와 장흥촨을 죽인 장차오웨이와 장위량에게는 따로 무기징역이 선고되었으니 현저히 공정을 잃은 판결이었다. 이 판결은 장구이취안의 여러 아들의 죄를 한 아들에게 지우게 하려는 목적을 달성했다고 할 수 있을 것이다.

피해자 가족들은 법원에 판결문을 보여달라고 강력하게 요구했으나 법원은 거부했다. 그들은 변호사를 통해 요구했지만 법원은 장황하게 말을 늘어놓으며 여전히 거부했다.

구전현제일중학(固鎭縣第一中學)의 고등학교 과정을 졸업한 장자위는 샤오장장 촌민 대표 중에서 가장 공부를 많이 한 사람이었다. 그는 국가에서 반포한 형사소송법을 찾아보다가 그중 제182조에 다음과 같이 적혀 있는 것을 발견했다. "피해자 및 그 법정대리인이 지방 각급법원 제1심의 판결에 불복하는 경우, 판결문을 수령한 후 5일 이내에 인민검찰원에 항소할 수 있다." 이 법에 의하면 벙부시 중급법원은 판결문을 피해자 가족과 법정대리인에게 전달하지 않을 이유가 없는 것이다. 피해자와 법정대리인의 이러한 합법적 권리를 박탈하는 행위는 분명 법원이 소홀해서 그런 것이라고 이해할 수 있는 일이 아니었다.

그래서 유족은 안후이성의 고급인민법원을 찾아갔다. 그곳에서 그들은 드디어 '벙부시검찰형사소송(蚌檢刑訴) 〔1998〕 제21호'라는 벙부시 검찰원의 기소장을 볼 수 있었다. 그 내용을 살펴보니 참으로 이상했다.

기소장의 '심사표명'에 적힌 사건의 원인을 보면, 피살자인 장구이위 등이 재무감사의 책임을 맡은 촌민 대표라는 사실도, 그들이 샤오장장 농민 87세대에 부여된 민주적 권리를 행사하려고 한 사실도 전혀 알 수 없게 되어 있었다. 그리고 흉악한 장구이취안이 계획적으로 촌민 대표들에게 잔인한 보복을 하려고 했던 점, 촌민들이 과중한 부담을 견딜 수 없는 지경에 이르렀고 촌 간부들이 책임을 은폐한 점이 이 사건의 가장 직접적 원인인데도 기소장에는 이러한 사실이 전혀 드러나 있지 않았다. 또한 처음 일을 벌인 자는 장제이고 악화시킨 자는 장러이인데, 기소장에는 촌민 대표 장구이위의 아내 웨이쑤잉의 짤막한 말을 진술한 후에 곧바로 "그래서 쌍방이 욕을 하게 되었다"라고 결론을 지어서 마치 사고를 야기한 주요 책임이 웨이쑤잉에게 있는 것처럼 쓰여 있었다. 기소장에는 결국 '심사표명'이라는 것이 없는 셈이었다. 본래 결산팀이 아닌 장구이취안의 두 아들이 왜 아버지를 따라 결산하러 간 것인가 하는 점이 이 사건의 가장 중요한 핵심인데도 기소장에는 오히려 숨겨져 있었던 것이다.

"쌍방이 욕을 하게 되었다"라는 내용에 대해서도 한 글자도 언급이 없었다. 쌍방이 "싸웠다"는 과정에 대해서 그 '사실'을 '조사'한 기록을 보면 분명히 먼저 흉기를 손에 잡은 사람은 촌민 대표 장구이위와 그의 아내 웨이쑤잉이고, 먼저 손을 댄 이도 촌민 대표 장구이위와 장훙촨이며, 잔인하게 살인을 저지른 장자즈는 다만 장구이위와 장훙촨 두 사람이 우산과 벽돌로 그의 아버지 장구이취안을 치려고 준비('준비'라는 단어가 참으로 묘하다!)할 때 비로소 칼을 휘둘렀다고 되어 있었다. 나중에 장구이위가 "장러이의 몸을 누르고 있는 것을" 발견하고, 장자즈는 즉시('즉시'라는 말도 매우 고심한 말이다!) 장구이위를 향해 손을 썼다는 것이다, 그리고 밑에 눌려 있던 살인 흉수 장러이는 몸을 일으킨 후('몸을 일으킨 후'라는 말도 얼마나 고심 끝에 만든 말일까!) 비로소 반격한 것으로 되어 있었다.

결국 "쌍방이 욕을 하게 되었고", 먼저 흉기를 잡고 먼저 손을 쓴 쪽은 촌민 대표거나 촌민 대표의 가족이었으니, 이런 감사를 한 촌민 대표가 피살된 것은 "죽어도 마땅하다!"는 듯한 기소장이었다.

'심사표명'에서 장구이위의 아들 장샤오쑹의 부상에 대해서는 더욱 '재미있게' 기술했다. "장위량은 장구이위의 수중에서 몽둥이를 빼앗아 장샤오쑹을 한 대 때렸다."

흉악범 장위량이 몽둥이로 장샤오쑹을 '한 대' 때렸을 뿐이고, 그 '몽둥이'는 장샤오쑹의 아버지에게서 '빼앗은' 것이라고 했다. 그런데 몽둥이로 한 대 맞은 결과, 장샤오쑹의 오른쪽 어깨에는 길이 65밀리미터, 깊이 20밀리미터의 자상(刺傷)이 생겼고, 치유하는 데 한 달 이상 입원해야 했던 것이다. 후에 잡지 『민주와 법제』(民主與法制)는 장샤오쑹이 중상을 입은 사진을 공표해서 기소장의 체면을 구겨놓았다. 병부시 검찰원은 장구이취안 부자를 '의도적인 상해(치사)죄의 혐의'로 상고했는데, 이것은 이 흉악한 살인 사건의 성격을 근본적으로 바꿔놓은 것이었다.

왜냐하면 '상해죄'는 타인의 신체에 손상을 주는 행위를 가리키는 데 비해 '살인죄'는 타인의 생명을 빼앗는 행위를 말하기 때문이다. 즉, 기소장에 첨부된 법의학 감정서에 의하면, 장훙촨은 "한쪽 날을 가진 칼에 흉부를 찔려 심장의 주동맥이 급성(急性: 원문은 急生으로 오기 誤記—지은이) 대출혈을 일으켜 사망"했고, 장구이마오는 "한쪽 날을 가진 칼에 왼쪽 등을 찔려 심폐가 파열해 급성 대출혈로 사망"했으며,

장구이위는 "한쪽 날을 가진 칼에 흉부를 찔려 심폐가 파열해 급성 대출혈을 일으켜 사망"했다고 하고, 장구이웨는 "한쪽 날을 가진 칼에 왼쪽 흉부를 찔려 왼쪽 폐가 파열해 급성 대출혈을 일으켜 사망"했다고 한다. 살인자가 흉기로 심장을 노린 것은 너무나도 명백하다! 장샤오쑹이 다행히 죽음을 면한 것도 머리를 내리찍으려 했던 칼을 피해 어깨를 대신 맞았기 때문이다.

네 명의 사망자와 한 명의 부상자를 낸 이 잔인한 살인 사건은 5분 만에 벌어진 것인데, 이렇게 흉악한 살인을 어떻게 "타인의 신체에 손상을 주는 행위"라고 할 수 있다는 말인가? 이런 식으로 '심사'한다면 천하에 '살인죄'가 있을 수 있겠는가?

장구이취안이 그 비 오던 흐린 날 새벽에 모골이 송연하게 부르짖었던 말은 현장에 있던 사람이라면 평생 잊을 수 없을 것이다. "해치워버려! 나를 감사하겠다는 열두 대표 놈들 모두 죽여버려!" 이 말은 기소장이 빠트려서는 안 되었던 혹은 감히 직시할 수 없었던 짐승의 소리였다.

재미있는 것은 병부시 검찰원은 결코 '살인죄'로 기소하지 않았지만, 법원의 판결을 듣고 나서 장구이취안은 법관들을 마구 욕하면서 자신의 아들이 출옥한 후에 다 죽여버릴 것이라고 큰소리를 쳤다는 사실이다. 살인자가 이처럼 기세등등한 것을 보고, 기소장에 이름을 올린 검찰관들은 어떤 생각들이었을까?

한나라 때 환관(桓寬)이 지은 『염철론』(鹽鐵論)에 이런 말이 있다. "세상에 법이 없는 것을 걱정하는 것이 아니라, 법이 시행되지 않는 것을 걱정한다." 법이 없으면 제정하면 된다. 그러나 법이 있는데도 법대로 집행하지 않는다면 감당할 수 없는 결과를 초래할 것이다.

통상 우리는 당(黨), 정(政), 군(軍) 이외의 법률감독권을 '제4의 권력'이라고 부른다. 사회의 공평과 정의를 실현하는 중요한 권력이기 때문이다. 그러나 오늘날까지 소송의 승패가 안건 자체의 옳고 그름에 따라 결정되지 않는 경우가 많다. 신성불가침한 법률의 권위는 아직 수립되어 있지 않고, 독립적으로 안건을 처리하겠다는 것은 아직은 종이 위에 쓰인 약속에 불과할 뿐이다. 우리의 생활과 법률 사이에는 아직 일종의 강대한 힘이 영향을 미치고 있어서 수많은 법률을 다만 매혹적이고 동경의 세계에 머무르게 할 뿐이다.

샤오장장의 촌민들이 베이징에 가서 상방하는 것을 제지하려고 구전현 기차역에서는 심지어 베이징행 기차표를 사는 농민들을 검문하기까지 했다. 베이징에 가서 친척도 만나보고 간병도 하려고 한 두 명의 농민은 매표를 거부당해서 열심히 해명을 해야 했고, 결국 탕난향의 농민이 아니고 상방하러 가는 것도 아니라는 사실을 확인한 후에야 표를 사서 승차할 수 있었다고 한다.

이러한 봉쇄는 분명히 바보 같은 짓이었고 한계가 있었다. 넓은 천하를 어떻게 다 금지할 수 있겠는가? 구전현 탕난향 샤오장장에서 발생한 살인 사건은 결국 소문이 퍼져서 각지의 매스컴의 주목을 받게 되었다.

먼저 현장에 취재하러 온 것은 역시 신화사 안후이성 지사의 기자였다. 리런후(李仁虎)와 거런장(葛仁江) 기자는 취재 후 '장차오촌 간부의 축재, 부담금을 빼돌리다'라는 제목의 기사를 써서 보도했다. 이 기사는 장차오촌에서 발생한 '샤오장장 살인 사건'에 대해 언급하지 않았고 글 속에 기자의 주관적 견해도 별로 담겨 있지 않았지만, 이 기사가 전국에 보도된 뒤로 샤오장장에서 발생한 살인 사건의 배경은 해체 작업에 들어간 소처럼 해부되어 적나라하게 사람들의 눈앞에 드러났다.

샤오장장의 촌민조(村民組)는 142세대에 인구 750명인 순수한 농촌으로서 화이허강 기슭의 저지대에 자리 잡고 있어서 수해를 자주 입고 촌민들의 생활은 매우 빈곤했다. 기자가 몇 집을 둘러보았지만 격식을 갖춘 집과 장식은 발견하지 못했으며, 대부분의 집에 흑백 텔레비전조차 없었다. 그러나 촌 간부들의 집에는 냉장고와 컬러 텔레비전이 있었고 대궐같이 높은 집도 있었다. 촌민들은 우리 촌의 간부는 윗사람을 속이고 아랫사람을 무시하며, 재무를 공개하지 않고, 많이 먹고 많이 가진다고 말한다.

　　지적해야 할 것은 중앙에서 획정한 '농민부담'의 한계인데, '3제 5통'(三提五統: 촌정부에서 징수하는 세 가지 유보금인 공적금公績金, 공익금, 관리비와 향진정부에서 징수하는 다섯 가지 총괄비인 교육부가비, 계획생육비, 민병훈련비, 민정우휼비民政優恤費, 민영교통비를 말한다 — 옮긴이)의 비용은 전년도의 1인당 순수입의 5퍼센트를 초과해서는 안 된다고 규정했지만 샤오장장에서는 오히려 19.8퍼센트에 달해 이미 국가 규정의 네 배에 가깝게 초과했다! 이보다 더욱 심각한 것은 "이중장부를 만들어" 교묘하게 착취하고, 눈 가리고 아웅하듯 사기 행각을 벌인 수법이다. 그 수단의 저열함은 이것만 보아도 충분히 알 수 있다.

　　신문 보도는 빈부의 차를 설명하는 부분에서 가장 정채를 발하고 있다. 한 폭의 절묘한 그림같이 겹겹이 쌓인 문제를 날카롭게 묘사해 낸 것이다.

　　계속해서 『공상도보』(工商導報)의 기자가 선명하게 '용서할 수 없는 장구이취안 살인 사건'이라는 기사를 보도했다. 기사 중에 특히 사람들의 주목을 끄는 대목이 있다. "형기가 만료되지도 않은 인물이 촌 간부로 다시 임명, 마음속에 꿍꿍이가 있어 감사를 반대, 대낮에 미쳐 날뛰어 네 명의 촌민 감사대표를 살해하다." 사건의 정곡을 짚어 정리한 글이라고 할 만하다.

다만 이 기사에도 약간 수정이 필요한 부분이 있다. 즉 살해된 것은 네 명이 맞지만 촌민 감사대표는 네 명이 아니라 세 명이고, 대표가 아닌 한 사람 장구이웨는 촌민 대표 장구이위의 맏형이다.

그리고 이어서 『공상문회보』(工商文匯報)도 1면에 크게 '구전현에서 중대 살인 사건 발생'이라고 진실을 보도했다.

이렇게 해서 굳게 가려져 있던 '샤오장장 살인 사건'의 진상은 결국 밝은 햇빛을 보게 되었다. 구전현과 병부시의 당위원회가 손바닥으로 하늘을 가리려던 기도는 실패하고 말았다.

그해 6월 15일 오후 2시경, 중앙텔레비전방송국의 기자 네 명이 푹푹 찌는 더운 날씨에 무거운 촬영 기자재를 메고 먼지바람을 맞으며 멀리 교통도 불편한 샤오장장을 찾아왔다. 그들은 신화사가 전국에 보도한 뉴스를 본 후 특별방송을 하기로 결정한 것이다. 샤오장장에 들어서자 그들은 곧 인터뷰와 녹화를 하기 시작했다.

기자들은 우선 촌민 황쯔셴의 집을 방문해서 그에게 물었다. "부담이 무겁습니까?"

황쯔셴은 분명 거리끼는 게 있는 것 같았다. 한참 머뭇거리더니 비로소 대답했다. "분명히 매우 무겁습니다." 그는 촌정부가 발행한 '농민부담 감독 카드'와 촌민조가 발행한 간이영수증을 기자에게 보여주었다.

기자들이 촌민 대표 장자위를 만나고 싶다고 요청하자 밭일을 하고 있던 장자위가 불려와 촌으로 돌아왔다. 그는 샤오장장의 이중장부의 정황을 사실대로 말해주었을 뿐만 아니라 촌민 대표가 부촌장 장구이취안의 횡령을 감사한 일 때문에 장구이취안 부자가 네 명을 죽이고 한 명을 상해한 경과에 대해서도 자세히 설명해주었다.

그 후 기자들은 장자위의 안내를 받아 살해된 장구이마오와 장훙찬의 두 고아에 대해서 개별적으로 취재했다.

마지막으로 기자들은 장자위의 안내를 받아 촌의 당지부 서기인 장뎬펑의 집을 방문해 취재하려고 했다. 그러나 마침 장뎬펑이 부재중이어서 그의 아내 천윈샤(陳雲俠)를 인터뷰하기로 했다. 그런데 생각지도 않게 천윈샤의 태도가 아주 매몰차서 기자들을 문전박대하고는 문을 걸어 잠그더니 호미를 들고 거들먹거리며 나가버리는 것이었다. 기자들은 전혀 개의치 않고, 수중의 카메라로 이 귀한 장면을 놓칠세라 그녀의 뒷모습이 보이지 않을 때까지 계속 찍고 있었다.

기자들이 막 떠나려고 할 때, 장뎬펑이 자전거를 밀면서 집에 돌아오는 것을 발견했다. 장뎬펑은 멀리서 사람들이 자신을 향해 소리치는 모습을 보았는데 그들 중 누군가는 카메라를 메고 자신을 찍고 있는 것 같기도 했다. 무언가 기분이 좋지 않아서 방향을 바꿔 그대로 도망갈까 생각도 했으나 이렇게 허둥대는 모습도 꼴사나운 것 같아서 몇 걸음 뛰어가다가 되돌아왔다.

기자가 그를 향해 물었다. "당신이 이 촌의 서기입니까?"

"그렇소."

"몇 가지 좀 알아보고 싶은 것이 있는데 괜찮습니까?"

장뎬펑은 마음을 정리한 것 같았다. "좋습니다. 집에 가서 이야기하지요." 그의 대답은 아주 시원시원했다. 그러나 집에 가보니 문에는 자물쇠가 채워져 있고 열쇠도 마누라가 가져가버린 상태라 매우 난처했다.

그래서 기자는 입구에서 인터뷰를 진행하기로 했다. "촌의 장부는 전부 공개하고 있습니까?"

장뎬펑이 즉시 대답했다. "공개합니다. 모두 공개합니다. 날마다 적고 월마다 결산해서 매월 5일 게시판에 공표합니다."

기자가 물었다. "게시판은 어디에 있습니까?"

장뎬펑이 대답했다. "세 개 촌마다 있습니다."

기자들이 다시 물었다. "어디에 게시하는지 본 적이 있습니까?"

장뎬펑이 잠깐 생각하더니 말했다. "보지는 못했지만, 어쨌든 내가 모두 처리했습니다."

기자들이 다시 질문을 하려고 준비를 하는 동안, 현장 주변에서 지켜보고 있던 촌민들은 장뎬펑이 이렇게 눈을 크게 뜨고 거짓말을 해대는 것을 보니 헛웃음이 나왔다. 그중 누군가가 큰소리로 외쳤다. "거짓말하지 마!"

장뎬펑이 갑자기 안색이 변하더니 노기등등한 기색으로 현장의 촌민들을 노려보았다.

그때 촌민 대표 장자위가 나와 장뎬펑의 면전에 서더니, 조금도 두려워하는 기색 없이 카메라 렌즈를 향해 솔직히 말했다. "우리 샤오장장에서 지금까지 장부가 게시된 것을 본 적이 없습니다."

장뎬펑이 듣고 나서 이를 갈며 장자위를 가리키면서 말했다. "너 장자위, 그러고도 공산당원이냐? 너는 실격이야! 게시를 본 적이 없다니, 이게 실격이 아니면 무어냐!"

장뎬펑의 생각으로는 촌정부의 모든 공산당원은 반드시 무조건 촌 서기와 고도의 일치성을 유지해야 한다. 그렇지 않다면 그는 공산당원의 자격이 없는 것이다.

이 모든 장면은 돌아가고 있는 카메라 렌즈에 고스란히 담겼다. 중앙텔레비전방송국의 기자가 온 날, 이미 새벽 2시가 지난 한밤중에 탕난향의 어느 지도자가 장뎬펑의 집에 전화를 해서 이것저것 캐물었다. 기자가 누구와 인터뷰했느냐? 무엇을 조사했느냐? 누군가 촌민 감사대표가 살해된 일을 말했느냐는 등의 내용을 마치 적의 침입에 대비하는 것 같은 말투로 물었다.

셋째 날 이른 아침부터, 촌당위원회 주임 장펑즈가 뛰쳐나와 욕을 퍼부어댔다. 이 문맹의 주임은 촌정부의 유선방송을 이용해서 소리를 질렀다. "어떤 별난 공산당원이 어디서 형편없는 기자를 불러와서 인터뷰를 해서는 우리가 하는 일이 모두 가짜란다. 중앙의 '초점방담'(焦點放談)의 기자랍시고 불러왔다는데 '초점방담'이 '초점'이 맞지를 않아! 내가 보니까 이건 몇 사람이 장난치는 거야! 잘들 해보라구. 언젠가 찾아내서 그냥 두지 않을 테니까!"

장펑즈가 방송의 음량을 최대한으로 높이고 큰소리로 질러댔기 때문에 고막이 터질 것 같은 굉음이 울려 퍼져 촌민들은 잠에서 깨어났다. 이 일자무식한 촌장의 난폭한 방송을 듣고 촌민들은 "샤오장장이 제 세상인 줄 아나!" 하고 격분했다.

6월 20일 밤, 중앙텔레비전방송국은 '사회경위'(社會經緯) 코너에서 샤오장장의 농민부담 과중문제를 조명해 전국적으로 영향을 끼쳤다.

거의 동시에 『남방주말』(南方周末)도 1면 머리기사로 샤오장장 살인 사건을 정면으로 다뤄 주창(朱强) 기자의 장편 리포트 '5부자가 군림한 구전현 샤오장장에서, 촌민의 감사가 살신지화를 부르다'를 게재하고 아울러 도판과 논평 및 풍자만화도 곁들였다. 만화가 팡탕(方唐)의 풍자만화는 간략하면서 신랄했다. 술에 취한 촌위원회 간부가 술병이 널린 사무실 책상 위에 걸터앉아 안하무인 격으로 황송하게 엎드려 절을 하고 있는 촌민의 머리와 몸을 발로 밟고 입으로는 굴뚝처럼 연기를 내뿜고 있는 그림이다. 논평은 중국사회과학원 농촌발전연구소의 당궈인(黨國印)이 쓴 것인데, 그의 경악과 분개의 감정이 지면에서 그대로 느껴진다. "우리 중앙정부는 국제인권규약에 조인하고 있다. 이 문명시대에 살고 있으면서 어찌 악의 세력이 미쳐 날뛰는 것을 용인할 수 있겠는가?" 그러면서 그는 이렇게 지적했다. "중앙의 정책과 국가의 법규를 위반하는 모든 촌 간부에 대해 엄격한 제재를 가하지 않으면 안 된다. 이것은 필요한 일이고 반드시 효과도 있을 것이다. 그러나 이것은 응급치료의 방법에 불과하다. 우리는 근본적으로 문제를 해결하지 않으면 안 된다. 즉 농민들을 부유하게 해야 하고, 농민들이 자신을 조직할 능력을 갖게 해야 한다. 아울러 농민들의 조직에 합법적인 지위를 부여해 향촌의 권세 계층에 대항할 역량을 갖게 해야 한다."

그 무렵 종합잡지 『민주와 법제』에서도 정쑤(鄭蘇), 푸뎬(福殿), 청위안(成遠) 등 세 명의 기자가 '민주'와 '법제' 특유의 시각에서 샤오장장을 심층 취재해 그해 제17호에 '촌민 대표, 장부감사 때문에 참살당하다'라는 현장취재 리포트를 게재했다. 이 기사는 상세하고 확실하게 사실을 보도하고 있는데, 독자를 매료하는 웅변과 경구가 적지 않다. 세 기자가 의아하게 생각한 것은 그들이 취재하러 갈 때까지 도피 중인 장러이가 사용했던 피묻은 살인 흉기가 리젠촌(溧澗村) 의원 사무실의 서랍 안에 놓여 있었는데, 아무도 관심이 없었다는 사실이다. 보기만 해도 몸서리쳐지는 흉기 사진이 세상 사람들에게 드러난 것은 그들 덕분이었다.

각종 매스컴이 이 사건을 다루었는데, 특히 전국적으로 영향력이 큰 몇몇 신문 잡지가 교대로 폭격을 가하고 나서는 샤오장장의 촌민 대표가 민주적 권리를 행사하려다가 살해당했다는 진상을 더 이상 가릴 수 없게 되었으며, 사건은 점점 전환될 기미가 나타났다.

우선 탕난향 정부가 장훙촨의 두 고아를 향의 경로원에 맡겨 양육하기로 결정했다.

그리고 그해 음력 5월 5일 단오절에 구전현 정부에서는 참변을 당한 가족에게 위로금 100위안을 지급했다.

　　또 수확이 한창 바쁜 6~7월에 구전현 당위원회에서 사람이 파견되어 말없이 피해자 가족이 밀을 수확하는 것을 도왔다. 그들은 아침부터 오후 1시까지 일하면서 농민들에게 밥 한 톨, 물 한 모금 달라고 하지 않았다. 피해자 가족들은 다소나마 당과 정부의 온정을 느낄 수가 있었다.

　　1998년 9월 8일, 안후이성 고급인민법원은 장구이취안 부자 사건에 대해 최종 판결을 내렸다. 최종 '판결문'의 '심리사명'(審理查明)에 기술된 '사실'은 벙부시 검찰원 '기소장'의 '심사표명'에 기술된 '사실'과 크게 다르지 않았다. 이 때문에 샤오장장의 촌민들은 다시 한 번 중국의 법제에 대해 실망을 하게 되었다.

　　그렇지만 한 가지 인정해야 할 점도 있었다. 즉 안후이성 고급인민법원이 장구이취안 부자에 대해서 "정당방위는 인정하지 않는다"라고 판결하고, 또한 "상해(치사)죄"가 아니라, "장구이취안, 장자즈, 장차오웨이, 장위량의 행위는 모두 고의살인죄를 구성한다"라고 판결하면서, "고의살인의 주관적 고의가 명확하며, 살인에 고의적 이유가 없다는 것은 근거가 없고 신용할 수 없다"라는 판결을 내린 것이다.

　　이 판결은 이미 실망한 샤오장장 87세대의 농민들에게 약간의 위로가 되었다.

제3장

조세 저항 사건

9. 패왕별희의 고향

안후이성 링비현(靈璧縣)은 옛날 초나라의 항우와 한나라의 유방이 결전을 벌인 전장, 바로 해하(垓下)가 있던 곳이다. 기원전 202년 유방과 한신이 이끄는 40만 명의 대군이 항우가 이끄는 10만 명의 병사를 이곳에서 포위했다. 초나라 군대는 양곡이 다하고 원군도 끊긴 사면초가에 빠져 패왕별희의 비극을 연출하게 되었다.

한바탕 경천동지의 사건이 벌어진 후, 오랜 세월이 흐르면서 이 척박하고 봉쇄된 토지는 안밀과 적막으로 돌아가 마치 시간도 여기서는 정지해버린 것처럼 보인다. 그러나 1997년 10월 5일은 이 고장 사람들에게는 틀림없이 잊을 수 없는 날일 것이다. 그날 정오의 태양이 여느 때처럼 중천에 떠오를 때, 태고 이래의 적막을 깨는 듯한 요란한 자동차 소리가 전야에 울려 퍼졌다.

그것은 링비현 현성을 출발한 무장 부대의 일단이었다. 크고 작은 경찰차와 승용차, 트럭 그리고 소방차까지 출동했는데, 차 안에는 공안과 무장 경찰 그리고 표정이 엄숙하고 복색이 제각각인 현(縣)과 진(鎮)의 당정관리들이 타고 있었다.

이런 장관은 이 현에서는 근 몇 년 동안 못 보던 일이었다. 자동차 경적이 울리고 각종 병기가 내뿜는 한광(寒光)이 번쩍였으며, 차량이 흙길을 달리면서 일으킨 먼지가 하늘을 뒤덮었다.

연도의 백성들은 이 광경을 보고 놀라서 몸을 숨겼다. 농가의 문 뒤에서 사람들은 놀란 눈으로 숫자를 세어보았다. 출동한 각종 차량은 32대였고, 인원은 200명이 넘었다.

부대는 평먀오진(馮廟鎮)에 도착한 후 동남쪽으로 방향을 틀었다. 대략 10킬로미터쯤 되는 거리에 이르렀을 때 무장 부대원이 먼저 차에서 내려 다가오촌(大高村)에서 나가는 모든 출구를 봉쇄했다. 이어서 평먀오진의 허우차오제(侯朝杰) 서기가 다가오촌 지부 서기 천이원(陳一文)과 촌 주임 가오쉐원(高學文)을 호출했고, 두 사람을 선도로 삼아 실탄이 장전된 총을 든 공안이 무서운 기세로 다가오촌 서조(西組)를 향해 돌진했다.

이 전투는 예상 외로 싱겁게 끝났다. 단 한 발의 총탄도 쏘지 않고 단 15분 만에 전면 승리로 끝나버린 것이다.

때는 마침 점심시간이었다. 다가오촌 서조의 촌민들은 아무런 마음의 준비도 없었고 여자들은 부엌일로 바쁜 시간이었다. 남자들은 밭일에서 막 돌아와 대부분이 속옷과 맨발 차림이었다. 공안들이 눈앞에 나타났을 때 사람들은 깜짝 놀라 사람들을 부르러 갈 생각도 하지 못했다.

완전무장한 병력이 대면한 것은 추호도 저항할 능력이 없는 남녀 촌민이어서 다소 실망스러울 정도였다.

그러나 '전과'는 볼 만한 것이었다. 다가오촌 서조에서 밀을 심으러 나갔거나 시내에 나갔거나 외지에 오랫동안 일하러 나간 사람 외에 촌에 있는 용의자는 모두 일망타진했기 때문이다.

겨우 100명으로 구성된 다가오촌 서조에서 체포된 성인은 51명이었다. 그중 세 살짜리 아이가 어머니와 함께 체포되었는데, 그 아이를 추가한다면 이번 소탕작전에 체포된 사람은 52명이 될 것이다.

이것이 바로 장쑤성(江蘇省)과 안후이성에 속한 여섯 개 현의 수백만 명을 경악케 한 '다가오촌 사건'이다.

링비현에서 '다가오촌 사건'이 발생하고 있을 그 시간에 홍콩의 잡지 『동향』(動向)과 『쟁명』(爭鳴)은 각각 '농민 폭동, 9개 성과 자치구로 확대'와 '4개 성(省) 50만의 농민 항쟁'이라는 제목으로 중국 대륙의 농촌 도처에서 '동란, 소란, 폭동 사건'이 발생하고 있고 심지어 '무장 충돌'도 폭발하고 있다고 보도하고 있었다. 이것은 분명히 사실무근이었다. 물론 우리도 당중앙 사무국과 국무원 사무국이 이미 여러 차례 공동으로 통지해 다음과 같이 엄격히 지적한 사실을 알고 있었다. "적지 않은 지방의 당정 지도자들이 현재의 농촌에서 발생하는 새로운 정황과 문제들을 정확히 처리할 수 없을 뿐만 아니라 오히려 경솔하게 공안이나 무장 경찰, 민병을 출동시켜 갈등을 격화시켰다."

'다가오촌 사건'은 당시 충격이 컸고 '폭력적 조세 저항 사건'으로 간주되었다. 그러나 당시 다가오촌 서조의 부녀자들은 부엌일을 하느라고 바빴을 뿐만 아니라 남자들도 웃통을 벗고 발을 씻고 있었기 때문에 상상하듯이 폭력 저항이라는 사건은 결코 일어나지 않았다. 심지어 요란한 경적 소리를 듣고 사람들은 마음속으로 상급 공안기관이 공무집행차 온 것이라 생각했고, 촌 주임 가오쉐원을 잡으러 온 것이라 짐작하고 기뻐하기까지 했던 것이었다.

그런데 이른바 '다가오촌 사건'이야말로 바로 가오쉐원이 만들어 낸 일이었다.

가오쉐원이라고 하면 다가오촌 사람들은 누구나 미워하고 있었다. '가오(高) 절름발이'라는 별명으로 불렸던 가오쉐원은 촌장이 되고 나서는 자신의 본분을 잊어버렸다. 중앙에서 아무리 '부담 경감'의 규정을 하달해도 다가오촌의 세금과 비용 징수는 여전히 그의 입에서 결정될 뿐이었다. 그가 얼마라고 말하면 반드시 얼마를 내야 하는 것이고 한 푼이라도 덜 내는 것은 허락되지 않았다. 그에게 반대하는 것은 바로 인민정부를 반대하는 일이자 당의 정책에 반대하는 것이고, 장쩌민(江澤民)이나 주룽지에게 반대하는 것이며, 양호한 형세와 안정된 단결을 파괴하는 일인 동시에 개혁개방을 파괴하는 것이었다! 그의 눈에 거슬리면 다짜고짜 욕을 하고 두들겨 팼다. 매를 맞고 욕을 먹고 반드시 잘못을 인정해야만 했다.

어제도 가오쉐원은 한 차례 위세를 떨었다.

촌민 가오양씨(高楊氏)는 이미 고희의 노인으로 다가오촌에서는 가장 나이 많은 어르신이었다. 가오쉐원은 촌의 당위원회 주임이라고 해도 솔선해서 노인을 공경해야 마땅할 것인데도 오히려 고상한 이름(高學文)도 헛되이, 가오양씨는 단지 자기 집의 '택지세'를 중복해서 징수해서는 안 된다고 꾸짖었을 뿐이건만 바로 주먹질을 하고, 가오양씨 모자 두 사람의 집을 수색해서 살림살이를 완전히 박살내버린 것이었다.

나쁜 놈이 먼저 고발을 한다더니, 가오쉐원은 징벌을 받기는커녕 오히려 위풍당당하게 공안과 무장 경찰을 이끌고 온 마을을 휘저으며 사람들을 마구 잡아들여 다가오촌 서조의 촌민들을 완전히 멍하게 만들었던 것이다!

가오양씨가 우선 체포되었다. 그녀만 체포된 것이 아니라 가족들도 체포되었다. 그녀의 상처를 돌보러 온 오빠, 동생, 조카와 아들의 고모부, 즉 친정과 시댁을 합쳐 나이가 구순에 가까운 할머니 한 사람을 제외하고 현장에 있던 열 명이 모두 체포된 것이다.

가오양씨가 붙잡혀 경찰차에 연행되었을 때, 어제 가오쉐원에게 얻어맞아 부은 얼굴이 퍼렇게 멍이 든 것이 보였다. 이대로 연행하면 귀찮은 일이 생길까 봐 가오양씨는 경찰차에서 떠밀려 내리게 되었다.

그 사이 약간의 에피소드도 있었다.

가오양씨가 구타를 당하고 가택을 수색당하고 있을 때, 다가오촌 서조의 촌민들은 참고 볼 수가 없어서, 어떤 사람이 인근의 쓰현(泗縣)의 가오지(高集) 시내에 가서 사진사를 불러왔다. 증거 사진을 찍게 하여 이것을 갖고 진(鎭)정부에 진정하려고 한 것이다. 이것은 전 국민에게 법을 보급한 효과이고, 이제는 촌민들에게도 법의식이 생긴 덕택이었다. 그런데 뜻밖에도 데려온 여성 사진사가 한참 바쁘게 가오양씨가 구타당한 참상을 찍고 박살난 살림살이를 촬영하고 있는데 공안이 이를 저지하고 나섰다. 가오쉐원은 가오양씨 일가를 잡아가고서도 아직 부족한 듯, 큰소리를 지르며 '증거 사진을 찍고 있는' 사진사도 잡아가려고 했다.

사진사는 현과 성(省)을 오가며 세상 물정을 잘 아는 사람이어서 그런 수법에 넘어가지 않았다. 그녀는 링비현의 공안이 사람을 가리지 않고 마구 잡아가는 것을 보고 아예 상대할 가치도 없는 것으로 보고 일갈했다. "당신들 제대로 하고 있는 겁니까? 나는 링비현 사람이 아니라고요!"

사진사의 이 경멸적인 태도는 현장에 있던 한 사람을 화나게 했다. 그 사람은 펑먀오진 재정소(財政所)의 사무원이었다. 그는 화가 나서 달려오더니 그녀를 가리키면서 소리쳤다. "어이, 내가 분명히 말하겠는데, 네가 장쩌민(江澤民)이나 리펑(李鵬)의 마누라라고 해도 손 좀 봐야 되겠어!"

그의 한 마디가 그 자리에 있던 사람들을 모두 깜짝 놀라게 했다.

"잡아!" 사무원이 사정없이 외쳤다.

여성 사진사도 보통이 아니었다. 기세에 눌리기는커녕 오히려 더 강한 기세로 나왔다. 사람들은 그녀가 경우도 없고 분별도 없는 인간들하고 저렇게 강하게 싸우다가는 분명 큰 코 다칠 거라고 생각했다. 이런 인간을 그녀는 본 적이 없었을 것이고 아무런 권력도 없는 그녀가 입으로만 큰소리치고 있는 것처럼 보였던 것이다.

그런데 그녀는 조용히 말했다. "나를 위협하지 마시오. 사실을 말하면 중앙의 지도자한테는 미치지 못하지만, 여기 링비현 공안국 부국장이 바로 내 친척이오. 못 믿겠다면 직접 가서 물어보시오."

이 말에 현장의 사람들은 다시 한 번 놀랐다.

그녀의 말을 듣고 가장 놀란 사람들은 공안들로서 모두 눈이 휘둥그레져서는 서로를 바라보았다. 그녀의 말을 물론 완전히 믿을 수는 없었지만 그렇다고 믿지 않을 수도 없어서 일단 경찰차에 태워 연행하면서도 무장 경찰과 공안의 어조와 행동이 매우 부드러워졌다.

다가오촌의 흰수염 가오쭝펑(高宗朋)은 완고한 성질로 유명했는데, 눈에 티끌 하나 없이 깨끗하고 길에서 억울한 일을 당하는 사람을 만나면 서슴없이 도와주는 노인이었다. 그는 현진(縣鎮)의 간부와 공안과 무장 경찰이 이처럼 병력을 동원해 무고한 사람들을 잡아가는 것을 보고 당장 앞으로 나섰다.

그는 사람들을 잡아가고 있는 촌의 당지부 서기와 주임을 가리키며 큰소리로 꾸짖었다. "이 바보 같은 놈들! 아직도 백성들을 사기쳐 먹을 생각이냐? 농민 반란이라도 일으키게 할 작정이냐?"

가오쭝핑은 본래 촌정부의 블랙리스트에 올라 있던 인물이었다. 그렇지 않아도 그를 잡으려고 각처에서 노리고 있을 때 자진해서 그물로 뛰어든 셈이 되었다. 잡힌 것은 가오쭝핑뿐 아니라 그의 두 아들과 한 명의 며느리도 함께였다.

그날 잡힌 52명 중에는 70세가 넘은 노인도 있었고 미성년인 어린이도 있었다. '문화대혁명' 전에 입당한 노당원도 있었을 뿐만 아니라 제대하고 촌에 돌아온 상이군인도 있었으며 그밖에 많은 여성도 포함되어 있었다.

다가오촌 서조의 촌민들은 확실히 알았다. 이번에 자신들이 체포된 이유는 농민부담 문제로 상방을 하거나 상방을 지지했기 때문이거나 촌의 회계를 의심하거나 감사를 요구했기 때문이거나, 그것도 아니면 촌 간부에 대해 불만을 품거나 미워했기 때문일 것이라는 것을 말이다. 요컨대 촌의 지부 서기와 주임은 이 틈을 타서 그들의 '눈엣가시'를 일망타진하려는 심산이었던 것이다. 그런데 이 '다종 혼합 부대'는 상황을 제대로 조사하지도 않고 다급하게 행동하느라 다가오촌 서조에 친척을 도와 파종하러 온 외지의 농민이나 심지어는 다가오촌 서조에 연락을 하러 온 상공업자까지 모두 체포해버렸던 것이다. 또한 서로 다른 기관에서 나온 집법 인원이 각자 체포한 촌민을 자신의 기관에 연행했기 때문에 일가족이라도 따로따로 경찰차를 타고 서로 다른 곳으로 끌려가는 일이 벌어지기도 했다. 경찰차가 시동을 걸자 온 마을은 비통하게 우는 소리와 서로를 부르는 소리로 가득 찼다. 방 안에 누워 몸을 가누지 못하는 몇몇 노인들은 눈물을 비오듯 흘리며 왕년에 일본군이 마을에 들어왔을 때의 광경을 떠올렸다. 일본군과 다른 점이 있다면 부녀자를 강간하지 않았다는 점과 방화를 하지 않았다는 점 그리고 일본말을 하지 않았다는 점뿐이었다.

각지로 잡혀간 사람들은 모두 예외 없이 그날 저녁 '재판을 받았다'. 단 하나의 예외가 있다면 바로 그 여성 사진사였다. 파출소의 신원 조사 결과 과연 그녀는 링비현 공안국 부국장과 친척 관계였고, 밤중에 석방되었다. 나머지 사람들은 '돈을 내놓지 않으면', 일정액의 벌금을 내지 않으면 나갈 생각을 하지 말아야 했다. 그래서 잡혀온 촌민들은 대개 사람들에게 부탁해 고리대의 돈을 빌려야 했고, 이 때문에 막대한 빚을 져야 했다. 적게는 1,000위안, 많게는 1만 위안까지 빌렸고, 심지어는 파산해서 고향을 떠나야 하는 사람까지 생겨났다.

가오양씨의 친정 조카인 양수렌(楊樹連)은 바른 말을 하는 사람이었다. 그는 "정의는 세상 어디서나 통한다"고 생각하고 여전히 비분강개한 주장을 하면서 돈을 내려고 하지 않았다. 결국 공안에게 구둣발로 다리를 걷어 차여 그는 한 달 넘게 절뚝거렸다. 그 때까지 그는 세상에 나쁜 사람은 극소수라고 생각했었는데 그 후에는 세상이 온통 암흑천지라고 생각하게 되었다고 한다.

10. 하룻밤의 사건

'다가오촌 사건'을 한 동이의 흙탕물에 비유한다면, 시간이 경과해 더러운 침전물이 깔린 밑바닥이 똑똑히 드러났을 때, 그것을 보는 우리의 마음은 쓰디쓸 수밖에 없었다.

가오양씨의 집은 새로 경지를 점용해 지은 것이 아니라 1990년 자신이 원래 살던 택지의 오래된 집을 개축한 것이었다. 본래의 택지는 다른 촌민들과 마찬가지로 그녀의 집의 경지면적으로 계산되어 매년 토지에 관련된 적지 않은 세금을 내고 있었다. 사건이 발생하기 1년 전인 1996년에 촌 주임 가오쉐원이 집으로 찾아와 그녀는 이른바 '택지세'라고 해서 110위안을 납부했다. 그래서 1997년 10월 4일 오전에 가오쉐원이 다시 찾아와 '택지세'를 징수하려 할 때, 가오양씨는 이상하게 생각하고 "나는 이미 다 내지 않았소?"라고 물었던 것이다. 가오쉐원은 그 말을 듣고 심기가 불쾌해서는 눈을 치켜뜨고 가오양씨에게 말했다. "내라 하면 낼 것이지, 뭐 이리 쓸데없이 말이 많아!"

가오양씨는 당연히 납득하지 못하고 확실히 해두어야겠다는 생각으로 물었다. "작년에 110위안을 냈고, 당신이 완납되었다고 말했는데 왜 금년에 또 내야 한다는 거요?"

가오쉐원은 더 이상 참지 못하고 소리를 질렀다. "당신은 누구한테 냈다는 거요?"

가오양씨는 촌 주임이 이렇게 말하는 것을 보고 갑자기 화가 났다. 평소 촌정부는 촌민들에게 이것 내라 저것 내라 하고서는 간이 영수증만 주었고, 어떤 때는 간이 영수증조차도 주지 않았다. 그래서 가오양씨는 기분이 나빠서 말했다. "당신은 내가 누구한테 냈는지도 모른단 말이오?"

가오쉐원은 "어!" 하고 몇 걸음 뒤로 물러나더니 동물원에서 이상한 동물을 본 듯한 눈빛으로 노인을 흘끔 보았다. 그는 바람이 불면 쓰러질듯 비실비실한 할멈이 갑자기 눈앞에서 의기양양하게 자신에게 대들 줄은 상상도 하지 못했다. 그는 위협적으로 물었다. "택지세 낼 거요, 안 낼 거요?"

"안 낼 거요." 가오양씨는 분노로 몸을 부르르 떨면서 가오쉐원을 향해 소리를 질렀다.

가오쉐원은 노파가 이렇게 강경하게 나올 줄은 생각도 못했기에 더욱 흉악하게 말했다. "당신을 '납세거부죄'로 처벌하겠어!"

가오쉐원의 고함 소리를 들은 촌민들이 몰려와 가오양씨에게 '택지세'를 중복해서 징수해서는 안 된다며 가오쉐원을 비난했다. 가오쉐원은 촌민들이 왁자지껄 자신을 비난하는 것을 보고 체면을 잃고서는 가오양씨에게 화를 퍼부었다. "당신이 '택지세'를 납부했다고 하는데 증거가 있어?"

가오양씨는 가오쉐원이 군중 앞에서 시치미를 떼고, 태도를 바꿔 잘못을 인정하려고 하지 않는 모습에 화가 나서 핏대를 세우며 가오쉐원의 코앞에 손가락을 갖다 대며 더 이상 참지 못하고 말했다. "너 맹세할 수 있어?"

말이 채 끝나기도 전에 가오쉐원은 주먹으로 가오양씨의 얼굴을 때렸다. 가오양씨는 비틀비틀하다가 하마터면 벌렁 나자빠질 뻔했다. 얼굴에는 졸지에 퍼렇게 멍든 자국이 생겼다.

촌민들이 달려와서 가오양씨를 에워싸고 가오쉐원을 꾸짖었다. "어떻게 노인을 때릴 수 있소?"

가오쉐원은 화를 내며 말했다. "때린 게 뭐 잘못 됐어? 이제 할망구 집을 수색해야겠어!"

말을 마친 가오쉐원은 이미 한 마리 미쳐 날뛰는 사자가 되어 가오양씨의 집 안으로 뛰어들어가서는 식기며 찻잔이며 손에 닿는 대로 마구 집어던지고 부수어버려 마치 도적이나 전쟁의 화를 당한 것처럼 박살을 내버렸다.

가오쉐원은 화풀이를 하고 나서 마치 아무 일도 없었던 것처럼 거들먹거리며 떠났다.

촌민들은 본래 촌 주임이 이렇게 큰 잘못을 저질렀으니 분명히 이일로 인해 문책을 받으리라고 생각했다. 그런데 생각지도 않게 바로 그날 오후 1시경에 평먀오진 파출소 부소장 정젠민(鄭建民)이 부하를 이끌고 마을로 들어와 곧장 가오양씨의 집으로 찾아갔다. 정 부소장은 문이 열리자 두말도 않고는 사람을 잡아가려고 했다. 가오양씨뿐만 아니라 그녀의 자식들도 함께 말이다.

소식을 듣고 달려온 촌민들은 가오쉐원이 가오양씨에게 누명을 씌우려 한다는 것을 알았다. 그래서 너도 한 마디 나도 한 마디 하면서 정 부소장에게 사건의 진상을 말해주었다. 하지만 정젠민이 믿으려고 한 것은 촌 주임의 말뿐이었고, 촌민들의 떠들썩한 말에 대해서는 귀담아 들으려고도 하지 않고 오히려 화를 냈다.

"누가 사람을 함부로 잡아간다는 건가?" 정젠민이 화를 내며 물었다.

"바로 당신이요!" 촌민 중 누군가가 말했다.

"도대체 먼저 조사해야 할 사람이 있다면, 바로 죄를 지은 사람부터 조사해야 되는 것 아니오?" 또 다른 촌민이 분노하며 말했다.

그렇다. 요사이 몇 년 동안 다가오촌 서조에서는 적지 않은 사람들이 외지로 일하러 나가서 전국 각지의 도시를 돌아다닌 결과, 어쨌든 세상 견문을 넓혀서 적어도 공적인 법기관은 법에 따라 사건을 수사하고, 사건 수사는 반드시 '사실과 법률에 근거해야' 하며, 시비곡직을 불문하고 사람을 함부로 체포하는 것은 위법행위라는 사실을 알고 있었다.

정젠민은 이러쿵저러쿵 말을 늘어놓는 촌민들이 못마땅하고 화가 나서 점점 호흡이 가빠졌다. 그의 눈에는 다가오촌 서조의 솜털도 가시지 않은 괭이나 휘두르는 촌놈들이야 신경 쓸 것도 없었다. 바로 분노를 터뜨리려는 순간, 군중 속에서 촌민 가오광화(高廣華)가 달려나왔다.

가오광화는 정젠민을 향해 당당하게 말했다. "가오쉐원이 가오양씨에게 택지세를 중복 징수한 것은 원래 잘못된 일인데 사람을 때리기까지 했으니 잘못을 거듭한 것이오. 그리고 남의 집을 박살낸 것은 잘못 정도가 아니라 범죄에 속합니다. 그런데 당신들 공안은 한쪽 말만 들으려 하니 백성들이 얼마나 화가 나겠소?"

가오광화가 이렇게 대놓고 이야기하자 정 부소장은 체면이 구겨졌을 뿐만 아니라 사람들 앞에서 자신에게 도전하는 것으로 보일 수도 있어서 더 이상 참지 못하고 경찰관에게 소리를 질렀다. "이 친구도 연행해!"

경찰관이 신속하게 뛰어와 가오광화를 잡아서 경찰차에 밀어넣었다.

가오광화는 저항하면서 외쳤다. "당신들, 무슨 이유로 나를 잡아가는 거야?"

정젠민이 말했다. "'공무집행방해죄'다!"

주위에서 보고 있던 군중이 격노해서 큰소리로 정젠민이 직권을 남용해 무고한 사람을 체포한다고 질책했다.

이때 정젠민이 권총을 꺼내 들고 소리쳤다. "너희들 뭐 하자는 거야?"

그는 현장에서 자신을 비난하는 촌민을 향해 총구를 이리저리 돌려가며 겨누었다.

흰수염이 가득한 가오쭝핑은 쭉 냉정하게 옆에서 지켜보고 있다가 정젠민을 향해 걸어나왔다. 그는 분노에 찬 목소리로 말했다. "너는 인민의 공안이면서 조사도 하지 않고 사람들을 말도 못하게 하고, 이제는 총구를 백성들을 향해 겨누다니 도대체 이 나라에 법이 있는 것인가?!"

가오쫑펑은 정젠민의 총구를 향해 머리를 내밀면서 말했다. "자 어디 한번 쏴 봐! 머리를 쏘라구! 우리 농민의 목숨이 하찮을지는 모르지만 절대 죽음을 두려워하지는 않는다구!"

가오쫑펑은 계속 분노에 차서 말했다. "이렇게 '공무집행방해죄'라고 하면 다 잡아갈 수 있는 거야? 총을 들고 위협하면 다 쏴 죽일 수 있는 거야?"

촌민들도 모두 흥분해 모여들어서 분노한 목소리로 외쳤다. "총을 쏴! 어디 한번 쏴 봐!"

군중의 분노는 건드려서는 안 되는 법. 정젠민의 손에 들린 권총이 떨리기 시작했고, 정젠민은 감히 다시 구체적인 목표를 정할 수 없었다. 금방이라도 불이 뿜어져나올 것 같은 맹렬한 눈으로 한동안 흰 수염의 가오쫑펑을 노려보다가 결국은 권총을 거둬들이고 말았다.

촌민 몇몇이 정젠민과 경찰관이 부주의한 틈을 타서 경찰차에 뛰어올라 연행된 가오광화를 구출해냈다.

정젠민은 안색이 검푸른빛이 되어 가오양씨 집을 떠나면서 아무 말도 하지 않았다. 경찰차에 올라탄 뒤 차문을 부서지란 듯이 세게 닫은 후, 야생마에 채찍질을 하듯이 요란하게 시동을 걸고는 짙은 연기를 남기고 떠났다. 연기가 걷히자 경찰차는 이미 모습이 보이지 않았다.

사람들은 가오양씨의 집에서 각자 헤어졌는데, 부소장이 낭패한 모습으로 떠나가는 모습을 떠올리며 배꼽을 잡고 눈물이 날 정도로 웃어댔다. 그러나 흰수염 가오쫑펑만은 서둘러 돌아가지 않고 걱정되는 마음으로 가오양씨를 보며 말했다. "이 사람들 이대로 물러나지는 않을 겁니다. 어떻게 촌민들에게 패배한 것을 받아들일 수 있겠어요? 분명히 구실을 만들어 일을 크게 벌일 겁니다."

가오쫑펑의 예측대로 정젠민은 파출소에 돌아온 후 없는 일까지 보태 자기가 당한 일을 과장해서 다른 지도자에게 보고했다. 소장 마리(馬里)와 지도원 주셴민(朱賢敏)은 무슨 말을 하면 크게 반응하는 부류의 약간 단세포적인 사람들이었다. 그들은 즉시 진(鎭)의 당위원회와 진정부의 수뇌에게 보고했다.

그리고 얼마 후, 다가오촌 서조의 촌민들은 한 무리의 차들이 마을에 진입하는 소리가 들린 후 차량에서 많은 사람들이 뛰어내리는 것을 발견했다. 그중에는 파출소장 마리와 지도원 주셴민뿐만 아니라 진의 당위원회와 진정부의 부서기와 부진장(副鎭長), 그리고 재정·공상·세무 등 여러 부문의 간부들도 있었다.

때는 이미 황혼에 가까워 있었고, 진정부 기관은 다가오촌 서조에서 적어도 10킬로미터는 떨어져 있었기 때문에 이렇게 늦은 시각에 이렇게 많은 진정부 인원이 온 것은 희한한 일이어서, 많은 촌민들이 놀란 눈으로 이 광경을 지켜보고 있었다. 선량한 촌민들은 아직도 좋은 쪽으로 생각해서 파출소 소장이 그들에게 사과하러 온 것이라 짐작했다. 오후에 정 부소장이 너무나 말도 안 되는 행동을 했기 때문이었다. 촌민들은 정 부소장이 시비곡직을 불문하고 사람들을 잡아가려 했고, 무례하게 총을 겨눠 촌민들을 위협하는 행동을 해서 파출소로 돌아가서 질책을 받았으리라고 생각했다. 그리고 또 진정부에서 가오쉐원이 노파의 집을 박살낸 것을 알고 촌 간부가 어찌 이렇게 행패를 부리고 위법행위를 저지를 수 있느냐며 이 문제를 처리하기 위해서 달려온 것이라고 생각했던 것이다.

그러나 보면 볼수록 그렇지가 않은 것 같았다. 뭔가 잘못된 것 같았다. 이 사람들은 마을에 들어온 후 아무에게도 사과하지 않았고, 촌민에게 뭔가 알아보려고 하지도 않았다. 당연한 인사도 없고 정젠민 부소장의 행위에 대한 해명도 없었다. 그들의 태도는 아주 이상했다.

이쪽을 보기도 하고 저쪽을 손으로 가리키기도 하면서 한 바퀴 돌아본 후 아무 소리도 없이 돌아가려고 했다.

촌민들은 보면 볼수록 알 수가 없고 수상쩍었다. "이 사람들은 도대체 뭐하러 온 건가?"

그때 몇몇 촌민이 달려 나와 그들에게 촌 주임이 가오양씨를 때리고 집을 박살 낸 일을 처리하고 가라고 호소했다. 사람들은 이 일을 흐지부지 끝내버리면 후에 가오쉐원이 더 대담해져서 누구든 마음대로 때리고 박살 낼 것을 우려하고 있었다. 그렇게 되면 촌민들이 어떻게 마음 편히 지낼 수 있겠는가?

그러나 진정부나 파출소의 지도자는 아무도 대꾸하지 않고 차에 올라타 출발하려고 했다. 외지에서의 돈벌이로 이미 견문이 넓어진 촌민들은 이렇게 간부들이 민정을 보살피려고 하지 않고 민의를 무시하는 모습을 보고 속이 부글부글 끓기 시작했다. 생각해보면, 진장(鎭長)도 소장(所長)도 과장급 계장급의 간부에 불과한 것 아닌가? 현의 우두머리래봤자 겨우 과장 계장급에 불과한 '말단 관리'다! 그런데 좀 치켜세우면 지도자랍시고 우쭐해가지고는, 지 놈 좆에는 날개라도 달렸나!

당시 누군가는 이렇게 거친 말을 퍼부었다. "농민들이 만든 곡식을 먹으면서도 농민들을 대신해서 올바로 일처리도 하나 해주지 못하면서 무슨 '인민의 공복'이라는 거야!"

누구는 아예 차에 뛰어들어 씩씩거리며 말했다. "당신들이 떠나겠다면 우리도 말리지 않겠소. 떠나지 않겠다면 억지로 내쫓지도 않겠소. 다만 당신들에게 요구하고 싶은 것은, 여기서 가오쉐원이 사람을 때리고 집을 박살 낸 사건을 처리하기 전에 가겠다면 차는 놔두고 가시오."

한 지도자가 불쾌한 듯이 말했다. "이건 뭐 하자는 건가?"

촌민이 말했다. "안 그러면 우리는 어디든 당신을 찾아서 처리할 거요."

사실 촌민들의 심정은 충분히 이해할 수 있다. 그들의 표현 방식은 그들이 논에서 일할 때 사용하는 농기구처럼 거칠고 원시적이며 현대문명에서 떨어져 있기도 하지만, 그들의 말 속에서 폭력을 제거하고 편안하게 살고 싶다는 갈망과 당과 인민의 정부에 대해 거는 깊은 희망을 간파하기란 어려운 일이 아닐 것이다.

그러나 이 몇 마디 말이 현장에 있던 한 지도자를 격노하게 만들었다. 그를 한번 보더니 마치 폭탄이라도 던지려는 듯 손을 위로 치켜들고는 큰 소리로 외쳤다. "모두 가지 말고 그대로 있어!"

촌민들은 도대체 종잡을 수 없었다. 한두 명의 촌민들이 분풀이로 한 말을 곧이곧대로 받아들이다니. 매일 차로 출퇴근을 하고 차로 영접받는 생활을 하며, 부하의 보고만 듣고 정책을 결정하는 지도자들은 심리적 인내력이 너무 나약한 것이 아닌가? 문제를 처리하는 능력이 너무 졸렬한 것이 아닌가?

그 지도자가 큰 소리를 지르자 현장에 있던 간부들 중에서 아무도 다른 의견을 말하는 사람은 없었다. 해는 서산에 떨어지려 하고 있고 진까지 갈 길은 먼데 모두 여기에 남아서 무엇을 하겠다는 것인가? 이렇게 많은 사람들이 머물러 있겠다면 또 어디서 자겠다는 말인가? 분명 촌민들에 대해서 화가 났기 때문이라고는 해도 오히려 자기들이 더 불편해 못 견딜 것이다. 그런데 이상하게도 아무도 그의 명령에 대해서 이상하게 생각하지 않고, 아주 당연하다는 듯이 그의 명령을 따라 삼삼오오 약속이라도 한 것처럼 다가오촌 부녀위원회 주임 가오쉐화(高學花)의 집을 향해 걸어갔다.

가오쉐화의 집은 주차한 곳에서 수십 미터 되는 곳에 있었다. 부녀 주임 가오쉐화는 진정부의 지도자들이 자신의 집을 향해 오는 것을 보고 급히 마중을 나왔다. 그녀는 잽싸게 간부들을 집으로 들인 다음 탁자와 의자를 끌어당겨 우선 사람들을 앉을 수 있게 했다. 그러고 나서 트럼프를 꺼내 오고 차를 끓여 대접한 다음 또 주방에서 서둘러 음식을 만들었다. 간부들도 자신들을 외부인이라 생각하지 않고 완전히 '자기 집에 돌아온' 듯한 모습이었다. 각자 직급 순에 따라 착석하고 간단히 인사말을 한 다음 곧바로 트럼프 놀이에 들어갔다. 트럼프를 할 수 있는 사람 수는 제한되어 있으므로 나머지는 차를 마시거나 한 담을 나누며 있는 이야기 없는 이야기를 다 쏟아냈다. 그리하여 가오쉐화의 집은 갑자기 사람들의 이야기와 웃음소리로 왁자지껄해졌다.

　　탁자 자리에 끼지 못한 사람 중에는 이제 진으로 돌아가지 못하고 여기서 하룻밤을 지내야 할 것이 너무 지루해서 식사 전에 한잠 자 두어야겠다며 두 손을 껴안고 토끼잠을 자는 사람도 있었다. 잘 생각이 없는 사람은 트럼프 놀이를 구경하기도 하고 이야기를 듣기도 하다가 그것도 재미없다 싶으면 이리저리 기웃거리거나 문밖을 서성이기도 했는데, 그 모습이 마치 걱정거리가 있는 것 같기도 하고 무척 따분해 보이기도 했다.

　　촌민들은 매우 답답했다. 가지 말라고 했다고 정말로 안 간단 말인가? 이렇게 많은 지도자들이 한꺼번에 부녀 주임의 집에 들이닥치면 가오쉐화가 난감해 하지 않을까? 남의 집이라 불편한 것, 잠자리 마련하는 것은 고사하고 이렇게 많은 사람들에게 무엇을 먹인단 말인가? 농촌 음식이라곤 먹어본 적이 없을 사람들에게 가오쉐화 집에서 무엇을 내놓을 수 있을까?

　　가오쉐화는 우선 지도자들을 위해서 능숙하게 뜨거운 솥 주변에

밀떡을 붙여 굽고 콩나물국을 끓였다. 가오쉐화는 지도자들의 입맛이 까다롭다는 것을 알고 있었지만, 옛날에는 모두 이런 농가의 소박한 음식을 먹고 다녔고, 이렇게 금방 끓여낸 농가의 음식을 먹을 기회도 다시 오기 어려울 것이라고 생각했다.

드디어 김이 모락모락 나는 밀떡과 콩나물국이 만들어져서 지도자들이 저녁을 먹기 시작했다. 그러나 도저히 전원이 먹을 정도의 양은 되지 않아서 누군가가 라면 한 박스를 가져와 그럭저럭 식사를 마칠 수 있었다.

오늘날의 지도자들에게 먹고 마시는 것은 이미 부담스러운 일이 되어 있다. 즉 연회에 가는 것은 체면을 세우기 위해서고 술을 마시는 것은 관계를 쌓기 위해서이다. 먹고 마시는 데는 상당한 의미가 있는 것이어서 아무도 배를 채우기 위해 밥을 먹지는 않는다. 그러나 다가오촌의 부녀 주임 가오쉐화의 집에서 먹은 저녁밥은 본래의 원초적인 의미가 있었다. 이 저녁밥은 배를 채우기 위한 것 외에는 아무 의미도 없었기 때문이다. 그렇지만 그중에는 배가 고파도 맛이 없다고 먹지 않으려는 자도 있었다. 그래서 집의 탁자 밑이나 대문 밖이나 여기저기에 그들이 먹다 버린 만두와 콩나물과 라면 찌꺼기가 널려 있었다. 그들을 대접한 여주인의 고심은 전연 생각지 않은 것이다.

목을 빼고 기웃거리던 촌민들은 이것을 보고 불만을 털어놓기 시작했다.

"여기에 있기로 했다면 왜 가오양씨가 구타당한 일은 묻지 않는 거야?"

"맞아. 대낮에 총을 겨누고 사람을 때리려 하고, 저녁에는 트럼프나 치고, 1년 365일 중 며칠이나 일을 하는 거야?"

"제대로 하는 일은 아무것도 없이, 아무 데서건 먹으려고만 하고 백성들 겁주는 것 말고는 할 줄 아는 게 없잖아!"

"아니, 이런! 음식을 먹지도 않고 버리는 놈들을 봤나!"

집 안에 있는 사람들 들으라고 큰 소리로 말하는 사람도 있었다. "진의 지도자께서 오늘 간부들을 대동하고 이 다가오촌 서조까지 찾아와주셨으니, 무슨 현장 조사라도 해서 우리를 가난에서 벗어나게 해주시려나 생각했더니, 에이 무슨 개뿔이나!"

또 어떤 목소리가 큰 사람이 간부에게 분풀이를 하려는 듯이 말했다. "아예 똥이나 이 인간들에게 먹으라고 줘!"

이 말에 사람들의 웃음소리가 터져 나왔다.

촌민들이 가장 경멸하는 사람은 능력도 없이 잘난 체하는 촌과 진의 간부들이었다. 촌민들은 권력도 없고 돈도 없고 지위도 없고 늘 무시당하고 있지만 입은 자유로웠다. 하고 싶은 대로 말해서 불만을 배설해 심리적인 평형과 쾌감을 찾고 있었다.

그날 저녁, 촌민들은 가오쉐화 집의 대문 밖에서 거리낌없이 자신들의 생각을 말하고 있었다. 집 안의 간부들은 여전히 트럼프 놀이를 하거나 이야기를 하거나 조용히 잠을 잤다. 어떤 간부는 문밖을 왔다 갔다 하다가 촌민의 말을 듣고 화가 나기도 했다. 그러나 촌민들이 과격한 행동은 하지 않았고 그들의 손가락 하나 건드리지 않았기 때문에 기분에 별 영향을 받지 않았으며, 집 안은 여전히 떠들썩했고 웃음소리가 끊임없이 새어나왔다.

밤이 깊어지자 촌민들도 재미가 없어져 각자 집으로 돌아가 잠이 들었다. 이 밤을 간부들은 어떻게 지낼까. 차가 있는데도 왜 진으로 돌아가지 않고 여기서 불편을 감수하는 것일까. 많은 촌민들은 여기에 대해 깊이 생각하지 않고 그저 간부들 마음대로라고 생각했을지 모른다. 혹은 촌민들은 간부들이 진에서의 생활에 질려서 무언가 새로운 것을 찾으려 한다고 생각했을지도 모른다. 바로 텔레비전 드라마에서 보듯이, 아내가 있으면서도 다른 여자를 껴안으려는 남자처럼 사람의 기호는 각자 다르다고 하듯이 말이다.

그러나 그 밤에 흰수염 가오쭝펑은 침대에 누워 엎치락뒤치락하면서 잠을 이루지 못하고 있었다.

그는 상황이 정상이 아니라고 생각했다. 일이 이렇게 전개되어서는 안 될 것이었다. 그의 다년간의 경험에 의하면, 무언가 정리(情理)에 맞지 않는 이상한 일이 있으면 그 속에는 반드시 위험이 도사리고 있었다. 촌민들이 강제한 것이 아니라 진정부의 지도자들 스스로 남기로 한 것이지만, 그들이 촌에서 하룻밤 '곤란했던' 것도 사실이어서 돌아가 상부에 촌민들이 "불법으로 당정(黨政)의 집법 간부들을 10여 시간이나 감금했다"고 무고하는 것도 충분히 가능한 일이었던 것이다.

그는 중국의 농민이 너무 선량해서 무슨 일이든 좋은 쪽으로만 생각하고, 또 너무 관대해서 모든 것을 묵묵히 받아들이기만 하는 것을 한탄했다. 말이 억센 것 말고는 사회의 어떤 힘에도 저항할 힘이 없는 사람들이었다.

다음날, 태양이 평소와 마찬가지로 동쪽의 논두둑 위로 떠올라 눈을 찌르는 붉은빛이 다가오촌 서조의 농가 지붕을 물들이기 시작했을 때, 흰수염 가오쭝펑을 빼고는 아무도 생각지 못했던 사건이 일어났다. 1997년 10월 15일 그날은 암흑의 날, 굴욕의 날, 태산이 머리를 내리누르듯 한 재난의 날이 된 것이다.

그날 새벽, 펑먀오진 파출소의 주셴민 지도원은 가오쉐화의 집을 나와 진에서 타고 온 두 대의 차가 멀지 않은 곳에 주차되어 있는 것을 분명히 알면서도, 촌 주임 가오쉐원의 아들이 운전하는 트랙터를 타고 몰래 진으로 돌아갔다.

주셴민이 몰래 다가오촌 서조를 떠난 것은 아무도 상상할 수 없는, 남에게 말할 수 없는 음모가 있기 때문이었다. 어떤 촌민도 알 수 없었지만, 주셴민은 진에 머물러 있던 당위원회 서기 허우차오제에게 지난밤 다가오촌에서 발생한 일에 대해 보고했고, 허우차오제는 또 링비현 당위원회에 이를 보고했던 것이다. 링비현 위원회는 다시 쑤현(宿縣) 지구의 당위원회에 이를 보고했다. 이 부분의 중요한 세부 사정은 상당한 시간이 지나지 않으면 누구도 기꺼이 비밀을 밝히려고 하지 않을 것이다. 왜냐하면 이것은 지도자들의 정치적 업적과 영예 또는 과실과 책임에 관련되는 일이기 때문이다. 그러나 결과는 어쨌든 아주 명백했다. 이 장의 처음에 기술했던 끔찍한 대소탕 작전이 드디어 시작된 것이다.

11. 상방上訪하는 두 사람

흰수염 가오쭝펑이 돌연 실종되었다.

가오쭝펑은 파출소에 잡혀갔는데 촌민들은 나중에서야 그 사실을 알게 되었다. 그가 석방된 이후 촌민들은 그가 다른 사람이 되어버린 것을 발견했다. 그는 말이 없어졌고 마치 통조림이 된 것처럼 집 안에만 틀어박혀 있었다. 누구는 가오쭝펑이 화가 나서 토혈하고 집에서 요양하고 있다고도 했고, 누구는 건강하지만 마음이 아플 뿐이라고도 했다. 그런데 사실 가오쭝펑은 '다가오촌 사건'을 일으킨 관련 간부를 반드시 고발하겠다고 맹세하고 집에서 소장을 쓰고 있었다.

그러나 어느 날 가오쭝펑은 또 갑자기 사라졌다.

한참 시간이 지난 후, 누가 말하기를 링비현 시내에서 그를 보았는데 봉두난발(蓬頭亂髮)한 머리에 때가 낀 얼굴을 하고 빈털털이에 의기소침한 모습으로 변해서 하마터면 못 알아볼 정도였다는 것이다. 그는 작은 수레를 끌며 거리에서 고물과 쓰레기를 줍고 있었다. 어떤 때는 상점과 술집의 입구에 서서 거지처럼 동냥을 하기도 했다.

　　얼마 지나지 않아 그는 링비현 시내에서도 또 사라졌다.

　　가오쭝핑이 다시 다가오촌 서조에 나타났을 때 촌민들은 비로소 그가 이미 베이징에 다녀왔다는 것을 알았다. 고물과 쓰레기를 주운 것이나 거리에서 동냥을 한 것도 여비를 마련하기 위해서였다. 그가 사람들에게 말한 바에 의하면, 자신이 고소장을 국무원 신방(信訪)* 접수사무실에 내고 링비현과 평먀오진의 관련 지도자들이 흑백을 전도하고 무고한 사람을 연행한 불법행위를 고소했다고 한다.

　　그는 다가오촌 서조 촌민의 머리 위에 강제로 씌워진 '폭력으로 납세에 저항했다'는 누명을 벗기려고 했다. 물론 그는 홍콩의 잡지『동향』과『쟁명』을 보지는 못했을 것이다. 잡지를 보았다면 이렇게 물었을 것이다. 링비현과 평먀오진의 일부 공산당 지도간부들의 사건에 대한 분석과 판단은 왜 인민정권을 적대시하는 사람들과 똑같은 것이냐고?

　　가오쭝핑은 이번에 밖에 나가서 시야를 넓힌 셈이다. 과중한 농민

---

* 신방(信訪)은 내신래방(來信來訪)을 줄인 말로, 정부기관에 대해 투서하거나 직접 방문하는 것을 말한다. 중국에서는 2005년 신방 조례(信訪條例)를 반포하고 시행했는데, 제2조에서 신방에 대해 공민, 법인 또는 기타 조직이 편지, 이메일, 팩스, 전화, 방문 등의 방법으로 각급 인민정부와 현급(縣級) 이상의 정부 담당 부문에 사정을 보고하고 건의나 의견을 제출 또는 요구하고, 관계 행정기관이 법에 따라 이를 처리하는 활동이라고 규정하고 있다. 이 책에 나오는 상방(上訪)은 상급기관, 특히 수도를 방문해서 불만을 호소하는 것을 가리킨다.—옮긴이

부담과 촌진(村鎭) 간부들의 부패문제 때문에 상경해서 상방하는 사람이 링비현만 해도 자기 혼자만이 아니었기 때문이다. 후이거우진(澮溝鎭) 농민 천이바오(陳一保)는 상경해서 고소한다는 소문이 돌아 링비현도 통과하지 못하고 차가 다루향(大路鄕)에 도착했을 때 하차당하고 말았다. 현 법원에서 그의 죄를 판결하기 어려웠기 때문에 억지로 공안기관에 의해 3년간의 노동개조에 처해졌다. 다먀오향(大廟鄕)의 인구이메이(尹桂梅)는 여성이지만 몸을 돌보지 않고 단신으로 상방 길에 올라 숱한 난관을 뚫고 드디어 베이징에 도달해서 가오쭝펑을 감복하게 만들었다.

이번에 가오쭝펑은 바로 인구이메이와 함께 베이징에 소환되어 온 링비현 당위원회 동지에게 인수되어 안후이성에 돌아온 것이다. 베이징에 있는 동안 현위원회에서 파견된 사람은 링비현에 돌아가면 그들이 상신한 문제를 반드시 잘 처리해주겠다고 친절하게 말했다. 그러나 링비현에 돌아오자 그날 밤으로 그들을 유치소에 보내버리고 15일이나 가두어두었다.

가오쭝펑은 불복했고 그 후 다시 베이징에 다녀온 것이다.

이번에 가오쭝펑이 다시 다가오촌 서조에 돌아왔을 때는 노인의 얼굴에서 눈물이 마구 흘러내리고 있었다. 두 차례의 고된 장거리 여행으로 그의 몸은 녹초가 되었고, 결국 천식이라는 병까지 얻어서 지금은 몇 걸음 걷고는 곧 주저앉아 한동안 숨을 헐떡거려야만 하는 상태가 되었다. 그는 자신의 몸이 무기력한 것을 한탄하고 이번 생에서는 다시 상경해서 고소할 기회가 없을 것을 걱정했다. 생각하면 다시는 중앙의 지도자들이 '다가오촌 사건'의 진상을 이해하게 할 수 없을 것 같았다. 그는 침대에 누워 우두커니 천정을 바라보며 멍하니 있다가, 머리를 흔들어대기도 하고 탄식을 토해내기도 했다.

그날 가오쭝핑의 침체된 집안 분위기는 붉은 얼굴의 한 남자가 문을 밀고 들어오면서 깨어졌다. 그는 같은 진에 속한 둥류촌(董劉村)의 촌민 장지둥(張繼東)이었다.

장지둥은 흰수염이 병으로 쓰러져 누워 있다는 말을 듣고 일부러 이 불굴의 노인을 보러 달려온 것이었다. 장지둥도 평먀오진 원근에서 유명한 불굴의 남자였는데, 잘못된 것을 용납하지 않고 사실대로 말하며 많이 배운 축에 속하는 농민이었다. 그는 문화대혁명 이전에 안후이성 농업학원 평양현(鳳陽縣) 분원(分院)의 축산의학과에 입학했는데 오래 지나지 않아 문화대혁명에 휩쓸려 더 이상 배우지 못했다. 학교도 문화대혁명 중에 사라져버렸는데, 1968년 졸업할 때는 중등전문학생으로 간주되었다. 그 후 '교육받은 사람을 농촌에 복귀시키는' 운동에 따라 링비현 평먀오진에 배속되어 처음에는 수의(獸醫)를 하다가 후에는 몇 년 동안 식품 배급소에서 일했으며, 마지막에는 식품 배급소의 경영 부진으로 급료를 받지도 못하고 1988년 둥류촌으로 돌아와 농업을 하게 되었다.

장지둥이 들어와 자신을 바라보자 가오쭝핑은 매우 감격했다. 그는 인사를 하려고 몸을 돌보지 않고 급히 일어나려고 무리한 나머지 인사말도 못 꺼내고 한참이나 기침을 멈추지 못했다.

평먀오진에서 장지둥은 상방의 명수였다. 학생 시절에는 글쓰기를 좋아해서 소설이나 산문을 쓰기도 하고 희곡 극본을 쓴 적도 있었다. 링비현에 돌아온 이후에도 농민 작가로 활약하고 있었다. 수년 전 둥류촌의 농민부담이 과중해 간부와 군중의 관계가 나빠졌을 때, 그는 진지하게 현장 조사를 진행해 평먀오진의 문제를 들춰내고 실례를 근거로 분석해 작성한 '만언서'(萬言書)를 전국인민대표대회 상임위원회 사무국에 보냈다. 그런데 자신도 생각지 못했지만 이 보고서가 전국인민대표대회의 내부보고서에 소개되었던 것이다.

그러나 장지둥은 그 희열의 맛도 느껴보지 못한 채 곧 아주 위험한 지경에 빠지고 말았다. 그를 가장 고통스럽게 한 것은 자신의 처지가 아니라 자신이 보고한 문제들이 해결되지 않았을 뿐더러 수많은 문제들이 오히려 원래보다 더 악화되었다는 사실이었다.

'다가오촌 사건'뿐만 아니라 사건 발생 후 어느 날 자신이 진에서 목격한 사건 때문에 분노해서 치를 떨지 않을 수 없었다.

그날 그는 길을 걷고 있었는데 갑자기 주위가 시끌벅적해져서 몸을 돌려 보았더니, 둥류촌 촌민 장덩웨이(張登偉)가 숨을 헐떡이며 쏜살같이 달려오고 있었다. 그는 아주 긴장해서 안색이 변해 있었는데 그의 뒤를 진의 종합치안반의 부주임 왕허핑(王和平)이 쫓아오고 있었다. 왕허핑은 손에 총을 빼들고 쫓아오면서 소리쳤다. "서! 움직이면 쏜다!"

장지둥은 이상하게 생각했다. 진의 종합치안반의 간부는 '공안'도 아니고 '검찰'도 아니며 '사법경찰'은 더욱이 아닌, 평범한 향진의 일반 간부에 불과하다. 그런데 어떻게 권총을 갖고 있을 수 있는 것일까? 설령 권총을 가질 수 있다고 해도 그렇게 함부로 권총을 꺼내 사람을 위협해도 되는 것일까?

현재 촌진의 조그만 권력이라도 가진 간부들은 자신의 모습을 돌보지 않고 너무 멋대로 행동하는 것이 아닌가?

그날은 마침 장이 서는 날이어서 근린의 향촌에서 수많은 사람들이 모여들고 있었는데, 왕허핑이 총을 들고 쫓아가면서 소리치는 바람에 수백 명의 사람들이 놀라서 멍하니 이 추격전을 바라보고 있었다.

나중에 장지둥이 들은 내용에 따르면 사건의 실상은 이렇다. 그날 왕허핑은 진의 공동치안대원을 이끌고 둥류촌에 와서 촌민들에게 '인두세'를 강요했는데, 강직한 장덩웨이가 '인두세'를 마구 징수하는 것은 불법이라고 한마디 하자 왕허핑이 크게 화를 내며 그를 잡아가려고 했다는 것이다.

장지둥은 이 일로 화가 났다. 어느 날 펑먀오진 정부를 방문한 그는 진의 인민대표대회 주임 리창저우(李長洲)의 면전에서 왕허핑에게 물었다. "절차도 없이 걸핏하면 사람을 잡아가고 때리고 처벌하는 것이 합법입니까?"

장지둥 자신도 왕허핑 같은 사람에게 이렇게 묻는 것이 아주 '고지식하고', 매우 '어리석은' 일이라는 점을 잘 알고 있었지만 더 참을 수가 없었던 것이다. 이것은 그의 개성이기도 했지만 그가 오랫동안 공부를 했기 때문이기도 했을 것이다. 그는 글자를 모르는 무지한 촌민은 자기만큼 고통과 번뇌가 크지 않다는 것을 알고 있었다.

뜻밖에도 장지둥의 이 말은 충분히 효과가 있어서 말이 끝나자마자 왕허핑은 갑자기 펜을 책상에 내던지면서 날카롭게 소리쳤다. "지금 너를 잡는 데 절차는 필요 없어. 나는 '법대 법학과 졸업생'이야!"

장지둥은 깜짝 놀랐다. 그것은 왕허핑이 무서운 것이 아니라 그가 이렇게 빨리 표변한 것이 무서웠기 때문이다. 어쨌든 같은 진에서 사는 사람이어서 서로 만나기 십상인데 장지둥은 그가 이럴 수 있다는 게, 그것도 진의 인민대표대회 주임인 리창저우의 면전에서 이럴 수 있다는 게 믿기지 않았다.

장지둥은 무어라 말할 수 없는 비애를 느꼈다. 우리의 당위원회, 정부는 왜 한사코 이렇게 법도 도리도 모르는 인간들에게 이렇게 중요한 일을 맡기는 것인가? 당과 정부의 이미지가 크게 손상되지 않는가!

그가 놀란 또 하나의 원인은 바로 왕허핑이 부끄러움도 모르고 자신이 '법대 법학과 졸업생'이라고 큰소리친 것이었다.

그는 왕허핑에게 반문했다. "당신들의 권력이 법보다 강하다고는 믿지 않소!"

왕허핑은 세상을 달관해서 한 수 가르쳐주는 듯한 어조로 말했다. "당신은 정말 티브이나 라디오나 신문에서 말하는 것을 믿는 거요? 중국에서 무슨 법치가 실행되고 있다고 말이오? 이렇게 유치하기는! 미국 대통령의 죄를 지방의 법관이 다스릴 수 있는 것은 그건 외국이기 때문이지. 중국은 아직 인치의 나라고, 따라서 내가 당신을 다스리겠다는 거지."

리창저우는 장지둥과 왕허핑 두 사람이 일촉즉발의 기세로 서로 물러서지 않는 모습을 보고 서둘러 화해를 권했다. "장형, 내 말 좀 들어보시오. 당신이 듣든 말든 상관하지 않겠는데 왕 주임 말이 옳아. 가령 당신이 살인을 했다고 하면 반드시 목숨으로 배상하지 않으면 안되겠지만, 내가 살인을 했다고 하면 반드시 그렇지는 않지. 당신 말이야, 그렇게 죽어라 고집을 피울 필요는 없잖아! 이제부터는 정신을 차려서 좀 현실적이 되라구. 자네와 가오쭝펑은 친구 사이고, 나와 가오쭝펑은 친척이라는 관계가 있잖아. 그렇지 않다면 나도 자네에게 이런 말 안할 거야!"

한바탕 해결을 보지 못할 싸움이 리창저우의 권유로 가라앉았다. 장지둥은 리창저우의 말이 호의에서 나온 것인 줄은 알았지만 그의 사고방식은 받아들일 수가 없었다.

바로 '죽어라 고집을 피우는' 천성 때문에 장지둥은 흰수염 가오쭝펑이 여러 번 상방한 끝에 좌절하고 병들어 누워 있다는 말을 듣고 참지 못해 달려온 것이었다.

두 사람은 가슴이 벅차고 피가 끓어오르도록 대화를 나누었다.

'다가오촌 사건'이 일어나게 된 원인에 대해, 해방 이전부터 살아오면서 자신의 이름도 갖지 못한 가오양씨의 불행한 사건에 대해, 이 사건의 원흉인 가오쉐원에 대해, 이 사건과 관련 있는 진의 지도자와 파출소 책임자의 행위에 대해 두루 이야기를 나누면서 두 사람은 깊이 슬퍼하고 우려하지 않을 수 없었다.

가오쉐원이 다리를 저는 것은 인민공사 시절 생산대의 마차에 치였기 때문인데, 이미 수십 년이나 된 일로서 근방 사람이면 다 아는 일이어서 모두 그를 '가오 절름발이'라고 불렀다. 그런데 이 누구나 다 아는 일이 이번 '다가오촌 사건'에서 오히려 촌민들이 '폭력으로 납세에 저항했다'는 중요한 증거가 되었던 것이다. 파출소 부소장 정젠민은 조사도 하지 않고 곧바로 사람을 잡아가고, 누가 나와서 항의라도 하면 곧바로 총을 꺼내 위협하고, 진의 지도자는 한쪽 말만 들으려 하고, 심지어 이번 일을 핑계삼아 '연금'(軟禁)이라는 연극까지 벌였던 것이다. 또 현의 지도자는 소문만 듣고 사실이라 판단했기 때문에 링비현 역사상 충격적인 허위무고 사건이 이렇게 어이없이 일어나게 된 것이다.

물론 이 사건을 키운 심층 원인은 결코 이렇게 간단치는 않다. 수많은 지도급 간부들에 대해서도 절대 "관료주의에 빠졌다"는 말로만 지나갈 수는 없을 것이다.

'다가오촌 사건'은 거대한 바위처럼 가오쯩펑과 장지둥의 마음을 무겁게 내리눌렀다. 장지둥은 분명히 깨달았다. 다가오촌 사건의 시비가 분명히 가려지지 않는다면 펑먀오진에서 이와 같은 비극이 어디에서라도 다시 일어날 수 있다는 것을!

장지둥은 가오쯩펑이 병들어 있는 모습을 보면서 말로 하기 어려운 사회적 책임감을 느꼈다. 그것은 자신이 가오쯩펑이 지고 온 이 무거운 짐을 이어받아, 다가오촌 서조 촌민들의 억울함을 소리쳐 몰아내야 한다는 것이었다.

장지둥이 가오쭝핑을 위문했다는 사실은 펑먀오진 당위원회와 정부를 놀라게 만들었다. 당위원회 서기 허우차오제와 부진장 장치우(張其武)는 직접 둥류촌을 방문해 장지둥에게 경고했다. 허우차오제는 단도직입적으로 말했다. "다가오촌의 그 일은 현이 지구의 승인을 받은 것이다. 사건 발생 당일에 성의 지도자에게 보고도 했다."

이런 상황을 장지둥은 전혀 몰랐지만 사실일 수도 있다고 생각했다. 그러나 문제의 핵심은 현이든 지구이든 또는 성에서 받은 보고이든 그것은 전혀 사실과 어긋난다는 것이고, 지금 이렇게 사실에 근거하지 않은 '승인'과 '보고'로 사람을 위협해도 전혀 설득력이 없다는 것이었다.

허우차오제는 장지둥이 반론하려고 하자 엄숙하게 말했다. "'다가오촌 사건'에 대해 쓸데없이 참견해서는 안 된다. 상부에 보고해서는 안 돼!"

장지둥은 허우차오제 서기가 말하는 '상부'가 현의 당위원회와 현 정부 나아가 지구의 당위원회와 행정관서를 포괄하는 것이 아니라는 사실을 잘 알고 있었다. 그는 상대방의 강경한 어조 속에서 오히려 진의 지도자가 '다가오촌 사건'의 진상이 폭로될까 봐 초조해 하는 마음을 읽어냈다. 그는 속으로 웃으며 말했다. "이미 지구의 지도자가 승인했고 성의 지도자도 알고 있고 모두 옳은 일을 했다면서, 왜 상부에 상신하는 것을 두려워하나? 두려워한다는 것은 구린 데가 있다는 뜻이지!"

장지둥은 '다가오촌 사건'이 일어난 원인에 대해 솔직하게 말을 꺼냈다.

그러자 허우차오제는 장지둥의 말을 자르며 체면 차리지 않고 말했다. "지방정부와 맞서겠다는 건가? 정 그렇다면 우리가 너를 그냥 놔두지 않을 테니 각오해!"

허우차오제는 이렇게 강하게 말하면 도움이 안 되고 오히려 일을 그르칠지도 모르겠다고 생각했는지 말투를 바꾸어서 다시 말했다. "화를 자초하는 일은 하지 마. 네가 이전에 상신한 문제는 전국인민대표대회의 보고에도 실렸잖아? 중앙의 지도자와 성의 지도자도 모두 조사해서 처리하라고 지시했고, 현에서도 전문조사팀을 만들어 한 달 이상이나 조사했는데 결과는 또 어떻게 되었어? 누가 처분을 받았나? 다시 말해 네가 이번에 다시 다가오촌 일을 들쑤셔 만일에 말이야, 만일에 무슨 일이 생기면, 우리 모두 재수 없게 잘릴 거야. 그러면 현장(縣長)과 지구장(地區長)도 연루될 것이고 또 너도 걸려들지 않겠나?"

허우차오제는 떠나면서 또 경고했다. "당의 제9차 전국대표대회 문건을 찾아보는 게 좋을 거야. 잘 살펴봐, 당시 일을 잘 보면……."

장지둥은 허우차오제가 왜 갑자기 자신에게 '제9차 전국대표대회 문건'을 찾아보라고 가르쳐주었는지 도대체 이유를 알 수 없었다. 그것은 먼 옛날의 일 아닌가? (제9차 전국대표대회는 1969년에 열렸는데, 이때 린뱌오林彪가 중앙위원회 부주석으로 선출되어 마오쩌둥의 후계자로 확정되었다 ─옮긴이)

허우차오제가 떠난 뒤 장지둥은 '다가오촌 사건'을 다시 한 번 진지하게 생각해보았다. 그는 이 사건의 위험성을 확실히 실감했다. 물론 그도 사건의 진상을 밝히려고 한다면 지방정부와 '맞서야' 한다는 것을 잘 알고 있었다. 그는 고심했다. 지방정부는 중앙정부와 정치적으로 일치해야 하지 않는가? '법으로 나라를 통치한다'는 것이 중국의 국책이 되었는데, 쑤현 지구와 링비현과 펑먀오진은 법으로 통치하지 않아도 좋다는 말인가?

'사실에 근거해서 진리를 탐구한다[實事求是]'는 당의 제11차 전국대표대회 중앙위원회 제3차 전체회의의 정신이 아니었던가? (제11차 전국대표대회 중앙위원회 제3차 전체회의는 1978년에 문화대혁명의 과오를 전면적으로 수정하는 방침을 제시한 회의—옮긴이) 장지둥은 생각했다. 바로 공산당은 이 회의에서 공산당의 역사적 과오를 직시하고 과감하게 '계급투쟁을 근간으로 생각한' 잘못된 노선을 부정했기 때문에, 비로소 오늘날의 개혁개방이라는 좋은 상황이 출현한 것이라고. 용감하게 과거를 직시했기 때문에 미래를 편안히 맞이할 수 있는 것이다.

법에 의거해 과오를 바로잡는 것은 촌민들만의 일이 아니므로 당정의 지도자들이 더욱 솔선해서 힘쓰지 않으면 안 될 것이다. 그렇지 않다면 어떻게 인민의 신뢰를 얻겠는가?

장지둥은 가슴이 찢어질 듯 고통스러운 갈등 끝에 용감하게 나서기로 결심했다. 그리고 조용히 '다가오촌 사건'을 철저히 밝히기 위한 조사에 들어갔다.

12. 손바닥으로 하늘을 가릴 수 있을까

역시 장지둥이 예상했던 일이 발생했다.

그날 평먀오진 파출소의 공안이 갑자기 그의 집에 들이닥쳤다. 그들은 큰 소리로 누가 장지둥이냐고 물었다.

당시 집에서 촌민들과 한담을 나누고 있던 장지둥은 살기등등한 공안들이 무례하게 말하는 모습을 보고 울화가 터졌으나, 그들이 자신을 알아보지 못한다는 것을 알아채고는 마음을 가라앉히고 말했다. "그는 집에 없소. 할 말이 있으면 내가 전해주겠소."

옆에 앉아 있던 촌민들도 장지둥의 말바꾸기에 잽싸게 박자를 맞춰 말했다. "들어오시오. 들어오시오. 장지둥은 현에 들어갔어요. 무슨 일인지 우리가 전해드리리다."

공안들은 방안을 힐끗 훑어보더니 별 의심 없이 말했다. "그럼, 돌아오면 파출소에 왔다 가라고 전해주죠."

공안이 돌아간 후 장지둥은 저도 모르게 웃음이 나왔다. 그러나 그는 이것이 허우차오제가 자신을 잡아오라고 지령을 내린 것이라는 사실을 눈치챘고 이제 둥류촌에는 머물러 있을 수 없다고 생각했다.

그래서 장지둥은 인근의 쓰현(泗縣)으로 갔다. 쓰현에 숨어 일을 하고 지내면서 한편으로 '다가오촌 사건'에 대해서 몰래 조사를 진행했다.

허우차오제는 장지둥을 찾아내지 못했다. 그렇다고 포기하지도 않았다. 1998년 12월 26일, 음력으로는 11월 초팔일인 몹시 추운 날 밤, 누군가가 장지둥의 집 대문을 발길질로 거칠게 열어젖혔다. 살을 에는 차가운 바람과 함께 들어온 사람은 펑먀오진 파출소 소장 마리와 경관 루린(盧林)이었다. 두 사람은 어떤 법적 문서도 제시하지 않고 어떤 이유인지도 설명하지 않은 채 방으로 들어와 두말 하지 않고 이미 잠들어 있던 장지둥의 아들 장샤오우(張小五)의 목을 잡고 이불에서 끌어냈다. 우선 주먹으로 때리고 발로 찬 다음 밀고 당기면서 문밖으로 끌어냈는데 옷과 양말도 신게 해주지 않았다.

잠옷 바람의 장샤오우는 찬바람이 쌩쌩 불고 얼음과 눈으로 뒤덮인 들판으로 끌려갔다. 장샤오우가 비밀리에 후이거우진 파출소에 연행되었을 때 그는 몸이 얼어서 말도 할 수 없을 지경이었다.

그리고 잔혹한 린치가 시작되었다.

마리가 직접 손을 대었다. 그는 장샤오우의 머리카락을 움켜잡더니 힘껏 머리를 벽에 부딪혔다. 장샤오우는 눈에서 별이 번쩍이는 것을 보았다. 마리는 또 경찰봉을 장샤오우의 입에 쑤셔넣고는 머리를 부술 듯한 기세로 강하게 밀어붙였다. 장샤오우는 필사적으로 부르짖었다.

마리는 장샤오우가 얼어서 얼굴이 까맣게 변하고 온몸을 부르르 떨자, 얼어붙은 시멘트 바닥 위에서 팔굽혀펴기 동작을 계속 시켰다. 장샤오우가 지쳐 더 이상 할 수 없게 되자 마리는 구둣발로 장딴지를 사정없이 짓눌렀다. 장샤오우는 비명을 질렀다.

마리에게는 자기만의 린치 기술이 있었다. 두 엄지손가락을 장샤오우의 눈가에 대고 세게 문지르는 것이었다. 얼마나 아픈지 장샤오우는 마구 소리를 질러댔는데, 그가 내는 소리는 이미 사람의 소리가 아니었다.

다시 마리는 장샤오우의 가슴과 얼굴을 주먹으로 때리고 뺨을 후려치며 물었다. "장샤오우, 대답해, 우리가 너를 때렸나?"

장샤오우는 감히 쳐다보지도 못하고 소리도 내지 못했다. 장샤오우는 아직 여자와 사귀어본 적도 없는 젊은 청년이었다. 이런 일을 겪기 전에는 인간이 이렇게 잔인할 수 있으리라고는 상상도 하지 못했다.

"대답해!" 마리가 구둣발로 다시 한 번 장샤오우의 장딴지를 짓누르면서 말했다. "대답해, 우리가 너를 때렸나?"

장샤오우는 고통스럽게 신음하면서 말했다. "당신들은 …… 때렸다." 그는 거짓말을 하지 못했다.

마리가 크게 웃었다.

그 웃음소리에 장샤오우는 심장이 멎는 듯했다.

마리는 함께 온 경관 루린을 가리키며 말했다. "내가 너를 때렸다고? 저 친구가 너를 위해 증인이 돼줄까?"

마리는 루린에게 장샤오우를 때리도록 시켰다. 그리고 루린이 물었다. "우리가 너를 때렸나?"

장샤오우가 울면서 말했다. "때리지 않았어요."

마리는 그래도 불만스럽다는 듯이 장샤오우의 입을 잡아당기며 소리를 질렀다. "큰 소리로 말해!"

장샤오우는 다시 울지도 못하고 공포에 질려 큰 소리로 외쳤다. "때리지 않았어요!"

마리는 효과가 있다고 보고 시간도 새벽 2시가 넘은지라 비로소 손을 멈추고 말했다. "우리가 너를 때리지 않았으니 우리를 화나게 하는 일이 없도록 하기 바란다. 사실대로 말해. 니 아버지가 가오쭝펑 저 흰수염 늙은이를 도와서 고소장을 쓰고 있지?"

장샤오우는 그제서야 비로소 깨달았다. 펑먀오진 파출소 소장이 왜 몸소 나서서 자신을 잡아왔는지. 게다가 심야에 자신을 잡아오고 또 몰래 후이거우진의 파출소까지 연행한 것은 '다가오촌 사건'이 발생한 지 이미 1년이 지났지만 많은 사람들이 안절부절못하고 사건의 진상이 상부에 알려지는 것을 두려워하기 때문이었던 것이다.

그러나 장샤오우는 아무리 생각해도 알 수 없었다. '다가오촌 사건'의 진상을 알고 있는 사람이 아버지와 흰수염 노인뿐만은 아니었던 것이다. 그 사건은 대낮에 수많은 사람들의 눈앞에서 벌어진 일인데, 이것이 어떻게 사람을 잡아 협박하거나 입을 막거나 해서 덮을 수 있는 일이란 말인가? 어떻게 손바닥으로 하늘을 가릴 수 있다는 말인가?

제4장

상방의 긴 여정

13. 냉대를 당하다

1994년 10월 1일은 건국 45주년 기념일이어서 도처에 노래와 웃음소리가 가득하고 폭죽소리가 울려 퍼졌지만, 안후이성 린촨현(臨泉縣) 바이먀오진(白廟鎭) 왕잉촌(王營村)의 촌민 왕쥔빈(王俊彬)은 집 안에 숨어 있었다. 그가 숨어 있는 곳은 허난성(河南省) 선추현(沈丘縣) 류푸진(留府鎭) 리다장(李大莊)으로 자신의 고향과는 지척지간이었지만, 그는 집으로 돌아갈 수가 없었다. 그의 마음은 얼어붙어 있었는데, 전국시대의 오자서(伍子胥)가 소관(昭關)을 지나가느라고 머리가 셀 정도로 초조했다고 하는 바로 그 심정이었다.

린촨현 공안국은 2개월 전인 7월 30일, '왕쥔빈(王俊斌) 등 불법 범죄분자에게 자수를 독촉하는 통지'를 하달했는데, '통지'에는 그의 이름이 잘못 적혀 있었지만, 그는 '통지'가 배포됨으로써 자신이 자유를 박탈당함과 동시에 항변할 권리도 박탈당했으며, 이미 린촨현에 돌아가 억울함을 하소연할 수도 없고 억울함을 하소연한다는 것은 바로 체포된다는 것과 같다는 사실을 잘 알고 있었다. 그를 더욱 놀라게 하고 청천벽력과 같은 충격을 준 것은 20여 일 전, 왕잉촌 촌민과 연락을 주고받아 촌민을 데리고 여러 가지 장애를 뚫고 결국 열차에 올라타서 베이징에 상방하러 갔을 때, 린촨현 당기율검사위원회가 '왕쥔빈의 당적을 제명하는 결정'을 내렸다는 사실이었다.

그가 사람들과 함께 상방한 목적은 현의 상급조직에 다만 당중앙과 국무원의 농민부담경감정책을 실행해달라고 요구하기 위해서였다. 그런데 그 결과가 당적 제명이라니! 이것은 아무리 생각해도 이해할 수 없는 가슴 아픈 일이었다. 일이 이렇게 되리라고는 꿈에도 생각하지 못했다. 그는 비통한 가운데 이런 생각이 들었다. '오늘날의 농민은 물질적으로도 빈곤할 뿐만 아니라 정신적으로도 거대한 압박을 받고 있다. 농민들은 여러 가지 하고 싶은 말이 있어도 말할 수 있는 방법이 거의 없다. 민의와 민정(民情)을 정상적으로 표현할 수 없기 때문에 어떤 지방에서는 농민들이 이미 '해방된' 몸으로 또다시 '부모관'(父母官)의 면전에서 무릎을 꿇고 엎드리거나, 심지어 '죽음을 무릅쓰고 가마를 가로막는' 옛사람의 방법을 본떠 대로상에서 지도자의 차량 행렬에 뛰어들어 억울함을 하소연하는 일이 벌어지는 것도 이상한 일이 아니다.'

'문화대혁명'이 끝나던 해에 여섯 살이었던 왕쥔빈은 새로운 밝은 시대에 근심걱정 없이 살아왔고, 그가 받은 교육은 개혁과 개방을 제외하면 민주와 법제였다. 열여덟 살이 되던 해에 왕쥔빈은 고교 졸업을 기다리지 않고 조국의 부름에 응해 군에 입대해서 군인의 복무 정신을 몸에 익혔다. 특히 그가 당의 깃발 아래 엄숙히 오른손을 들어 선서할 때는 당의 결정과 인민의 이익을 보호하는 것이 공산당원의 도의적 책임이라고 느꼈다. 따라서 지금의 왕쿼빈은 분명히 어떤 농민들처럼 무릎을 꿇고 엎드리지 않는 것이다. 그는 민주의 권리는 누구로부터 주어지는 것이 아니라고 생각했다. 물론 '죽음을 무릅쓰고 가마를 가로막는' 일을 하지도 않을 것이다. 왕쿼빈은 모든 것을 다 잃어도 자신에게 유일하게 남아 있을 권리는 민주의 권리라고 생각했다.

그는 고소를 하려고 했다.

왕쿼빈은 어느 곳에 자신의 권리 보호를 요구해야 할지 전혀 몰랐지만, 망설이지 않고 종이 위에 '소장'(訴狀)이라는 두 글자를 썼다.

피고소인은 일반적으로 어느 부문의 법인 대표여야 하고 당의 현위원회 서기가 피고가 되기는 불가능하다는 것을 왕쿼빈은 알고 있었지만, 그러나 그는 여기에 개의치 않고 꿋꿋하게 '피고소인'의 밑에 장시더(張西德)라는 이름을 써넣었다. 그는 린촨현 현위원회 서기 장시더가 저 악랄한 '바이먀오(白廟) 사건'에서 회피할 수 없는 책임이 있는, 비열한 짓을 한 인물이라고 생각하고 있었다.

린촨현은 안후이성의 '시베리아'라고 불리는 푸양지구에 속한다. 이곳은 오랜 역사의 풍파를 무수히 겪어온 곳으로, 황허강이 무수히 범람해 진흙과 모래흙으로 이루어진 황허강 범람지구로도 유명하다. 옛날 한나라 유방의 대군이 초나라 군의 천연의 황허강 방어선을 돌파하고 다볘산(大別山)으로 전진한 것도 바로 이곳에서 필사적으로 혈로를 뚫었던 데서 시작되었다. 오늘날 천성이 순박한 린촨현의 인민은 근면한 두 손으로 고향의 모습을 변모시키고 있다. 그러나 협소한 평원인데도 인구가 180만 명을 넘어서 '중국 제1현'이라 불릴 정도로 인구가 밀집된 현이다. 게다가 교통이 불편하고 토지는 척박해서 지금까지도 빈곤현으로 유명하다.

왕쥔빈은 바로 이 빈곤현 중에서도 가장 빈곤한 바이먀오진에서 태어났다.

우리는 사건이 발생한 지 6년이 지난 2001년 겨울에 이곳을 방문했다. 이곳의 빈궁한 모습은 우리에게 깊은 인상을 남겼다. 한번 둘러보았지만 지방 기업도 하나 없고 논밭에 심은 것이라곤 온통 푸른색 일색인 파와 배추뿐이었다. 오래전부터 이곳의 농민은 파와 배추 농사에 의지해 살아오고 있었다. 마을 옆 멀지 않은 곳에 다른 성으로 통하는 대로가 나 있었고, 대로변에는 도처에 파가 산더미같이 쌓여 있었는데, 지나던 길의 차 운전사가 사주기를 기다리고 있었다. 우리는 값을 물어보고 놀라지 않을 수 없었다. 1근에 겨우 6편(分: 1편은 100분의 1위안―옮긴이)이었던 것이다. 짐수레 차로 하나 가득 실어도 겨우 2~3위안밖에 안 되는 가격이다. 배추의 가격은 조금 더 좋았지만 그래도 1근에 1자오(角: 1자오는 10분의 1위안―옮긴이)이었다. 그러나 이렇게 싼 채소도 수확한 농민들은 오히려 마음대로 먹지 못했다. 우리가 촌을 방문했을 때 서른 살 전후의 농민이 문 앞에 쭈그리고 앉아서 밥을 먹고 있는 것을 보았는데 그릇에는 밥만 있고 반찬은 없었다. 우리가 이렇게 싼 배추가 있는데 왜 볶아 먹지 않느냐고 물었더니, 그는 우리의 마음을 더없이 아프게 하는 대답을 했다. "내가 한 근을 먹어버리면 그 값만큼 덜 벌게 되잖소?"

2001년의 바이먀오진도 이렇게 가난할진대 6년 전의 바이먀오진이 어땠을지는 생각해보면 알 것이다. 당시 바이먀오진의 1인당 연평균수입은 겨우 274위안이었다. 즉 한 사람의 하루 수입은 0.8위안에 불과했다. 이것이 무엇을 의미하는지 모르는 사람은 없을 것이다. 이

지경까지 가난한데도 불구하고 현, 진, 촌에서는 계속 과세를 증가해 각종 명목으로 끊임없이 할당을 늘리고 자금을 끌어모으고 벌금을 부과하고 있다. 그러나 절대다수의 농민들은 이러한 착취에 대해 분노하면서도 감히 말을 못하고 있다.

그날 왕췬빈은 왕샹둥(王向東)과 왕훙차오(王洪超)를 방문해 누군가 나서서 사람들을 대신해 바른말을 해야겠다고 말했다. 왕샹둥과 왕훙차오도 촌에서는 비교적 생각이 활발한 젊은 사람들이었다. 특히 왕훙차오는 할당금 이야기만 나오면 화가 나서 머리를 흔들 정도로 깊이 증오하고 있었다.

왕훙차오의 장인은 촌에서는 비교적 장사 수완이 있는 사람이었다. 농사일 외에 농한기 때 향촌을 돌아다니며 쥐약을 팔았는데, 이 일은 원가는 별로 들지 않고 수입은 괜찮은 편이었다. 왕훙차오는 일찍이 농사일에만 의존해서는 장래가 어렵다고 보고 장인을 따라다니며 쥐약을 팔았다. 어느날 왕훙차오가 쥐약을 팔려고 집을 떠나 있을 때 촌의 당지부 서기 가오젠쥔(高建軍)이 '징세돌격대'를 이끌고 큰 소리를 지르며 집집마다 돌아다니면서 가구당 6위안(한화로 약 1,000원 ― 옮긴이)의 '학교건설비'를 거두러 왔다. 촌의 학교는 멀쩡하고 별다른 문제도 없는데 왜 '학교건설비'를 거둔다는 말인가? 왕훙차오의 어머니가 당시 집에 있었는데 아무리 생각해도 알 수 없어서 돈을 내지 않고 말했다. "훙차오도 집에 없으니 나중에 내지요." 말이 떨어지자마자, 가오젠쥔은 텔레비전을 들고 나갔다. 왕훙차오의 어머니는 급히 뒤따라가면서 말했다. "집에 사람이 없는데 당신들이 이렇게 물건을 가져가다니, 이래도 되나?" 가오젠쥔과 왕훙차오는 친척 사이였기 때문에 그녀는 가오젠쥔이 지부 서기가 된 뒤로 이렇게 사람이 변할 줄은 상상도 못했다. 그러나 가오젠쥔은 아랑곳하지 않고 의기양양하게 나가버렸다.

왕훙차오는 집에 돌아와 촌지부 서기가 텔레비전을 갖고 가버렸다는 것을 알고 격분했다.

왕쿼빈과 왕상둥, 왕훙차오 세 사람은 서로 상의해서 우선 진정부에 호소하기로 결정했다. 당시 그들 세 사람은 일을 너무나 간단하게 생각했다. 당에서 '농민부담을 경감하는'정책을 세우고 있으므로 마땅히 한치의 에누리도 없이 집행해야 될 것이라고 말이다. 다시 말해 상급기관에 민정을 상신하는 것은 헌법이 부여한 공민의 합법적인 권리라고 말이다.

세 사람은 한없이 신뢰하는 마음을 품고 진의 당위원회 서기 한춘성(韓春生)을 찾아갔다. 더욱이 왕쿼빈은 공산당원이었기 때문에 조직상의 원조를 요구하러 찾아갔던 것이다.

세 사람은 영원히 그날, 1992년 10월 28일을 잊지 못할 것이다. 그날 진의 당위원회 사무실에서 세 사람은 '책임 회피'가 무엇인지, '얼렁뚱땅'이 무엇인지, '서민 감각의 마비'라는 말의 의미가 무엇인지를 뼈에 새길 정도로 깨닫게 되었다.

진의 당위원회 서기 한춘성의 무관심이 촌지부 서기 가오젠쿼의 거리낌없는 행동을 조장하고 있었다. 가오젠쿼은 왕훙차오가 자신이 텔레비전을 들고 간 사실을 진정부에 고소했다는 것을 알고 화를 내면서, 텔레비전을 돌려주기는커녕 오히려 대담하게 다시 왕훙차오의 집에 쳐들어가서 이번에는 자전거를 들고 가버렸던 것이다.

6위안의 '학교건설비'를 내지 않았다고 텔레비전을 들고 간 것도 놀라운 일이었지만, 그것만으로는 부족하다고 생각했는지 또 자전거까지 들고 간 것은 분명히 지나친 일이었고, 공분을 사기에 충분했다.

그래서 더 많은 촌민들이 나서서 왕쿼빈과 왕상둥, 왕훙차오에게 촌 간부들이 멋대로 할당해 끌어모으고 벌금을 부과한 행위에 대한 증인과 물증을 제공했다.

우리는 왕훙차오의 집에서 당시 촌민들이 제시한 세 가지 증거를 보았다. 하나는 '린촨현 바이먀오진 인민정부'라는 공인(公印)이 찍힌 '농민부담 세비(稅費) 카드'였는데, 카드에 쓰여진 청부경작지의 면적은 분명히 고친 흔적이 있었다. 처음에는 '6.47묘'였던 것이 고쳐서 '6.85묘'가 되고, 이것을 지운 뒤에 다시 써서 '6.87묘'가 되었다. 청부경작지 면적을 고친 이유는 말할 필요도 없이 '농업세'와 '농림특산세', '경지점용세'를 비롯해 기타 각종의 세금을 높이기 위한 것이다. 카드에 쓰여 있는 '촌 제류금'이라든가 '향 통주비(統籌費)'의 숫자는 더욱 아리송한 것이어서 열네 가지 항목에 걸쳐 내야 할 비용의 숫자는 구체적이지만 그 근거가 무엇인지 알 수 없었다. 왜 촌민들은 이렇게 많은 항목을 납부해야 하는가? 이에 대해 누구도 분명하게 설명하지 못했다. 그리고 열네 가지 항목을 합산하면 93.1위안이 되고 '합계'란에도 원래는 이렇게 쓰여 있었는데, 왜 그런지 빨간색 펜으로 91.56위안으로 고쳐져 있었다.

또 하나의 증거인 '린촨현 바이먀오진 사오잉촌민위원회(邵營村民委員會)'라는 공인이 찍힌 '농민비용부담 영수증'에는 '향 통주(鄕統籌) 촌 제류(村提留)'의 93.1위안이 91.47위안으로 고쳐져 있었다. 보아하니 고친 금액이 더 줄어들었고, 수금한 사람이 이 영수증의 공백 부분에 눈에 뜨이는 글자로 '이 영수증으로써 기타 영수증을 무효로 한다'라고 써놓았다. 말하자면 납부해야 할 세금을 더해 이 농민은 모두 140.36위안을 납부한 것이다. 그러나 풍자의 의미가 농후하게도, 이 농민은 또 하나의 유인물인 '사오잉행정촌 농호 1993년도 하계(夏季) 지불통지서'를 제공했는데, 이것은 무효로 한다고 한 기타 영수증에 틀림없다. 이 통지서에는 하계에 납부해야 할 금액이 184.01위안이라고 적혀 있었다. 이 농민이 청부경작한 면적은 '6.88묘'로 고쳐져 있을 뿐만 아니라 납부해야 할 세금도 48.89위안에서 155.27위안으로 고쳐져 있었다!

한 장의 '세비 카드'가 두 가지로 계산된 것은 무엇 때문일까? 하나는 촌민에게 실제 숫자대로 징수한 것으로 한푼이라도 부족해서는 안 되는 것이고, 다른 하나는 상급기관에서 검사하러 왔을 때 제출하기 위한 것이다. 이렇게 눈 가리고 아웅하는 식으로 상급기관을 기만하고 인민을 속이는 짓을 거리낌없이 저지르고 있는 것이다.

왕쥔빈, 왕샹둥, 왕훙차오 세 사람은 촌민들이 제공한 수많은 증거를 거머쥐고 상방할 결심을 더욱 다졌다. 진정부가 촌 간부의 부패를 극력 비호하고 있기 때문에 그들은 할 수 없이 한 단계 위의 상급기관에 상방하기 위해 현정부를 방문하게 되었다.

그러나 뜻밖에도 그들은 현위원회에서도 냉대를 당했다.

그래서 세 사람은 마음을 다잡고 최고 책임자를 만나기로 했다.

"우리는 장시더 동지를 만나고 싶습니다." 세 사람은 현의 당위원회 서기는 현의 당 조직에서 최고 지도자이고 공산당원으로서의 자부심도 당연히 최고일 것이니, 밑에서 당의 농민부담경감정책을 공개적으로 위반하는 것을 가만히 두고보고만 있지는 않을 것이라고 생각했다.

사무실의 동지가 고개를 들고 뛰어 들어온 농민 차림의 세 젊은이를 보고는 아주 귀찮다는 듯이 말했다. "장시더 동지가 누군지 알아요?"

"현의 당위원회 서기시지요."

"어디서 왔습니까?"

"바이먀오진 왕잉촌입니다."

상대방이 듣고는 조롱하면서 말했다. "현위원회 서기가 당신들이 마음대로 만날 수 있는 사람이라고 생각하는 겁니까? 왕잉춘의 일은 바이먀오진 당위원회와 정부를 찾아가 해결하시죠."

"그러나 진정부가 우리 말을 듣지를 않습니다."

"그쪽이 안 듣는다고 바로 현위원회 서기를 찾아와요? 현의 모든 촌에서 당신들 왕잉춘같이 무슨 일이든 현 서기를 찾아온다면, 현 서기가 어떻게 일을 하겠습니까?"

세 사람은 아연실색했다.

성질이 급한 왕상둥이 참지 못하고 물었다. "진정부가 나 몰라라 하는데 현위원회 지도자를 찾지 않으면 누구를 찾으란 말입니까?"

상대방이 갑자기 일어서더니 두 팔을 벌리고 오리 떼를 쫓아내듯이 큰 소리를 질렀다. "돌아가, 돌아가. 여기는 바쁘니까!"

생각이 깊은 왕훙차오는 한마디도 하지 않다가 냉정하게 말했다. "우리는 현위원회가 중앙의 '부담경감'정책을 실행하도록 요구하러 왔습니다!"

"누가 실행하지 않는다고 했나? 무슨 말을 하는 거야?"

"우리는 장시더 서기에게 말하고 싶습니다." 왕훙차오의 음성은 크지는 않았지만 오히려 확실했다.

"안 돼!"

"왜 안 된다는 겁니까?"

"안 된다면 안 돼!" 상대방은 딱 잘라 말했다.

왕훙차오는 매우 불쾌했지만 차분하게 말했다. "인민을 대우하는 데 늘 이런 태도입니까?"

상대방이 조롱하듯이 말했다. "빨리 가라구! 안 그러면 이런 태도도 더 이상 없을 거야!"

현위원회 건물에서 나왔을 때 세 사람의 안색은 말이 아니었다. 왕훙차오가 후에 당시 상황을 말해준 바에 의하면, 현위원회에서 쫓겨 나왔을 때 그가 강렬하게 느끼고 있었던 신성한 감정이 갑자기 난폭하게 짓밟혀 매우 고통스러웠다고 한다.

세 사람이 촌에 돌아온 후 촌민들은 함께 모여 대회를 열었다. 사람들은 세 사람이 현에 가서 문제를 상신해서는 세력이 약해서 무시당하니, 그렇다면 갈 수 있는 사람은 모두 가자고 의견을 모았다. 그 후 왕잉촌의 300여 촌민이 일제히 출동해서 10여 대의 농업용 차량과 트랙터에 올라타고 호탕하게 현성으로 밀고 들어갔다.

그러나 사람 수가 많은 것만으로는 일에 도움이 안 될뿐만 아니라 오히려 현위원회의 더 큰 반감을 사서 '군중 소요'를 일으킨 것으로 되어버렸다.

몇 차례의 좌절 끝에 촌민들은 농민부담 과중문제는 린촨현에서는 전혀 해결될 희망이 없고 남은 것은 세 가지 길밖에 없다고 생각했다. 첫째는 지구(地區), 둘째는 성(省), 셋째는 직접 베이징에 가서 호소하는 것이다. 지구와 성에 호소하는 일에 대해서는 적지 않은 사람이 적절치 않다고 생각했다. 왜냐하면 지구든 성이든 모두 린촨현위원회와 현정부와 긴밀한 관계가 있어서 '관끼리 서로 비호할' 우려가 있기 때문이었다. 그리고 상방한 자료가 하급기관으로 점점 내려와 마지막에는 상방을 당한 사람의 손에까지 넘어올 수도 있었다. 이런 경우는 현재의 신문과 라디오, 텔레비전 방송에서도 자주 보는 일이다. 그렇다면 한 마리의 토끼를 여러 사람이 쫓게 해서는 안 된다. 촌민들의 시간과 정력은 물론이지만 아까운 돈을 쓰게 할 수는 없기 때문이다.

사람들이 시끌벅적하게 각자의 의견을 말하는 가운데 점점 하나로 모아졌다. 이왕 내친 김에 끝장을 보자는 것이었다. 그래서 아예 당중앙과 국무원을 찾아가자고 했다. 농민부담을 경감하자는 좋은 정책은 당중앙과 국무원이 제정한 것이기 때문에 최하층 농민의 심정을 잘 이해해주리라고 생각한 것이다.

물론 사람들은 이처럼 '단계를 뛰어넘은 고발'이 큰 위험을 안고 있다는 점도 알고 있었다. 한 가지 준엄한 사실은 베이징에 가서 상방해서 바이먀오진과 왕잉춘의 문제를 상신하는 것은 객관적으로 보면 린촨현의 '어두운 실상'을 고발하는 일이다. 린촨현에서 중앙의 농민부담경감정책을 실행하고 있지 않다는 것은 당의 체면을 손상하는 일이고 국가에 폐를 끼치는 일이다. 현위원회 서기 장시더가 이를 알면 절대로 가만있지 않을 것이다.

장시더에 대해서 사람들은 린촨현의 텔레비전 방송을 통해 이미 잘 알고 있었다. 팔다리가 짧고 왜소한 몸집에 말할 때 손짓하기를 좋아하며, 보고하는 문서는 분명 비서가 써준 것으로 문장은 그런대로지만 말할 때 보면 전혀 아취(雅趣)가 없고 상스러운 사람이 말하는 것과 똑같았다. 어느 회의 석상에서 장시더는 계획출산에 대해 말하면서 한 자녀 이상 낳아서는 안 된다고 강조하고 주먹을 휘두르며 입에서 나오는 대로 거침없이 지껄였다. "일곱 개의 무덤을 팔지라도 한 사람을 더 낳는 것은 용납하지 않겠다!" 장시더의 말을 듣고 사람들은 모두 혀를 내둘렀다. 이렇게 살기가 감돌고 피비린내나는 이야기가 널리 퍼져나가서 듣는 사람은 누구나 등에서 식은땀을 흘렸다.

결국 베이징에 가서 상방하는 것은 앞길을 예측하기 어려운 일이었고 능력과 용기가 있는 사람이 필요했다.

사람들은 모두 알고 있었지만 아무도 먼저 입을 열려고 하지 않을 뿐이었다. 베이징으로 갈 대표를 뽑을 때 촌민들은 기대가 가득 담긴 눈으로 약속이나 한 듯이 일제히 왕췬빈, 왕상둥, 왕훙차오 세 사람의 젊고 유식한 청년들을 주시하고 있었다.

14. 온도차를 느끼다

1993년 연말의 가장 추운 어느 날 왕쥔빈, 왕상둥, 왕훙차오 세 사람은 간단한 준비를 거쳐 그동안 수집한 '마구잡이 징수'의 증거를 조심스레 정리한 후 총총히 베이징행 열차에 올라탔다.

세 사람이 처음 베이징역 플랫폼에 발을 디뎠을 때, 학대당한 어린아이가 엄마 품에 뛰어들었을 때와 같은 안도감을 느꼈다. 세 사람은 오매불망하던 톈안먼(天安門)광장과 인민대회당을 보고 싶었고, 장대한 인민영웅기념비와 톈안먼 앞에 걸린 진수이교(金水橋)의 돌기둥, 중난하이의 붉은 담벽도 둘러보고 싶었다. 그러나 그들은 이번 상방의 경비는 촌민들 모두가 조금씩 갹출해서 아주 어렵게 마련했다는 것을 알기에 한푼이라도 반드시 요긴한 곳에 써야 했다.

세 사람은 베이징의 거리를 걸어다니며 당중앙과 국무원이 설립한 신방국(信訪局)이 어디에 있는지 물었다.

국무원 사무국의 신방국에서 세 사람은 따뜻한 접대를 받았다. 뜻하지 않게 일이 순조롭게 진행되는 바람에 세 사람은 오히려 당황스러울 정도였다. 접대한 동지는 진지하게 그들의 상신을 청취하고 세 사람이 제출한 문제에 대해 신속히 안후이성의 관련 부문에 문의해 조사와 처리를 재촉하겠다고 약속했다.

베이징의 엄동설한은 세 사람이 난생처음 경험하는 것으로 차갑고 매서운 바람에 살을 에일 정도였지만, 그들의 마음은 오히려 활활

중국 농민 르포

타오르는 난로처럼 뜨거웠다.

왕홍차오가 말했다. "이왕 온 이상, 갈 수 있는 데는 다 찾아가 이번 방문을 헛되게 하지 말자."

그래서 세 사람은 길을 물어 국가농업부로 찾아갔다.

농업부의 신방 접수처에서 세 사람은 자기 집에 온 것처럼 친절과 편안함을 느꼈다. 접수처의 동지는 세 사람이 상신한 문제를 듣고 그들이 가져온 증거를 보고 나서 즉시 명확한 태도를 밝혔다. 즉 바이먀오진과 왕잉춘의 방법은 잘못된 것이며, 적극적으로 세 사람을 위해 소개장을 써줄 테니 세 사람이 안후이성에 돌아가 소개장을 가지고 안후이성농업위원회를 직접 방문하라고 말해주었다. 소개장은 사전에 활자로 인쇄해놓은 양식에 상방해서 상신한 대강의 내용만 적어넣는 것이 보통인데, 이번에는 매우 파격적이었다. 즉 세 사람이 상신한 농민부담 과중의 구체적 사실을 적었을 뿐 아니라 다음과 같이 단호하게 그들의 입장을 적어넣은 것이다. "이같은 징수는 중국공산당 중앙과 국무원의 농민부담 경감에 관한 규정을 위배한 것이다." 또 소개장의 말미에는 "지금 소개해준 곳에서는 면담해서 처리해주기 바랍니다"라는 천편일률적인 문구가 아니라 파격적으로 한 줄을 첨가했다. "지금 소개해준 곳에서는 진지하게 조사해주기 바랍니다."

신방 접수처의 동지는 세 사람을 대문까지 전송하고 또 『농민부담 경감의 노무관리법』이라는 책자도 전해주더니 헤어질 때는 갑자기 마음이 격해져서 이렇게 말했다. "위에서 아무리 명령을 내려도 밑에서는 여전히 멋대로 하니 어떻게 해야 하나!"

이 말에 세 사람의 마음은 저도 모르게 끓어올랐다.

그렇다, 베이징의 기온은 고향보다 훨씬 낮아서 보아하니 바람은 한 점도 없는 것 같고 나뭇가지도 미동도 없지만 한기가 강렬하게 옷

속을 파고들었다. 그러나 남행열차에 올라타니 기온은 분명히 상승하고 있는데도 세 사람은 자신들이 추운 곳으로 돌아가고 있다는 느낌이 들었다. 린촨현과 바이먀오진과 왕잉춘을 생각하니 마음이 불안하고 초조해지면서 저도 모르게 일진의 냉기가 마음속을 덮쳐왔다.

정상적인 상황이라면 고향이 가까워질수록 더 따뜻함을 느껴야 옳을 것이다. 그러나 이런 느낌을 세 사람은 갖지 못했고 반대로 이번 베이징행을 통해 고향이 오히려 낯설게 느껴졌다. 고향이 가까워질수록 신뢰감은 더욱 멀어져갔고 말로 표현하기 어려운 초조함과 공포감이 세 사람의 마음을 갉아먹고 있었다.

베이징에 머무는 동안 매일 세 사람은 비할 바 없는 흥분과 감동에 빠졌다. 그렇지만 흥분과 감동을 느끼는 동시에 이상한 쓸쓸함이 마음속에서 불쑥 고개를 쳐들어 좋은 기분을 망치곤 했다. 왜 그런지 당시에는 도무지 알 수 없었는데 이제 열차가 베이징에서 멀어져가자 비로소 깨닫게 되었다. 그것은 베이징이 아무리 좋아도 자신들은 베이징 사람이 아니고 결국 린촨현 바이먀오진 사람이라는 사실이었다. 그들의 운명은 어디까지나 린촨현의 현위원회 서기의 수중, 아니 바이먀오진 왕잉춘의 그 사람의 손에 달려 있다는 사실이었다.

자신들이 린촨현 바이먀오진의 권력 자장 내에 속해 있는 이상, 천리만리 떨어져 있다 해도 도마 위의 생선이라는 운명을 벗어날 수 없는 것이다.

열차가 황허강을 건널 무렵, 세 사람은 모두 할 말이 없는 것 같았지만 아무도 잠을 자지 않았다. 세 사람은 하룻밤을 꼬박 그렇게 앉은 채로 아무 생각도 없는 사람처럼 무료하게 열차 바퀴가 선로에 부딪쳐 내는 소리를 듣고 있었다. 고요한 밤중에 들려오는 그 소리는 사람의 마음을 뒤흔들어 놓았다.

날이 훤히 밝아오자 세 사람은 비로소 어질어질하며 피곤한 느낌이 들었다. 그러나 열차는 이미 안후이성의 성도(省都) 허페이(合肥)에 도착하려고 했다.

열차에서 내려 쉴 틈도 없이 세 사람은 곧바로 농업부의 소개장에 쓰여 있는 사업장인 안후이성 농민부담경감지도팀 사무실을 찾아갔다.

담당자는 세 사람의 진술을 듣고 나서 문제의 심각성을 깨닫고 즉시 명확한 입장을 표명한 편지를 한 통 써주면서 그들이 직접 린촨현의 담당자를 찾아가기를 희망했다.

우리 농민부담경감지도팀에서는 농업부에서 전달된 귀 바이먀오진의 상방 인민을 접수했음. 제공한 제류표(提留表)에서 보면 확실히 부담의 과중문제가 존재함. 상신에 의거하면 이 문제에 대해 그들이 이미 여러 차례 상급정부에 보고했으나 지금까지 철저한 해결을 하지 못해 인민의 반향이 큼. 현재 농업부의 의견 및 관련 자료를 전달하니 연락받은 후 신속히 사람을 파견해 사실을 조사하고 처리하기를 바람. 만약 확실히 인민에게 부담을 가중한 문제가 존재한다면, 배상할 것은 분명히 배상해야 할 것임. 처리 결과는 즉시 보고하기 바람. 이상 통고함.

신중을 기하기 위해서 성의 담당자는 진지하게 편지 위에 공인을 찍었다. 헤어질 때는 농민부담 경감에 관해 중앙에서 여러 차례 제정한 구체적인 규정을 자신들이 한데 모아 편집한 자료를 주기도 했다.

농업부의 건물을 나올 때 세 사람은 베이징에서 느꼈던 흥분과 감동을 다시 한 번 만끽했다. 왕훙차오는 저도 모르게 뒤를 돌아보았는데 상당히 오래된 농업부의 낡은 건물을 보고 마음속에서 울컥 솟아오르는 무엇인가를 느꼈다.

허페이에 있는 동안 세 사람은 성의 당기율검사위원회도 방문했다. 기율검사위원회의 동지도 매우 중시해주었고, 이번 일은 위원회에서 신경을 쓸 테니 안심하고 돌아가라고 말해주었다.

1994년 1월 25일, 왕쿼빈, 왕샹둥, 왕홍차오는 다시 린촨현 당위원회 사무실을 방문했다. 그들은 국가농업부와 안후이성 농민부담경감지도팀의 관련 편지를 제시했는데, 이번에는 사무실에서 괴롭히는 사람은 없었다.

분명 이때 린촨현 당위원회는 이미 국무원 신방국의 공문을 접수했을 터였다. 현의 당위원회 서기 장시더도 바이먀오진 왕잉촌 촌민대표가 자신을 베이징에 고소한 사건을 알고 있었다. 그는 만면에 웃음을 머금고 나타나 즉석에서 바이먀오진 당위원회와 진정부에 메모를 썼다. "사오잉행정촌 왕잉(王營)자연촌 인민이 과도하게 징수된 부담금의 반환을 요구하는 상방을 하고 있다. 과도하게 징수된 부분은 전부 인민에게 반환하도록 서둘러 업무를 수행하기 바란다."

세 사람은 현 서기의 메모를 받아들고 보고 또 보았다. 글자를 좀 갈겨썼고 어떤 글자는 정자도 아니어서 한참을 보고서야 위의 내용을 확인할 수 있었다. 그런데 또 이해가 되지 않는 점이 있었다. "과도하게 징수된 부분", 이건 또 무슨 뜻인가? 당의 한 조직의 책임자로서 왜 중앙이나 국가기관 및 성의 경감팀처럼 당의 중앙 문건이 규정한 정신에 따라 이 일의 엄중성을 깨닫지 못하는가? 진에서 해결하기로 결심했다면 왜 조직의 절차를 거치지 않고 메모 쪽지에 써서 상방한 인민에게 건네는 것인가? 다시 말해 '인민이 상방했던' 그때는 몇 번이나 현위원회를 찾았어도 귀머거리처럼 벙어리처럼 들어주지도 않았다. 그런데 지금 위에서 지시가 내려오자 갑자기 '웃는 얼굴로 맞이하니', 이렇게 될 것을 왜 처음부터 그렇게 하지 못했단 말인가?

어쨌든 1993년 10월 28일 상방을 시작해서 1994년 1월 25일 현위원회 서기가 '서명 날인'할 때까지 전후 89일간 들볶인 끝에 결국 결과를 본 것이다. 장시더 서기가 '과도하게 징수한 부분은 모두 반환한다'고 적은 내용을 촌민들이 전해 들었을 때는 온 촌이 들끓어 올랐다.

바이먀오진 당위원회 서기 한춘성과 진장(鎭長) 마쥔(馬駿)은 장시더의 메모를 보고는 심정이 매우 복잡했을 것이다. 그들은 물론 이 사건의 성격을 알고 있다. 말할 필요도 없이 이 소동으로 그들은 현위원회와 현정부에 말썽을 일으킨 것이다. 그러나 촌민들이 갖고 온 것은 한 장의 메모뿐이다. 곰곰이 생각해보고 그들은 "인민이 과도하게 징수된 부담금의 반환을 요구하는 상방을 하고 있다"는 구절에서 장시더의 불만을 읽어냈고, "서둘러 업무를 수행하기 바란다"는 구절에서 장시더가 어쩔 수 없이 그렇게 썼다는 것을 간파했다.

바이먀오진에서는 농민부담 문제를 해결하지 않을 수는 없었다. 현의 당기율검사위원회도 지구의 당기율검사위원회의 독촉 아래 조사팀을 결성해 바이먀오진에 와서 진과 촌의 부담경감 문제에 대해 조사를 개시했다. 조사를 시작하자마자 허다한 문제가 밝혀졌다. 현의 조사팀이 진과 촌의 1993년도 '징수 대장'을 조사한 것만으로도 11만 위안 이상의 초과 징수를 발견했다. 왕잉촌의 촌민 대표는 촌의 조사를 돕고 있는 중에 촌의 재무관리가 엉망인 것을 발견했다. 경비 지출도 마음대로이고 영문을 알 수 없는 영수증도 많았으며, 진에서 촌의 제류금 및 공유자산을 횡령한 문제도 심각했다. 심지어 진과 촌의 출납 상황이 하나의 도표에 합산되어 있어서, '1997년도 추계 수입'만 조사해봐도 분명히 4만 7650위안인데, 수입 도표상에는 3만 3760.46위안으로 되어 있어 이것만으로도 1만 3889.54위안의 차이가 났던 것이다.

이렇게 진과 촌 간부의 악질적인 부패 행위가 밝혀지자 왕잉촌 촌민들은 격분했다. 그러나 현위원회 서기가 촌민 대표에게 메모를 써준 지 두 달이 지나도록 행정촌은 촌민에게 쥐꼬리만큼밖에 돌려주지 않았다. 한편 이 동안에 주민들을 불안에 빠트린 두 가지 사건이 발생했다. 하나는 상방의 리더였던 왕쿤빈이 그동안 일해온 토지관리소에서 갑자기 해고당한 사건이고, 또 하나는 왕상둥과 왕훙차오가 진으로부터 '장부를 정리하라'는 연락을 받고 진정부의 입구에 들어서는 순간 기다리고 있던 기관원에게 마구 두들겨맞은 사건이었다.

과다 징수한 부담금을 반환하겠다는 말은 거짓이었지만 보복하겠다는 말은 진짜였다. 왕잉촌 촌민은 더 이상 참을 수가 없어서 다시 모여 수백 명이 함께 현정부를 찾아가 장 서기에게 약속을 이행하라고 요구했다.

촌민들은 확실히 문제를 너무 간단하게 생각하는 경향이 있다. 그래서 오늘날 '부모관'(父母官)이라고 불리는 지도간부들의 실체를 너무 모르는 것 같다. 지도간부 중에는 일찌감치 응석둥이로 망친 사람이 적지 않다. 그들을 에워싸고 치켜세우며 박수 치고 웃는 얼굴로 대하는 사람들, 시키면 그대로 복종하는 사람들에만 익숙해진 것이다.

장시더는 이렇게 많은 사람들이 몰려와서 원망하는 것을 보자 안색이 변했지만 농민부담금을 반환하겠다는 이야기는 다시 꺼내지 않았다. 그의 어투는 갑자기 단호하게 변했고 듣기에 매우 거북했다. "당신들 이렇게 시끄럽게 굴면 한푼도 반환하지 않을 거요."

촌민들이 물었다. "그건 당중앙의 지시에 따르지 않는 것 아니오?"

장시더는 화가 머리끝까지 치밀어올라 말했다. "능력 있으면 위에다 고발해봐!"

촌민들은 장시더의 말을 듣고 답답해졌다. 당의 부담경감정책을 실행하는 것은 원래 린촨현 서기로서 당연히 해야 할 일이 아닌가? 바로 현 서기가 당시 나 몰라라 했기 때문에 사람들이 베이징에 올라가서 상방을 한 것이 아닌가? 지금 위에서 이미 관여하고 있는데도 현 서기가 문제를 해결하지 않을 뿐만 아니라 오히려 촌민들을 탓하고 있는 것이다.

장시더는 이미 평상심을 잃고 고성을 질러대며 말했다. "너희들 내게 와서 소란을 피우는데 어디 한번 해봐! 소란을 크게 피워야 내가 일하기도 좋으니까!"

아무리 해도 어쩔 수 없다고 생각한 촌민들은 이번에는 현의 당기율검사위원회를 찾아갔다. 기율검사위원회에서 조사팀을 보내 바이마오진과 왕잉촌의 '징수금'에 적지 않은 문제가 있다는 것을 밝혔기 때문이다. 그러나 기율검사위원회의 서기 리수청(李樹成)은 촌민들의 이야기를 듣고 나서 과다하게 거둔 징수금을 반환하기를 원하지 않으면 어쩔 수 없다는 듯이 말했다. "나는 그 사람들에게 돌려주라고 말했지만, 그 사람들이 안 돌려준다면 나로서는 어쩔 수가 없어요."

현의 당기율 검사 업무를 주관하는 서기가 하급기관의 간부가 멋대로 비리를 저지르는데도 어쩔 수 없다고 하고, 전체 업무를 통괄하는 현 서기는 또 이렇게 횡포를 부리니 촌민들은 참으로 이해하기도 어렵거니와 강렬한 분노가 치솟았다.

그렇지만 이때의 왕잉촌 촌민 대표는 이미 어느 정도 대응 능력이 생겨서 참으로 냉정하게 대처했다. 왕쥔빈, 왕상둥과 왕훙차오 세 사람은 어쩌면 일생에서 가장 중대한 결의를 했다. 그것은 당의 정책을 겉으로는 받들면서 속으로는 위배하는 이들과 싸워 이길 때까지 결코 중단하지 않으리라는 결의였다.

어쩌면 그들은 너무 젊어서 '문화대혁명'이나 '계급투쟁'이 무엇인지 전혀 몰랐고 사태를 심각하게 생각하지 못했을 수도 있다. 16년 전 당의 제11차 전국대표회의 3중전회에서 우리는 이미 '계급투쟁을 근간으로 생각한' '좌파'의 잘못된 노선을 배제했다. 그러나 린촨현 바이먀오진에서는 '계급투쟁'이 여전히 허다한 간부들의 잠재의식 속에 보물로 남아 있어서 그들이 문제를 처리할 때의 사고방식은 아직도 과거 시제였다.

현에서 돌아온 지 얼마 되지 않아 왕훙차오는 곧 모든 촌민들을 전율하게 만드는 무서운 소식을 들었다. 이 소식은 바이먀오진 파출소의 지도원 스찬저우(施燦洲)가 그에게 흘려준 것이었다. 그해 3월 30일 왕훙차오와 친하게 지내던 스찬저우가 그를 불러내어 이렇게 알려주었다. "자네 다시는 상방하는 일에 끼어들지 말게." 그리고 그곳 사투리로 그에게 빨리 '손을 떼라!'고 덧붙였다. 그리고 심각하게 말했다. "곧 잡힐 거야."

당시 왕훙차오는 속으로 매우 놀랐다. 스찬저우가 농담을 하는 것이 아니라는 사실을 알아차렸다. 그는 이 소식을 일각이라도 빨리 왕샹둥과 왕췬빈에게 알리고 싶었다.

왕췬빈과 왕샹둥은 소식을 듣더니 반신반의하면서도 촌민들에게 급히 알리지 않을 수 없었다. 순식간에 왕잉촌은 알 수 없는 공포에 휩싸였다.

촌민들은 자발적으로 순찰대를 조직해 뜻밖의 사태에 대비했다. 왕훙차오는 아예 촌의 확성기를 자기 집 마당에 설치했다.

촌민들은 마음의 준비를 갖추었지만 '사람을 잡는' 그날이 그렇게 빨리 올 줄은 몰랐다.

중국 농민 르포

15. 하늘은 높고 황제는 멀고

1994년 4월 2일 밤 11시가 지났다. 도시라면 아직 늦은 시간이 아닐 테지만 외딴 곳인 왕잉촌의 촌민들은 거의 모두가 불을 끄고 잠자리에 든 시간이었다. 바로 이때 왜건 차량 한 대가 수상하게 촌에 들어섰다.

차가 촌의 서쪽에서 소리 없이 정차한 후, 다섯 명이 뛰어내렸다. 그들이 바이먀오진 파출소 지도원 스찬저우, 경찰관 왕수쿠이(王樹魁), 장푸춘(張復春), 치안대원 왕쥔(王俊)과 류카이(劉凱)였다는 것은 사건이 벌어진 후에야 밝혀졌다. 그들은 귓속말을 주고받더니 마을로 들어갔다.

그들의 출현은 곧 순찰을 돌고 있던 촌민의 눈에 띠었고 촌민은 이들을 멀리서 뒤쫓았다. 그들이 상방을 한 촌민 대표들의 집을 탐색하면서 몇 번인가 문을 열려는 것을 보고 촌민은 더욱 불안해져서 곧바로 왕훙차오의 집에 뛰어들어가 문을 두드리며 외쳤다. "마을에 수상한 놈들이 들어왔어!"

당시 집에는 마침 왕훙차오의 아이 이모인 리리(李莉)가 있었는데, 문을 두드리는 소리에 먼저 잠이 깨어 펄쩍 놀라며 일어났다. 그녀는 촌에 수상한 놈들이 들어왔다는 말을 듣고 확성기가 있는 방으로 달려 들어가 스위치를 켜고 외쳤다. "왕잉촌에 도적이 들어왔습니다! 왕잉촌 여러분, 쇠스랑이나 몽둥이라도 들고 도적을 잡으세요! 놓치지 마세요!"

조용한 심야에 확성기의 울리는 소리가 온 마을 사람들의 잠을 깨웠다. 촌에 도적이 들었다는 말을 듣고 모두 옷을 걸치고 무기가 될 만

한 것을 들고 밖으로 나왔다.

요란한 확성기 소리에 먼저 놀란 것은 따라온 두 명의 치안대원이었다. 이번 비밀공작이 탄로나면 촌민들이 가장 미워할 사람은 같이 붙어 나쁜 짓을 저지른 치안대원일 것이고, 일단 촌민들에게 붙잡히면 파출소의 공안원이라면 모르겠지만 자신들은 비참한 꼴을 당할 것이라는 생각이 들어 두 사람은 놀란 토끼처럼 냅다 도망쳤다. 파출소 지도원 스찬저우도 확성기 소리를 듣고 일이 잘못되었다는 것을 깨닫고는 마을 입구에 세워둔 차도 버려둔 채 즉시 방향을 바꿔 살금살금 어둠 속을 더듬어 부리나케 마을 밖으로 빠져나갔다.

경찰관 왕수쿠이와 장푸춘 그리고 운전수 자오찬룽(趙燦龍)은 미처 도망치지 못하고 따로따로 촌민들에게 붙잡혔다.

촌민들이 물었다. "당신들은 어디서 왔어? 여기서 뭐 하는 거야?"

한 경찰관이 말했다. "우리는 기와가게 사람이오……."

다른 경찰관은 이렇게 말했다. "우리는 …… 황링(黃嶺)에서 왔소."

운전수는 또 말했다. "우리는 시내 비단공장에서 왔는데 공장장이 여기 촌의 누구에게 연락 좀 해달라고 해서 온 거요."

세 사람이 각자 다르게 대답을 하니 당연히 촌민들은 의심을 하게 되었다.

왕잉촌은 안후이성과 허난성의 경계에 있다. 왕잉촌 서쪽 자락에는 왕잉(王營)소학교 교장 왕톈지(王天基)의 집이 있었는데, 집밖의 작은 길이 바로 허난성 선추현과 안후이성 린촨현의 경계선이었다. 누군가는 왕 교장의 아들이 문을 열고 오줌을 한번 누면 바로 두 성의 지표면이 젖는다고 우스갯소리를 하기도 했다. 이렇게 외지지만 또 아주 민감한 지역에 갑자기 내력이 분명하지 않은 세 사람이 나타나서 각자 다르게 말을 하고, 또 경찰복까지 입고 있으니 촌민들이 경각심을 일으키지 않을 수 없었다. 촌민들은 그들 일당이 지형적 '이점'을 이용해서 야음을 틈타 경찰을 사칭해 강도 짓을 하려던 것이 아닌가 하는 의심이 들었다.

촌민들은 각자 증거를 꺼내 자신의 신분을 증명해보라고 요구했다. 그러자 세 사람은 긴장하더니 혼란한 틈을 타 꼬리가 빠지게 도망쳤다. 이렇게 도망치자 촌민들은 더욱더 이상하다는 생각이 들어 그냥 놔줄 수가 없다며 뒤를 쫓았다.

죽어라 도망치던 세 사람은 길을 알 수가 없었다. 경찰복을 입은 자가 도망가기 어렵다고 보고 아예 멈춰 서더니 허리에서 권총을 꺼내 들고 쫓아오던 촌민을 향해 겨누며 외쳤다. "움직이지 마! 쫓아오면 쏴버릴 거야!"

촌민들은 이 갑작스런 상황에 깜짝 놀라 전부 멈춰 섰다.

도망치던 다른 두 사람도 촌민들이 멈춰 서는 것을 보고 그 자리에 섰다.

촌민들은 다수였고 총을 보아도 무섭지 않았다. 총은 오히려 그들이 밤을 틈타 나쁜 짓을 하려고 한 사실을 확신시켜주었다. 상황은 명백했다. "비단공장에서" 왔다거나 "왕잉촌에 연락할 일이 있어" 왔다더니, 왜 갑자기 권총을 꺼내 든 것인가? 정말 경찰관이라면 왜 "시내 비단공장"에서 왔다고 말할 필요가 있는가? 그리고 왜 정정당당하게 자신의 신분을 밝히지 못하는가? 왜 도망가려는 것인가? 왜 자동차까지 버리고 허겁지겁 도망가려는 것인가?

촌민들이 운전수를 노려보며 물었다. "당신들 도대체 뭐 하는 사람들이야?"

운전수는 우물쭈물 말을 하지 못했다.

촌민들은 이제 그들이 강도라고 확신했다. 촌민들은 우선 자위책으로 상대방 수중의 무기를 빼앗아 위협을 제거하려고 했다. 촌민들은 자신들을 겨누고 있는 무기가 경찰복과 마찬가지로 가짜일 것이라고 생각했다. 몇 사람이 달려들어 상대방의 무기를 봉으로 두들겨 떨어뜨리자 분노한 촌민들은 강도가 틀림없다고 생각하고 달려들어 두들겨 팼다.

쓴맛을 본 운전수 자오찬룽이 드디어 사실을 말했다. "저 사람들은 정말 파출소 경찰관이오. 사람을 잡는다고 하면서 내게 돈 10위안과 담배 한 갑을 주고 차를 대절해서 온 거요."

그렇게 말하며 주머니에서 10위안짜리와 담배를 꺼내 보여주면서 보내달라고 부탁했다.

촌민들이 이 말을 듣고 왕수쿠이와 장푸춘을 추궁하자 사실대로 털어놓았다. "우리는 바이먀오진 파출소에서 왔소."

촌민들이 듣고는 갑자기 아수라장이 되었다.

"당신들이 무슨 근거로 상방 대표를 잡으러 온 거요?"

"사람을 잡는 일을 왜 남몰래 한단 말이오?"

"당신들이 분명히 바이먀오진 파출소에서 왔다면 왜 '기와가게'에서 왔다, '황링'에서 왔다, '시내 비단공장'에서 왔다고 거짓말한 거요? 왜 우리가 물으니까 그냥 도망친 거요?"

두 사람은 말문이 막혔다.

촌민들은 놔줄 것 같지 않았다. "말해!"

한 사람이 작은 소리로 말했다. "우리는 도박꾼을 잡으러 온 거요."

또 한 사람이 덧붙여 말했다. "그렇소. 우리는 순찰을 하러 온 거요."

이렇게 말하고 나니 더 이상했다. 도박꾼을 잡으러 왔다면서 왜 촌민 대표의 집을 찾는단 말인가? 말의 앞뒤가 맞지 않았다. '순찰'을 하러 왔다는 것도 새빨간 거짓말이었다. 중국이 해방된지 45년이 지났

　　　　　중국 농민 르포

지만 왕잉촌의 노인들은 이제까지 파출소의 공안들이 향촌을 순찰하러 온 것을 본 적이 없었다. 순찰이라니, 진에서 방금 농민들에게 과도하게 징수한 부담금을 조금 돌려준다고 해놓고 이제 '순찰'하러 왔다는 말인가? 그리고 왜 하필 상방 대표의 집 문고리를 붙들고 한밤중에 '순찰'을 한다는 말인가?

촌민들은 들을수록 화가 났다. "순찰이라면 왜 순찰차를 타고 오지 않은 거요?"

이때 촌민들은 그들에게서 술냄새가 난다는 사실을 알아챘다. 농촌 파출소의 공안들은 원래 인상이 좋지 않았다. 그중에는 촌의 깡패들과 한패가 되어 무슨 짓이든 하는 자들도 있었다. 그들이 술기운에 무슨 짓을 할지 몰라 촌민들은 그들 몸에 차고 있던 권총과 수갑을 압수했다. 네 개의 수갑을 발견한 후 다시 운전수에게 사실을 물어보니 그 수갑은 분명히 상방 대표를 잡기 위해 준비해온 것이라고 실토했다. 잡으러 온 네 사람이란 물을 필요도 없이 바로 왕쥔빈, 왕상둥, 왕훙차오와 왕훙친(王洪欽)이었다.

"촌민 대표가 당신들에게는 눈에 보이지도 않는구만! 백성들이 중앙의 감세정책을 성실히 이행하라고 요구하자, 당신들은 오히려 밤중에 사람을 잡으러 오다니! 당신들이 그러고도 '인민의 경찰'인가?"

촌민들은 말을 할수록 더욱 화가 나서 우르르 달려들어 그들이 타고 온 차를 부숴버렸다.

이것이 바로 나중에 린촨현 당위원회가 크게 문제 삼은 '4·2사건'이다.

촌민 왕라이즈(王來治)가 '껑다리'라고 별명을 붙인 경찰관 장푸춘은 왕라이즈의 추궁을 받자 괴로워하면서 시인했다. "당신들이 이렇게 경계하고 있을 줄은 몰랐소. 나하고 왕수쿠이는 술을 마셨는데, 그렇지 않았다면 이런 꼴이 되지는 않았을 거요."

그는 왕톈위(王天玉)의 집에서 술을 마셨다고 했는데, 왕톈위는 왕
잉촌과 현정부 사이에 특수한 관계를 맺고 있는 인물이다. 수상쩍은
것은 왕잉촌 촌민이 후에 당중앙과 국무원에 보낸 편지에서 특별히 지
적한 대로 그날 밤 소수의 촌민들이 감정이 격렬했던 것은 결코 이유
없는 일이 아니었다는 점이다. 즉 혼란 속에서 "촌민들은 왕톈위와 촌
간부의 선도 아래 한꺼번에 몰려들어 충돌이 벌어져서 차가 부서졌고
사람이 맞았고 총도 빼앗겼다"는 것이다. 이 왕톈위라는 인물은 중요
한 두 장면에 모두 나타나고 있다! 이것은 혹시 '4·2사건'의 숨어 있
는 배경에 단서를 주는 것인지도 모른다.

결국 경찰관 왕수쿠이와 '대절해온' 운전수 자오찬룽은 모두 허둥
지둥 도망쳐 달아났다. 말로는 '중상을 입었다'는 꺽다리 경찰관 장푸
춘은 술이 가장 먼저 깨어 누구보다 빨리 달아났고 청년 몇 명이 쫓아
갔으나 잡을 수 없었다. 나중에 촌민 왕훙쥔(王洪軍)은 경찰관들이 흘
리고 간 권총과 총탄과 수갑을 거두어 진의 무장부장(武裝部長)인 왕둥
량(王東良)에게 전해주었다. 왕둥량은 왕잉촌 사람이었고 그날은 촌에
머물러 있었다. 밤이 깊어져 사람들도 각자 흩어져 집에 돌아가 잠자
리에 들었다. 그러나 다음날 잠에서 깨어나자 누구도 상상치 못한 일
이 벌어졌으니, 현 서기 장시더가 이 사건을 알고 나서 사건의 성격이
변했던 것이었다. 즉 바이먀오진 파출소에서 나온 세 명의 공안과 두
명의 치안대원은 모두 벌써 귀대했고, 총과 총탄과 수갑도 완벽하게
회수되었으나 린촨현위원회는 지구위원회에 허위로 상황을 보고하고,
"경관을 구조하고 권총을 탈환한다"는 명목으로 4월 3일 오전 왕잉촌
에 대해 피비린내 나는 진압을 벌였던 것이다!

1994년 4월 3일 오전 10시, 100여 명의 공안과 무장 경찰이 여덟

대의 경찰차에 나눠 타고 경천동지의 기세로 현성을 출발했다. 차에는 기관총을 장착하고, 전원 헬멧과 방탄조끼를 착용하고 손에는 방패와 경찰봉을 든 완전무장의 모습이었으며 계속 사이렌을 울려댔다.

이 현대식으로 중무장한 부대는 왕잉촌에 도착하자 우선 '큰 소리로 상대방의 기세를 꺾는' 전법으로 나왔다. 그들은 대형 스피커를 통해 경고했다. "왕잉촌 사람은 밖으로 나오지 마시오!" 분명히 이것은 영리한 처사가 아닐 터였다. 그들은 왕잉촌의 지리적 특성을 잊고 있었다. 이 한 번의 소리에 촌민들은 즉각 반응해 마을 뒤쪽으로 달아났다. 그곳은 바로 허난성이 관할하는 지역이기 때문이다. 경찰차가 마을에 진입했을 때 대부분의 마을 사람들은 이미 도망간 뒤였다. 남아 있던 사람들은 노인이거나 상방에 참가하지 않은 사람이거나 다른 성에서 친척을 방문하러 온 사람들이었다. 그들은 이 일이 자신들과 무관하다고 생각했다. 또 몇몇은 상방하러 간 적이 있다 해도 "대세에 따른 것"일 뿐이니 뭐 별일이야 있겠는가 하고 도망가지 않고 마을에 머물러 있는 사람들도 있었다.

그러나 공안과 무장 경찰들은 마을에 진입하자마자 흑백을 불문하고 사람을 보면 마구 때렸고, 친척을 찾아온 외부의 초등학생 한 명까지 놓아주지 않았다. 순식간에 마을 도처에서는 구타하는 소리가 들리고 물건 깨지는 소리, 어른들의 비명, 아이들의 울음소리, 닭 개 돼지 등 가축들이 놀라 달아나는 소리들로 시끌벅적해졌다.

왕훙링(王洪嶺)의 아내 저우민(周敏)은 상방에 전혀 참가한 적이 없는데도 공안이 달려들어 그녀를 잡아가려고 하자, 옆에 서 있던 일흔이 넘은 노인 왕훙빈(王洪彬)이 화가 나서 한마디 했다. "아무나 마구 잡아가도 되는 거야. 이 여성 동지는 아무 짓도 안 했다고. 도대체 왜 잡아가는 거야?" 왕훙빈의 말이 끝나기도 전에 경찰봉이 그의 얼굴을 내려쳤다. 삽시간에 노인은 얼굴이 피범벅이 된 채 기절해버렸다.

　정부로부터 생활보호를 받고 있는 노인 왕융천(王永臣)은 당시 옆에서 이 광경을 보고 놀라서 꼼짝도 못하고 멍하니 있다가 역시 공안에게 두들겨 맞고 피를 흘리며 경찰차에 끌려 들어갔다.

　상방 대표의 집이 집중적인 폭력의 대상이었다는 것은 틀림없는 사실이다. 그들 집안의 가구와 식기는 전부 깨졌고 부뚜막의 굴뚝까지도 뒤집혀졌던 것이다. 왕훙친의 20위안짜리 은화와 왕샹둥의 700위안이 넘는 현금과 왕훙차오의 녹음기도 행방을 알 수 없었다. 더욱 이해할 수 없는 일은 왕훙차오의 집을 쑥대밭으로 만든 것도 모자랐는지, 왕훙차오가 사놓은 네 싱지들이 8,000개의 쥐약을 다 뜯어서 보리밭에 모두 뿌리고 삽으로 힘껏 휘저어놓은 다음에야 떠나갔다는 사실이다.

　4월 3일 현장에서 붙잡힌 열두 명은 사실 모두 상방이나 이른바 '4·2사건'과는 무관한 노인과 부녀자들 또는 외지에서 친척을 찾아온 여자아이 그리고 허난성 린현(臨縣)의 학생이었다.

　이렇게 황당하고 피비린내 나는 진압에 대해 린촨현 당위원회는 '왕잉촌 군중에게 보내는 공개서한'에서 대대적으로 선전하고 있었다. "지구당위원회의 친더원(秦德文) 서기는 '4·2사건'의 대응이 시의적절하고 정확한 처리였으며, 이에 대해 어떠한 비난도 있을 수 없으며 충분히 긍정적인 것이었다고 지적했다. 즉 현위원회의 고려는 신중한 것이었으며 법에 따라 처리한 것이었다." 그리고 "이에 대해 국무원 신방국과 안후이성과 지구의 간부 동지도 모두 이번 일을 높이 평가하고 있다"라고까지 명백히 표명한 것이다.

　이 사건이 발생한 지 7년이 지난 후, 우리는 왕융밍(王永明)을 인터뷰했다. 왕융밍은 왕잉촌의 촌위원회 위원으로서 촌민의 상방과는 전혀 관계가 없는 충후한 농민이었다. 경찰이 마을에 들어왔을 때 그는 돼지우리에서 일을 하고 있었는데 전혀 달아날 생각도 하지 않았다. 공안과 무장 경찰이 흉흉한 기세로 달려오는데도 그는 마을 사람을 다 잡아가도 자기는 잡아가지 않을 거라 생각하고 평소처럼 돼지우리에서 일을 하고 있었던 것이다.

그런데 어떤 무장 경찰이 갑자기 왕융밍을 가리키며 공안들에게 물었다. "이 녀석은 어떡할까?"

공안이 대답했다. "잡아가!"

그러자 바로 그 무장 경찰이 즉시 달려들더니 왕융밍을 잡아끌어 경찰차에 집어넣는 것이었다.

왕융밍은 이런 일은 겪어본 적이 없었기에 놀라서 말도 나오지 않았다.

바이먀오진 파출소에 그와 함께 잡혀온 사람들은 모두 밧줄로 꽁꽁 묶였다. 손목시계는 어느 틈엔가 잃어버렸고 계속해서 이유도 없이 한 시간 이상 두들겨 맞았다. 그는 또 경찰이 저항하려 하는 왕훙옌(王洪艷)의 머리에 끓는 물을 끼얹는 광경을 자신의 눈으로 똑똑히 보았다. 왕훙옌은 비명을 질렀는데 그것은 이미 사람의 소리가 아니었다. 왕융밍은 당시 너무나 무서워서 아무리 심하게 두들겨 맞아도 감히 소리조차 낼 수 없었다고 한다.

그 후 린촨현의 유치장으로 압송되었는데 차에서 내리자 곧 땅바닥에 무릎을 꿇린 다음 경찰에서 쓰는 고압전선으로 만든 채찍으로 계속 두들겨 맞았다. 경찰은 채찍질을 하다가 지치자 사람들의 두 발에 족쇄를 채웠는데, 족쇄값은 또 각자가 지불해야 해서 1인당 7위안씩 내야 했다. 그 족쇄는 무게가 여덟 근은 족히 나가는 무거운 것이었는데 족쇄를 찬 다음에는 곧바로 유치장의 부지 안을 세 바퀴 뛰라고 강요당했고, 뛰지 못하면 또 두들겨 맞았다.

그날 밤 그들은 모두 감방에 감금되었다. 감방의 천장에는 구멍이 하나 나 있었는데 위에서 감시하고 있던 경찰이 왕융밍에게 욕을 하며 구멍 밖으로 손을 뻗어보라고 했다. 왕융밍은 경찰이 왜 그러는지 이유도 모르는 채 감히 거부하지도 못하고 오른손을 구멍 밖으로 뻗어보았다. 그 순간 경찰의 구둣발이 왕융밍의 손을 그대로 짓밟아버렸다. 왕융밍은 너무 아파 기절할 뻔했다. 그러나 그는 감히 손을 뺄 수가 없었다. 그랬다가는 더 큰 화를 입을까 두려웠기 때문이었다. 그냥 그렇게 왕융밍은 비명 소리를 죽이며 고통을 참았고, 그 경찰이 분이 풀려 자신의 손을 짓밟기를 그만둘 때까지 기다려 조심스레 손을 빼냈다.

다시 이틀이 지나 왕융밍은 사형수가 있는 감방에 이송되었다. 이미 절망한 사형수는 왕융밍을 분풀이의 대상으로 삼아 계속 신경질을 냈다. 그는 왕융밍을 이리저리 끌어당기고 때리고 머리칼을 잡아당기고 머리를 두들기고 했는데, 경찰은 보고도 못 본 척했다. 사형수는 왕융밍이 얻어맞고 바닥에 쓰러져 살려달라고 할 때까지 놔주지 않았다.

왕융밍은 모두 8일간 감금되어 있었는데 풀려나올 때는 '설교'를 들었을 뿐만 아니라 8일간의 생활비도 내야 했다. 유치장에서 나올 때는 또 "나가서 함부로 말하지 마!"라는 경고도 들었다.

이미 7년의 세월이 지났지만 왕융밍의 두 발에는 아직도 선명하게 족쇄가 채워진 흔적이 남아 있다.

16. 상방 유죄

왕잉촌의 대다수 촌민은 허난성의 경계로 도망쳐서 겁난을 피했지만 누구도 감히 왕잉촌으로 다시 돌아가려고 하지 못했다. 1,000여 명의 촌민들이 밖에서 떠돌며 밤이 되어서야 옷을 입은 채로 잠이 들었는데, 허난성과 안후이성의 경계인 들판에서 자면서 바람에 풀이 흔들리기만 해도 어쩔 줄을 모르며 허난성으로 도망을 칠 정도로 공포에 질려 있었다. 큰마음을 먹고 몰래 마을로 돌아가서 자기 집을 살펴보려고 해도 마치 도둑질을 하는 것처럼 몰래 하지 않으면 안 되었다. 그리하여 농사를 망친 것은 말할 것도 없고, 개혁개방 이래 10여 년간 고생하며 장만한 살림살이까지 난리를 틈탄 좀도둑들이 훔쳐가는 등 수많은 촌민들이 참담한 피해를 입게 되었다.

허난성 선추현(沈丘縣)으로 도망간 촌민 대표 왕쥔빈, 왕샹둥, 왕훙차오와 왕훙친은 그날 선추현의 류푸진(留福鎭)에서 마주쳤다. 그들은 안후이성 린촨현 공안국이 파견한 밀정이 멀리 떨어진 외성의 이 작은 도시까지 감시하고 있다는 것을 발견했다.

네 사람은 촌민 대표로서 안후이성 린촨현에서 벌어진 '바이먀오진 사건'의 진상을 신속히 중앙에 보고하는 것 외에는 다른 길이 없다고 생각했다.

그날 왕쥔빈은 남아 있기로 하고 왕샹둥, 왕훙차오와 왕훙친 세 사람은 수많은 촌민들의 엄호하에 린촨현 공안과 밀정의 눈을 피해 허난성 선추현의 현성으로 가는 버스에 올라탔다. 세 사람은 선추현을 거쳐 정저우로 가서 다시 베이징으로 가는 기차로 갈아탔다.

왕샹둥과 왕훙차오는 이번이 두 번째로 베이징에 가는 길이었다.

하차 후 별로 길을 헤매지 않고 바로 융딩먼(永定門) 일대의 국무원 신방국 접수처로 향했다. 그런데 30분도 안 되어 그들은 이미 매복해 있던 린촨현 공안국이 파견한 경찰에게 정면에서 붙잡히고 말았다.

세 사람을 공개 체포한 이유는, 그들이 '4·2 반혁명 사건'에서 공안 요원에게서 권총 두 자루와 총탄 열다섯 발을 빼앗아 베이징에서 더 큰 정치 사건을 준비하고 있다는 것이었다.

세 사람은 큰 소리로 항의했다. 이것은 아주 비열하고 완전 수치스러운 모함이며 악랄한 보복 행위라고 분노했다. 그러나 상대는 체포에 필요한 절차를 다 준비해놓았기 때문에 아무리 항의해도 소용이 없었다.

세 사람은 안후이성으로 압송된 후, 린촨현에 수감되지 않고 린촨현 당위원회 서기 장시더의 본가가 있는 타이허현(太和縣)에 수감되었다.

왕훙차오는 타이허현에 두 달 동안 수감된 날들을 회상하면 아직도 격정에 몸이 떨렸다. 그 당시의 일들은 너무나 무섭고 고통스럽고 두려워서 평생 잊을 수 없을 것이라고 했다. 그곳에서 그들은 두 손이 등 뒤로 해서 수갑이 채워진 채로 하루 24시간을 그렇게 지내야 했다. 밥 먹을 때도 등 뒤로 수갑을 찬 손으로는 밥그릇을 들 수가 없고 젓가락을 잡을 수도 없어서 매번 개돼지처럼 땅에 엎드려 목을 길게 뻗어 핥고 물을 수밖에 없었다. 대소변을 볼 때는 허리와 등을 구부려 등 뒤로 수갑을 찬 두 손을 이용해서 힘겹게 바지를 내려야만 했지만, 밑을 닦을 수는 없었다. 잠을 잘 때는 항상 모로 누워 자야 했고, 자는 내내 악몽에 시달리다가 한밤중에 잠이 깨면 온몸이 식은땀에 젖어 있곤 했다.

이렇게 인간성을 상실케 하는 고문은 그 사람의 영혼을 갉아먹는 무서운 것이었다. 그곳에서는 사람으로서의 모든 존엄성이 완전히 박탈되고 모독당한 채 한 마리 길들여진 개처럼 변해 인간적인 사상과 의지는 파괴되어 버리고, 또한 사람을 한 마리 흉포한 늑대로 만들어 서로 물어 뜯어 피가 튀기도록 싸우게 한다.

왕훙차오는 잔혹한 고문 장면을 영화나 드라마나 소설에서 본 적은 있었다. 이러한 짓을 할 수 있는 사람은 살인을 밥 먹듯 하는 비적이나 국민당의 특무대가 아니면 인간성을 상실한 일본군이나 독일 나치스들일 터였다. 그러나 인민이 나라의 주인이 된 사회주의국가에서 오늘날 이렇게 처참한 짓을 벌이는 자들이 '인민의 경찰'일 줄이야 꿈에서도 상상하지 못했던 일이었다! 더구나 이 모든 일이 공산당의 합법적인 기구 내부에서 벌어지고 있었던 것이다!

왕훙차오는 이 사실을 받아들이기 어려워 괴롭고 비통하고 절망스러웠다.

린촨현 정치협상회의 부주석 위광쉬안(于廣軒)은 탁자를 치며 벌떡 일어섰다.

'4·2사건'의 진상, 게다가 수도 베이징의 국무원 신방국 접수처에서 린촨현 공안기관이 공공연하게 거짓을 꾸며 상방하러 가는 농민 대표를 체포했다는 사실을 알게 되자, 부주석은 내심의 분노를 억누르지 못했다. 그는 자신이 직접 장쩌민 총서기에게 편지를 써서 린촨현 당위원회 사람들이 당중앙과 국무원의 감세정책을 실행하기를 거부하고 농민들에게 잔혹한 보복 행위를 가했다고 폭로하기로 결정했다.

그날 부주석은 일요일을 이용해 차를 타고 허난성에 가서 신차이현(新蔡縣) 우체국에서 장쩌민 총서기에게 아주 긴 전보를 보냈다. 전보 요금이 그의 가족 두 달분의 생활비에 맞먹을 정도였다.

부주석은 자신이 조사한 '4·2사건'의 진상을 상세히 보고하고 아울러 자신의 입장도 분명히 밝혔다.

신차이현 우체국의 여성 동지는 전보의 분량도 알고 노인이 왜 멀리 외성까지 와서 이런 전보를 보내느라고 고심하는 지도 알았다. 그러나 전보의 상신 내용이 허난성의 일도 아니고 신차이현의 일은 더더욱 아닐 뿐만 아니라 자신의 지방과도 무관한 일이어서 무심코 처리했다.

위광쉬안의 전보는 당일로 베이징에 발송되었다.

그러나 위광쉬안이 예상치 못했던 일이 벌어졌다. 전보가 각급 당위원회와 정부기관의 비준을 차례차례 거쳐 하달되어 결국은 린촨현 당위원회 서기 장시더의 손에 들어오게 되었던 것이다.

장시더는 노발대발하면서 즉시 공안국에 명령을 내려 기한을 정해 중앙정부에 '바이먀오진 사건'의 진상을 상신한 사람이 누구인가를 밝혀내도록 했다.

공안 요원들은 한동안 골머리를 앓았다. 왜냐하면 위광쉬안은 전보를 보낼 때 이런 결말이 날 수도 있다는 점을 고려해서 전보 발신인의 성명란에 실명을 쓰지 않고 이미 체포된 왕잉촌 촌민 대표 왕훙친의 이름을 차용했기 때문이다. 그리고 왕훙친의 이름 앞에 '왕잉촌 퇴직 간부'라고 써두어 내용은 신뢰감을 주면서 발신인을 찾으려고 하면 헛다리를 짚게 만들었다.

린촨현 공안국은 이미 왕훙친을 베이징에서 잡아와서 현재 왕샹둥, 왕훙차오와 함께 타이허현에 감금 중이었다. 왕훙친이 등 뒤로 양손에 수갑을 찬 채로 먹고 싸고 자는 일을 모두 해내는 것을 보면 엄청난 능력을 가진지는 모르겠지만, 간수의 눈을 피해 도주해, 그것도 허난성 신차이현까지 가서 전보를 친다는 것은 불가능한 일이었다. 그래서 전보에 이름은 쓰여 있었지만 왕훙친은 우선 배제되었고, 공안 요원들은 '왕잉촌 퇴직 간부'에서 단서를 찾기 시작했다. 그러나 왕잉촌을 조사해도 퇴직 간부를 발견할 수는 없었고, 결국 린촨현 판매조합의 하부 조직에서 퇴직한 노동자였던 왕훙장(王洪章)에게 의심의 눈초리가 집중되었다.

왕훙장은 퇴직 간부가 아니라 퇴직 노동자였지만, 린촨현 공안국은 이번 일이 왕훙장의 소행이라고 단정해버렸다. 이리하여 어느 날 회사에서 밀린 임금을 받아가라는 통지를 받고 신바람이 나서 현성으로 달려간 왕훙장은 회사에 들어서자마자 기다리고 있던 공안 요원에게 체포되었다. 공안국은 의외의 사태를 방지하기 위해 왕훙장을 본현의 유치장에 가두지도 않고 고문했다. 그러나 왕훙장은 전보에 대해서는 전혀 모르는 일이었기 때문에 살이 터지도록 때려도 모른다고만 말할 뿐이었다. 공안 요원은 그의 진술에 만족할 리가 없었기에 그가 엉뚱한 대답을 한다고 단정하고는 더 혹독하게 고문해서 사지로 몰고 갔다.

4월 2일 그날 제수씨를 위해 한마디 하려다가 공안의 전기봉에 얻어맞고 얼굴이 피범벅이 된 왕훙빈은 아직도 병상에 누워 있었다. 지금 왕훙장이 또 영문도 모른 채 잡혀갔는데, 왕훙빈과 왕훙장은 모두 왕훙링의 형제이고 저우민은 그의 아내이다. 왕훙링의 아내 저우민도 유치장에 감금되어 여덟 근이 넘는 족쇄를 단 채 고통을 겪고 있었다. 일련의 사건들이 신변에서 하나씩 일어나자 이제까지 본분을 지키며 조용히 살아온 왕훙링도 드디어 분노해 일어났다!

왕훙링은 이제까지 줄곧 허난성 선추현 류푸진의 구리파이프 공장에서 일해오면서 매월 1,000위안이 넘는 높은 수입을 올리고 있었다. 그는 이 좋은 직장을 의연히 사직하고 왕잉촌의 부모형제의 억울함을 씻기 위해 필사적으로 싸우기로 결심한 것이다. 6월 18일 그는 촌민 대표 왕쥔빈과 힘을 합쳐 56명의 촌민들을 이끌고 린촨현이 곳곳에 설치한 겹겹의 검문소를 통과해 베이징에 도착하는 데 성공했다.

왕잉촌 촌민이 이렇게 단체로 베이징에 상방한 것은 린촨현 전체에 큰 반향을 일으켰고, 현 당위원회 서기 장시더도 충격을 받았다. 그러나 그가 먼저 생각한 것은 어떻게 하면 왕잉촌 촌민들의 무거운 부담에 대한 불만을 없앨 수 있는가 하는 것이 아니라, 상방을 막는 데는 강제 진압이 가장 유효한 방법이라는 것이었다.

그래서 그는 100여 명의 간부로 구성된 공작대를 결성해 왕잉촌에 투입했다. 갑자기 이렇게 많은 사람을 보내 생활비에서 담뱃값까지 모두 왕잉촌의 간부 군중에게 부담시켰는데, 이미 곤궁한 생활을 하고 있는 촌민들로서는 설상가상인 셈이 되었다. 실컷 먹고 마신 공작대는 마치 '문화대혁명' 때처럼 확성기를 단 차를 몰고 온 마을이 시끄럽게 선전을 하고 다녔다. 그 소리에 마을 주민들은 공포를 느꼈고, 인근의 허난성 주민들까지 불안을 느낄 정도였다.

이와 동시에 린촨현 공안국은 '왕쥔빈 등 불법분자에게 자수를 촉구한다'는 통고를 인쇄해 도처에 붙여 놓았다. 그 내용은 왕쥔빈 등에게 자수를 촉구할 뿐만 아니라 '왕쥔빈 등 범죄분자 가족 및 친척들'이라는 심한 말까지 썼는데, 참으로 '한 사람이 죄를 지으면 재앙이 9족에까지 미친다'는 지경이었다.

계속해서 현의 당기율검사위원회는 '왕쥔빈의 당적을 제명하는 결정'을 발표했다.

그리고 얼마 지나지 않아 당위원회는 다시 200여 명을 보내 30여 대의 크고 작은 차량에 나누어 태워 왕잉촌을 포위하고는 비판 대회를 열어 상방에 참여한 사람들을 모조리 체포하겠다고 큰소리를 쳤다. 그 해는 가뭄이 매우 심한 데다가 마침 가뭄과 싸우는 데 가장 중요한 시기여서 촌민들은 안절부절못하면서도 마을로 돌아왔지만, 이 위협 때문에 할 수 없이 사방으로 흩어질 수밖에 없었다. 결국 1,000여 묘의 옥수수 농사는 전혀 수확하지 못했다.

베이징으로 상방에 참여했던 왕양(王揚)은 두려움이 계속되는 공포스런 생활을 감당하지 못하고 정신이상 증세에 시달리다가 어느 날 밤 음독자살하고 말았다.

그리고 린촨현 법원은 왕샹둥과 왕훙차오에 대해 공개재판을 했다. 재판이 있던 그날, 법원은 주도면밀하게 방비하고 법정 안팎은 무장 경찰이 경비하고 있었지만, 촌민들은 현정부가 자신들의 상방 대표를 공개재판한다는 말을 듣고 모두 우르르 몰려갔다. 그 수는 육칠백 명을 헤아렸다. 검찰관이 왕샹둥과 왕훙차오의 '죄상'을 읽어 내려갈 때, 촌민들은 법정의 규율은 전혀 개의치 않고 분노해서 주먹을 휘두르며 소리 높여 외쳤다.

"너희들 이건 무고야, 모함이야!"

"그들은 억울해!"

"우리는 석방을 요구한다!"

"민중을 탄압하는 진짜 범인을 처벌하라!"

법정은 대혼란에 빠졌다. 이런 일은 린촨현 역사상 전례가 없는 일이어서 재판관과 경찰관도 당황해 어쩔 줄 몰랐다. 백성이 죽음을 두려워하지 않는데, 어찌 죽음으로 그들을 위협할 수 있겠는가? 실탄을 장전한 경찰관들은 사태가 더 격화되는 것이 두려워 신속하게 퇴각하지 않을 수 없었다. 재판장도 할 수 없이 휴정을 선언했다.

사실 법관들은 알고 있었다. 법정에서 소란을 피우고 있는 농민들만 법을 무시하고 있는 것이 아니라는 사실을. 인민법원은 국가의 재판기관이며, 어떠한 민형사 안건이라도 확정할 수 있는 권한을 가진 것은 인민법원뿐이었다. 그러나 '4·2사건'이 발생하고 나서 곧 현위원회의 공작조는 그 성격을 '공안과 경찰을 불법감금한 형사 안건'이라고 결정해버렸다. 공안국이 도처에 붙여 놓은 '왕쥔빈 등 불법분자에게 자수를 촉구한다'는 통고에서 그들이 '파괴와 약탈을 행했다'라든가, '대대적으로 반동 선전을 했다'고 제기했으며, 현기율검사위원회가 발표한 '왕쥔빈의 당적을 제명하는 결정'에서도 명확히 '이미 강탈죄를 구성했다'고 죄가 확정된 것처럼 단정했다.

명백한 일이지만 현위원회의 공작조와 현공안국과 현기율검사위원회는 모두 법원이 정식으로 재판하기 전에 각자 '불법 범죄분자'의 성격을 확정해버렸는데, 이 자체가 법을 무시한 일종의 불법행위였다.

만약 린촨현 법원이 잡아놓은 상방 대표에게 죄를 부과하지 않으면 결심까지 2년이 걸리게 되고, 이렇게 되면 린촨현 당위원회에 할 말이 없게 된다. 그 때문에 법원은 휴정 후 다시는 공개재판을 하지 않았고, 그해 12월 1일에 '공무방해죄'로 왕샹둥에게 징역 2년을, 같은 죄명으로 왕훙차오에게 징역 1년에 집행유예 2년을 선고했다. 두 사람이 도대체 무슨 '공무'를 '방해'했다는 것인지, 판결문을 아무리 읽어봐도 이해하기 어려웠다.

17. 양산박으로 도망치다

왕훙차오는 7개월이나 구금당한 뒤 징역 1년에 집행유예 2년의 판결을 받고 드디어 왕잉촌으로 돌아왔다. 돌아와 보니 자신의 집은 철저히 부서져 있을 뿐만 아니라 자기가 사온 8,000통의 쥐약이 보리

밭에 뿌려져 5,000근이나 되는 양곡이 먹을 수 없게 되어 있었다. 아내 리란(李蘭)은 충격을 받아 정신병에 걸렸고, 딸 왕링링(王玲玲)도 충격을 받아 학교를 다닐 수 없어 지금까지 집에서만 지내고 있는데, 경찰차의 사이렌이나 경적 소리만 들어도 히스테리 증세를 보이고 있었다.

처자식이 이렇게 억울한 지경에 처한 모습을 보고 왕훙차오는 만감이 교차하면서 통곡했다. 그는 과거 신문에서 읽었던 상방 업무 담당자의 말이 생각났다.

"옛날의 농민은 우선 고장(告狀)을 선택했는데 오늘날의 농민은 우선 상방을 선택한다. 그들은 모두 자신을 위해 정의를 주장할 외부의 힘을 찾는 데 힘을 쏟는다. 현재 농민이 직접적인 저항 특히 조직적인 직접 저항을 행하는 것은, 분산적이고 온화한 상방의 노력이 실패하고 나면 원래 순박하고 고지식했던 농민도 변화해서 '온량공검양'(溫良恭儉讓: 온후·선량·공손·검소·겸양의 다섯 가지 덕─옮긴이)하게 되지 않기 때문이다. 만약 농민의 상방 중에 과격한 행위가 있었다고 해도 이해해야 할 것이다. 이것은 교육의 문제이다. 이것을 관계 부처가 증거가 확실한 부패한 촌관(村官)과 향진의 관리들을 애써서 비호하는 것과 비교하면 농민에 대한 처우는 너무나 편파적이며 너무나 큰 차이가 난다."

당시 이 기사를 보았을 때 왕훙차오는 분명히 감동을 받았다. 그러나 왕훙차오가 이 기사를 떠올린 그 시점에서는 친밀감뿐만 아니라 놀라움이 더 컸다. 왜냐하면 상방 담당자의 칼럼이 바로 린촨현에서 눈앞에 벌어지고 있는 상황을 논하는 것처럼 생생했기 때문이었다.

왕훙차오는 생각할수록 마음이 아팠다. 만약 일체의 민의가 소통할 수 있는 길이 막혀 있다면 이는 당과 인민정부가 귀먹고 눈먼 장애인이 된 것과 다를 바 없다. 만약 문제를 해결할 최후의 희망이 가로막혀 있다면, 체제 내의 합리적이고 합법적인 길이 모두 봉쇄되어 있다면, 농민을 포위하고 가로막아 불법의 막다른 골목에 몰아넣는다면, 그 불만의 에너지가 일단 터지면 엄청난 파괴력과 불온성을 가지게 될 것이다.

왕훙차오는 생각했다. 린촨현 공안국이 감히 중앙의 신방국 접수처에서 그들 세 사람의 상방 대표를 체포한 것은 틀림없이 거짓말을 꾸며서 베이징의 동지들까지 속였기 때문일 것이라고. 그래서 그의 머리에 우선 떠오른 생각은 처자식을 위해 병원에 가야겠다는 것이 아니라, 다시 베이징에 가서 그들의 머리 위에 덮어씌운 모든 거짓의 오명을 벗어버려야겠다는 것이었다. 이렇게 생각하자 곧이어 재판이 열렸을 때 공소인으로서 현의 검찰원이 법정에서 읽었던 증인들의 증언이 생각났다.

왕훙차오는 행동을 개시했다. 그는 증인이 되었던 촌민 사오시잉(邵喜英)과 왕라이즈(王來治), 왕하이차오(王海潮)를 찾아나섰다. 만나보고 나서 깜짝 놀랐는데, 원래 그들의 증언이란 것이 정성들여 꾸며낸 완전한 조작이었던 것이다.

현 법원이 개정했을 때 사오시잉은 출석하지 않았는데, 촌민들이 돌아와서 그녀가 한 증언이라며 읽어준 내용을 듣고 깜짝 놀랐다. 그녀의 말로는, 4·2 사건 그날은 날이 어두워지자 곧 잠자리에 들어서 도대체 밖에서 무슨 일이 일어났는지 전혀 모른다는 것이었다. 그녀는 또 낫 놓고 기역 자도 모르는 문맹이어서 증언도 쓸 수 없고 지장도 찍지 않았다고 했다. 그녀는 불안하게 말했다. "만약 내가 증언을 했다고 한다면, 그것은 누군가 고의로 나를 해치려고 한 짓이거나 내 이름을 빌려 다른 사람을 해치려고 한 짓일 거예요."

왕라이즈의 말로는, 현 공안국에서 나온 사람이 자신을 찾아와서는 복사한 서류 두 부를 보여주었고, 자신이 글을 모른다고 하자 서류상의 명단을 읽으며 "마을에 이런 사람이 있느냐?"고 물었다는 것이다. 왕라이즈가 "있다"고 대답하자 상대방이 곧 일부 서류를 작성하더니 지장을 찍으라고 했다. 왕라이즈가 서류에 무엇이 쓰여 있는지 몰라서 도장을 찍으려 하지 않자, 바이먀오진 당위원회 서기 한춘성이 들어와서 "도장을 찍을 일이라면 찍어야지. 너한테는 아무 일도 없으리라는 것을 보증하지!"라고 말했다. 한춘성의 말을 듣고 왕라이즈는 공안 요원이 가지고 온 서류와 방금 쓴 서류에 지장을 찍었다. 나중에야 알았지만 그것이 바로 상방 대표의 죄상을 고발하는 증언이 되었다.

왕하이차오는 더욱 분개했다. 그는 왕췬빈과 왕샹둥, 왕훙차오가 공안을 구타했다고 말한 적이 전혀 없었다. 그의 증언은 완전히 날조된 것이었다. 왕하이차오의 말에 의하면, 자신이 증언한 것을 그들이 적었지만 뭐라고 썼는지 읽어주지 않은 채 지장을 찍으라고 했으며, 재판 때 그들이 읽는 것을 들어보니 내용이 완전히 다르더라는 것이었다. 떳떳하지 못한 목적을 달성하기 위해 결국 올가미를 씌워 사람을 함정에 빠뜨리고 죄를 뒤집어씌운 것이었다.

'4·2사건'에서 '폭력을 휘둘렀다'고 고발당한 왕덩유(王登友)와 왕가오펑(王高峰)도 분개해서 고발 서류를 작성했다. 그들은 당시 허난성과 산시성(山西省)에 각각 일하러 나가 있어서 촌에는 있지도 않았는데, 이런 개똥 같은 '증언'으로 있지도 않은 죄에 고발당한 것이다.

이렇게 증인들의 진짜 증언을 접하고 왕훙차오는 참으로 놀라서 몸이 떨릴 정도였다.

때는 이미 1994년의 마지막 날이었다. 가슴속에 분노를 품은 채 왕훙차오는 세밑의 뼈가 시릴 정도로 차가운 북서풍을 맞으며 73명의 왕잉촌 촌민을 이끌고 네 번째로 베이징행 열차에 올라탔다.

그들은 농민부담 문제는 잠시 놓아두고, 우선 베이징에 가서 린촨현 서기 장시더가 무고한 군중을 가혹하게 진압한 죄상을 고발할 작정이었다.

장시더는 왕잉촌 촌민이 다시 집단으로 베이징에 상방하러 간다는 것을 알고 화가 나서 길길이 날뛰었다. 그는 이를 갈면서 말했다. "내가 이 팔 하나가 떨어져 나가더라도 네놈들과 끝장내고 말겠어!"

린촨현 바이먀오진의 왕잉촌 촌민이 두 번, 세 번, 네 번에 걸쳐 수도에 가서 상방하자, 결국 성(省)위원회도 움직여 '성·지구·현 조사팀'을 구성해 바이먀오진과 왕잉촌을 조사하게 되었다.

그러나 이 조사도 매우 실망스러운 것이었다. 왜냐하면 조사팀 구성원으로 '4·2사건'에 중대한 책임이 있는 린촨현의 당위원회도 참여했기에 조사 결과의 객관성이 현저히 손상되었기 때문이다.

우리는 이 연합조사팀이 중앙의 신방국에 제출한 '서면 보고 자료'를 읽어보았는데, 자료는 정부의 농민부담경감정책에 관한 규정을 회피했을 뿐만 아니라, 왕잉촌의 농민부담이 과중한지 여부에 대한 문제는 제기하지도 않았으며, 허다한 숫자를 나열해 관심을 흐리게 하고 문제의 본질을 가리기도 하는가 하면, 심지어는 공공연히 진과 촌의 간부들이 저지른 부패행위를 비호하기까지 했다. 예를 들면, 1992년 촌에서 11만 1790여 위안을 진에 납부했는데, 이 돈을 어떻게 쓴 것인지, 촌에서 지출하는 것이 합당한지 등에 관해서는 아무런 설명도 없는 것이다. 수많은 돈의 사용처가 '전임 촌 관리자의 차입금 변제'라든가 '기타 차입금'으로 되어 있는데, 액수도 많은 이 차입금들은 필경 촌 간부가 착복하거나 유용한 돈일 것이다. 왜 이렇게 사용처를 알 수 없는 돈을 촌민들이 대신 납부해야 하는가에 대해서는 아무런 설명이 없다. '서면 보고 자료'는 전부 엉터리인 것이다. 그런데도 '성·지구·현 조사팀'은 또 사람들을 놀라게 할 만한 결과를 보고했다. "회계 결과는 모두 명확하며 촌 간부의 부정은 발견할 수 없다."

조사팀은 린촨현 당위원회의 '4·2사건'에 대한 일방적인 주장을 따라 중앙의 신방국에 보고했을 뿐만 아니라 왕쥔빈, 왕샹둥, 왕훙차오, 왕훙친, 왕훙장, 왕훙쥔 등 여섯 명에 대해서도 여전히 '범죄자'라 부르고 있었다. 왕훙차오는 유치장에서 나온 뒤 촌민들을 데리고 베이징에 상방하러 갔는데도 '서면 보고 자료'에서는 "판결서가 피고인에게 송달된 후 피고인은 판결에 승복하고 상방하지 않기로 했다"고 쓰여 있었다.

이처럼 관끼리 서로 비호하는 보고서가 만들어져 중앙의 신방국에 보내졌지만, 중앙에서는 성과 지구와 현에서 공동으로 작성한 조사 보고서를 믿지 않을 이유가 없었다. 그래서 왕훙차오가 이번에 농민들을 데리고 수도에 상방하러 갔을 때는 지난번처럼 접수처에서 체포당하는 일은 없었지만, 결과적으로 아무런 보람도 없이 돌아오고 말았던 것이다.

성과 지구의 위원회에서 파견되어 온 사람들이 현의 위원들과 한통속이었다는 사실은 왕잉촌 사람들을 헤어날 수 없는 절망에 빠지게 만들었다. 1995년 정월, 왕잉촌에는 신춘을 맞이하는 들뜬 기분은 전혀 없었다. 입춘이 지나면 각지의 농촌은 어디서나 밭 갈고 씨 뿌리느라 한창 바쁠 시기지만 왕잉촌 사람들은 오히려 대거 린촨현을 떠나 외지로 나가 일을 해서 살아가려고 했다.

"마음이 죽는 것보다 슬픈 일은 없다"는 말이 있는데, 왕잉촌 사람들은 다시는 상방하지 않으려고 했다. 바이먀오진과 왕잉촌의 진·촌의 두 당정 기구도 형태뿐인 존재가 되어버렸다.

표면상의 고요함이 아직도 해결되지 않은 날카로운 모순을 가리고 있었다. 푸양지구 당위원회와 행정서는 왕잉촌 촌민의 여러 번에 걸친 대규모의 상방 사건에서 아무런 교훈도 얻지 못했고, 현위원회 서기 장시더는 오히려 더 이상 무서울 것이 없다고 생각하게 되었다. 1995년이 되자 린촨현 농민의 부담은 더욱 가중되었다. 지구에서 하달된 각종 세비는 더 늘어나 '쌍기교육비'(雙基敎育費: 두 가지의 기본적 교육문제, 즉 9년 의무교육의 기본적 보급과 성인의 식자識字문제의 기본적 해결을 위한 비용—옮긴이) 하나만 하더라도 농민 1인당 25위안을 부담하는 것이 밑으로 내려올수록 더 늘어나서 바이먀오진에 와서는 1인당 40위안으로 변해 있었다. 위에서 '쌍기교육비'를 징수한다고 하면 밑에서는 갖가지 명목을 붙여 더 징수하는 것이다. 그래서 바이먀오진의 어떤 행정촌에서는 농민부담이 전년 평균수입의 15.26퍼센트에 달했다. 이것은 국가에서 정한 상한의 세 배를 훨씬 넘은 것이었다.

농민의 부담은 날이 갈수록 가중되어 지출할 수가 없을 정도였지만, 이 가난한 현의 당위원회 서기 장시더는 오히려 더욱 사치를 부려 오만하게도 고성능 벤츠 승용차를 타고 다녔다.

1995년 가을, 이미 가계에 생기가 없는 왕잉촌 촌민들은 또 한번 급작스런 재난을 당했다. 9월 1일, 현에서 왕잉촌에 '계획출산추진 돌격검사활동'이라는 이름의 공작대 대원을 300명이나 파견한 것이다. 그중 적지 않은 대원들이 자질이 매우 나빠서 저열한 행위를 저지르고 심각하게 촌민들의 권리를 침해했다. 그들은 본래 계획출산의 대상이 아닌 사람들에게도 교묘하게 명분을 만들어 함부로 벌금을 매겼다. 조금이라도 따르지 않을 경우에는 돼지나 양 등의 가축을 멋대로 끌고 가기도 하고 양곡을 뒤져내거나 가구를 끌어내거나 심지어는 문이나 집을 때려 부수기도 하고 사람을 때리고 잡아가기도 했다. 그리고 이것도 모자라 공작대는 벌금으로 거둔 돈을 자신들끼리 나누어 가지고, 매일 촌민들에게 300명의 임금과 왕복교통비까지 부담하라고 요구했던 것이다.

왕잉촌 촌민들은 화가 치밀어 올라 결국 다시 한 번 모여 제5차 상방 운동으로 폭발하게 되었다. 이번에 상방하는 촌민들은 "장사(壯士) 한 번 가면 다시 오지 못하리!"(연나라 자객 형가가 진시황을 암살하러 갈 때 불렀던 노래의 한 구절—옮긴이)라는 노래와 같은 비장한 마음을 품고 있었다. 그들은 잘 알고 있었다. 이번에도 성공하지 못하면 왕잉촌에서 더 이상 살아갈 수 없다는 것을.

물러날 길이 없었다. 아니 그들은 물러날 길을 스스로 남겨놓지 않았다.

1995년 10월, 중국의 수도 베이징에서는 두 차례에 걸쳐 안후이성 린촨현과 관련된 사건이 발생해서 린촨현 당서기 장시더는 자신이 저지른 악행의 대가를 치를 운명에 처했다.

10월 4일, 공화국 탄생 46주년 기념일에서 이틀이 지났을 때, 린촨현 청관진(城關鎭) 리완촌(李灣村)의 농민 리신원(李新文)이 상방하러 베이징에 왔다. 그가 온 이유는 현 공안국이 수상(水上) 파출소의 청사 건설을 위해 농민들의 철거 보상문제가 해결되지 않은 상황에서 건설국과 함께 무장 부대를 동원해 강제 철거를 실시함에 따라 농민들이 주거지에서 살 수 없게 된 것을 진정하기 위해서였다. 그런데 베이징에 온 후 돈을 사기당해 절망한 리신원은 자살을 시도해 첸먼(前門)에서 차에 뛰어들었다가 미수에 그쳤으나, 다음날인 5일 새벽에 융딩먼(永定門)의 신방국 접수처에서 뛰어내려 결국 스스로 목숨을 끊었다.

이것은 중앙의 신방국이 개설된 이래 처음 생긴 사건이었다.

이 사건은 본래 일어나서는 안 되었고, 아니 이런 곳에서 일어나서는 안 되는 일이었기 때문에 그 영향은 극히 파장이 컸다.

이어서 10월 27일에 린촨현 바이먀오진 왕잉촌의 농민 74명이 왕홍차오의 영도 아래 베이징에 도착했다. 바로 뒤이어 10월 29일에 린촨현 톈차오향(田橋鄕)의 자오장(趙莊), 황장(黃莊), 장루(張樓)에서도 46명의 농민이 베이징에 도착했다. 톈차오향은 바이먀오진과 마찬가지로 무거운 부담에 시달려 괴로운 데다가 각 촌의 자금 유용은 바이먀오진을 능가했다. 1994년만 해도 각 촌은 제류금 60만여 위안을 유용해 경비 지출을 곤란에 빠트렸고 부족한 부분을 농민들에게 할당했다. 특히 1995년 가을에 전개된 '계획출산추진 돌격검사활동'은 톈차오향에서는 총 50일간 벌어졌는데, 마구 징수된 벌금이 250만 위안에 달해 농민들을 살 수 없게 만들었다.

한 개 현의 두 향진(鄕鎭)에서 대규모의 집단 상방이 행해졌고, 특히 바이먀오진 왕잉촌의 경우는 3년 사이에 다섯 차례나 상방을 했는데도 농민부담 문제가 여전히 해결되지 않아서 자연히 중앙의 신방국도 이 문제를 중시하게 되었다. 다시 말해 그들은 왕잉촌 농민들이 이번에는 굳게 마음을 먹고 배수진을 치고 나왔기 때문에 무슨 일이 일어날지도 모른다고 예감하고 몰래 방비를 하고 있었다. 그러나 막으려해도 막을 수가 없었다. 10월 29일은 마침 일요일이었는데, 상방하러 베이징에 온 왕잉촌 농민들은 신방국 접수처 담당자들의 눈을 피해 사람들이 복잡하게 오가는 톈안먼 광장에 속속 모여들었다. 그들은 사전에 계획한 대로 국기 주위에 모여 돌연 단체로 꿇어앉았다.

그들은 목숨을 걸고 중앙에 간청해서 인민의 원통함을 풀고 국법을 밝히기로 결심했다.

그들은 세계의 이목이 모이는 곳에서 이렇게 행동하면 국가 특히 베이징에 매우 나쁜 국제적 영향, 즉 당과 인민정부의 얼굴에 먹칠을 하리라는 점을 알고 있었다. 그러나 그들은 아무리 생각해도 다른 방법이 없었다. 이렇게 하지 않고서는 인민의 고통에 대한 감각이 마비된 저 사람들의 영혼을 움직일 수 있는 방법이 없었던 것이다.

자고로 '관리가 핍박해서 백성이 반란한다'(官逼民反)고 하지만, 그러나 그들은 반란하지 않았다. 그들은 여전히 조직에 자신들의 억울함을 호소한 것이고, 당과 정부를 의지하는 것은 변함이 없었다. 그들의 당에 대한 지지는 변함이 없고 정부에 대한 신뢰도 변함이 없었다. 죽음을 무릅쓰고 수도에 온 것도 다만 중앙과 국무원의 농민부담경감 정책이 하루빨리 자신들이 사는 땅에서 실현되기를 희망해서였고, 현과 진이 자신들에게 덮어씌운 억울한 죄를 하루라도 빨리 씻어주기를 희망해서였다.

린촨현의 농민들은 1개월 사이에 수도 베이징에서 자살 사건과 톈안먼 광장의 농성을 통해 세상을 놀라게 했고, 결국 중앙정부도 놀라서 행동에 나서지 않을 수 없었다.

중앙의 관련 부서는 즉시 안후이성 및 관련 지구와 현의 책임자를 베이징으로 소환하고, 그날 오후 국가농업부와 국가공안부, 최고인민검찰원, 최고인민법원, 중앙기율검사위원회 및 국가계획출산위원회 등 중앙기관의 책임자들을 함께 모이게 하여 상방 농민이 제출한 구체적인 문제를 검토하도록 했다.

왕훙차오와 다른 두 명의 촌민 대표도 초대를 받아 회의에 참석해서 수도까지 와서 상방하게 된 원인에 대해 진술했다.

농업부 동지의 태도는 매우 명확했다. 농민부담을 가중시킨 것은 당중앙과 국무원의 부담경감정책을 중대하게 위배한 것이고, 상방한 민중을 공격하고 보복한 것은 더더욱 용서할 수 없으며, 과잉 징수한 부분은 즉시 반납하고 신속히 문제를 해결해야 한다는 것이었다.

중앙기율검사위원회와 최고인민검찰원과 최고인민법원의 동지도 마찬가지 태도였다. 즉 '농민이 진정한 문제가 왜 오랫동안 해결되지 않고 더 악화되었는가? 이것은 분명 잘못된 일이니 반드시 단호히 해결해야 할 것이며 더 이상 지연해서는 안 된다. 당규를 어긴 자는 당규에 따라 처벌하고, 국법을 어긴 자는 국법에 따라 논죄해야 할 것이다. 누구든지 개의치 말고 철저히 조사하고 고식적으로 처리해서는 안 된다'는 것이었다.

왕훙차오는 회의에서 '4·2사건'의 관건이 되는 문제에 대해서 공안부 동지에게 물었다. "공안이 야간에 순찰을 하는 범위에 어떤 규정이 있습니까? 공안이 법을 집행할 때는 신분을 밝혀야 되는 것이 아닙니까? 저 공안들이 술에 취해 야반에 수상하게 마을에 들어와서 신분도 밝히지 않고 도망가려고 하고, 게다가 총을 꺼내 사람들을 위협해서 사람들이 공안을 사칭하는 강도라 여겨 때리고 차를 부순 경우에 이것을 '공무방해'라고 할 수 있습니까?"

공안부에서 회의에 참석한 동지의 대답은 아주 시원했다. "순찰은 주로 번화가나 노상강도 등의 사고가 다발하는 지역에서 하며 농촌은 순찰의 범위가 아닙니다. 공안이 법을 집행할 때 신분증을 제시하지 않는 것은 불법입니다. 일반 민중이 상대가 공안인지 아닌지 알 수 없는 상황에서 한 일이라면, 때렸으면 때린 거고 부셨으면 부순 거고 (공무방해가 아니므로) 즉시 석방해야 합니다."

듣고 있는 왕훙차오는 마음이 격동했다. 참으로 엄지손가락을 치켜세워 상대방의 멋진 말에 경의를 표하고 싶었다. 애써서 억제하고 있었는데도 그의 눈시울에서는 뜨거운 열기가 솟구쳐 올라 눈물이 되어 떨어졌다.

11월 11일, 안후이성에서는 다시 조사반을 조직했다. 이번에는 성위원회와 성정부, 푸양지구위원회와 행정서 양급의 당정 지도기관에 속한 열두 명의 동지들이 파견되어 심도 있게 바이먀오진과 왕잉촌의 현장 조사에 착수했다. 조사반은 각종 좌담회를 개최하고 진지하게 상방 민중들을 인터뷰했고, 아울러 조사가 진행되는 상황을 민중들에게 공개했다. 총 20일에 걸쳐 비교적 공정한 조사 보고가 이루어졌다.

보고서는 우선 린촨현의 농민부담이 확실히 과중하다는 것을 확인했다. 이에 따르면, '4·2사건'이 발생하기 전인 1993년 바이먀오진은 농민의 부담액을 13만 1659위안으로 증가시켰고 그 밖에 물자 조달의 명목으로 13만 5176위안의 제류금을 징수했으며, 단체 자금으로 34만 1729위안을 유용해 '불합리한 지출'이 68.77퍼센트에 이르렀다. 아울러 보고서는 "과잉 징수금의 반납이 이루어지지 않은 것의 악영향이 크다"고 지적했다. '4·2사건'에 대해 조사반은 진실을 이렇게 이야기했다.

"현위원회와 현정부, 현과 관련된 기관 및 바이먀오진 당위원회와 정부 모두에 책임이 있다." "농민에 대해 세금 징수나 계획출산 추진 활동이 어려움에 부닥치면 곧 공안과 경찰을 출동시키고, 특히 농민이 내부의 모순을 해결하려고 상방한 일에 대해서도 경찰의 힘을 이용했다." "임무를 집행하는 과정에서 일부 경찰의 행동이 과격해서 민중의 감정을 상하게 했으며, 일부 민중은 분노해 오랫동안 소송을 멈출 수가 없어서 마을의 안정을 되찾기 어려웠다."

1995년 12월 6일은 왕잉촌 사람들에게 잊기 어려운 날이다. 1년 7개월이나 구금당해 있던 왕상둥이 무죄로 석방되었던 것이다. 마을의 남녀노소가 새해를 맞이한 것처럼 기뻐하면서 북을 치고 장구를 두드리고 폭죽을 쏘아 올리며, '인민을 위해 목숨을 걸다'라고 붉은 글씨로 크게 쓴 액자를 어깨에 메고 그들을 위해 원죄를 뒤집어썼던 촌민

대표의 승리의 귀환을 축하했다. 이리저리 숨어 다니다가 검찰에 체포된 왕쥔빈과 왕훙친도 촌민들의 환호를 받으며 마을로 돌아왔다. 이어서 왕잉촌도 사오잉행정촌에서 분리되어 독립된 촌이 되었고, 왕샹둥이 촌민들의 민주적 선거를 통해 왕잉행정촌위원회의 초대 주임, 즉 촌장으로 선출되었다. 왕쥔빈도 삭제된 당적을 회복하고 왕잉행정촌 당지부의 서기에 임명되었다.

1996년 초, 린촨현 당위원회 서기 장시더가 타지로 이임하게 되었다. 들리는 말로는 장 서기가 떠난다는 소식은 순식간에 현 전역으로 퍼져나갔다. 이임하는 날 바이먀오진의 왕잉(王營), 사오지(邵集), 허장(賀莊)과 톈차오향의 자오장(趙莊), 런장(任莊), 싼허장(三河莊), 반라먀오(半拉廟), 위잉(于營) 등지의 농민들이 수십 대의 차를 몰고 현위원회까지 나가서 장시더의 관저를 겹겹으로 둘러쌌다.

사람들은 분노하며 이름을 불러댔다. "장시더, 너 이리 나와!"

둘러싼 사람들이 인산인해를 이루었고 현위원회와 현정부의 수많은 간부들도 주위에서 보고 있었으나 장 서기를 위해 '호위'하려는 사람은 아무도 없었다.

장시더는 아주 난처한 모습으로 걸어나왔다. 원래 린촨현 사람들에게 사과하고 자기가 잘한 일이 없다고 말하려고 했으나, 원한이 이미 깊이 쌓인 농민 군중들의 소란스런 열기 속에 휩쓸리고 말았다. 농민들은 처음에는 다만 큰 소리로 질책하거나 욕이나 퍼부으려고 했지만 점점 움직이기 시작했다. 파도처럼 움직이던 사람들은 곧 분노의 바다가 되었고, 장시더는 그 속에서 이리 비틀 저리 비틀 끌려다니며 사람들에게 얻어맞았다.

한때 기고만장하며 나는 새도 떨어뜨릴 것 같았던 장 서기였지만 이제는 도와줄 사람도 없어서 어쩔 수 없이 공포를 느낄 뿐이었다.

현 공안국이 소식을 듣고 보낸 경찰차가 사이렌을 울리며 도착하자, 민중의 공격을 받았지만 정신은 아직 말짱한 장시더는 공안이 뛰어오는 것을 보고 다급히 큰 소리로 외쳤다. "사람들을 잡지 마라. 사람들을 다치게 하지 마라!"

장 서기는 현의 당위원회 서기를 그렇게 오래 역임하다가 이임하는 날에야 비로소 관리의 길이 무엇인가를 깨닫고 그렇게 말한 것일까?

제5장

어둡고 오래된 이야기

18. 악순환

우리가 아는 중대한 농민 사건 중에서 영향력 면에서나 세상을 놀라게 한 면에서 '선자이촌(沈寨村) 농민부담 살인 사건'보다 큰 사건은 없다. 이 사건은 확실히 가장 전형적인 사례다.

선자이(沈寨)행정촌은 안후이성 푸난현(阜南縣) 중강진(中崗鎮)에 속하는데, 그곳은 전국에서 유명한 홍수 지역이다. 화이허강에서 큰물이 날 때마다 화이허강 하류에 있는 벙부시와 화이허강 유역의 도시들 그리고 징푸(京浦) 철로의 안전을 보장하고, 장쑤성(江蘇省)과 저장성(浙江省), 상하이(上海) 일대가 홍수의 재난에 빠지지 않도록 하기 위해 그곳의 농민들은 거대한 희생을 치러야 했다. 그들이 잘 가꾸어놓은 논밭은 '홍수가 지나가는 길'이 되어버렸고 집 안은 완전히 물바다

가 되었으며, 온갖 고생 끝에 마련한 농가와 살림살이는 한바탕 홍수
가 휩쓸고 지나간 뒤에는 완전히 사라져버렸다.

우리가 인터뷰하겠다는 말을 들은 사람들은 이렇게 말했다. "여기
농민을 속이겠다면 천벌을 받을 것이다!"

중강진 선자이촌의 당 지부 서기이며 촌위원회 주임인 선커리(沈
可理)가 바로 이렇게 죄가 너무 커서 용서할 수 없는 사람이었다.

사실 젊은 시절의 선커리는 열혈 청년이었다. 그는 군인이 되었고
군에서 당에 입당한 사람이었다. 그가 제대해서 농촌에 돌아왔을 때
사람들은 그를 진취적이라고 생각해 촌 주임으로 선출했다. 막 주임이
되었을 때는 확실히 모든 일에 대중을 먼저 생각했고, 촌민들을 위해
적지 않은 일을 해서 일치된 호평을 받았으며, 이후 당지부 서기 겸 주
임으로 승진했다. 그러나 지위가 바뀌고 많은 것을 알게 되면서 그의
머리는 빠르게 움직이기 시작했고 사욕이 팽창하기 시작했다. 그는 오
늘날의 사회생활에는 인민들과 이익을 다투는 추악한 현상들이 너무
많다는 것을 발견했다. 도모할 이익이 있기만 하면 허다한 정부기관이
나 권력기구가 관리규범을 명분으로 삼아 마구 자금을 끌어모으고 벌
금을 매기고 비용을 징수한다. 도모할 이익이 없으면 서로 책임을 회
피한다. 즉 인민을 위한 복무는 인민폐를 위한 복무로 변해버렸고, 관
리한다는 것은 바로 돈을 거두는 것이었다. 그래서 그는 챙기지 않으
면 바보라고 생각했다. 이후 그의 눈에는 직권을 이용해 뇌물을 받고,
권세에 빌붙어 이익을 취하며, 출세와 영달을 위한 지름길만 보였다.
부정부패로 뇌물을 받고 수단을 가리지 않는 것이 재물을 모으고 부자
가 되는 비결이라 생각했다. 그는 점점 횡포를 부리고 탐욕스러워졌으
며 선자이촌을 '그의 천하'로 만들어버렸다. 그는 우선 자신의 첫째 동
생 선커신(沈可信)을 행정촌 연방대(聯防隊) 대장으로 임명했고, 둘째

동생 선커후이(沈可慧)도 연방대의 전임 대원으로 집어넣었으며, 셋째 동생 선차오췬(沈超群)에게는 후채대(後寨隊) 대장을 맡겼다. 당과 정과 군의 삼권을 장악한 데다가 세 명의 동생들을 자신의 앞잡이로 삼았기에, 선커리는 선자이촌에서는 하늘에 오를 사다리를 못 찾는 것 말고는 기본적으로 못 할 일이 없었다.

1995년 11월 4일 선자이촌에서는 드디어 총을 들고 농민에게 제류금을 징수하다가 한 명을 죽이고 두 명을 상해하는 아주 악질적인 사건이 발생해서 당중앙과 국무원을 놀라게 했다.

이 살해 사건이 아직 법원의 심리에 들어가기 전에 중앙방송국은 명령을 받고 기자를 안후이성 푸난현에 파견해서 '초점 탐방' 프로그램을 통해 방영해 전국을 놀라게 만들었다. 각지의 농민들이 잇달아 방송국에 투서해 범인을 엄벌하고 관련기관의 책임자를 처벌할 것을 요구했다. 이 농민살해 사건은 충격적이었기 때문에 해외에서도 적지 않은 매체가 이 사건을 보도했다. 민중의 분노를 가라앉히고 흉악범을 처벌하기 위해 안후이성 고급인민법원은 신속하게 종심 판결을 내렸는데, 고의살인죄로 선커신에게는 사형, 선커리에게는 사형 집형유예를 선고하고 두 사람의 정치권을 종신 박탈했다.

안후이성 고등법원에서 선커신의 사형을 비준하고 푸양 중급법원에서 즉시 집행할 것을 요구하려고 한 순간, 원장 한윈핑(韓云萍)은 베이징에서 걸려온 의외의 긴급전화를 받았다. 전화는 당시 당중앙 서기처 서기 겸 중앙정법위원회 서기 겸 최고인민법원장이던 런젠신(任建新)으로부터 온 것인데 다음과 같은 사항을 지시했다. "선자이 농민살해 사건의 사형 집행은 내일로 잠시 미루고, 중앙방송국 기자가 판결을 선고하는 현장을 취재한 후 다시 집행하도록 하라."

이 한 통의 심상치 않은 전화와 심상치 않은 지시로 인해 선자이 살해 사건의 재판도 심상치 않은 것으로 변했다.

분명 이런 상황은 공화국 인민법원의 역사상 극히 드문 일이었다.

우리가 이 사건을 담당한 법관을 방문했을 때, 그는 재미있는 일화를 들려주었다. 그의 말에 의하면 중앙방송국 기자들이 명을 받고 안후이성에 와서 판결을 선고하는 현장을 녹화하려고 했는데, 당시 푸양시위원회 서기 왕화이중(王懷忠)은 판결 장소에 상당히 신경을 쓴 끝에 현 법원 법정에서 하기로 결정을 했다는 것이다. 기자가 온 후에는 또 기자가 선자이촌을 돌아다니며 취재하다가 가난하기 그지없는 농촌과 감당하기 무거운 농민부담 사이의 격차를 발견하면 자신의 경력에 나쁜 영향을 미칠까 우려해 기자를 쾌적한 원펑(文峰) 호텔에 묵게 하고 심지어는 아가씨까지 불러서 그들을 붙잡아두도록 심혈을 기울였다고 한다. 그러나 기자들은 호의를 받아들이지 않고 결국 선자이촌에 가서 현장에서 녹화했던 것이다.

판결이 열리던 그날, 현 법원 법정의 좁은 공간으로는 물밀듯이 사면팔방에서 몰려들어오는 농민들을 다 수용할 수 없었고, 푸난현 전체가 사람들로 북적여 마치 성대한 명절이 된 것 같았다.

그날 중앙방송국은 법관이 선커신을 형장으로 압송해서 처형을 집행하라고 판결할 때 민중이 기뻐 환호하는 장면을 녹화했는데, 정식으로 방송할 때는 푸난현위원회 서기와 현장, 중강진 당위원회 서기와 진장(鎭長)이 당 기율과 정치 기율을 어긴 데 대한 처분을 내리는 결정도 보도했다. 그날의 '초점 탐방'은 특히 국무원 총리 주룽지의 담화를 인용했다. "이후 누구라도 중앙의 규정을 어기고 농민의 부담을 가중하면 체포해 죄를 물을 것입니다."

이 사건은 안후이성에서 발생했지만 후에 중국공산당 중앙사무국과 국무원 사무국이 공동으로 발간한 「1995년 발생한 농민부담과 관련된 악성 안건의 통보」를 보면, 1년간 선자이 살해 사건과 유사한 사건이 전국 여덟 개 성에서 총 열세 건이 발생한 것을 알 수 있다. 물론 열세 건 중에서 선자이 사건이 가장 심각한 것으로 알려져 있다.

당중앙과 국무원은 결단코 농민의 부담을 경감하고 농민의 부담을 가중하는 위법행위를 추호도 방심하지 않고 조사하겠다는 결심을 표명하기 위해 위의 「통보」를 각 성의 당위원회와 정부를 비롯해 전국 각지의 농촌 당지부와 촌위원회에까지 배포했다.

그러나 사람들을 곤혹스럽고 가슴 아프게 한 것은 이 모든 노력에도 불구하고 1년 후 구전현 탕난향 샤오장장에서 또다시 살해 사건이 발생하는 것을 막지 못했다는 사실이다.

샤오장장 살해 사건의 성격은 선자이촌 살해 사건보다 더욱 악랄해서 사람들을 충격에 빠트렸다.

안후이성 리신현 지왕창향 루잉촌에서 딩쭤밍의 농민부담 살해 사건이 발생한 후로 중앙사무국과 국무원 사무국에서는 매년 전국적으로 「농민부담과 관련된 악성 안건의 정황 통보」를 발간해왔다. 어떤 때는 1년에 두 차례 발간한 적도 있었다. 샤오장장의 참변이 발생한 후 1995년 상반기에만도 농민부담과 관련된 살해 사건은 전국에서 여덟 건이나 있었다. 그중 후난성(湖南省)이 세 건, 쓰촨성이 두 건, 후베이, 간쑤(甘肅), 허난 세 성이 각각 한 건이었다. 여덟 건이라는 숫자의 근거는 「통보」에 "각지의 보고에 의한다"라고 분명히 기록되어 있다.

보고된 것이 여덟 건인데 보고되지 않은 것도 있지 않을까?

적어도 안후이성 샤오장장에서 발생한 특히 참혹한 사건은 감춰지고 보도되지 않았다고 인정할 수 있을 것이다. 더구나 이 한 차례의 사건에서 네 명이나 죽고 한 명이 다쳤던 것이다.

이렇게 많은 무고한 농민형제들이 '부담 경감'을 쟁취하기 위해 무정하게도 목숨을 잃었지만, 농민부담은 각지에서 여전히 누차 금지해도 근절되지 않고 더욱더 가중되는 추세이며, 농민부담과 관련된 악성 사건은 더 자주 발생하고 끊임없이 이어질 것이다.

이것은 무엇 때문인가? 이것은 도대체 무엇 때문인가?

중국 농민의 과잉부담 문제는 이제 악순환에 빠져버린 것이다.

당과 인민정부는 농민부담을 경감하기 위해 많은 노력을 했다고 말해야 할 것이다. 우리가 이 조사를 시작하면서 당중앙과 국무원이 하달한 통지와 반포한 조례와 만든 결정과 발송한 통보는 그 기치가 선명할 뿐만 아니라 어휘 사용도 매우 준엄한 것을 발견했다. 그러나 중앙의 태도가 이처럼 결연함에도 불구하고 하달된 문건들은 여전히 각지에 보편적으로 존재하던 농민부담 문제를 해결하지 못했고 오히려 더욱 심화되었던 것이다.

이 때문에 우리는 크게 당혹했다. 사실 이미 1985년에 당중앙과 국무원은 「농민에게 벌금과 비용을 함부로 부과하고 징수하는 것을 제지하는 통지」를 하달했고, 1990년 2월에 국무원은 재차 「농민의 부담을 절실히 경감하는 통지」를 발송했으며, 같은 해 9월에도 당중앙과 국무원이 합동으로 「함부로 비용과 벌금을 징수하고 부과하는 것을 단호히 제지하는 결정」을 작성했다. 그러나 명령이 내려져도 실행되지 않고 농민부담 문제는 계속 상승할 뿐이었다. 자료에 따르면, 1991년 전국 농민 1인당 순수입은 전년도에 비해 9.5퍼센트 상승했을 뿐인데 1인당 부담은 오히려 16.7퍼센트 증가했다. 공공사업의 노동 공출은 그 투자액과의 비율이 전년도에 비해 33.7퍼센트나 증가했다.

1991년 12월 17일 리펑 총리가 국무원 제92호령에 서명을 하여 법률 효력이 있는 「농민부담 비용과 노무관리 조례」가 반포되었다. 이 '조례'는 엄격한 규정을 많이 제정했다. 그러나 그 효과는 매우 미미했다. 중앙을 놀라게 한 '딩쥐밍 사건'은 바로 이 조례가 반포된 지 1년 후에 발생했다. 꽃다운 나이에 재능이 넘치는 농촌 청년이 현위원회에 감당할 수 없는 무거운 부담문제를 진정했기 때문에 결국 향의 파출소에서 맞아 죽었던 것이다. 당중앙은 조사반을 파견했을 뿐만 아니라 사건 발생 후 1개월도 지나지 않아 연속으로 엄중한 긴급 통지를 하달했고, 아울러 농민부담과 관련된 항목 가운데 제37항을 취소하고 제2항의 집행을 잠시 유예할 것, 제7항을 수정할 것, 강제징수와 할당 및 편승징수의 제14항을 단호하게 바로잡을 것, 목표달성 활동의 제43항을 폐지할 것 등을 선포했다. 이후 다시 당중앙은 「농업부, 감찰부, 재정부, 국가계획위원회, 국무원 법제국의 농민부담 경감 현황과 금후의 작업에 대한 의견서」를 발표하고 (앞서 발표한 농민에 대한 약속인─옮긴이) '약법삼장'(約法三章)을 다시 천명했다. 그 내용은 불합리하고 비실제적인 자금 징수와 할당 항목을 모두 정지하며, 일체의 새로운 징수 항목의 설정을 잠시 중지하며, 농민의 돈이나 물건이나 노동력을 공출하는 일체의 목표달성 활동을 금지하며, 당중앙이 「농민부담 항목 심사처리 의견에 대한 통고」에서 이미 취소를 명령한 항목은 어떠한 지방과 부문도 부활시킬 권리가 없으며, 국무원이 규정한 농민부담은 전년도 농민 1인당 순수입의 5퍼센트를 상한으로 하고 이를 초과해서는 안 된다는 것 등이다.

기괴한 일은 이렇게 중국 최고정책결정기관의 '홍색 문건'이 연속해서 하달되었는데도 농민의 부담은 전혀 경감되지 않았다는 사실이다.

우리는 마땅히 가장 권위 있는 이 문건들을 자세히 살펴보고 나서 어떤 사실을 깨달았다. 이 정책성 문건은 매우 구체적이지만 근본적인 정책이 아니라 대개는 수많은 할당 항목에 대해 합당 여부를 식별한 것에 불과하다. 이 때문에 일시 폐지된 항목은 정부의 일부 부서의 구체적인 이익에 영향을 주기 마련이라서 결국 신속히 갱신되어 금지 대상에 속하지 않는 새로운 징수항목으로 돌아오게 되는 것이다. 명백히 금지된 항목이라도 자기 부서의 정책 문건을 통하거나 자신들의 이익을 대표하는 지도자의 담화를 기초(起草)함으로써 항목을 부활시키는 데 근거로 삼는다. 그중에는 심지어 전혀 '변통'조차 하지 않고 아예 중앙의 문건을 도외시하고 집행을 거부하는 경우도 있다.

중앙의 '홍색 문건'이 엄정한 언사로 발표하는 '불허'나 '엄금'의 내용은 대개 원칙이나 정신이다. 이것은 강한 구속력도 없고 법조문도 아니며, 한계도 없고 써먹을 수도 없으니 말하지 않은 것과 마찬가지인 것이다.

그래서 취소를 결정해도 결코 취소되는 것이 아니고, 수정을 결정해도 결코 수정되는 것이 아니며, 유예를 결정해도 결코 유예되는 것이 아니다. 그래서 이전보다 더 많고 더 심하고 황당한 할당 항목이 계속해서 출현하게 되는 것이다. 농촌의 '삼란'(三亂)에 대한 조치는 마치 '부추를 자르는' 것이나 '수염을 깎는' 것처럼 잘라도 또 자라고 깎아도 또 자라는 것이 되어버렸다.

우리는 안후이성에서 50여 개 현을 방문해 조사했지만, 중앙 문건의 정신과 국무원의 관련 규정에 따라 일을 처리하는 향진(鄕鎭)은 단한 곳도 발견하지 못했다. 우리는 이런 상황이 결코 안후이성만의 일은 아니라고 믿는다.

후베이성(湖北省) 젠리현(監利縣) 치반향(棋盤鄕)의 당위원회 서기 리창핑(李昌平)은 눈물을 흘리며 이렇게 말한 적이 있다. "중앙은 분명히 알 것이다. 문제는 향진에서 출현하지만 뿌리는 위에 있다는 것을. 그런데 왜 근원을 추구하지 못하는가? 원인이 무엇이든 중앙은 추구하지 않는다. 추구하지 않으니 지방 관리의 간덩이는 갈수록 커지고 기구와 인원은 갈수록 팽창하고 농민부담은 갈수록 늘어간다. 중앙의 정책은 어떤 사람들에게는 귀머거리의 귀처럼 장식품이 되어버렸다."

1994년 농민부담은 매우 심각한 상황이었지만, 중앙정부는 오히려 전국적으로 국세와 지방세의 분리개혁을 실행해서 중앙에 재정이 집중되었기 때문에 지방정부의 재정은 큰 곤란을 겪게 되었다. 이러한 중앙집중적 재정체제에서는 수입은 위로 향하는 반면에 지출은 아래로 전가되어서 농촌에서의 의무교육과 인구억제교육, 위로금 및 민병훈련을 포함한 각종 지출이 모두 지방의 향진정부에 이관되었는데, 향진정부가 받은 정책은 "초과 수입은 이관하지 않는다. 초과 지출은 보전하지 않는다. 징수하는 만큼 지출한다"라는 것이었다. 이러한 정책은 각 지방정부로 하여금 잉여농산물을 점유하고 농민을 착취하도록 강제하고 유혹하는 것이나 다름없었다.

이리하여 농민의 부담은 눈덩이를 굴리는 것처럼 더욱 늘어만 가게 되었다.

국가농업부의 통계에 의하면, 1995년 두 가지의 농업세(농업세와 농업특산세)는 전년도에 비해 19.9퍼센트 증가했는데, 농민에게서 징수한 여러 가지 세금과 경비(3제5통)는 전년도에 비해 48.3퍼센트나 증가했으며, 행정사업성 비용과 벌금 및 할당금 등 각종 사회부담은 전년도에 비해 52.22퍼센트나 증가했다. 이 1년 동안 전국 3분의 1의 성, 시, 자치구의 농민부담은 국가에서 규정한 5퍼센트의 상한선을 초과한 것이다.

이 통계도 분명히 정부측의 숫자이다.

수많은 민요와 속어가 농민의 불만과 울분을 표출하고 있었다.

"손이 일곱 개, 손이 여덟 개, 모두들 농민 향해 손을 내미네."

"너도나도 자금 달라, 농민은 다급해. 너도나도 경비 달라, 농민은 괴로워."

"쌀 내라 벌금 내라 목숨까지 내라 하니, 화재 방지 도난 방지 당 간부도 방지하자."

민간에서 널리 유행한 말은 농민들에게 거의 노래처럼 불리기도 했다. "허풍을 떨어라, 허튼 소리를 해라, 촌은 향을 속여라, 향은 현을 속여라, 쭉쭉 국무원까지 속여라. 국무원은 내린다, 문건을 내린다, 차 례차례 내린다, 전달만 신경 쓰고 실행은 안 하지."

안후이성 린촨현의 '바이먀오진 사건'은 바로 이런 배경에서 발생 한 것이었다.

바이먀오진 왕잉촌 농민이 과중한 부담문제를 진정한 것은 본래 바이먀오진이 중앙의 경감정책을 성실하게 이행하기를 희망해서였는 데, 진정부가 들은 척도 하지 않아서 현정부를 찾은 것이고, 현정부가 다시 이리저리 회피하자 할 수 없이 계속해서 그 위로 길을 찾아 나서 게 된 것이었다. 그래서 현정부에서 성정부로, 성에서 베이징으로 문 제를 진정하게 되었던 것이다. 그러나 문제가 해결되지 않았을 뿐만 아니라 오히려 현정부의 무장 진압을 당하게 되었고, 농민들은 다시 사람들의 가슴을 울린 톈안먼 광장의 시위 사건을 일으켜 사회적으로 중대한 영향을 끼침으로써 비로소 왕잉촌 문제는 최종적으로 중시되 기에 이르렀다. 이 일은 심각한 교훈을 주었다.

1996년에 이르러 중국공산당 중앙과 국무원은 유명한 '제13호 문 건'을 작성했다. 바로 「농민부담 경감을 착실히 실행하는 것에 관한 결 정」이라는 문건이다. 이 문건은 아주 명확하게 다음과 같이 제시하고 있다. "농민부담의 과중으로 인해 중대 사건과 사망·상해의 악성 사 건이 일어난 경우는 향촌의 주요 책임자와 직접 책임자의 책임을 물어 야 한다. 지구 및 현의 영도자로서 연루된 자는 관련 규정에 따라서 지구, 현의 당정 주요 영도자를 문책함으로써 교훈을 배워야 할 것이다. 중대 사건과 사망·상해 사건이 연속해서 발생한 경우는 성, 자치구, 직할시 당정의 주요 영도자가 당중앙과 국무원에 서면 검사를 제출해야 한다. 사건을 속이거나 은폐하거나 조사하지 않거나 고발자를 보복하는 경우는 발견하는 대로 엄중히 처리한다. 농민부담을 감독 관리하는 입법 작업을 서둘러야 한다."

'제13호 문건'은 각급 당위원회와 정부가 반드시 성실하게 제13호의 결정을 관철하도록 요구했다. "각 조항은 실제로 문제가 되는 곳에서 이행되어야 한다. 방해가 되는 어떠한 현상도 허락해서는 안 되며, 실행 중에 변형되어서는 안 된다." 심지어 다음과 같이 특별히 지시하기까지 했다. "춘절 후 1개월간 결정 내용을 농민대중에게 보여주고 반복 선전해 집집마다 철저히 알리도록 하라."

중앙의 '제13호 문건'은 당중앙과 국무원의 농민부담 경감에 관한 태도를 밝혔고, 그 확고한 결심은 벼락이 하늘을 치는 것 같이 중국 대지를 뒤흔들었다.

중앙의 정책이 실제로 실행되는지 상황을 검사하고 각지의 작업 진행을 독촉하기 위해 국무원은 농업부와 감찰부, 재정부, 국가계획위원회, 국무원 법제국 및 관련 보도기관으로 구성된 작업반을 허난성과 후난성, 후베이성, 안후이성, 산시성(山西省)의 다섯 개 성에 나누어 파견해 현장 검사를 실시했다.

그 규모의 크기와 참가자의 수는 이전에 없던 것이었다.

그러나 마찬가지로 불가사의한 일은 바로 중앙이 유명한 '제13호 문건'을 하달하고 국무원이 검사감찰대를 파견한 이 해에 중국 농민의 부담은 역사상 어느 해보다도 무거웠다는 사실이다.

국가통계국의 통계에 의하면, 1991년에서 1993년까지 농업 및 목축업의 세수입은 전국 각항 세수입의 비중에서 이미 하향세를 보여 2.2퍼센트까지 내려갔는데, 1996년에는 비중이 5.3퍼센트까지 상승해 전년도에 비해 배 이상 높아졌다. 만약 여기에 대량의 징수비와 벌금과 할당금을 합치면 농민이 1년 내내 수고한 결과는 남는 것이 거의 없을 것이다.

중국의 개혁은 안후이성 농촌에서 시작되었다. 이곳에서 시작되어 세상을 놀라게 한 위대한 개혁은 농촌 일을 잘 알고 감히 진실을 말하는 일군의 간부를 키워냈다.

안후이성 농촌지도부 담당으로서 농촌지도 임무를 17년간 맡아온 우자오런(吳昭仁)은 농민에게 깊은 애정을 가진 노당원이다. 우리와 인터뷰할 때 그는 무거운 표정으로 이렇게 말했다.

"중앙에서 '제13호 문건'을 냈습니다. 사실 안후이성위원회는 당시 더 심각한 문건을 냈었지요. 1997년의 제2호 문건 말입니다. 여기에는 촌에서 내는 여러 가지 비용이 국가에서 규정한 1인당 순수입의 5퍼센트를 초과할 때는 현이나 시위원회 서기가 반드시 성위원회와 정부에 서면 보고서를 제출해야 한다고 명확히 규정되어 있었지요. 그러나 문건은 문건일 뿐, 우리는 위원회 서기가 그런 보고서를 제출한 것을 본 적이 없습니다. 뭔가 중대한 안건이 발생하거나 하면 전부 비서가 대필하고 당위원회와 정부는 도장만 찍는데, 말로는 '집단으로 책임을 진다'고 하지만 사실은 아무도 책임을 지지 않고, 교훈으로 삼겠다는 사람은 더구나 없습니다."

'반복된 명령'이나 '명령해도 행하지 않고 금지해도 그치지 않는다'는 문구는 최근 몇 년간 각종 문건과 신문잡지에 부단히 나타나고 있지만 거의 무시되고 있다. 우자오런은 이렇게 말했다. "나는 이렇게 생각합니다. 이런 일은 아랫사람에게만 뭐라 해도 안 될 겁니다. 아마도 원인은 위에서 찾아야 할 겁니다. 왜 몇 번이고 명령을 반복해야 합니까? 지도기관에는 위신이 있어야 합니다. 스스로 권위를 세워서 말을 했으면 책임을 져야 하고, 한다고 했으면 해야 합니다. 명령을 행하지 않는 자는 잡아서 그 이유를 묻고, 결코 질질 끌지 말아야 합니다. 아랫사람에게 금지하게 했다면 자기가 먼저 하지 말아야죠. 명령만 발포하고 조사를 독촉하지 않거나, 조사를 해도 처리하지 않거나, 처리를 해도 엄하게 하지 않고서야 어떻게 아랫사람에게 본을 보일 수가 있겠습니까?"

1970년대 말 세대 단위의 생산청부책임제로 개혁하는 와중에서 루쯔슈(陸子修)는 성의 인민대표대회 부주임의 직위에서 물러났지만, 하루도 중국 농촌에 대해 생각하지 않은 날이 없다고 한다. 그는 안후이성 내지는 전국에서 농촌문제의 제1인자라고 말해도 좋을 것이다. 2001년 6월의 어느 무더운 날에 우리는 그의 집에서 인터뷰를 진행했다. 이미 칠순의 노령이 된 루쯔슈이지만 농촌문제에 대해서는 마치 청년처럼 열정적으로 이야기했다.

그는 우리에게 지금도 잊을 수 없는 어떤 회의에 대해서 말해주었다. 그것은 안후이성위원회와 성정부가 푸양에서 개최한 농민부담 경감 작업에 대한 보고회였다. 부담경감 작업의 실태가 보고되었을 때 몇몇 지구와 시위원회의 서기가 고충을 토로했는데, 이러한 고충이 일리가 없는 것은 아니었지만 루쯔슈는 들어주지 않았다. 수십 년간 농촌문제를 다루어온 그는 이미 농민의 각도에서 문제를 보는 데 익숙해 있었기 때문이다. 참석한 서기들과 그는 잘 아는 사이였고 어떤 사람은 매우 친한 사이였지만 그는 즉시 얼굴을 붉히며 화를 냈다.

회의는 푸양에서 열렸지만 그는 우선 푸양시위원회 서기 왕화이

중부터 손을 대기로 했다.

그는 상대방의 체면을 봐주지 않고 바로 이름을 불렀다. "왕화이중, 당신은 성위원회에 대해서만 책임을 지고 농민에 대해서는 책임을 지지 않아! 농민의 실태는 무시하고 화려하게 '이미지 만들기 공정'식으로 간판만 크게 내세우고 있어. 당신이 만든다는 '소 키우는 현'이라는 게, 소들을 그냥 도로변에 내다 키우는 것 아닌가? 현장 시찰 때는 돈을 빌려 모아온 소들을 사람들에게 보여주고 말이야. 도대체 얼마나 농민들을 괴롭힐 작정인가?"

다음에는 추저우시(滁州市)위원회 서기 장춘성(張春生)에게 물었다. "장춘성, 간부의 기준이란 게 뭔가? 멋대로 징수하고 징벌하고 할당하고 사람을 죽이기까지 하는 이런 간부를 어디에다 쓴다는 말인가? 당신은 이런 간부에게 자리를 주고 날뛰게 하고 있어!"

그리고 다시 병부시위원회 서기 팡이번(方一本)에게 물었다. "팡이번, 당신 관할의 화이위안현(懷遠縣)에서는 상방이 끊이질 않아서 이제 '안후이성의 상방대현(上訪大縣)'으로 이름났군. 설마 모든 것은 농민의 잘못이고 당신에게는 문제가 없다는 것은 아니겠지?"

이어서 루쯔슈는 차오후(巢湖)지구위원회 서기 후지둬(胡繼鐸)에게로 화제를 돌렸다. "후지둬, 당신은 농민에게 돈을 거두지 않고서는 길을 내지 못하는가? 길은 국가가 돈을 내서 만드는 것인데 당신은 왜 농민에게 돈을 거두려 하는가? 돈도 없는데 왜 억지로 길을 내려고 하는가? 누가 당신보고 길을 내라고 했는가? 단지 당신의 업적을 높이려고 하는 것 아닌가?"

루쯔슈는 간부들의 이름을 한 차례 호명한 뒤, 몹시 증오스러운 눈빛으로 간부들을 바라보며 말했다. "우리 간부들 대다수는 건물을 보면 누구 덕분인가는 생각지 않고 건물만 보고, 도로를 보면 누가 돈을 냈는지는 생각지 않고 도로만 본다. 우리 농민들의 생활이 겨우 좀 나아졌다 싶으니 그들을 먹잇감으로 생각해버린다. 농민들은 참으로 힘들게 사는데도 누구나 그들을 등쳐먹으려고 한다. 우리가 실시했던 저 '청부제'는 전국을 뒤흔들고 큰 영향을 끼쳤는데 그것은 '국가에 납부하고, 집단에 남겨두고, 남는 것은 농민의 것'이라는 세 구절로 요약할 수 있을 것이다. 그러나 지금은 '청부제'가 농민에게 가져다준 좋은 점은 모두 각급 정부기관에 빼앗겨버리고 '국가에도 납부하지 못하고, 단체에도 남기지 못하고, 농민에게 남은 것은 하나도 없는' 실정이다."

말을 하면서 그의 눈에는 눈물이 가득 고였다. "간부들이 이렇게 농민을 잘 알지 못하고 농민을 중시하지 않을 줄은 몰랐다. 농민과 친구가 된 간부는 너무나 적다. 여기에 있는 여러분은 입장을 바꾸어 농민을 위해서 한번 생각해보기 바란다. 또다시 농민에게서 마구 징수한다면 농민들이 참아낼 수 있겠는가?"

루쯔슈의 이야기는 모루 위를 내려치는 쇠망치처럼 사람들의 마음을 크게 울렸다.

호명된 위원회 서기들은 의외였던 만큼 의아하게 느끼지 않을 수 없었다.

이때 류안(六安)지구위원회 서기가 자신은 호명되지 않아 다행이라 생각했던지 가볍게 말했다. "우리는 농민부담 문제로는 아직 별 사건이 없습니다."

이 말은 하지 않았으면 좋았을 텐데, 이 말을 듣자 루쯔슈는 참지 못하고 화를 내고 말았다. 루쯔슈는 상대방의 체면을 생각하지 않고 말했다. "당신 현의 문제라면 여기 민중들이 보내온 편지가 잔뜩 쌓여 있소. 농민이 과일나무를 자른 것만으로 당신 지구의 촌진(村鎭) 간부가 바로 달려와서 특산세를 징수했다는데 이게 사실이오, 아니오?"

류안지구의 서기는 아주 난감해했다.

회의장은 적막하게 아무 소리도 없었다.

사실 정상적인 당내 비판과 자아비판은 이제까지 우리가 일체의 곤란과 결점을 극복해온 귀중한 성과이어야 할 텐데, 언제부터인가 오히려 당규와 헌법을 벗어나 출세가도를 지향하는 가운데 말을 안해도 서로 아는 '게임의 법칙'으로 흘러버렸다. 그 법칙의 하나가 바로 모든 일은 너무 성실하게 해서는 안 된다는 것이고, 적어도 자신을 난처하게 해서는 안 되며, 말을 할 때는 빠져나갈 여지를 남겨두며, 심지어 진지하게 거짓말을 하는 것도 관리로서 성숙한 자세라는 것이다. 따라서 루쯔슈의 솔직하고 시원한 말은 많은 사람들에게 위화감을 느끼게 했던 것이다.

휴식 시간에 성의 교통청 부청장은 일부러 뒤에 남았다가 루쯔슈의 옆에 와서 덥썩 손을 잡고 눈물을 글썽이며 말했다. "사람들이 루 주임이 사람이 좋다고 말하던데 정말 이렇게 좋은 사람인 줄은 몰랐소."

회의가 끝난 후 사회를 본 성위원회 부서기 팡자오샹(方兆祥)이 루쯔슈의 방을 찾아와 말했다. "말 잘했소, 참 말 잘했소!"

식사 때 성위원회 서기 루룽징(盧榮景)도 루쯔슈에게 와서 칭찬했다. "좋은 이야기를 해주었습니다. 입장을 바꿔 생각해봐야겠죠."

루쯔슈는 퉁명스럽게 말했다. "좋기는 무슨! 그렇다면 당신들은 회의에서 왜 말을 안했습니까? 나는 기꺼이 당신들의 '졸개'가 되었을 텐데요."

루쯔슈의 이런 직설적인 성격은 당시 중앙사무국의 주임이었던 원자바오도 이미 한 수 배운 적이 있었다. 루쯔슈가 추현(滁縣)지구(현재 추저우시—옮긴이)위원회 서기로 있던 어느 날 원자바오가 추현을 시찰하러 왔는데, 루쯔슈가 그를 영접하면서 단도직입적으로 이렇게 물었던 것이다. "원 주임, 당신이 보고 싶은 건 진짜입니까 아니면 '꾸며놓은 것'입니까?"

원자바오는 웃으면서 유머스럽게 대답했다. "뭐, 둘 다 보지요."

그래서 루쯔슈는 원자바오에게 '꾸며놓은 것'과 '어두운 현장'을 모두 보여주었고, 추현지구의 개혁개방 중의 성공적인 경험도 총괄하면서 여전히 남아 있는 어려운 문제도 분석해 좋고 나쁜 양면을 모두 보고했던 것이다.

1996년 루쯔슈는 전국빈곤지원개발공작회의에 참가했는데 수많은 대표들 중에서 원자바오는 한눈에 루쯔슈를 알아보았다. 원자바오는 루쯔슈에게 다가가서 말했다. "당신은 지금 농업에서 무엇이 문제라고 생각하시오?"

루쯔슈도 돌리지 않고 말했다. "간부의 태도가 문제입니다. 물론 저도 포함됩니다만. 아무리 좋은 정책이라도 사람이 성실하게 실행하지 않는다면 아무 소용이 없겠지요. 현재 수많은 간부들은 자신의 지위만 믿고 거들먹거리며 차만 타고 돌아다녀서 서민들과 너무 동떨어져 있습니다."

그날 두 사람은 의기투합해서 이야기를 나누었는데, 원자바오는 루쯔슈 등이 '삼농'문제에 관해 조사하고 있다는 것을 알고 큰 관심을 보이며 개성이 풍부한 이야기를 들려주었다. "과거 마오쩌둥은 '중요한 문제는 농민을 교육하는 것'이라고 말했지요. 지금 내가 보기로는 '중요한 문제는 농민의 이익문제'라고 생각합니다. 만약 농민의 이익이 중시되지 않으면 농촌사회는 발전하기 어렵고 농업생산도 계속되기 어려울 것입니다. 그렇다면 국가의 발전과 안정도 모두 공염불이 될 것입니다."

원자바오는 계속해서 말했다. "레닌은 '매일 매시간 모두 자본주의를 생산하고 있다'고 했는데, 지금 내가 보기로는 매일 매시간 자본주의를 생산한다고 해도 매일 매시간 봉건주의를 생산하면 별로 나아질 바가 없는 것 아닙니까?"

원자바오는 이런 말도 했다. "억만 농민들이 우리를 따라 혁명을 일으킨 이유는 우리 당이 그들을 위해 이익을 강구하고 그들에게 해방을 가져다준다고 생각했기 때문입니다. 지금 우리가 그들의 이익에 관심을 갖지 않고 오히려 그들이 무거운 부담을 감내할 수 없다고 느낀다면 그들은 어떠한 심리 상태가 될까요? 천년 전에 당태종은 '물은 배를 띄울 수도 있지만 배를 가라앉힐 수도 있다'고 말했지요. 이 물은 말하자면 바로 중국의 농민이오! 당태종 이세민은 농민이 중요한 걸 잘 알고 있었어요. 역대 왕조 중에서 농민이 중요한 걸 모르는 왕조는 없었지요. 그러나 일단 정권을 장악하면 농민을 대표하기는커녕 언제나 거꾸로 농민을 착취하거나 심하면 진압했지요. 역사를 거울삼아 볼 때, 내 생각으로는 중국공산당도 마찬가지로 이 준엄한 과제에 직면하고 있습니다."

19. 쇠털같이 많은 세금과 비용

2년 가까이 우리는 안후이성 각지의 논밭길을 지칠 줄 모르고 뛰어다니며 줄곧 우리를 곤혹스럽게 하는 하나의 문제를 생각해왔다. 그것은 농민에게 징수하는 각종 세금과 비용은 도대체 얼마나 되는가라는 것이었다. 나중에야 알게 되었지만 이것은 결국 누구도 알 수 없는 사실이다.

그 명목의 번다함에는 누구나 깜짝 놀랄 것이다. 중앙의 농민부담 감독관리 부문의 통계에 의하면, 중앙 일급의 기관이나 부문이 제정한 농민부담과 관련한 비용이며 기금이며 자금 등 각종 문건과 항목만 해도 93개에 달하고, 24개 부와 위원회, 사무처, 국과 연관되어 있다. 그리고 지방정부가 제정한 비용은 269개 항목에 달하며 그 외에 통계를 잡을 수 없는 '편승' 비용도 대량으로 있다.

우리는 조사 중에 허다한 항목들이 향촌 간부들이 멋대로 결정한 것이라는 사실을 발견했다. 어떤 항목은 듣기만 해도 황당하다는 것을 알 것이고, 어떤 항목은 블랙 유머같이 우스꽝스러운 것도 있다. 그러나 일단 징수를 시작하면 한푼이라도 부족한 것을 용납하지 않는다.

우리가 비록 물샐 틈 없게 안후이성 50여 개의 현(시)을 두루 돌아다녀서 이제 그 결과로 얻은 농민부담 항목을 밝혀보려고 하지만, 이것은 다만 빙산의 일각에 불과하다.

자금으로 징수되는 예로는 향진(鄕鎭) 행정청사 건설자금, 향진교육청사 건설자금과 향진과학기술네트워크 설립자금, 향진의료외래진료부 설립자금, 향진당원활동센터 건설자금, 향진계획출산선전소 설립자금, 향진방송소 설립자금, 향진극장 건설자금, 향진기업 진흥자금, 향진 환경개선 및 형사범죄박멸경비 보조자금 등이 있다.

관리 비용에는 향촌 행정사무실 수리 지출과 향촌 간부 여비와 초대비 지출, 향촌 당원 활동 지출, 향촌 당대회 회의비 지출 등이 있다.

촌 간부 및 비생산인원 비용에는 당지부 서기, 촌위원회 주임, 회계의 정액 수당과 민병 연대장, 치안위원, 공산당 청년단 지부 서기, 부녀위원회 주임, 촌민 소조장(小組長)의 작업 지연 수당. 수의사, 농업기술원, 아나운서, 삼림보호원, 도로 경사면 보호원, 신문 배달원, 청소원의 수당. 전기공, 수도공, 토목공, 미장공 및 촌내 모든 잡일의 수당 등이 있다.

교육 비용에는 민영학교의 교사 월급과 공영학교의 교사 수당, 교사(校舍) 건설과 개조 비용, 학교운영비, 신문도서자료비, 교육 기자재와 레크리에이션 체육 기자재 설비 비용 등이 있다.

계획출산 비용에는 독생자녀보건비와 피임수술영양비, 계획출산위원 수당, 계획출산 소분대 수당 등이 있다.

민병훈련 비용에는 민병훈련생활보조비와 민병훈련작업지연보조비, 총기탄약보관근무보조비 등이 있다.

공익사업 및 위로금 비용에는 양로원건설비와 양로원 직원 수당, 의료협력건설비, 농촌보건원 수당, 군공가족우대비, 상이군인우대비, 현역군인가족우대비, 제대군인우대비, 산재노동자위문비, 생활곤란세대위문비, 사회보장세대위문비 등이 있다.

이 외에도 교통건설 노동자 수당, 문명촌건설노동자보조비, 도로건설보수비, 택지계획비, 주택건설준비비, 종자검역비, 가축가금방역비, 가축구유비, 전선가설비, 쥐박멸비 및 파출소 경관의 무선전화와 오토바이와 사법인원의 제복을 위한 비용 등이 있다.

지방에 따라서는 향진학교에서만도 찬조비, 지도비, 시험비, 자료비, 청소비 등을 징수하기도 하고, 양돈 한 항목만 해도 돼지 낳았다고 세금, 돼지 잡았다고 세금, 돼지값 올렸다고 세금, 돼지 얻었다고 세금을 붙이는가 하면, 허다한 촌진에서 돼지를 키우든 안 키우든 일률적으로 1인당 돼지세를 징수하기도 한다.

이뿐만 아니라 거의 모든 농업 관련 부문은 정부기관의 서열에 들어가 있든 아니든 정부의 기능을 담당하고 있는데, 특히 양곡, 판매, 금융 부문은 개혁개방의 확대에 따라 행정과 기업이 구별되지 않고 기업화하는 경향이 심화되었다. 이들의 경우는 보통 국가의 법률 및 법규를 무시하고 법으로 제정된 정부의 정책도 무시하고 징수하지 말아야 할 비용까지 강제로 징수하거나 편승 징수하고 있어 농민의 각종 부담을 더욱 가중시키고 있다.

조사하는 과정에서 우리는 어떤 향진에서는 혼인신고를 하는 데 14개 항목의 비용을 징수하는 것을 발견했다. 그 항목을 살펴보면 결혼증명서의 발급 원가 비용 외에도 소개장비, 혼인공증비, 혼전검사비, 부녀아동보건비, 독생자녀 보증금, 결혼피로연소비비, 도축비, 결혼녹화비(綠化費), 아동낙원건설비, 계획출산 보증금, 만산(晚産) 보증금, 부부금슬 보증금, 금혼(金婚) 보증금 등의 14가지이다.

국가에서 환경보호법을 반포하고 나서부터 각 지방에서는 농민들이 밥을 지을 때 가마솥에서 나오는 연기조차 환경을 오염한다며 '오염물질배출비'라는 명목을 붙여서 각 농가에서 징수하고 있었다. 어떤 농민이 감히 촌 간부에게 따지기라도 하면 바로 '태도비'라는 항목을 내밀면서 '문화대혁명' 때 유행한, "중요한 것은 크기가 아니라 태도"라는 이론을 꺼내들고 태도의 좋고 나쁨을 따져 비용을 징수해버리는 실정이다.

어느 때는 아예 명목도 말하지 않고 손을 내밀며 돈을 달라고 요구하기도 하는데, 이에 대해 안 된다고 하거나 불만스런 표정으로 쳐다보거나 하다가는 바로 주먹이 날아오게 되는 것이다.

어떤 권력이 직접적 이익으로써 권력을 움직이는 수레바퀴의 추진 장치로 삼는다면 이익 추구욕의 팽창은 필연적으로 권력을 미친 듯이 질주하는 마물로 변질시킬 것이고 권력의 무한한 확대로 이끌게 될 것이다.

현재 관리하는 것은 비용을 징수하는 것을 의미하는데, 이것은 달리 말해 이미 허다한 부문에서 수단과 방법을 가리지 않고 탈취한다는 일종의 고질병이 되어버린 것을 의미한다.

이미 농민에게서 징수하는 각종 세금과 비용은 수많은 당정기관의 사업단위에 이익을 가져왔고, 허다한 세금과 비용 항목은 중앙 국가기관이 발행한 '홍색 문건'이 동의한 것이다. 따라서 농민의 부담을 경감하라는 통지와 조례와 법규와 결정도 하달되지만, 모두 "읽어가면서 전달만 할 뿐 실행은 하지 않는" 것이다. 위에서 압력을 가하면 좀 자제한다고 해도 상황이 지나가면 다시 권토중래하여 되돌아오는 것이다.

그래서 농민부담을 경감하는 작업에는 새로운 말이 생겨났는데 바로 리바운드(反彈)라는 역학적 용어이다. 압력이 클수록 리바운드도 커져서 "위에 정책이 있으면 밑에 대책이 있다"는 특색을 빨리도 형성하게 되었다.

제6장

저울은 어떻게 기울어졌나

20. 농민 한 명에 달라붙은 공무원은 수십 명

수청현(舒城縣) 수리국(水利局)을 정년퇴직한 노국장 리사오바이(李少白)는 항일전쟁 당시에 수청현에서 열 손가락에 꼽히는 모범병사였다. 그래서 신중국의 수립 때 수청현 최초의 '민주 향장'(民主鄕長)으로 뽑힌 인물이다. 새로운 해가 돋는 듯한 신중국의 생기발랄한 당시를 이야기할 때면 그는 여전히 감격스러워했다.

리사오바이는 말했다. 해방 당시는 모든 일을 처음부터 시작해야 해서 수청현 정부도 겨우 민정, 재정, 교육, 건설 등 네 과만 설치했고 한 과의 인원은 불과 대여섯 명에 지나지 않거나 많아야 십여 명 정도였다고 한다. 현위원회와 현정부의 직원들은 식당에 모여서 밥을 먹었는데 몇 개의 탁자에 모두 앉을 수 있었다. 당시 1개 향은 향장과 지도원 외에는 문서계와 재무계뿐이어서 모두 합쳐 대여섯 명에 불과했다. 사람은 적고 일은 많았지만 모두 합심단결해서 각종 사업을 원기왕성하게 처리해냈다.

1956년에 이르러 향의 규모가 확대되었지만 향당위원회는 정부 서기, 조직부장, 선전위원만을 갖추게 되었고, 대중 조직도 공산당 청년단위원회 서기, 부녀연합 주임, 무장부장(武裝部長), 농협 주석만을 갖추게 되어 늘어났다 해도 예닐곱 명이었다. 향정부는 이와 상응해 정부 향장 이하 몇 개의 위원회를 두고 향장은 이 위원회에 의지해 사업을 펼쳤는데, 위원회는 문서·민정·재무·생산·무장·공안·농업·공업·상업의 보좌나 간사로 구성되고 모두 여덟아홉 명 정도였다. 당위원회와 정부 두 조직을 합쳐도 열네다섯 명에 불과했다.

당시의 자료를 조사한 결과 우리는 생산 현장에서 분리된 간부를 향마다 세 명으로 명확하게 한정했던 1952년도 중앙의 규정을 발견할 수 있었다. 이후 향의 행정 규모와 설치 기구는 확대되었지만 향정부와 각 위원회 위원은 모두 대중의 열성분자가 담당했고 모두 생산에서 이탈하지 않았다. 더욱이 당시에는 상부의 명령도 잘 통했고 기율도 엄격했으며 세상의 풍조도 좋아서 생산 현장에 있든 이탈해 있든 간부라도 모두 기본적으로 어떤 일이라도 할 수 있었고, 관과 민의 일을 모두 할 수 있을 만큼 유능했다. 1950년대부터 1980년대 초까지 향진 직원의 월급과 사무경비는 모두 현의 재정에서 지불되었고, 향진정부에는 기구 증설이나 편성 외에 '보좌관'을 키울 권력도 돈도 없었다고 해야 할 것이다. 그리고 인민공사화가 추진되었을 때 현재의 향진급에 해당하는 인민공사에서 정부와 공사의 일체화가 진행되었다. 당시 당, 정부, 무장, 경제가 일체가 되어 지도자 그룹은 공사의 당위원회 서기, 공사 주임, 약간의 부직(副職), 무장부장, 공산당 청년단위원회 서기,

부녀 주임 외에 '8대원'(八大員)이라고 불린 농업기구 관리원, 목축 관리원, 수리 관리원, 농업기술 추진원, 임업 관리원 등이 있었다. 당시의 농촌기구는 그래도 매우 유능했다.

농촌에서 '청부제'라는 경제체제의 개혁이 실행된 이후 정부와 공사가 일체화된 인민공사 조직에도 개혁이 진행되었다. 3년에 걸쳐 진행된 '인민공사를 철폐하고 향진을 건설하는' 사업으로 전국 5만 6000개의 인민공사가 9만 2000개의 향진으로 재편성되었다. 재편성의 결과로 '집단경제'의 실질은 사라지고 향진의 조직과 인원이 신속히 팽창해 통제할 수 없게 되면서 농민부담 문제는 날이 갈수록 점점 심각해지기 시작했다. 그렇게 된 중요한 원인은 향진 재정을 세우는 데 있어서 국가가 향진 기업이 납부한 이윤과 관리비와 각종 자금과 기부금 수입 및 각종 벌금 수입을 모두 향진 재정의 자체 수입으로 삼아도 좋다고 승인했기 때문인데, 이것은 바로 향진이 임의로 조직과 인원을 증설해서 징수금과 자금과 벌금을 마구 징수하게 되는 길을 열어준 셈이었다.

일련의 '권력을 분산하고 이익을 양도하는' 경향이 강한 개혁 조치와 '부뚜막을 나누어 밥을 먹는' 재정청부정책이 연속해서 공포되면서 각급 정부와 부문 사이에 이익의 경계선을 선명하게 나누는 관계가 형성되었고, 이에 따라 국가권력을 보유하고 또한 농촌경제 발전의 각개 영역을 담당하는 부문이 신속하게 권력을 농단하고 이익을 추구하는 주체가 되었다. 우리의 간부가 만약 특수한 이익 계층으로 발전한다면 인민과 이익을 다투는 일은 불가피한 일이 될 것이다.

1990년, 국무원 각부 위원회가 문서를 하달해서 농민에게 징수해도 좋다고 허락한 항목만도 149개 항목이나 될 정도로 많았다.

위에서 하면 아래에서 따라한다고, 지방의 각급 정부 부문도 이익의 추구에 이끌려 징수 항목은 갈수록 많아졌고, 징수 범위는 갈수록 넓어졌으며, 징수 표준은 갈수록 높아졌다. 현과 향에서는 상급정부의 징수에 편승해서 징수금을 올렸다. 관리상 규제와 제약이 없었기 때문에 본래 정부 부문의 사업범위 안에 있던 허다한 일들이 징수를 위해 전문적인 사업단위로 만들어졌고, 이를 위해 '보좌관'까지 붙이게 되었다.

누가 농촌개혁의 성과를 소모해버렸는가? 그것은 무한히 팽창한 조직과 무한히 증가한 관료이다.

1980년대는 중국 정부가 조직과 인원을 정리하고 재편하는 데 최대의 힘을 기울인 시기였지만, 반대로 이상하게도 현과 향에서는 조직과 인원이 가장 신속하게 증가한 시기였다.

중국 당정부기관의 간부는 1979년 279만 명에서 1989년 543만 명으로 증가했다. 그중 증가속도가 가장 빨랐던 것은 현과 향이다. 현과 향의 조직과 인원은 이 정리 기간에도 적어도 10배나 증가한 것이다. 1997년 중국의 당정부기관의 간부는 800만여 명인데, 증가한 간부 수는 같은 기간 국유기업의 해고자 수 126만 9000명에 대체로 상당한다. 이 기간 현과 향의 조직과 인원은 전에 없던 속도로 상승했다.

"정리-팽창-재정리-재팽창-대정리-대팽창." 이것은 불가사의하지만 움직일 수 없는 사실로 무언가 말할 수 없는 슬픔을 느끼게 한다.

자료를 조사한 결과, 현재 200여 개의 국가 중에서 여덟 개의 소국만이 하나의 중앙정부가 있고, 25개국은 중앙과 지방 2급의 정부제도이며, 미국·일본·캐나다·오스트레일리아를 비롯한 허다한 대국들을 포함한 67개국은 3급의 정부제도인데, 중국은 중앙-성-시-현-향 5급의 정부제도이다. 어디에도 없는 중국만의 특색이라 할 만하다.

5급 정부제도는 또 다른 특색이 있다. 즉 이전에 '지구'(地區)는 성의 출장소였는데 지금은 시(市)에 귀속되어 있고, 현은 다시 시나 구(區)로 구분되는데, 현과 향 사이에는 과거에도 구를 둔 적이 있었고, 향에는 진(鎭)이 설치되지만 진과 향은 확연히 구별된다는 것이다.

중앙직할시도 시라 부르고 성직할시도 시라 부르며, 현급의 시도 시라고 하면서 모두 같은 시(市) 자를 쓰고 있다.

이렇게 조직의 층차가 많을 뿐만 아니라 각 조직 내에서 또 중첩해 조직을 늘리고 세공을 가한다. 가령 같은 현급 조직 중에서 '삼농'(三農)에 관련한 부문이라면 과거에는 농업국 하나만 있을 뿐이었는데 지금은 농업국 외에도 농간국(農墾局), 목축국, 수산국, 수리국, 임업국, 향진기업관리국, 농업자원개발국 등 많은 부문이 있다. 업무는 비슷한 것 같지만 부문은 늘어만 가고 있다. 관리하는 사람은 늘어가도 책임지는 사람은 없는데, 이렇게 업무가 교차하면서 중복되면 서로 책임을 미루고 전가하는 현상이 생기는 것은 정해진 운명인 것이다.

인구 30만 명의 작은 현에서 제대로 된 기업 하나도 찾기 어려운데 재정으로 부양하는 사람이 1만 명이 넘고, 각종 비용을 마구 징수해서 부양하는 사람이 5,000명이 넘는다.

한 사람이 다 할 수 있는 일에 왜 이렇게 많은 사람이 필요하단 말인가? 그렇게 많은 부문들은 근본적으로 농민의 일과는 무관한데 왜 농민들이 돈을 내어 그들을 먹여 살려야 하는가?

향진만을 놓고 말해보자. 현재의 향진은 이미 현급의 조직에 준하는 조직을 갖추고 '6개 기관' 외에 공업 · 농업 · 상업 · 교육 · 군사 · 재정 · 청년 · 부인 등의 조직도 모두 갖추고 있다. 원래 인민공사 시절의 '8대원'은 현재 역 · 소 · 사무국으로 승격했고, 많은 사람들이 머리에 관료의 모자를 쓰고 있다. 누군가는 농담으로 이렇게 말했다. "향진정부는 외교부가 없는 것 빼고는 중앙 국가기관과 완전히 똑같은 조직이군.”

　절이 많으면 부처도 많은 법이다. 보통의 향진 조직이 이삼백 명이라면 경제가 발전한 지역의 향진 조직은 800명에서 1,000명에 달한다. 이 사람들은 한푼의 이윤도 창출하지 않는데 오히려 월급은 물론 보너스까지 받고 있다. 게다가 식사비에 주거비에 오피스 빌딩이나 직원 주택을 건설해달라고 요구하고 또 차량과 전화와 휴대폰을 달라고 요구한다. 이런 것은 과거에는 상상도 할 수 없던 일이다. 당시에는 한 개 현에 겨우 지프차가 한두 대 있었을 뿐이고, 란카오현(蘭考縣) 서기 자오위루(焦裕祿)는 어딜 가든 늘 자전거를 타고 다녔다고 한다.

　안후이성 농업경제국의 조사에 의하면, 리신현 칸딩진(闞町鎭)의 인구는 겨우 8만 명인데 재정 공급 인원은 1,000명이 넘고 교사까지 포함하면 1,800명이나 되지만, 진정부의 연간 재정수입은 600만 위안에 못미쳐 간부에게 지급할 돈조차 부족하다고 한다. 칸딩진 한 개 진의 재정소(財政所)에만 인원이 35명이어서 일반 진의 재정국 인원보다 훨씬 많고, 계획출산사무국 및 활동실은 65명으로 놀라울 정도로 인원이 많다.

　“용이 많으면 가뭄이 생긴다”는 속담처럼, 못할 것이 없는 것처럼 보이는 만능한 정부는 필연적으로 효율성이 낮은 정부이다.

　농민은 자조적으로 말한다. “농민 한 명에 달라붙은 공무원은 수십 명이네.”

　어떤 사람은 이렇게 노래를 지어 부르기도 했다. “정부의 개혁이 심화될수록 농민의 마음은 두려워지네.”

　어떤 사람은 현재의 정부가 우주 속의 블랙홀과 같다고 했는데, 블랙홀은 고속으로 회전하면서 쉬지 않고 허공의 물질을 흡수한다. 블랙홀이 커질수록 흡수하는 물질도 많아지는데 주위의 물질이 다 사라져야 비로소 운동이 정지되고 결국은 소멸되는 것이 블랙홀이다.

이러한 사회 관리 체제의 직접적인 후과(後果)에 대해서는 덩샤오 핑(鄧小平)이 이미 남김없이 밝힌 바가 있다.

"높이 위에 앉아서 권력을 남용하고, 실제에서 이탈하고 민중에서 이탈하고, 허세 부리기만 좋아하고 헛소리만 늘어놓고, 생각은 경직되고 낡은 관습만 묵수하고, 조직은 비대하고 일은 많은데 사람은 적고, 일을 하면 질질 끌고 효율은 따지지 않고, 책임도 지지 않고 신용도 지키지 않고, 기관마다 공문만 오가며 서로 책임을 전가하고, 그 결과 관료 냄새만 가득해 걸핏하면 사람을 가르치려 들고, 직권을 이용해 보복을 가하고 민주를 억압하고, 윗사람을 속이고 아랫사람을 기만하고, 제멋대로 날뛰고 사욕에 치우쳐 뇌물을 주고 뇌물을 먹고 법을 어기는 일 등이 비일비재하다."

덩샤오핑은 동시에 엄숙히 지적했다. "당과 국가의 조직이 계속 이렇게 비대해지고 직책이 불투명해지고, 수많은 인원들이 직분을 감당하지 못하고 책임을 지지 못해서 작업에 에너지와 지식과 효율이 결핍되는 사태가 계속된다면 인민의 동의를 얻는 것은 불가능할 것이다……. 심지어 당과 국가가 망할 수도 있는 것이다."

이것은 1980년 8월 18일 중앙정치국 확대회의에서 '당과 국가 영도제도의 개혁'에 관해 덩샤오핑이 처음 발언한 내용이다. 당시 농촌 인민공사의 '정부와 공사의 일체화'는 당·정·무장이 일체화하는 조직체제가 아직 변동되지 않았고, 당시 발언 후에 덩샤오핑이 지적한 허다한 정황들은 더욱 진행되었다.

농업부 농촌경제연구센터의 리셴강의 추산에 의하면, 전국의 현 및 현 이하에서 농민이 돈을 내어 부양할 필요가 있는 간부는(교사는 제외) 1316만 2000명, 평균해서 68명의 농민이 1명의 간부를 먹여 살리는 셈이다.

1987년 중국재정경제출판사가 출판한『중국 제3차 인구센서스 자료 분석』도 중국의 관(官)과 민(民)의 비율을 공표했다. 여기에 따르면 서한(西漢)은 7,945:1, 동한(東漢)은 7,464:1, 당나라는 2,927:1, 원나라는 2,613:1, 명나라는 2,299:1, 청나라는 911:1, 현대는 67:1이다.

1998년 재정부 부장비서 류창쿤(劉長琨)은 이렇게 밝혔다. "한나라는 8,000명이 관료 1명을 부양했고, 당나라는 3,000명이 관료 1명을 부양했으며, 청나라는 1,000명이 관료 1명을 부양했는데, 현재는 40명이 공무원 1명을 부양하고 있다."

『중국 제3차 인구센서스 자료 분석』과 재정부 부장비서 류창쿤이 제시한 역사상의 관민 비율은 대체로 일치한다고 할 수 있는데, 다만 '현대' 부분은 약간 차이가 난다. 그 원인은 류창쿤이 말한 시점이 이미 11년이 지났기 때문일 것이다. 그런데 겨우 11년 사이에 관과 민의 비율은 67:1에서 40:1로 상승한 것이다. 이것은 바로 덩샤오핑이 밝힌 여러 가지 위험한 징조의 하나라고 할 것이다. 이 동안 그 조직과 인원이 무한히 팽창하고 증대해서 거의 통제할 수 없게 된 것은 주로 현과 향의 정부이다. "평균해서 68명의 농민이 1명의 간부를 먹여 살린다"고 한 리셴강의 추산에는 교사가 포함되지 않았는데 이론상으로는 맞는 말이다. 왜냐하면 의무교육은 국가정책이고 교사의 월급은 국가가 지불하므로 농촌의 교사는 본래 포함하지 말아야 하기 때문이다. 그러나 사실은 그렇지 않은 것이 농민의 부담 중 상당히 중요한 부분이 바로 교사들의 월급이었다. 결국 얼마나 많은 농민이 한 명의 '간부'를 부양하는지 알 수가 없는 것이다.

놀랄 것도 없는 일이지만 이런 간단한 숫자만으로도 정부 조직의 개혁이 얼마나 긴박한 일인지 충분히 설명이 되는 것이다. 농민의 부양을 받으면서 절제하지 않고 나날이 팽창하기만 하는 정부는 결국 사회의 안정을 위험에 빠지게 할 것이다.

역사학자 거젠슝(葛劍雄)의 연구에 의하면, 중국 봉건사회의 주기적 혼란의 원인은 농사를 짓지 않는 귀족 관료, 막료 문객과 농사를 짓는 농민 사이의 수적인 비율에서 주기적인 변화가 발생했기 때문이라고 한다. 즉 비율이 높으면 사회경제는 상대적으로 번영하지만 비율이 낮으면 쇠퇴한다는 것이다. 미국 학자 레이 황(黃仁宇)도 서한과 동한의 교차 시기에 두 가지 주목할 사건이 있다고 말했다. 하나는 정부의 통제 역량이 저하하면서 민간의 씨족대부(氏族大夫)가 흥기했다는 것이고, 또 하나는 관료기구의 팽창인데 어림잡아 중앙과 지방의 관료 수가 13만 명에 달했다는 것이다. 이 시기에 사회는 큰 혼란에 빠졌다. 농민과 이 방대한 정부와의 교역은 당연히 공평하다고 할 수 없는 것이고 안정적이라고도 할 수 없는 것이다. 따라서 농민부담 문제를 나라를 잘 다스리는 고도의 정치적인 문제로 제기하는 것은 아무리 말해도 지나친 일이 아니다.

장쩌민은 여러 차례 현재는 "탐하는 사람은 많고 생산하는 사람은 적다"고 말한 바 있다. 또 "인민을 살리는 길은 관리의 수를 줄이는 것부터 우선해야 한다"고 말한 적도 있다.

관리의 수를 줄이는 것은 분명 농민의 부담을 줄이는 데 그치지 않고 국태민안(國泰民安)의 경지에 이르게 할 것이다. 여기서 세속에 유행하는 시를 한 수 인용해보자.

　　　천상에 별이 많으면 달이 밝지 않고,
　　　지상에 구덩이가 많으면 길이 평탄하지 않고,
　　　세간에 관리가 많으면 평안하지 않다네.

해학 속에 진실이 담겨 있는 것 같다.

21. 도시와 농촌의 분할이 빈부의 차를 키우다

중국사회과학원에서 전국적인 표본조사를 시행해 63개 도시에 거주하는 16세 이상의 시민 2,599명을 대상으로 원하는 직업에 대한 설문 조사를 했다. 69개 직업 가운데 중국 시민이 가장 희망한 10개 직업을 순위대로 열거하면 시장, 정부부처 장관, 대학교수, 컴퓨터 인터넷 기사, 판사, 검사, 변호사, 첨단 기술기업 기사, 당정 조직 지도간부, 자연과학자 순이다. 가장 순위가 낮은 세 가지 직업은 자영업 고용인, 보모, 건축 노동자였다.

이 소식을 듣고 우선 떠오른 생각은 9억 명의 농민들은 이 조사 결과를 듣고 어떻게 느꼈을까라는 것이었다.

이 조사에 참여한 중국사회과학원의 쉬신신(許欣欣)은 사람들의 직업의 평가에 대한 변화와 미래의 직업 선택의 취향은 중국 사회구조의 심층적인 변동을 반영한다고 말했다.

중국의 사회구조가 어떤 심층적인 변동을 겪었는지 쉬신신은 설명하지 않았지만 설명할 필요도 없을 것이다. 왜냐하면 조사의 결과가 이미 중국 시민의 내심의 갈망을 남김없이 보여주고 있기 때문이다. 다만 그는 조사 대상인 16세 이상 2,599명의 시민 중에 도시에 돈벌이하러 남의 집에 와서 기거하고 있는 농민도 포함되어 있는지는 설명하지 않았다. 포함되어 있지 않다면 어떤 사람들이 자영업 고용인, 보모, 건축 노동자를 원하는 직업으로 보는 것인지 상상하기 어렵다.

혹은 이 69개의 선택 항목에는 '농민' 항목은 없고 뒤의 몇 개 항목은 분명히 원하는 인기 항목이 아니지만 이것밖에 할 수 있는 것이 없어서 선택한 것이라고 설명할 수 있을지도 모른다. 어쨌든 한 가지 분명한 것은 이번 설문 조사에서 아무도 중국 농민은 생각하지 않았다는 사실이다. 단언컨대 이것은 9억 명의 농민을 가진 농업대국의 최대 불행이다!

농민부담 문제를 탐구하기 위해서는 농민이 처한 사회경제적 환경을 직시하지 않으면 안 된다. 회피할 수 없는 냉정한 사실은 바로 중국의 수억 농민이 현재 도시와 농촌으로 분할된 이원경제발전의 구조 속에서 매일 거대한 정신적 경제적 압력을 받고 격렬한 심리적 상실감과 심각한 고뇌를 겪고 있다는 것이다. 농민부담의 제도적 원인을 우회해 농민부담의 경감을 말하는 것은 아무것도 말하지 않는 것과 마찬가지다.

2001년 춘삼월의 어느 날 아침, 우리는 베이징 젠궈먼(建國門) 교차로 옆에 있는 중국사회과학원의 루쉐이(陸學藝) 연구원을 방문했다. 그는 사회학계의 저명한 학자로 중국사회학회 회장을 맡고 있으며 농촌 연구의 전문가이기도 하다. 이미 1980년대에 그는 중국사회과학원 농촌발전연구소의 부소장에 취임해서 중국의 농촌문제에 몰두했고, 이후 사회학연구소 소장에 임명되었다. 이렇게 특별한 경력으로 중국의 농민부담 문제를 연구한다면 새로운 기준에 서서 더 넓은 시야와 깊은 사고를 가질 수 있을 것이다.

"농민부담 문제를 해결하려면 반드시 농촌 바깥을 봐야 합니다." 당시의 인터뷰에서 그는 이렇게 단도직입적으로 이야기를 꺼냈다.

루쉐이는 풍광이 수려한 장쑤성 우시(無錫) 시에서 출생했다. 몸에는 여전히 강남학인(江南學人) 특유의 빼어남과 총명함이 남아 있었지만 1975년 베이징 대학 철학과에 입학한 뒤로 지금까지 베이징에서 20여 년을 생활하다보니 행동거지에는 이미 북방남자의 호탕함이 더 많이 배어 있었다.

그의 말에 의하면, 계획경제 아래 형성된 '도시와 농촌의 분할, 일국양책'의 틀은 지금도 변화가 없다고 한다. 오랫동안 우리는 지역에 따라서 도시와 농촌, 시민과 농민으로 나뉘어 왔다. 호적제도를 이용해 사람을 도시인과 농업인으로 나누고, 수억 명의 농민을 도시의 바깥으로 밀어낸다. 일괄매매제도를 이용해 먹는 양곡도 농업용과 상품용으로 나누어 농민이 시민을 부양하게 한다. 노동제도를 이용해 사람을 노동자와 농민으로 나누고 농민을 공장의 바깥으로 밀어낸다. 월급복지제도를 이용해 혜택받을 권리가 있는 사람과 없는 사람으로 나누어 농민을 일체의 사회보장제도의 바깥으로 밀어낸다…….

그의 말에 의하면, 이렇게 확연히 도시와 농촌을 분할하는 일국양책제도는 중국의 농민에게 교육, 의료, 노동보장, 양로, 복지 등의 사회적 대우뿐만 아니라 유통, 교환, 분배, 취업, 세제 등의 경제적 대우 면에서도 심각한 불균형을 가져왔다고 한다.

도시와 농촌 간에 획정된 큰 경계선은 중국의 수억 농민들에게는 넘을 수 없는 선이 되어버렸다. 이 경계선 때문에 모든 농민은 한번 태어나면 사회의 '2등 공민'이 되도록 운명이 정해져 있는 것이다.

"농민의 이런 부담은 무거울 뿐만 아니라 차별성도 띠고 있습니다"라고 루쉐이는 비분강개하며 말했는데, 그의 말에는 농민들의 처우에 대한 배려가 담겨 있었다. "수십 년간의 실천이 증명하듯이 모든 경제적·사회적 문제는 일개 향이나 현이나 성의 문제가 아니라 보편화된 문제이며, 또한 1~2년 된 문제도 아니고 장기간 해결되지 못한 문제로서 이것은 보통의 문제일 수 없으며, 지도를 강화한다고 해서 해결될 수 있는 문제도 아니며 정책과 체제에 문제가 있는 것입니다."

우리는 이와 관련된 대량의 자료를 읽고 나서 이러한 정책과 체제가 산출된 데에는 확실히 복잡하고 현실적인 과정이 있다는 것을 발견했다. 원래 당중앙은 건국 후 공업화의 발전에 따라서 농민들을 데리고 도시에 들어가 도시화 과정의 법칙을 강화해야 한다는 점을 명확히 인식하고 있었다. 가령 마오쩌둥은 「연합정부를 논한다」라는 그의 글에서 이렇게 밝혔다.

"농민은 중국 노동자의 전신이다. 앞으로 수천만 농민이 도시에 들어가고 공장에 들어갈 것이다. 만일 중국이 강대한 민족공업을 건설하는 것이 필요하다면, 거대한 근대적 대도시를 건설하는 것이 필요하다면, 농촌인구를 도시인구로 변화시키는 과정이 필요할 것이다."

그러나 해방 이후 번잡하고 구체적인 국정(國情)과 도시공업화 건설의 수요에 따라 이러한 인식은 변화하게 되었다. 그는 도시와 농촌, 노동자와 농민의 차별문제를 점진적으로 해소하는 길이 있다고 보고 정저우(鄭州) 회의에서 새로운 해결방법을 제시했다.

"우리나라는 하나의 특징이 있다. 인구는 6억 명이나 되는데 경지면적은 16억 묘밖에 안 될 정도로 적다. 특별한 방법을 취하지 않으면 나라가 잘 안 될 것이다."

이 특별한 방법이란 바로 "농촌인구를 감소시키면 안 된다. 도시에 밀어넣지 않고도 농촌에서 대규모로 공업을 일으키는 것이다. 농민을 현장에서 노동자로 만드는 것이다."

'도농(都農)분할, 일국양책'의 구상은 이렇게 형성되기 시작했다.

농촌인구가 도시로 밀려들지 못하게 하기 위해서 원칙적으로 비농업인구를 취업시켜 안치하고, 농촌인구가 도시에 진입해서 직업을 구하는 것을 허락하지 않았다. 이것은 1952년 8월 정무원(政務院)이 발표한 「노동 취업문제의 결정」 중에 "농민을 설득하는 공작을 반드시 잘 수행해야 한다"라고 이미 명백히 설명되어 있다. 그리고 1957년 12월 국무원이 반포한 「각 단위가 농촌에서 모집한 임시 노동자에 관한 잠정 규정」은 더 자세히 다음과 같이 규정하고 있다. "각 단위는 모두 몰래 농촌에서 고용하거나 무작정 도시로 흘러들어온 농민을 채용해서는 안 된다."

이것은 취업상 중국 농민이 도시로 진입하는 모든 통로를 차단해버린 것이었다.

국무원이 반포한 이 「잠정 규정」은 도시에 와서 일하는 농민을 '무작정 도시로 흘러들어온 농민'이라는 매우 불명예스러운 이름으로 부르고 있다.

양곡과 식용유의 공급제도에도 자연히 '특별한 방법'이 생겼다. 1953년 양곡일괄매매정책이 수립되자 양곡·식용유 계획공급제도가 시작되었다. 정무원은 우선 계획수매와 계획공급을 실행한다는 「명령」을 발포하고 이어서 양곡시장 관리의 「잠정 조치」를 제정했으며, 후에 국무원이 성립되자 다시 「시진(市鎭) 양곡공급 잠정 조치」를 발표했다. 이러한 명령과 조치는 모두 중앙정부의 확고한 태도를 표명한 것이었는데, 그것은 바로 농촌인구가 도시에서 양곡을 취득할 가능성을 기본적으로 배제하는 것이었다.

민(民)은 음식을 하늘로 삼는데, 농민이 도시에서 양곡을 구할 수 없다는 것은 바로 도시에서 생존할 공간을 잃어버린다는 것을 의미한다.

도시 취업과 양곡·식용유 공급제도의 엄격한 규정이 생긴 후에 호적제도상의 특별 조치도 잇달아 생겨났다. 1958년 1월 전국인민대표회의 상임위원회 제91차 회의는 「중화인민공화국 호구 등기 조례」

를 통과시켰다. 이 조례의 제10조 제2항도 농촌인구의 도시 진입을 구속하는 규정으로, 농촌인구가 도시로 유동하는 것을 엄격히 제한하는 것을 핵심으로 하는 중국 호구제도의 형성을 상징하는 규정이다.

이로써 중국의 도시와 농촌은 두 갈래의 길을 달리는 차가 되었다. 피차의 생산방식과 노동조건상의 거대한 차이와, 생활조건과 거주 환경의 천양지차는 중국 도시와 농촌 주민의 실제 수입의 격차를 해마다 확대해놓았다. 이러한 확대는 개혁개방의 시기가 도래한 뒤에도 축소되기는커녕 개혁의 중심이 도시로 옮아감에 따라 더욱 심화되었다.

중국사회과학원 경제연구소의 자오런웨이(趙人緯)가 계산한 바로는 도시와 농촌 주민의 실제 수입의 비율은 1978년 2.36:1이었고, 1985년에 한 차례 2.14:1로 하강한 이외에는 계속 상승해 1987년에는 2.38:1, 1995년 2.79:1로 확대되었다. 이 계산을 한 당시에 2000년도의 수치는 아직 나오지 않았지만 그는 3.2:1 이상으로 추정하고 있다. 만약 도시 주민이 누리고 있는 수많은 물질적 복지도 추가한다면 도시와 농촌 주민의 실제 수입의 비율은 4:1 이상이 될 것이다.

사회복지제도 방면에서는 이미 1951년 2월, 정무원에서 「노동보험 조례」를 발포한 이후 계속 점점 나아지고 있는데, 여기에는 도시 국영기업의 노동자가 누리는 각종 노동보험 대우가 상세히 규정되어 있다. 즉 상병(傷病) 후의 공비 의료, 공비 휴양과 요양에서 퇴직 후의 양로, 여성 노동자의 산가 및 독생자녀의 보건, 장애인이 된 후의 구제금 및 사후의 장례, 위로금 심지어 노동자가 부양하는 직계 친족이 누리는 반값 의료와 사망 시의 장례 보조까지도 고려한 것이었다. 집체 기업도 대부분 국영기업의 방법을 따라했다. 국가기관, 사업단위의 공작인원은 더 말할 필요도 없었다. 앞서 말한 대우 외에 도시인구는 한 사람도 빠짐없이 번다한 명목의 각종 수당을 오랫동안 받았으며, 종업원도 해당 단위에서 거의 무상으로 제공하는 주택을 받았다.

요컨대 도시인은 한번 태어나면 특별한 가호를 받아서 먹고 마시고 싸고 자고 생로병사에서 장례까지 모두 국가에서 맡아 해주는 것이다. 그러나 농촌인은 아무것도 없는 거나 마찬가지다.

2001년 3월 두 차례의 기자간담회에서 『인민일보』 기자는 주룽지 총리에게 사회적으로 날카롭게 떠오른 수입분배 문제를 어떻게 다룰 것인지, 어떤 유력한 조치로 수입분배를 조절할 것인지 물었다. 주룽지 총리의 대답은 세 마디였다. "주의를 기울여야 하나, 아직은 엄중한 상태가 아니며, 지금 해결 중이다." 아울러 특별히 설명했다. "이미 농민 수입의 증가를 당면한 경제사업의 가장 중요한 임무로 삼고 특별한 위치에 놓고 있으며, 장차 일련의 조치를 마련해 이 문제를 해결할 것이다." 그러나 사실 이 1년간 사람들이 목격한 것은 오히려 중앙의 재정부가 거액의 자금을 떼어내어 도시행정사업단위 노동자들에게 두 차례 임금을 인상해준 것과, 연말에 또 전례 없이 1개월치에 상당하는 보너스를 지급한 사실이다. 재정부장 샹화이청(項懷誠)은 나아가 중국 경제의 끊임없는 발전에 따라 노동자의 임금도 계속 증가할 수 있다고 말했다. 사람들은 2002년이 되면 이번 정부의 임기도 1년밖에 남지 않는데 어떻게 농민 수입의 증가를 당면한 경제사업의 가장 중요한 임무로 삼고 특별한 위치에 놓겠다고 한 것인지 알 수 없었다. 도시와 농촌의 수입차가 얼마나 벌어져야 비로소 문제가 엄중하다는 것인지 알 수 없었다. 이 1년간 중앙의 재정부는 특별 항목으로 118억 위안의 지출을 증액했는데, 이 돈은 도시행정사업단위 노동자의 임금과 이직 휴양 및 정년퇴직자의 지급금으로 충당했다. 국가통계국 부국장 추샤오화(邱曉華)는 걱정스럽게 말했다. "중국의 도시와 농촌 주민의 수입차는 이미 장부상의 3:1보다 훨씬 높아요. 차이는 5:1, 아마 6:1이 될지도 모릅니다. 이건 공화국 건국 이래의 최고치인데, 다른 수많은 국가의 도시와 농촌 수입의 비율은 겨우 1.5:1이거든요."

중국사회과학원 사회학연구소의 주칭팡(朱慶芳)이 제공한 자료에서도 1978년 도시노동자의 평균임금은 615위안인 데 비해 농민의 평균 순수입은 134위안에 불과한 것으로 나타나 도시민의 평균임금이 이미 농민의 4.5배였던 것을 알 수 있다. 1999년 도시노동자의 평균임금은 8,346위안으로 증가했는데, 같은 기간 농민의 순수입은 오르기는 했지만 겨우 2,210위안이었다. 말하자면 시민 평균임금은 농민에 비해 6,136위안이나 많은 것이다. 특히 지적해야 할 것은 인플레이션 등의 원인으로 1978년의 인민폐 100위안은 1999년에는 22위안 정도로 화폐가치가 77퍼센트 하락했기 때문에 이렇게 계산하면 1999년 농민 평균 순수입 2,210위안은 1978년 가치로는 97위안 정도가 되어 1978년의 농민 평균순수입 134위안과 비교하면 실제 수입은 오히려 하락했다는 사실이다. 2000년 이후 도시와 농촌 간의 차이는 더욱 벌어졌다.

부자는 갈수록 부유해지고 빈자는 갈수록 가난해진다는 경제상의 '매튜 효과'(빈익빈 부익부 현상—옮긴이)는 바로 중국의 광대한 도시와 농촌 사이에서 날이 갈수록 극렬하게 나타나기 시작했다.

건국 초기의 '15'계획 기간부터 개혁개방 전의 '55'개혁 기간까지 국가의 농업에 대한 투자가 차지하는 비중은 변함없이 10퍼센트 정도였다. 그러나 개혁개방 후 얼마 지나지 않은 1981년부터 농업에 대한 투자는 점점 축소되었다. 1985년 전국의 투자 총액이 전년도에 비해 45퍼센트로 늘어난 데 비해 농업의 투자는 0.5퍼센트 하락한 것이다. 이것은 이미 재정 곤란의 상태에 빠진 중국 농업의 활력을 더욱 상실케 하는 것이었다.

'이원구조'의 최대문제는 사회구성원이 경제와 문화 각 방면에서

균형 있게 발전할 수 없게 한다는 점이다. 이렇게 되면 필연적으로 국가의 현대화에 단층을 가져오게 된다. 즉 일부는 신속하게 현대화를 향해 나아가는 반면 대다수의 사람들은 현대화와 무관하다는 것이다.

한편에는 넘쳐나는 방대한 도시 공업생산품이 있고, 다른 한편에는 공업생산품을 살 수 없는 가난한 농민이 있다. 중국 경제는 1인당 평균 GDP가 700달러일 때 생산과잉이 나타났는데 8억 명이나 되는 농민이 거의 구매력이 없기 때문이다. 총인구의 70퍼센트를 차지하는 농민의 소비액이 총인구의 30퍼센트도 안 되는 도시민에 미치지 못한다. 이것은 중국 도시공업의 기형적인 발전이 마주하게 되는 쓸쓸한 운명이다.

현재 중국의 인재는 이미 전부 도시에 집중해 있고 국가의 교육투자도 거의 도시에 집중하기 때문에 농촌 사회경제의 낙후는 필연적으로 환경의 낙후와 교육의 낙후로 연결된다고 말할 수 있을 것이다. 황사의 습격은 도시인들에게 자연환경의 침식을 통감하게 했지만, 중국 농촌의 '문화 황사'가 장래 중국 도시에 가져올 위험이라는 이 중대한 과제에 대해서는 지금 아무도 관심을 가지는 사람이 없다.

황사가 도시를 습격하는 것은 도시와 농촌으로 분할된 이원 체제에 대한 생태환경의 일종의 보복인지도 모르지만, 중국의 광대한 농촌이 악화되고 있는 것은 생태환경과 자연자원뿐만이 아니다.

바로 현재 중국에서 발생하고 있는 적지 않은 범죄가 부유에 대한 빈곤의 보복이며, 도시에 대한 농촌의 보복이며, 발달지구에 대한 낙후지구의 보복이라는 것이 사실로서 이미 증명하고 있는 것이다. 그런데 사람들은 비난과 한탄만 할 뿐, 그 속의 원인을 탐구하려고는 하지 않는다.

똑같이 중요한 사실이 있다. 그것은 우리가 여전히 이 난폭하고 비인간적인 이원 체제의 존재를 무시하고 있다는 것이다.

루쉐이는 이에 대해 말하면서 다시 한 번 감정이 격해졌고, 안경 너머로 눈빛이 날카롭게 빛났다. 그는 말했다. "'도농분할, 일국양책' 이래 40여 년의 역사를 훑어보면 나라 경제가 요동치고 곤경에 처했을 때 재수 없었던 것은 늘 농민이었습니다. 국가는 재정, 세수, 가격, 금융, 대출 등의 정책을 통해 도시와 공업의 발전을 보증했고, 농민과 농촌은 그냥 이런 환경 아래에서 더 큰 공헌을 해야 할 뿐이었죠."

루쉐이는 '공헌'(貢獻, 중국어 발음은 '궁셴'—옮긴이)이라는 말을 할 때 이를 악물었기 때문에 듣는 사람에게는 '희생'(犧牲, 중국어 발음은 '시성'—옮긴이)으로 들리는 것 같았다.

이때 우리는 갑자기 두룬성(杜潤生)의 이야기가 생각났다. 두 선생은 당중앙의 농촌정책연구실 주임으로 국무원 농촌발전연구중심 주임도 겸임하고 있었는데 농촌정책과 농촌발전 연구공작의 '대가'로 손꼽히는 사람이었다. 그의 말에는 분명 권위가 있었다. 그는 이렇게 말했다. "우리는 농민이 너무 모자라!"

이미 너무 모자란데 생장의 기회도 주지 않으면서 왜 나라 경제가 요동치고 곤경에 처할 때는 감당할 힘이 없는 중국 농촌과 농민이 더 큰 공헌을 해야 하는 것인가? 우리가 루쉐이에게 답을 청하자 그는 기억을 더듬었다.

루쉐이는 말했다. 1988년의 통화팽창으로 국가에서 한 차례 거시적 경제조정을 한 후 경제의 저울은 도시를 향해 기울었으며, 이것은 1989년의 농민 평균수입을 감소시키고 아울러 개혁개방 이래 농민의 순수입은 처음으로 마이너스로 나타나서 마이너스 100분의 1.6으로 표현되었다. 그 후 1990년대 중반에 행해진 또 한 차례의 대규모 경제조정으로 농민은 그전보다 더 큰 대가를 치러야 했다.

루쉐이의 말에 따르면, 당시 국가는 국유기업의 개혁을 결심해서 경제조정의 규모가 매우 컸다. 전국 각지에 1,000만 명이 넘는 국유기업의 퇴직 노동자가 있었고, 등기실업률도 매년 상승했다. 어떤 공업기지의 퇴직 실업자는 심지어 10퍼센트를 초과할 정도로 경제 상황이 매우 좋지 않았다. 그러나 물가, 특히 식료품 등의 가격은 매년 하락하고 있었다. 쌀은 근당 2위안에서 1위안으로, 계란은 3.5위안에서 1.8위안으로, 채소 등의 가격은 더 떨어지고 있었기 때문에 노동자들이 퇴직 후 받은 수당은 적었지만 생활은 그런대로 해나갈 수 있어서 사회는 기본적 안정을 유지할 수 있었다. 이러한 안정평온한 국면이 오기란 쉽지 않은 것으로, 국가는 거시적 경제조정이 성공했기 때문이라고 하지만, 어찌 8억 명의 농민이 치른 거대한 희생의 결과가 아니겠는가?

이 중국사회학회 회장은 우리에게 몇 가지 계산을 예로 들어 설명했다.

1996년 중국 농촌의 양곡 총생산은 1조 90억 근이었고, 1997년에는 9,883억 근, 1998년에는 1조 246억 근, 1999년에는 1조 167억 근이었다. 평균 1조 근으로 계산해서 1996년 11월 당시 쌀·밀·옥수수 등 3종 양곡의 평균가격은 근당 1.0355위안, 그해 농민의 양곡소득은 1조 355억 위안이었다. 1999년 10월이 되자 3종 양곡의 평균가격은 근당 0.7075위안으로 하락했고, 농민의 양곡소득은 7,075억 위안이 되었다. 이것은 1999년의 중국 농촌의 양곡 총생산이 1996년만도 못하다는 것을 뜻한다. 즉 증산을 해도 수입이 늘어난 것이 아니라 농민의 실제 수입은 오히려 3,280억 위안이나 줄어든 것이다.

양곡 이외 기타 모든 농업 부산품의 가격도 대폭 하락했다. 초보적 계산으로 1999년과 1996년을 비교해보아도 농민이 농업생산에서 얻는 수입은 적어도 4,000억 위안이 감소했다. 2000년에 농업은 감산과 함께 수입도 감소해서 농민이 농업에서 얻는 수입은 1996년에 비해 더욱 줄어들게 되었다.

결국 1997년에서 2000년까지 불과 4년 사이에 중국 농민의 실제 감소한 수입은 적어도 1조 6000억 위안 이상이 될 것이다.

이것은 바로 인욕의 짐이 무거운 중국 농민이 국가의 거시적 경제조정을 보증하고, 국유기업의 개혁을 실현하는 데 원조하며, 도시와 사회의 안정 등을 위해 치른 거대한 희생이다.

유감스러운 것은 현재 중국의 정계에서 학계에 이르기까지 농민의 이익을 대표하는 사람은 너무 적고, 농민 이익을 위한 목소리도 너무 약해 중국 농민은 사실상 이미 중국 사회에서 전형적인 약세족이 되어버렸다는 사실이다.

사실 도시의 발전과 농촌의 발전이 충돌할 때 우선 희생되는 것도 농민의 이익이며, 각 집단의 이익이 충돌할 때 우선 억제되는 것도 농촌경제이다. 국유양곡기업을 보호하기 위해 1996년부터 각지의 향진양곡가공기업이 무수히 압살되었다. 국유기업의 독점 경영을 보호하기 위해 전국에 있는 수많은 민간의 농업투자경영기업과 면화가공기업이 요절해버렸다. 국유철강기업의 이익을 확보하기 위해 지방의 작은 철강공장은 종이 한 장의 명령으로 2000년에 전부 문을 닫아야 했다. 다수의 향진 제당공장이 문을 닫았기 때문에 중국의 설탕 가격은 원래 톤당 2,300위안에서 현재의 3,100위안으로 상승했고 그에 따라 국유제당기업은 적자를 줄일 수 있었다.

대가는 이렇게 각 부문 중에서 서로 돌고 도는 것이다.

즉 국유기업이 적자를 흑자로 돌리고 있을 때 이전에 홀연히 나타나 반동강이 난 국토를 지탱해주었던 중국의 향진기업들은 이제 아침이슬처럼 위태롭게 변했고 8억 명의 농민은 부담스러운 존재가 되어버린 것이다.

경제자원 분배상의 불평등은 분명히 국가의 정치자원 분배의 불평등에 기원한다. 칭화(淸華) 대학의 국정연구 전문가인 후안강(胡鞍鋼) 교수는 현재 전국인민대표대회 대표 인원수의 분배에도 농촌을 차별하는 현상이 있다고 지적한다. 즉 농촌은 인구 96만 명당 1명의 대표가 배당되는 데 비해 도시는 26만 명당 1명이 배당된다. 도시는 농촌의 네 배이다. 후안강 교수는 이것은 중국 헌법 제36조의 "중화인민공화국의 만 18세의 공민은 민족, 종족, 성별, 직업, 가정 출신, 종족 신앙, 교육 정도, 재산 상황, 거주기한을 구별하지 않고 모두 선거권과 피선거권을 갖는다"는 규정에 위배된다고 한다. 그리고 각 지구 대표의 비례 차이도 아주 명백하다. 베이징, 상하이, 톈진의 인민대회 대표 비례는 높지만, 허난성, 안후이성, 장시성(江西省), 허베이성(河北省) 등 열두 개 농업대성(農業大省)의 대표 비례는 매우 낮은 것이다.

러시아 작가 이반 세르게예비치 투르게네프(Ivan Sergeyevich Turgenev)는 이렇게 말했다. "완전한 평등이 없으면 사랑은 없다." 다른 계층의 이익을 놓고 대변자끼리 각축할 때 누가 절대 약세의 지위에 처한 농민을 위해 큰 소리로 말해주겠는가?

베이징경제관찰연구센터(北京經濟觀察硏究中心)의 중다쥔(仲大軍)은 이번에 매우 날카로운 의견을 발표했다.

"우리 사회주의국가의 인민들 사이에서 이렇게 큰 차이가 벌어져야 하는가? 중국의 발전 방향과 목표는 도대체 무엇인가? 사람이 중심인가, 아니면 계속 쫓아가는 것이 중심인가? 쫓아가는 목적은 무엇인가? 설마 겨우 소수의 사람을 발달국가와 나란히 세우게 하고, 몇몇 지구(地區)를 모범으로 발전시켜 외국인에게 보여주면서 중국도 선진 수준으로 발달했다는 것을 증명하려는 것인가? 중국의 자원 배치는 도시 지구에 계속 집중해야 하는가, 아니면 균형 배치해야 하는가? 건국 후 상당히 오랫동안 중공업 우선의 발전 전략을 취해 모든 자원을 집중해서 선진을 뒤쫓았고 군사 대항을 했지만, 쫓아간 대가는 농촌을 소외시키고 많은 사람들을 희생시키며 자연생태를 악화시켰다. 오늘날 시대는 21세기에 진입했고, 냉전 시기의 경제발전 모델과 사고방식은 이미 계속될 수 없다. 과거 50년간에 형성된 거대한 지구 차이와 도시와 농촌의 차이를 축소시키는 일은 중국이 신세기에 아주 시급히 이루어야 할 임무이자 전략목표이다. 계획경제 시기에 형성된 호적관리 제도를 타파하고, 각종 자원을 전국 범위에서 합리적으로 유통하도록 보장하고, 사람을 근본으로 하는 발전전략을 확립하는 것이야말로 우리가 취해야 할 사고방식이다."

"거주 이전의 자유는 사람의 기본권의 하나이다. 노동력의 자유 유동이 없이는 시장경제를 말할 수 없다." 전국인민대표대회 대표 루쉐이는 회의 기간에 하나의 안건을 작성해 이렇게 말했다. "지금은 정책을 성실히 이행하는 것이 문제가 아니라, 헌법을 성실히 이행하는 것이 문제이다. 8억 명의 농민에게 기본적인 국민 대우를 해주어야 한다!"

22. 협상가격차 鋏狀價格差

'도농분할, 일국양책'이 중국 농민에게 가져다준 심중한 부담의 또 하나의 형식은 바로 공산품과 농산품 교환의 협상가격차였다.

협상가격차 이론을 어떤 경제학자가 개발했는지는 모르지만 이 이론은 심각한 형상을 소박하게 잘 표현하고 있다.

협상가격차를 도표로 표시하면 다음과 같다.

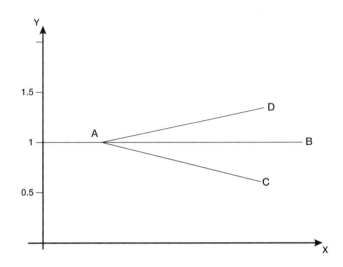

그림을 보면 알겠지만 그 원리는 아주 간단해서 중학교 수준의 학력만 갖추면 이해할 수 있을 정도로 어렵지 않다. 만약 공산품과 농산품의 가격이 가치가 같다면 그 비교값 AB는 1이 될 것이다. 그러나 AB에서 멀어지는 가위를 벌린 모양의 AD와 AC의 두 선이 출현하기 때문에 공산품과 농산품 간의 '잠재적인 부담'은 농민에게 떨어지게 된다. 간단히 말하면, 공산품은 실제 가치보다 높은 가격으로 농민에게 판매되지만, 농민의 농산품은 실제 가치보다 훨씬 낮은 가격으로 판매되는 것이다. 이 모든 일이 국가의 강제적인 행정 수단에 의해 실현되는 것이다.

농산품과 공산품의 협상가격차 문제는 이미 유래가 오래되었다. 그것은 이미 해방 전부터 존재한 것으로, 우리는 일찍이 국민당 정부의 농민 착취의 한 예증으로서 남김없이 폭로한 바 있다. 해방 후 곧바로 당중앙은 구 사회에서 물려받은 극히 불합리한 농민부담 문제를 축소하려고 했다.

사실 협상가격차 문제는 결코 중국에만 있는 것은 아니고 구 소련에도 존재했다. 당시 우리는 구 소련을 '큰형님'이라고 부르며 수많은 방면에서 그 정치경제 모델을 따랐지만, 마오쩌둥이든 류사오치(劉少奇)든 처음에는 모두 스탈린이 협상가격차 방식으로 농민을 착취하면서 공업화를 진행하는 방법에 찬성하지 않았다. 그러나 나중에 농업세만으로는 확대재생산에 재정수입을 투자하기에 부족하다는 것을 알게 되면서 상황에 변화가 생기기 시작했다. 우리가 입수한 자료에 의하면, 중국 정부는 1952년에 협상가격차를 이용해 농민에게서 24억 5600여만 위안을 착취했다.

이 일을 최초로 공개한 것은 마오쩌둥이 1956년 11월에 소집한 중국공산당 제8차 전국대표대회 중앙위원회 제2차 전체회의에서였다. 마오쩌둥은 회의에서 다음과 같이 명백히 지적했다.

"어떤 동지는 공산품과 농산품의 협상가격차 가격을 빨리 수평으로 만들기를 희망하지만 이것은 불가능하다. 왜냐하면 현재 협상가격차 가격은 이미 재정수입의 30퍼센트를 차지하고 있고 직접농업세는 전국 평균의 10퍼센트 정도에 불과하기 때문이다. 만약 지금 협상가격차를 없애 등가교환을 한다면 국가의 축적에 악영향을 끼칠 것이다."

이렇게 표명한 당시의 중앙정부는 분명히 알고 있었다. 즉 의식적으로든 감정적으로든 스탈린이 협상가격차를 통해 농민을 착취해 공업화를 진행한 방법을 받아들이기 어렵고, 국민당 정부가 채용해온 농민 착취방법을 받아들일 수도 없었지만, 그러나 오랜 전쟁의 폐허 위에서 공업화를 이룩하기 위해서는 농촌과 농민이 희생하는 것 말고는 다른 선택이 없었다.

물론 그 회의에서 마오쩌둥은 이런 말도 했다. "협상가격차가 너무 커서 농민에게 이익이 없는 것이라면 그것은 잘못된 것이다." 그러나 이것도 언급일 뿐이었다. 이미 계획경제를 선택하고 도농분할의 일국양책을 선택한 이상, 협상가격차가 급속히 두드러지게 된 것은 당연한 일이었고, 이것은 사람의 의지로 바꿀 수 있는 일이 아니었다.

1995년 3월 1일 『경제시보』(經濟時報)에 실린 논설은 의미심장한 말을 담고 있다.

"농업의 기초 지위를 강화한다고 외치지만 쇠약해가고, 농민의 수입을 큰 소리로 외치지만 하락해가고, 농업생산재는 가격 제한 속에서 값을 불리고 있다."

이것은 언뜻 보면 잘 이해할 수 없고 황당한 말 같지만, 곰곰이 생각해보면 정곡을 찌른 말이다. 말하자면 우리가 지금까지 받들어온 것이 사실은 '말뿐인 농업'이었다는 것이다.

국가재정 지출에서 보면 1959년에서 1984년까지 25년간 농업지원금은 총 2,200억 위안으로 집계되어, 국가재정이 협상가격차를 통해 얻은 돈이 농업지원금을 통해 농민에게 환급된 것처럼 보인다. 그러나 사실 이것은 농업지원금이라고는 하지만 농민과는 큰 관계가 없는 돈이다. 농림수리사업비는 주로 각급 농사 부문을 해결하는 행정성 지출에 사용되었고 농민들에게까지는 도달되지 못했다. 국가가 창설한 수리, 임업 건설 항목의 투자를 예로 들면, 대형 수력발전소의 댐을 건설하는 공정과 황허강이나 화이허강 유역의 치수 공정 등의 항목에서는 재정이 주로 시설 투자에 집행된다. 이러한 공정은 농민들의 토지를 대량으로 점용할 뿐만 아니라 왕왕 농민들에게 의무적으로 직접 양곡을 지참하고 수리사업에서 일하도록 요구하기 때문에 최후의 수익자는 주로 도시와 공업이다. 한 가지 예를 들면 화이허강에 홍수가 날 때마다 중하류의 도시와 철로와 광산을 보호하기 위해 항상 제방을 폭파시켜 물길을 터놓게 함으로써 강 주변의 농촌과 농민은 하룻밤 사이에 늪지대가 되고 이재민이 되어버렸던 것이다.

국무원 농촌발전연구센터의 추산에 의하면, 1953년에서 1978년까지 계획경제 시기의 25년간 중앙정부가 협상가격차를 통해 획득한 총액은 6,000억에서 8,000억 위안에 달하는데, 개혁개방 전의 1978년에 이르기까지 국가공업 고정자산의 총계는 9,000억 위안 정도에 불과했다. 이로써 중국 공업화 자본의 본원적 축적은 기본적으로 중국의 농업에 기원하고 있음을 알 수 있다.

협상가격차는 축소되어야 하고 확대는 물론 잘못된 것이다. 개혁개방에 들어간 후 농산품과 공산품의 계획정가는 점점 취소되고 협상가격차의 제도적 요소도 이미 개혁된 바가 있지만, 개혁이 진정으로 자리를 잡지 못했기 때문에 협상가격차는 여전히 존재할 뿐만 아니라 실제로도 계속 커져가고 있다.

농민의 잠재적 부담은 주로 농업용수와 전기 및 농업생산재 가격의 상승으로 나타난다. 특히 최근 몇 년 사이에 농민의 생활용 전기료가 급상승했는데, 전기료는 발전소에서 현의 전신소까지 도달할 때는 64퍼센트 상승하지만, 현과 향을 거쳐 농촌 가정에 공급될 때는 몇 배로 올라버린다.

농업전문가의 연구성과를 종합해보면, 개혁개방 이래 협상가격차의 부담은 농민에게 끊임없이 증가되어온 것을 알 수 있다. 1980년 300억 3400만 위안, 1985년 391억 8000만 위안, 1990년 726억 4500만 위안, 1991년 968억 위안, 1992년 1,251억 위안, 1993년 1,718억 위안, 1994년 2,189억 위안, 1995년 2,671억 위안, 1996년 2,826억 위안, 1997년 3,144억 위안, 1998년 3,591억 위안……

즉 18년 만에 협상가격차는 열두 배나 벌어진 것이다.

매년 증대하는 이 수치는 무미건조하고 아무 문학적 가치도 없다고 생각했다. 그러나 화이베이(淮北)의 한 농민이 손가락을 꼽아가며 계산한 내용을 듣고 나서 우리는 수치에 대해서 민감하게 느끼기 시작했다. 그 농민은 이렇게 말했다. 1묘의 밀을 경작하는 데 드는 비용은 씨앗이 25위안, 화학비료 110위안, 농약 10위안, 기계로 씨앗을 뿌리는 데 60위안, 물 대는 데는 적게 잡아도 40위안, 농업세가 80위안으로 합계 원가가 325위안인데, 450킬로그램의 밀을 팔면 330위안을 받는다고 했다. 즉 만일 한 해 동안 밀을 1묘당 425킬로그램만 생산했다면 이 농민은 아무것도 한 일이 없다는 말이다.

처음 우리가 이 농민의 입에서 흘러나오는 수치들을 듣기 시작했을 때는 특별한 느낌이 없었다. 왜냐하면 우리는 2년간의 조사·연구와 기록을 진행하면서 수많은 수치를 접촉한 탓에 수치에 대해서는 감각이 둔해지고 지겹기까지 했기 때문이었다. 그러나 이 농민이 계산한 이야기를 들으면서 우리는 강렬한 감동을 느꼈다. 왜냐하면 여기에는 새벽부터 밤늦게까지 맑은 날이든 비오는 흐린 날이든 전력을 다한 노동의 산물이 계산되어 있기 때문이었다. 그런데 이제 이 모든 것이 헛고생이 되었다니, 이 결산은 들을수록 더욱더 무거운 탄식으로 들려왔다.

이것은 분명히 일반적인 의미의 수치가 아니었다. 땅을 향해 엎어져서 이 몸도 씨앗과 함께 뿌려질 수 있다면 하고 한탄해야 할 그런 일이었다. 황토와 함께 피땀이 뒤섞일 수가 있다면 할 정도로 한탄해야 할 그런 일이었다.

우리 집에서 아주 가까운 창펑현(長豊縣) 스위안향(史院鄕) 먀오탕촌(廟塘村)의 농민은 1년 평균수입이 겨우 960위안이었다. 즉 1년간 힘들게 일해 월수입이 겨우 80위안이라는 것이다. 먀오탕촌의 빈곤은 특별한 경우라 하더라도 중국 대다수 향촌의 농민이 협상가격의 무정한 분할 아래 이미 간단한 재생산도 유지하기 어렵고, 집체경제 조직도 간단한 재복무도 유지하기 어려운 상황에 처한 것이다.

전국 농민의 수입과 지출을 조사해서 증대분의 수치를 비교한 결과는 놀라운 것이었다. 1989년에서 1995년까지 7년간 전국 농민의 수입 증대는 1조 1887억 위안인 데 비해 지출 증대는 1조 3437억 위안이었다. 수입 증대와 지출 증대를 서로 비교하면 전국 농민의 순손실은 1,550억 위안이나 되었다.

농민들이 협상가격차로 인해 입은 손실은 엄청나다.

협상가격차 문제의 시각에 대해서는 두 가지 관점이 있다. 하나는 그것을 구(舊) 사회의 유물로 보고 신중국에서 점점 축소되어 최후에는 소멸한다는 입장이다. 이 입장은 의심할 바 없이 설득력이 결핍되어 있다. 신중국이 성립해서 신세기가 도래한 지 이미 반세기가 지났는데도 구 사회의 유물은 축소되는 것 같지 않고 오히려 증가하는 추세이니 분명히 말이 안 되는 것이다. 또 하나의 관점은 본원적 축적론인데, 농업국가가 공업국가로 전환하는 과정에서 공업화의 자금 축적을 제공하기 위해서 필요하다는 것이다. 이러한 관점은 오랫동안 의심하는 사람이 없었고 마치 불변의 진리인 것 같았다. 그런데 중국 농민의 사회부담과 농촌발전에 대해 6년간 연구해온 상하이재경(上海財經) 대학의 위홍(余紅) 교수는 그렇지 않다고 주장한다. 위홍 교수는 이러한 관점이 중국의 성격에 부합하지 않으며 대다수 농민형제의 의사에는 더욱이 부합하지 않는 것이라고 한다. 중국의 협상가격차는 장기적인 경제정책의 착오이며 계획경제체제의 폐단이 누적된 결과라는 것이다.

사실 협상가격차는 눈에 보이는 농민부담이지만, 농민에게 강제된 국가의 양곡수매정책은 보이지 않는 더욱 무거운 부담이다.

건국 후 30여 년의 오랜 기간 동안 국가 건설과 도시의 공급 및 수출의 수요를 보증하기 위해 국가가 농산품의 일괄매매를 실행해왔고 이것을 사회주의의 기본제도의 하나로 간주해왔으니, 누가 일괄매매에 반대하고 누가 당에 반대하고 사회주의에 반대하겠는가? 이러한 수매정책이 수억 명의 농민과 시장의 관계를 절단해놓았기 때문에 농민은 기본적으로 생산품을 처리할 권리가 없었다. 밭에 무엇을 심을지, 얼마나 심을지를 모두 지령에 따라야 했으며, 양곡을 수확하면 얼마나 팔지, 얼마에 팔 것인지도 모두 위에서 정한 대로 했던 것이다.

1984년 중앙정부는 양곡의 일괄수매를 계약예매로 개정했다. 당시 각지의 양곡이 대풍년이었기 때문에 일시적으로 매출이 곤란한 상황이 나타났고, 농민들은 판매하지 못할 것을 염려해 가능한 한 국가와 양곡의 계약예매 수량을 많이 체결했던 것이다. 그러나 이후 양곡의 생산량은 오히려 예년치를 오르락내리락하는 상황이 되어 계약가격이 시장가격보다 낮아지는 추세가 심화되었고, 양곡가격이 크게 가치를 이탈함에 따라 양곡의 예매계약제는 다시 경직된 일괄수매제로 바뀌게 되었다.

1990년 이후 계약예매는 국가예매로 개정되었고 원래 계약예매로 농민이 부분적으로 계획할 수 있었던 물자까지도 취소되었다. 그리고 국가예매 이후에는 남은 양곡을 시장에서 판매할 수도 없으며 '가격을 협정'한 이후에야 양곡수매소에서 매매할 수 있게 되었다. 이른바 '협정가'는 예매가보다는 조금 높지만 시장가에 비해서는 훨씬 낮았다. 가령 1988년 쌀의 예매가는 1킬로그램당 4자오 5펀였는데, 협정가는 7자오이고 시장가는 1위안 1자오(11자오)였다. 이 한 해 동안 안후이성 농민이 쌀 상품으로 기여한 것만도 50억 위안 이상인 것이다. 양곡의 국가예매는 이미 농민에게 거대하고 무거운 의무가 되었다.

농촌세비개혁의 솔선추진구역인 안후이성 타이허현은 1994년 개혁을 실시할 때 수많은 농민의 부담을 힘닿는 한 경감할 수 있었음에도 불구하고, 양곡의 국가예매의 임무에 대해서는 아무것도 변경할 수 없었다. 1994년 한 해 동안 양곡의 국가예매로 납입한 액수는 1억 3055만 4000근이었다. 당시 밀 1킬로그램과 옥수수 1킬로그램의 예매가와 시장가의 차액은 6자오 6펀이었다. 즉 35만 3459가구, 120만 명의 타이허현의 농민만으로도 그들이 짊어져야 할 보이지 않는 부담은 4,047만 위안에 달했다. 농민 1인당 평균 부담은 30위안 6자오 6펀, 가구당 부담은 114위안 5자오였다.

양곡의 국가예매제도에서 예매가와 협정가 등 다양한 가격이 생기는 과정에서 사욕을 채우기 위한 부패현상이 발생하기 쉬운 점은 차치하고, 또 국가의 대규모 자금이 이렇게 중간의 샛길로 허망하게 새버리고 농민의 부담이 전에 없이 무거워진 것도 문제일 것이다. 그러나 그보다 더 큰 문제는 사회경제가 나날이 시장화되고 있는 현재 이렇게 농촌의 상품 생산을 억압하고 농민과 시장의 관계를 절단하는 양곡수매제도가 바로 불변의 진리인 합법성에 비롯되고 있으며, 이 때문에 양곡수매제도가 중국 농민 특히 양곡을 생산하는 구역의 농민에게 가하는 타격이 헤아릴 수 없이 크다는 사실이다.

익명을 원하는 어떤 평론가는 이렇게 말했다. "중국의 농민은 중국 국유기업과 6조 국유자산의 최대 투자자이자 최대 주주인데, 50여 년 동안 한 번도 이익배당을 받아본 적이 없다. 국유자산의 총지배인으로서 정부는 아직도 빈손의 중국 농민에게 계속 쉬지 말고 투자를 하라고 할 명분이 있는가?"

안후이성 농업경제위원회 부주임 우자오런은 우리에게 이런 이야기를 들려주었다.

어느 날 그가 처자를 데리고 처가에 갔을 때 벼가 자라는 품이 몇 년 전과는 확연히 달라 현지의 농민을 불러 물어보았다. 돌아온 대답은 "화학비료는 값이 뛰고 물값도 오르고 전기값도 오르고 기름값도 비싸고 목재와 가구값도 다 올랐건만 양곡값만 오르지 않는다"는 것이었다. 농민들은 이구동성으로 이렇게 말했다. "농사짓는 것은 수지가 안 맞아. 자기 먹을 것만 지으면 될 일이고 농사에 돈을 들이는 것은 쓸데없는 일이야."

그는 깜짝 놀라 말했다. "당신들이 자기 먹을 것만 농사지으면 도시에 사는 사람은 어찌하겠소?"

농민이 듣고는 이상하다는 듯이 웃으며 말했다. "우리 시골 사람들이 밑지고 농사지어 도시 사람들을 밥먹게 해주면, 도시 사람들은 우리에게 무슨 좋은 일을 해줍니까?"

우자오런은 대꾸할 말이 없었다. 그는 깊은 우려에 빠져 돌아갔다.

우자오런은 "양곡이 없으면 난리가 납니다"라고 하면서 십몇 억 명의 인구를 가진 중국에서 먹는 것은 큰일이라고 말했다. 또한 양곡을 수입에 의존해서는 안 되는 일이며 세계 양곡시장의 공급이 원활하지 않으면 우리는 외환이 없기 때문에 자력갱생해야 하므로 국내에서 해결하지 않으면 안 된다고 말했다.

우자오런은 지금 농민이 농사를 짓는 데 소극적인 이유는 가치의 법칙이 작용하고 있기 때문이라고 생각했다. 시장경제를 유지하려면 가치의 법칙을 인정하지 않으면 안 되며 이를 위배하면 반드시 그 대가를 치르게 된다는 것이다. 만일 우리가 여전히 농민들에게 "땀 흘리며 농사를 짓고 나서 눈물을 흘리며 곡식을 팔게" 하려고 한다면, 이는 그렇게 해서도 안 되겠지만 되지도 않을 일이다. 계속 이렇게 한다면 농민의 강렬한 반항을 일으킬 것이고 그 결과는 상상하기 어려울 것이다.

제7장

가지가지의 거짓과 허상

23. 희한한 전보

농민들의 무거운 부담을 목도하면서 아직도 빈곤을 벗어나지 못하고 있는 마을을 방문하는 동안 우리의 마음도 많이 타들어갔다.

그런 중에 어느 친구가 들려준 이야기는 오랫동안 우리 마음속에 지워지지 않고 남아 있다. 그 친구는 언젠가 자신이 지구의 관원과 동행해서 현정부를 감사하러 갔을 때의 이야기를 들려주었다. 그 친구는 관원과 동창생이었기 때문에 같은 호텔의 같은 방에서 숙박하게 되었는데, 다음날 이른 아침 종업원이 가져온 전보 한 통을 보고 두 사람은 깜짝 놀라고 말았다. 왜냐하면 전보가 무려 1미터나 될 정도로 길었기 때문이다. 자세히 읽어보니 전보는 지구의 관원을 만나고 싶어 했던 외지고 가난한 농촌의 농민이 보낸 것이었다. 그는 마을 사람들의 희망을 한 몸에 안고 가슴속에 억울한 사정을 가득 담은 채 부모와도 같은 관원님을 찾아서 호소하고 싶었지만, 호텔의 경비원에게 가로막힌 뒤 다시 방법을 강구해 호텔로 진입했으나 이번에는 비서에게 퇴짜를 당했다. 급한 사정에 늙은 농민은 기르던 돼지를 모두 팔아 마련한 돈으로 근처에서 제일 가까운 우체국으로 뛰어가서는 가져온 호소문을 전보문으로 바꾸어 겨우 호텔에 전달하게 된 것이었다.

지구의 관원은 농민이 진정을 기울여 호소한 전보를 받쳐 들고 눈물을 줄줄 흘리면서 떨리는 목소리로 말했다. "우리는 농민들에게서 멀어졌어, 너무나 멀어졌어……."

친구는 감격해서 말했다. "기네스북이 인정할지 모르지만, 이 전보는 세계에서 가장 길면서도 가장 짧은 전보일 거야."

보통 농민이 지구의 관원에게 실정을 호소하려고 해도 이렇게 어려운데 성정부나 그보다 더 높은 급의 관원이라면 어떻겠는가?

우리가 보고 들은 바로는 상급기관에서 파견된 사람들은 모두 하급 간부들에 둘러싸여 미리 정해진 시찰 지점을 찾아 미리 정해둔 사람에게 질문을 하는 것이니, 얼마나 상황 파악을 정확하게 하겠는가?

상황 파악을 정확하게 하는 것은 너무나 중요한 일이다. 그것은 직접적으로 정책 결정자의 결심에 영향을 미치고 당연히 정책의 성패에 영향을 주기 때문이다.

우리는 마오쩌둥을 생각해보았다. 전쟁 시기의 마오쩌둥은 장막 안에서 전략을 수립해 천 리의 결전을 벌였고, 흉중에 백만대군을 거느리고 천하를 주름잡으며 싸울 때마다 승리를 거두었지만, 해방 후에는 「1980년 농업기계화의 실현」이라는 호소문을 내걸지 않았던가? 지금 돌이켜 생각해보면 이 호소문은 참으로 가소로운 것이다. 그 원인을 따져보면 경제건설의 경험 부족 외에 이러한 결심은 대개 당시의 중국 농업 심지어 당시의 중국 공업을 포함한 진실한 상황에 대한 잘못된 계산에서 온 것이고, 사회의 현실에서 어긋난 한 위인의 한탄스러운 사건일 뿐이었다.

중국 정부는 지난 세기말에 이미 두 가지 약속을 한 적이 있다. 하나는 "화이허강의 물을 2000년에는 맑게 하겠다"는 것이고, 또 하나는 "빈곤을 다음 세기에 대물림하지는 않겠다"는 것이었다.

화이허강의 물을 약속대로 맑게 만들기 위해 중국 정부는 우(禹)임금의 치수 정신과 팔을 끊는 장사의 용기를 갖고 1996년 7월 1일 새벽에 화이허강 연안의 1,000개나 되는 소규모 제지공장을 폐쇄해버렸으며, 최후 시한을 남겨놓고 대규모 '오수(汚水) 제로 작전'을 전개했다.

빈곤을 없애기 위해 기본적으로 해결해야 할 일은 농촌의 8,000만 명의 빈곤층이 먹고사는 문제다. 중국 정부는 1994년부터 2000년까지 7년간 인력과 물력과 재력을 집중해 사회 각계의 역량을 동원하기로 했고, 이를 위해 '국가 8·7 빈곤지원계획'을 제정하고 세계를 향해 "2000년, 빈곤을 소멸한다는 목표는 반드시 실현될 것이다"라고 선언했다.

그러나 어떠한 기적이 일어나고 얼마나 성공한다 할지라도 여전히 존재하는 사실을 가릴 수는 없다. 그것은 바로 화이허강의 물은 결코 구시대적인 결속으로는 근본적으로 개선되지 않았으며, 화이허강은 여전히 우리의 걱정으로 남아 있다는 사실이다. 마찬가지로 빈곤의 문제도 신세기의 문지방 너머로 차단해버리지 못했으며, 빈곤은 지금도 일부 지역의 농민형제를 괴롭히고 있다는 사실이다.

공약을 승인할 때 분명히 상황의 준엄함과 복잡함에 대해 확실하고 믿을 만한 계산이 결여되어 있었던 것이다.

이것은 자연스럽게 교육위원회가 안후이성 링비현 평먀오진중학

(馮廟鎭中學)에서 9년 의무교육의 '목표달성'을 감사한 일을 떠올리게 했다. 감사 직원이 펑먀오진에 도착하기 전에 진정부에서는 급히 각 촌을 돌아다니며 학업을 중단한 채 집에 있던 청소년들을 모두 동원해 학교로 보내고, 재학생들에게 그들 대신 각 과목 숙제를 하도록 시켰던 것이다. 진정부는 동시에 멀리 100리 밖의 장쑤성(江蘇省) 쉬저우시(徐州市)까지 사람을 보내 유명 브랜드의 담배와 술을 사오게 했다. 감사 직원들의 감사 결과는 매우 만족스러웠다고 한다. 그러나 감사팀이 진을 떠나자 학업을 중단했던 불쌍한 청소년들은 다시 학교에서 쫓겨났다.

만일 농촌의 교육 상황을 모두 펑먀오진과 같은 감사를 통해 만족스러운 것으로 판단하고, 이에 의거해서 발전계획을 제정한다면 그 계획과 결과는 천양지차가 되고 말 것이다.

24. 존경할 만한 지도자

원자바오는 밑에서 벌어지는 이런 허위 날조의 현상을 냉철하게 파악하고 있었다. 원자바오는 중앙의 지도자 중에서 안후이성 농촌에 대해 가장 많이 조사·연구한 사람일 것이다. 또한 그의 시찰에 동행한 지방 간부들을 가장 골치 아프게 한 사람이기도 할 것이다. 농촌과 농민의 진실을 이해하기 위해 그는 늘 지방 관료의 체면을 봐주지 않고 이리저리 그들의 '봉쇄'를 돌파해 애써 허위보고를 한 자들이 어찌할 바를 모르게 했다.

1996년 5월, 밀 수확을 앞두고 당시 중앙정치국 후보위원이자 중앙서기처 서기였던 원자바오는 안후이성을 방문해 빈곤지원 공작을 시찰했는데, 약법삼장(約法三章)의 정신을 살려 가능한 한 절차를 간소히 하고자 했다. 그래서 영송도 연회도 하지 않고, 차에서 내릴 때도 앞뒤를 호위하지 못하게 했다.

수행원도 손을 꼽을 정도였다. 비서 톈쉐빈(田學斌)과 경위참모(警衛參謀) 장전하이(張振海), 중앙비서국과 중앙농촌공작지도소조에서 온 국장이 각 한 명, 그리고 농업부의 관계 지도자 한 명이 전부였다.

그들 일행은 도착한 후 곧바로 안후이성의 관계 지도자들과 두 대의 중형 버스에 나눠 타고 곧바로 다볘산의 혁명노구(革命老區: 중화인민공화국 이전의 해방지구—옮긴이)로 직행했다.

진자이현(金寨縣)에서 휘산현(霍山縣)으로 넘어가는 산길에서 원자바오는 기습공격을 가해왔다. 원자바오가 운전기사에게 "볼일을 좀 봐야겠소"라고 말하자, 기사는 즉시 차를 세웠다.

차 안의 사람들은 모두 원자바오가 정말 '볼일'을 보는 줄 알았지만 원자바오는 차에서 내린 후 빠른 걸음으로 작은 길을 따라 앞으로 걸어갔다.

차 안에 있던 안후이성의 지도자들은 비로소 그 길 앞에 자그마한 촌이 있고 원자바오가 바로 그 촌을 향해 걸어가고 있다는 것을 알아차렸다. 그들은 매우 의아하게 생각했는데, 왜냐하면 이것은 원래 시찰계획에 없는 일이었기 때문이다. 또한 보아하니 이 마을은 아주 가난한 곳이었다.

사람들은 급히 차에서 내려 서둘러 원자바오를 뒤따라갔다.

원자바오는 어깨에 나무껍질을 메고 오는 농민들을 보고는 말을 걸었다. "이걸 가지고 무얼 하려는 겁니까?"

한 여성이 온화한 얼굴에 부드러운 목소리를 가진 원자바오를 보고 간부 차림이기는 하지만 중앙에서 내려온 간부일 줄은 생각도 못하고 편하게 대답했다. "지금은 단경기라서 산에서는 팔 것도 없는데 마침 협동조합에서 나무껍질을 수매해서 종이를 만드는 데 쓴다고 하기에 베다 팔면 양곡을 살 수 있을 것 같아서요."

원자바오는 이번에는 젊은 청년에게 말을 걸었는데, 그가 민영학교의 교사라는 걸 알고는 더욱 자세히 그의 월급에 대해 물어보았다. 교사는 우울한 얼굴로 말했다. "향정부에서 한 달에 겨우 50위안의 보조금을 받을 뿐입니다. 이것으로는 양곡을 살 돈도 되지 않습니다. 그나마 보조금도 연체가 되었고 빨라야 해를 넘겨 지급하기 때문에 평시에는 양곡을 살 돈도 없습니다."

원자바오는 진지하게 들으면서 머리를 끄덕였다.

그는 촌을 자세히 한 번 둘러본 다음에 차에 올라탔다. 휘산현에 도착한 후 간단한 식사를 마치고는 곧 현정부의 보고를 요구했다.

휘산현위원회 서기는 원자바오가 오는 도중에 '규정'과 달리 차에서 내린 사실을 모르고 해오던 대로 보고를 했으며, 심지어 흥분해서 이렇게까지 말했다. "최근 몇 년 사이에 우리 휘산현에서는 큰 발전이 있었습니다. 빈곤의 오명은 이미 벗어버리고 '소강(小康) 사회로 질주하고' 있다는 이름을 들었습니다." 그리고 현 전체의 국민총생산액과 양곡생산과 재정수입과 농민 수입증가 등의 각종 수치를 능숙하게 보고해 올렸다. 현 서기는 또한 각종 업적의 통계치를 하나하나 보고할 준비를 했으나 원자바오는 돌연 서기의 말을 끊고 물었다. "당신 현이 이렇게 잘되고 있다면 월급은 때맞춰 지급되고 있겠군요?"

현 서기는 단호하게 대답했다. "우리 현에서는 직공의 급여를 지급하지 않은 적이 한번도 없습니다."

원자바오는 자신이 차에서 내려서 보고 온 촌의 이름을 언급했다.

현 서기는 놀라움을 금치 못했다. 그는 즉시 대답했다. "그 마을은 우리 현에서 가장 가난한 마을입니다."

원자바오가 유머스럽게 웃으며 말했다. "가장 가난한 마을을 내가 본 것이라는 말이죠?"

현 서기가 비로소 일이 곤란하게 되었다는 것을 알아차리고 힐끗 옆자리에 앉은 성의 지도자 동지를 보니 무표정한 표정으로 자신을 바라보고 있었다. 현 서기는 갑자기 이유도 없이 식은땀이 솟아나왔다.

원자바오가 엄숙하게 말했다. "동지들, 우리가 여러분의 숫자를 믿지 않는 게 아니라 농민의 생활수준이 정말 향상되었는지 중시하고 싶은 것입니다. 여러분은 모두 젊으니 나는 여러분이 농민대중의 집에 직접 가서 잘 살펴보기 바랍니다. 진정 빈곤에서 벗어나기란 얼마나 어려운 일인지, 웬만해서는 다시 빈곤해지기 마련입니다."

그때 원자바오는 룽허커우(龍河口)의 저수지 수몰지구 농민의 생활상을 살펴보려고 했는데, 수청현에서는 오히려 여러 방면에서 비교적 형편이 좋은 마을을 보여주었다. 원자바오는 한눈에 문제를 발견하고 물었다. "이게 수몰지구입니까?"

현 서기는 속일 수 없다고 생각하고 사실대로 말했다. "수몰지구는 아니고 주변지구입니다."

"나는 수몰지구를 보고 싶소. 가장 가난한 마을 말이오."

수청현 서기는 전혀 준비할 생각도 못했다. 왜냐하면 이전에 조사하러 온 중앙이나 성 단위의 지도자 동지들 중에 누구도 이런 요구를 한 적이 없었기 때문이다. 지도자에게는 '이미지 공정'을 견학시켜주고 '플래시 포인트'를 시찰시켜주는 것이 일종의 공식화된 불변의 '법칙'으로 되어 있었다.

그래서 현 서기는 적당히 둘러대면서 넘어가려고 했다. "거기는 길이 통하지가 않습니다."

"길이 안 통한다는 것은, 자동차가 못 간다는 말이오?" 원자바오가 진지하게 물었다.

"그렇습니다."

"걸어가려면 많이 멉니까?"

현 서기는 잠시 생각하고 나서 말했다. "10킬로미터쯤 될 겁니다."

현 서기의 말을 듣더니 원자바오는 밝게 웃으면서 말했다. "별로 안 멀군. 그럼 우리 걸어갑시다." 그리고는 바지를 걷어올리며 길을 떠날 채비를 했다.

당시 성위원회 서기 루룽징은 원자바오의 결심이 굳은 것을 보고 급히 말했다.

"차에 타시지요. 차가 갈 수 있는 곳까지 간 다음에 내려서 걸어가시지요." 그래서 모두들 차에 올라탔다.

수청현 서기가 '길이 통하지 않는다'고 말한 것은 원자바오에게 빈궁한 몰골을 보여주고 싶지 않아서였는데, 그도 실은 성실한 사람이어서 성의 서기가 가는 데 동의하는 것을 보고는 아무것도 마음에 두지 않고, 자기가 방금 걸어가는 데 10킬로미터의 거리라고 말한 것도 깡그리 잊어버린 채 운전수에게 어느 마을로 곧장 차를 몰고 가도록 지시했다.

안후이성 농업경영위원 우자오런은 부끄러워 쥐구멍에라도 들어가고 싶은 듯한 표정을 지으며 우리에게 당시의 에피소드를 들려주었다.

"당시 현 서기의 '다 왔습니다. 내리시지요'라는 말을 듣고 정말 머리가 아찔하더군요. 속으로 '이 현 서기 정말 너무하는구나' 싶었죠. 마을에 차도 못 들어간다고 말했으면 적어도 좀 떨어진 곳에 정차해서 사람들이 몇 걸음이라도 걷게 해야지 어떻게 차로 쭉 마을까지 진입하게 합니까? 당시 중앙에서 온 지도자 동지를 배행했던 성 지도자 동지의 체면이 뭐가 되겠습니까? 내 옆에 있던 왕자오야오(王昭耀) 부성장은 '바늘구멍이라도 있다면 들어가고 싶구먼!'이라고 말하더군요. 우리는 모두 의기소침해진 채로 할 수 없이 차에서 내렸지요."

그 마을은 확실히 아주 가난한 마을이었다. 집은 꼴이 아니었고 햇볕도 잘 들지 않아서 음습했으며, 대낮인데도 집 안이 어두워서 물건이 잘 보이지 않을 정도였다. 실은 보이고 안 보이고가 중요한 것이 아니었다. 숱한 농가들이 벽만 세워져 있을 뿐 촌의 절반을 돌아보았건만 어느 집에도 값비싼 물건은 하나도 보이지 않았던 것이 문제였다.

몇 가구를 돌아보고 나서 원자바오의 마음은 몹시 무거워졌다.

다시 한 번 원자바오는 안후이성에 와서 농업 경제구조의 조정 방면의 일을 시찰했다. 푸난현은 시찰 장소로 샤오천장(小陳莊)을 준비했다. 샤오천장은 새로 건설된 마을이어서 양쪽으로 늘어선 건물들이 아주 깨끗했고 중앙 도로도 폭이 넓어서 외관상으로는 풍족하고 당당하게 보였다. 그러나 원자바오는 차에서 내리자 한 번 흘낏 보기만 할 뿐 마을로 들어가지는 않았다.

이렇게 되자 배행한 지도자 동지는 아주 난처해졌다.

우자오런은 원자바오를 배행해서 여러 차례 안후이성 각지를 시찰한 터라 피차 잘 아는 사이였기에 교착상태를 타개하기 위해 따라가서 말을 건넸다. "기왕 오셨으니 마을에 한번 들어가 보시지요."

"안 보겠네. 내게 뭘 보여주려는 것인가? 몇몇 돈 있는 사람들이 만들어놓은 새로운 건물 아닌가?" 하고 원자바오는 움직이려고 하지 않았다.

현 지도자는 급히 변명을 했다. "좌담회 준비를 해놓았습니다. …… 사람들도 이미 와 있습니다."

"이런 좌담회는 하지 않겠습니다." 원자바오는 강경했다.

현장의 분위기는 숨이 막힐 정도로 변해버렸다.

이때 농민 차림의 두 사람이 지나가기에 원자바오가 다가가서 말을 건넸다. "여기 이사온 것은 자원해서 온 것입니까?"

상대방은 큰 소리로 대답했다. "완전히 자원입니다."

원자바오는 생각이 있는 듯이 물었다. "이런 집에 살려면 돈이 얼마나 듭니까?"

"2만 위안 정도입니다."

원자바오는 마을 쪽을 한참 쳐다보았지만 비어 있는 듯이 아무도 보이지 않자 다시 지나가는 듯이 온 두 사람의 '농민'을 훑어보았다. 분명히 원자바오는 상대방이 대답한 말투에서 무언가를 눈치챈 것처럼 그중 한 사람을 지목해 다음과 같이 물었다. "당신은 마을에서 구체적으로 무슨 일을 하고 있습니까?"

상대방이 대답했다. "지부 서기입니다."

원자바오가 웃었다. "그럼 한 가지 물어보죠. 왜 이렇게 넓은 도로를 만들 필요가 있었나요? 이렇게 많은 경지를 차지하면서까지 말입니다."

지부 서기는 벙어리인 것처럼 아무 말도 하지 못했다.

다시 푸양시(阜陽市)에 돌아온 뒤 시위원회는 원자바오 일행을 국제호텔로 안내하려고 했다. 하지만 원자바오는 '국제호텔'이라는 말을 듣고는 거절하고 간이숙박소에서 숙박하겠다고 요구했다.

원자바오의 고집에 결국 시위원회가 경영하는 숙박소인 '잉저우빈관'(潁州賓館)에 숙박하게 되었다. 만찬 후에 원자바오는 휴식을 취하지 않고 곧바로 두 명의 현위원회 지도자에게 보고를 요구했다. 타이허현 서기가 사전에 준비한 원고를 꺼내들고 읽기 시작하자 원자바오는 그만하라고 신호를 보냈다. "원고 읽는 거라면 그만두시오."

현 서기는 원고 없이는 무엇을 이야기해야 할지 몰라서 우물쭈물하며 낭패한 모습이 역력했다.

원자바오는 실망해서 머리를 저으며 말했다. "오늘 오후 나는 아주 화가 났습니다. 푸난현의 그 마을에서 사람들은 보이지도 않는데 당신들은 도대체 나에게 뭘 보여주려고 한 겁니까? 작년에 내가 허난성에 갔을 때 거기 현 서기도 내게 이런 마을을 보여주었습니다. 그런데 농민은 보이지도 않았습니다. 마을의 도로는 여기보다 더 넓고 집도 여기보다 더 깨끗했는데, 내가 현 서기에게 이렇게 좋은 마을이 현에서 얼마나 되느냐고 묻자, 현 서기는 우물우물하더니 20퍼센트라고 말하더군요. 좋습니다. 20퍼센트를 차지한다고 하면 나머지 80퍼센트의 농촌은 어떤 모습이냐고 내가 물었습니다. 내가 80퍼센트의 농촌 상황을 더 알고 싶으니 그곳으로 나를 데려가서 보게 해줄 수 있느냐고 했더니, 그는 즉시 길이 통하지 않는다, 가기 어렵다고 대답하더군요. 그래서 내가 말했습니다. 차가 못 간다면 사람이 걸어서 갈 수 있을 것이다. 그렇게 많은 농민이 걸어다니는 길을 우리가 왜 못 간다는 말인가. 당신이 길을 안내하라. 내가 가서 보겠다고 했지요!"

여기까지 말하고 원자바오는 잠시 멈추었는데 표정이 매우 복잡했다. 배석한 안후이성의 당원들은 물론 이 이야기의 의미를 알고 있었다. 길이 통하지 않는다고 핑계를 댄 것은 자기 관할구역의 낙후하고 빈곤한 상황을 보여주고 싶지 않아서였던 것인데, 허난성의 현 서기뿐만 아니라 안후이성 수청현에서도 똑같은 상황에 부닥친 것이다. 표면상으로만 '정치적 업적'을 전시해서 태평한 시절인 것처럼 보여주는 이러한 허위 날조의 풍조는 이미 역병처럼 중국 각지에 만연해 있었다.

그날 저녁 원자바오는 많은 이야기를 했는데 성의 있게 진심으로 말했다. "푸양지구는 내가 여러 번 왔었는데 전과 비교하면 많이 발전하고 농민생활도 크게 개선되었습니다. 물론 소강(小康)이나 물질문명과 정신문명의 요구에 비하면 아직도 적지 않은 거리가 있고, 지구 안에서도 불평등의 차이가 큽니다. 좋은 마을도 있겠지만, 상당히 많은 일반 마을은 아직도 빈곤합니다. 한 마을에서도 격차가 있어서 부유한 집도 있고 보통의 집도 있고 곤란한 집도 있습니다. 나는 우리 농민들이 너무나 욕심을 부릴 줄 몰라서 겨우 쌀밥 몇 그릇만 먹을 수 있다면 비록 다른 먹을 것이 없고 사는 집은 또 저 모양이라도 당과 정부에 대해서 어떤 원망도 할 줄 모르는 아주 순박한 사람들이라고 생각합니다. 나는 우리 농민에 대해서 굳게 각오한 바가 있습니다. 농민들이 이럴수록 우리 간부들이 더욱 책임의 중대함을 느껴야 한다는 것입니다. 우리에게는 농민들이 하루 속히 빈곤의 굴레에서 벗어날 수 있도록 도와야 하는, 남에게 회피할 수 없는 책임이 있는 것입니다."

원자바오는 계속해서 말했다. "농촌정책 문제에 관한 일이 있으면 나는 곧 안후이성에 와서 여러분의 의견을 듣고 싶다고 생각하게 됩니다. 왜냐하면 이곳에는 상황을 잘 알고 용감하게 의견 발표를 하는 동지가 있기 때문입니다. 나는 올 때마다 수확이 있었습니다. 내가 얻은 여러 가지 정책상의 아이디어는 모두 내 마음대로 차에서 내렸을 때 얻은 것입니다. 지방에서 준비한 것이나 보여주려고 한 곳은 모범적이거나 잘 익은 선전용일 때가 많습니다. 거짓이라는 것이 아니라 보편성이 부족하다는 것이지요. 그래서 나는 마음대로 걸어다니며 보는 것을 아주 좋아합니다. 내 조사방법은 아주 간단합니다. 차를 몰고 아무 마을이나 들어가 필요하면 한 시간이라도 이야기하는 것입니다. 농민과 하루종일 이야기해도 좋습니다. 가장 길었던 것은 톄링(鐵嶺)에서였는데 아랫목에 앉아서 농민들과 이야기를 나누었습니다. 그때 많은 사정을 알았습니다. 토지관계, 분배관계, 간부와 대중과의 관계 등등. 이런 건 앉아서 깊이 이야기를 나눠보지 않으면 알기 어렵습니다. 그래도 나는 아직 농촌에 대해 10분의 1 정도밖에 모른다고 생각합니다. 그런데 내가 아는 농촌 상황은 결코 좋은 것이 아니어서, 우리가 농촌에 가서 문제를 직접 보고 발견하고 해결해주어야 할 필요가 있습니다. 그래서 오늘의 좌담에서는 하고 싶은 말을 다 털어놓고, 문제가 있다면 바로 말해주기 바랍니다."

원자바오는 톈진시(天津市)의 평범한 동네 출신으로 다섯 가족이 여섯 평 정도의 좁은 집에서 살아본 이력이 있었기에 '서민 정서'가 마음속 깊이 뿌리박혀 있었다. 그는 사회의 말단에 깊숙이 들어가는 것을 좋아해서 그동안 전국 2,000여 개의 현 중에서 1,800여 개의 현을 돌아다녔는데, 이 숫자는 중앙의 지도자 가운데 가장 클 것이다.

그날 원자바오는 열정적으로 말했다. "우리 당의 정책은 절대다수의 사람들의 이익을 도모하는 것이고, 나 또한 여러분이 절대다수의 민중을 보기를 바랍니다. 만약 농촌이 모두 이렇게 좋기만 하다면 우리 같은 사람이 할 일이 뭐가 있겠습니까? 베이징 교외에 팡산(房山)이라는 곳이 있는데, 그곳 농민들은 아직도 9인치 흑백텔레비전을 보고 있습니다. 설마 여기가 베이징 교외보다 나은 것은 아니겠지요? 공산당원이라면 반드시 대다수의 이익에 관심을 가져야 할 것이고, 소수자에게만 관심을 가져서는 안 됩니다!"

원자바오는 특히 다음과 같이 강조했다. "다시 한 번 말하겠습니다. 나는 조사와 연구를 위해 온 것이지 견학하러 온 것이 아닙니다. '선전용 볼거리'는 보여주지 마십시오!"

회의장에 앉아 있던 푸양시위원회 서기 왕화이중은 아주 총명한 사람이었다. 그는 즉시 회의장을 빠져나가 급히 잉상현(穎上縣)에 연락해서 다음날 잉상현에서 '지구환경계획 글로벌500'의 행사로 시찰할 예정이었던 샤오장장과 바리허(八里河)의 계획을 취소시키고, 아울러 저녁 일정을 변경해 푸양빈관(阜陽賓館)에서 가지고 온 고급 식기와 대절한 요리사를 모두 철수시켜 오점이 없도록 하라고 지시했다.

25. 속아 넘어간 주룽지 총리

안후이성 난링현(南陵縣)에서 우리는 주룽지가 사기당한 사건을 취재했다. 당시 주룽지는 막 국무원 총리로 선임된 직후였는데 그가 안후이성에 시찰하러 온 목적은 명확했다. 바로 광대한 안후이성의 농촌에서 자신이 과거 제정한 양곡수매정책을 어떻게 실행하고 있는지 살펴보는 것이었다. 그는 여러 차례에 걸쳐 말한 바 있다. "농업상의 문제에서 중앙이 중대한 결정을 하려고 할 때 나는 안후이성에 조사·연구를 하러 가곤 했다."

1998년 5월 하순, 주룽지는 국가발전계획위원회 부주임 왕춘정(王春正)과 국무원 부비서장 마카이(馬凱), 국무원 연구실 부주임 인청제(尹成杰)를 동반해 안후이성에 왔다.

주룽지의 안후이성 방문은 그때가 다섯 번째였다. 그는 기분이 좋아서 오른손 손가락을 꼽아가며 안후이성 동지들에게 다섯 차례 안후이성을 찾아온 이야기를 해주었다. 첫 번째는 1987년 그가 아직 국가경제위원회에 있을 때 우후시(蕪湖市)에서 열린 자원재생종합이용회의에 참가했던 것이고, 두 번째는 1991년 안후이성 대홍수 후에 재해 상황을 시찰한 것이었다. 이어 세 번째는 1993년 12월 중순 양곡가격이 폭등했을 때, 네 번째는 1997년 6월 말 양곡가격이 하락했을 때 다시 허난성과 안후이성을 방문했었다.

주룽지는 재차 말했다. "나는 안후이성과 인연이 있나 봅니다."

그러나 안후이성이 자신을 속이리라고는 생각지도 못했던 것이다.

안후이성의 동지들은 물론 난링현이 주룽지의 본적지이고 그래서 이번 시찰도 안후이성 남부의 난링현으로 예정되었다는 것을 알았을 것이다.

난링현은 우후시에 속하는 양곡생산의 대현(大縣)이다. 세간에서 "우후는 쌀의 도시, 난링은 양곡창고"라고 말하듯이 우후시는 중국에서 유명한 4대 쌀의 도시 중의 하나인데, 우후의 명예를 지탱해주는 것이 바로 난링의 양곡창고인 것이다. 사실 난링은 쌀 생산뿐만 아니라 기름, 면화, 차, 뽕 등도 풍부하게 생산되어 옛날부터 '어미지향'(魚米之鄕)으로 불렸던 부유한 지방이었다.

난링이 양곡의 대생산지라는 것은 결코 허명이 아니었으나, 주룽지 총리가 난링현에 와서 양곡수매정책의 정황을 시찰하겠다고 하자, 난링현과 우후시의 지도자들은 크게 당황했다. 왜냐하면 난링의 창고에는 실제로 양곡이 없었기 때문이다.

국유 양곡창고에 양곡이 없다는 것은 이상한 일이지만 사실을 알고 보면 이상할 것도 없는 일이다. 국가가 제정한 양곡수매정책은 지방에서는 집행하기 어려웠다. 중앙에서 가격을 정해 수매를 하게 해도 결손이 나온 경우에는 지방재정에서 보조를 해야 한다. 그런데 최근 몇 년 사이에 양곡은 갈수록 값이 떨어져 생산이 풍부한 대현의 간부 직공들의 월급도 줄 수가 없는 형편이니 무슨 돈이 있어서 양곡에 보조까지 할 수 있겠는가? 보조가 없으면 양곡수매를 책임진 양참(糧站)

은 등급을 낮추어 물건 값을 깎거나 양을 줄이거나 아예 수매를 거부할 수밖에 없다. 그래서 허다한 양참들이 이렇게 비어 있게 된 것이다.

이제 주룽지가 온다고 하니 난링현도 우후시도 총리에게 국가의 양곡정책이 전혀 집행되고 있지 않은 실태를 보여주고 싶지 않았고, 또 총리에게 그의 고향땅이 정치가 잘 되고 경제가 번영하고 있다는 좋은 상황을 보여주고 싶은 생각뿐이었다. 그래서 조작할 수밖에 없었다.

당시 난링현 어링양참(峨嶺糧站)은 이미 심각한 적자를 안고 있던 국유기업이었고, 6호 창고에 양곡이 일부 있는 것을 제외하고 나머지 창고에는 양곡이 없는 상태였다. 어링양참의 조작은 5월 18일에 시작되어 총력을 기울여 1,031톤의 양곡을 조달했는데, 각각 싼리(三里), 옌둔(烟墩), 궁산(工山), 천차오(陳橋) 등지에서 온 것이었다. 운전수를 포함해 모두 200여 명이 양곡의 운송과 입고에 동원되었다. 5월 18일에서 21일까지 나흘 동안 어링양참의 직공들은 거의 하루도 잠을 제대로 잔 적이 없었다. 참장(站長) 류훙(劉鴻)은 첫째 날은 새벽 2시까지, 다음날은 새벽 4시까지 바삐 일했고 계속해서 이틀 밤을 새웠다. 어링(峨嶺) 사람들이 잊을 수 없는 나흘 밤낮 동안 마을의 식당과 찻집은 모두 교대로 밥을 먹으러 오거나 차를 마시러 오는 사람들로 북적댔고, 양참에 차량이 끊임없이 오가는 통에 부근의 주민들은 시끄러워 잠을 설쳤다.

당시 현정부에서 양곡관리사업을 주관한 사람은 후시핑(胡錫萍) 부현장이었는데, 여성인 그가 임무를 감당하기 어려울 것이라고 생각해서 교육사업을 주관하고 있던 젊은 부현장 탕춘허(湯春和)를 양곡운반의 제일선에 배치했다. 인터뷰를 할 때 류훙 참장은 키가 작고 뚱뚱한 탕춘허 부현장이 늘 현장에서 지휘했다고 말해주었다. 주룽지가 현장에 도착한 첫째 날, 우후시 당위원회 부서기 니파커(倪發科)는 성·시·현의 인원을 대거 대동하고 검사하러 갔다. 니파커가 난링현에서 현위원회 서기를 지냈기 때문에 난링현의 사람들은 대부분 그를 알고 있었지만 이번 일을 조작한 최고 책임자가 누군지는 알지 못했다.

총리가 시찰한 그날, 양참의 모든 직원들은 참내(站內)에 들어가지 말라는 통고를 받았다. 참장 류훙은 임시로 창고 관리원으로 강등되었고 어링양참의 참장은 싼리중심참(三里中心站)의 참장 위수이화(俞水華)로 교체되었다. 대임을 맡게 된 위수이화는 그 며칠간 누구보다도 바빴을 것이다. 미리 건네받은 자료를 암기하고 미리 짜맞춰놓은 숫자, 특히 양곡사업에 관한 정책 규정을 잘 암기해서 주 총리가 제기할지 모르는 모든 문제에 대해서 잘 답변해야 했기 때문이었다.

이렇게 총리를 속이려는 일체의 준비가 갖춰진 줄도 모른 채 주룽지 일행은 현장을 시찰하게 된 것이다.

1998년 5월 22일 오전 10시쯤, 주룽지는 자신과 악수를 하면서 인사를 나눈 사람들 중에 양참의 직원은 한 사람도 없다는 사실은 상상도 못했을 것이다. 참장 류훙은 이때 주 총리의 악수를 받는 위치에서 이미 멀리 떨어져 있었다.

주 총리의 질문을 받은 것은 가짜 어링참장 위수이화였다. 위수이화도 사실은 연극의 도구에 불과할 뿐이고, 그도 미리 짜인 대사에 따라 다른 사람의 연출하에 연기를 한 것이었다.

이 모든 일은 중앙방송국에서 녹화해 후에 국내외로 방송되었다.

주룽지는 관심 있게 물었다. "수매는 무제한으로 합니까?" 이것은 그가 가장 불안해 하는 문제였다. 왜냐하면 농사가 계속 풍년이어서 양곡가격이 계속 하락한 탓에 각지의 양참이 수매에 적극적으로 나서지 않았기 때문이다. 국가에서 규정한 보호가격에 따라 농민의 수중에 있는 여분의 양곡을 충분히 수매하지 않으면 농민들은 손해를 볼 것이고, 농민들이 농사를 지으려는 의지도 좌절하게 될 터였다. 그렇게 되면 양곡생산의 안정적인 증대를 보증하기도 어려울 터였다.

위수이화는 똑부러지게 대답했다. "무제한 수매했습니다!"

주룽지는 아주 만족스럽다는 듯이 고개를 끄덕이면서 물었다. "작년에는 얼마나 수매했습니까?"

위수이화는 자신만만한 표정으로 새빨간 거짓말을 해댔다. "작년에는 5,000톤을 수매했습니다. 이전에는 연간 1,700톤쯤이었습니다."

주룽지가 다시 물었다. "여기 양참에서 수매하는 지역은 한 개 향입니까, 여러 향입니까?"

"한 개 향입니다."

이때 주룽지가 무슨 생각이 들었는지 이렇게 질문했다. "여기 향의 토지 면적은 얼마나 됩니까? 토지 산출량은 평균 얼마입니까? 총산출량은 얼마나 됩니까?"

위수이화는 별로 생각지도 않고 곧바로 대답했다. "향 전체는 2,000묘이고, 1년 산출량은 1만 5000톤입니다."

위수이화는 준비된 숫자를 외울 줄만 알았지 이 숫자의 배후에서 파탄이 생길 줄은 생각하지 못했다.

과연 주룽지는 위수이화에게 자세히 따져 물었다. "수매를 많이 한다고 했지만, 농민이 먹을 양곡과 종자를 제하고 아무래도 남은 양곡을 완전히 수매하지 않는 것 같은데. 이게 어떻게 '무제한 수매'란 말이오? 이모작 벼가 설마 1묘당 700근도 산출하지 못한단 말이오? 사실을 말해주시오."

위수이화는 약삭빠른 사람이었다. 이미 각종 벌어질 상황에 대해 모두 충분한 준비를 해두었고, 이때 마각이 드러난 것을 알았지만 당황하지 않고 오히려 진정하면서 자연스럽게 양손을 펼치며 곤란하다는 듯이 말했다. "저희들은 이미 최선을 다했습니다. 현재 있는 창고는 모두 포화 상태입니다."

주룽지는 주변의 창고를 둘러보면서 미소를 지었다. 이때 위수이화는 마침 잘됐다는 듯이 총리를 창고 시찰로 안내했다.

주룽지는 위수이화의 안내로 3호 창고로 들어갔다.

층층이 산처럼 높이 쌓인 양곡더미를 보고 주룽지는 직접 높은 곳으로 올라가기 시작했다. 양곡더미의 사면이 매우 가파르기 때문에 안전을 위해 수행한 두 명의 경호원이 황망하게 따라올라가 각자 손을 내밀어 주 총리의 등을 뒤에서 잡아주었다.

양곡더미의 가장 높은 곳에 올라간 주룽지는 자신이 제정한 양곡정책이 실제로 실행되고 있을 뿐만 아니라 이렇게 잘 완성되고 생각지도 않게 좋은 성과를 거둔 것을 보고는 환하게 웃음이 나왔다.

그날 우후시에서 열린 좌담회 석상에서 주룽지는 감동한 듯이 말했다. "내가 부총리를 맡은 동안 가장 중시했던 것은 바로 농업이었고, 가장 관심을 가졌던 것은 양곡이었습니다. 내가 가장 정력을 기울인 것은 농업과 양곡이었고, 금융보다 더 치중했습니다. 내가 총리가 된 이후 처음으로 생각한 것은 바로 안후이성의 농업입니다!"

주룽지는 말했다. 어떤 도시의 공업화 비중이 아무리 크더라도 가장 중요한 것은 역시 농업화라고 말이다. 각급 당정의 간부가 가장 숙지해야 할 것은 농업이고, 민간의 노고 특히 농민의 노고를 이해해야 한다고 말이다. 그렇지 않으면 당신이 어떻게 당서기가 되고 시장이 될 것인가? 중국의 최대 군중은 농민이고 국민경제의 기초는 농업인 것이다.

주룽지는 자신이 왜 이렇게 현지 조사에 집착하는지를 강조해서 말했다. 이렇게 하는 것은 중국은 하나의 대국이고 하나의 정책을 집행하는 데는 과정이 필요하며, 실시 이후에도 실천적인 점검과 수정과 개선의 과정이 필요해서 그런 것이지 지방의 동지를 믿지 못해서가 아니다. 주룽지는 특별히 강조해 말했다. "안후이성은 중앙의 정책을 가장 확실하게 실행하는 지방의 하나죠!"

주룽지는 결코 상상하지 못했을 것이다. 자신이 "중앙의 정책을 가장 확실하게 실행하는 지방의 하나죠!"라고 칭찬한 안후이성이 확실하게 실행하기는커녕 잔꾀를 피우리라고는 말이다.

강남에 한바탕 호우가 지나간 다음, 우리는 이미 임무를 끝낸 류홍 참장의 집에서 그가 가슴 아프게 조작 사건의 손실을 계산하는 이야기를 들었다. 그는 1,000여 톤의 양곡은 적은 숫자가 아니라면서 왕복 운송과 청소 정리, 하청에 재하청, 창고 정리, 수도요금과 전기세, 식비, 각종 접대비가 들었고, 게다가 채소 씨앗의 수매에도 영향을 주어 안팎으로 10만여 위안이나 되는 비용이 발생해 이미 큰 적자를 안고 있는 어링양참에 설상가상의 손실을 주었다고 했다.

그래도 이것은 경제상의 손실에 불과하다.

신화사 기자 위제(于杰)가 찍은 현장 사진에는 늘 엄숙했던 주룽지 총리가 가짜 참장의 사업보고를 들으면서 만족스럽고 자랑스러워하는 표정을 짓고 있는 모습이 담겨 있다. 이것을 보고 우리는 뭐라고 표현하기 어려운 비애감을 느꼈다.

허위 보고를 가장 싫어하는 주룽지 총리의 면전에서 이렇게 조작을 하다니 도대체 신뢰할 수 있는 진실은 어디에 있다는 말인가?

이러한 사기는 주룽지가 동분서주하며 진실을 알리려고 한 마음을 짓밟은 것이며, 9억 명의 중국 농민에 대한 그의 애정을 더럽힌 것이다.

13억 명의 인구를 가진 대국의 총리가 신뢰할 수 있는 민의의 실정을 알 수 있는 방법이 없다면, 중앙에서 실시하는 정책에 실수가 없다고 어떻게 보증할 수 있겠는가?

우리는 주룽지가 안후이성 방문을 통해 국가가 양곡을 통괄해서 수매하고 판매하는 정책을 지속해야겠다는 결심을 확고하게 다졌다는 데 주목하게 되었다. 안후이성의 조사 · 연구를 마치고 귀경한 지 10여 일 뒤에 주룽지는 총리의 명의로 국무원령에 서명을 하고 '양곡수매조례'를 발표했다. 그는 양곡수매정책을 과거의 '통지'에서 법률적 효력이 있는 강력한 '조례'로 격상시켰다. 그동안 전국 7개 성 60여 개 현에서는 농민부담을 줄이려는 농촌세비개혁이 진행되고 있었는데 '조례'가 정식으로 실시되자 각지의 농촌세비개혁은 중도에서 요절하지 않을 수 없었다. 물론 이것은 나중의 이야기이다.

주룽지가 국무원령에 서명하기 전에 특별히 안후이성에 시찰하러 간 것은 과거에 제정한 양곡수매정책을 '실천적으로 검증'해보고 나서 '수정과 개선'이 필요한지 여부를 알아보기 위한 것이었다. 그래서 그는 특히 안후이성의 동지들에게 '지방의 동지들을 믿지 못해서가 아니다'라고 말한 것이었다. 유감스러운 것은 주룽지가 총리로 선임되고 나서 최초의 중요한 조사 · 연구사업에서 얻은 것이 진실된 민의의 실정이 아니었고, 총리나 '양곡수매조례'나 모두 '수정과 개선'의 지극히 중요한 기회를 잃어버렸다는 사실이다.

26. 석 달간의 대소동

우연한 기회에 우리는 샤오강촌(小崗村)에서 일어난 '석 달간의 대소동' 사건을 알게 되었다. 이 황당한 사건을 접하고 우리는 비애를 느낌과 동시에 경악했다.

안후이성 펑양현(鳳陽縣)의 샤오강촌은 지금은 모를 사람이 없을 정도로 유명하다. 왜냐하면 전국 농촌에서 솔선해서 '청부제'를 실행함으로써 1970년대 말에 세상의 이목을 집중시킨, 사회 각계가 인정한 중국 경제체제개혁의 발원지이기 때문이다. 열여덟 세대의 농민들이 죽기를 무릅쓰고 지장을 찍고 토지를 나누어 갖기로 한 결심은 수많은 중국인을 감동시켰다.

농촌개혁의 발원지에 대해서는 여기서 몇 가지 이야기해둘 것이 있다.

공정하게 말해서 1978년 중국 농촌에서 가장 먼저 '호별 생산청부제' 개혁을 실시한 것은 안후이성의 성도(省都) 허페이에서 멀지 않은 페이시현(肥西縣) 산난구(山南區)였다. 그해 9월 15일 저녁 8시에 산난공사 황화대대(山南公社黃花大隊)에 속한 스물한 명의 공산당원들이 안후이성위원회를 깜짝 놀라게 한, 수억 명의 농민의 운명과 관련된 지부 대회를 열었던 것이다. 회의를 주최한 것은 산난구위원회 서기 탕마오린(湯茂林)이었는데, 사람들은 그가 겁이 없고 용감하다 하여 '탕대담'(湯大膽)이라고 불렀다. 이 대회에서 결의한 것이 바로 '호별 생산청부제'였다. 이것은 펑양현 샤오강촌에서 중국과 세계를 놀라게 한 '비밀 계약'이 이루어지기 두 달 전에 벌어진 사건이었다. 탕마오린이 주최한 특별한 지부 대회가 열린 지 겨우 닷새 만에 산난구에서는 생산청부제가 파죽지세로 진행되어 샤오강촌과 같은 생산대가 1,073개나 생겨났고, 인원 수는 10만여 명을 헤아리게 되었다.

그런데 페이시현 산난구도 생산청부제가 최초로 시행된 곳은 아니다. 더 빨랐던 곳은 펑양현과 같이 추현지구(滁縣地區)에 속하는 라이안현(來安縣)의 십이리반공사(十二里半公社)이다. 이 공사의 이름은 좀 특이한데 현성(縣城)에서 12리(里) 반을 떨어져 있기 때문에 생긴 이름이다. 십이리반공사의 생산청부제를 대담하게도 지지한 사람은 라이안현위원회 서기 왕예메이(王業美)였다.

그런데 역사는 때로는 사람을 희롱하기도 하고 때로는 드라마를 연출하기도 한다. 오늘날 사람들이 주지하는 바로는 중국 농촌개혁의 근원지는 펑양현 샤오강촌이며, 페이시현 산난구와 라이안현 십이리반공사는 거의 아는 사람이 드물다. 그 원인을 찾아보면 복잡하지도 않다. 즉 중국공산당 제11차 전국대표대회 중앙위원회 제3차 전체회의가 시대를 긋는 이정표이고 위대한 전당대회라 해도 역사상 남겨진 모든 문제를 해결할 수는 없었고, 고질적으로 깊이 뿌리박힌 '좌파' 사상의 그림자가 새로 공포한 당의 정책에까지 계속 영향을 끼쳤던 것이다. 이 때문에 개혁개방의 신시대가 이미 도래했음을 내세운 제11기 3중전회에서 원칙적으로 통과된 「농업 발전을 가속하는 약간의 문제에 대한 중국공산당 중앙의 결정」에서도 '호별 생산청부제는 불허한다. 토지를 나누어 개별로 경작하는 것을 불허한다'고 명확히 지적했다. 페이시현과 라이안현이 했던 것이 바로 생산청부제였고 토지를 나누어 개별로 경작하는 것이었다. 바로 제11기 3중전회에서 통과된 결정과 상충되었던 것이다. 모난 돌이 정 맞는다는 속담처럼 당시 라이안현 서기 왕예메이는 전국에서 집중해 퍼붓는 비판의 표적이 되었다. 라이안현 부근을 지나가는 기차나 자동차의 몸체에는 '안후이성의 개별경작 풍조를 단호히 배척하자'라는 커다란 표어가 붙어 있었다.

왕예메이가 대중의 비판의 표적이 되자 완리(萬里)가 주최한 안후이성위원회도 자연히 다시 선전을 하기는 어렵게 되었다. 페이시현 산난구는 완리가 은밀히 지지한 개혁 실험지였지만, 현위원회는 당시의 상황을 두려워해 더 이상 강행하지 못하고 스스로 문건을 하달해 개별 경작하게 했던 토지를 다시 회수했다. 그 결과, 성공을 눈앞에 두고 일이 실패하고 말았던 것이다. 이에 비해 펑양현 서기 천팅위안(陳庭元)은 훨씬 영리하게 처신했다. 그는 샤오강촌은 '호별 생산청부제'를 하는 것이 아니라 '조별 청부제'를 하는 것이라고 말하고는 조 안에서 몰래 호별로 토지를 분배해주었다. 펑양현의 이러한 방식은 추현지구위원회의 지지를 얻었다. 지구위원회 서기는 정치 경험이 풍부한 왕위자오(王郁昭)였는데, 그는 직접 참여했을 뿐만 아니라 지구위원회 정치연구실 주임 루쯔슈와 함께 펑양현에 와서 샤오강촌의 방식을 '전면청부제'라고 명명해 전략을 향상시켰고, 다음과 같이 그 의미도 잘 총괄했다.

"전면청부, 전면청부, 이대로 곧장 나아간다. 국가에 완납하고, 집단에 유치하고, 남는 것이 있다면 모두 내 것."

이렇게 해서 '호별 생산청부제'라고 말하는 방식을 피하면서도 국가와 집단과 개인의 이익을 모두 아우르며 생동감 있게 표현한 것이다. 이렇게 상하 모두가 받아들일 수 있는 샤오강촌의 경험은 선전에 의해 자연스럽게 전국에 퍼져나가게 되었다.

펑양현은 안후이성에서 가장 가난한 지방인데, 역사적으로는 명나라 황제 주원장(朱元璋)이 태어난 곳이기도 하다. 이곳에는 매우 슬픈 민요가 전해온다.

"펑양아, 펑양아, 펑양은 본래는 좋은 곳이라네. 주황제(朱皇帝)가 나온 후로 10년에 9년은 가뭄이 들었지. 큰 집에서는 나귀를 팔고 작은 집에서는 자식을 팔고, 종놈은 팔 자식이 없어서 등에 북을 메고 사방을 돌아다니네."

궁하면 변화를 생각하게 되고, 뭔가를 하려고 하고, 혁명을 하려고 한다. 때문에 이토록 가난한 평양현 샤오강촌에서 감히 개혁에 앞장선 것은 당연하고도 아주 전형적인 일이다.

문제는 샤오강촌이 많이 선전되면서 점점 이상하게 되어버렸다는 것이다. 예를 들면, 18세대의 농민들이 지장을 찍었다는 증거는 중국혁명박물관 일련번호 'GB54563'의 '밀약'으로 지금도 소장되어 있다.

우리는 많은 사람들을 취재했지만 이 진귀한 소장품에 대해서는 대부분 의문을 제기하는 것 같다. 즉 소장품의 종이가 어찌 저렇게 구겨지지도 않고 빳빳한지, 농민들이 오랜 세월 몰래 숨겨왔다는데도 어떻게 저리 깨끗한지, 비밀회의가 누구의 집에서 개최된 것인지, 밀약은 누가 집필한 것인지, 이런 중요한 내용에 대해서는 지금도 정설이 없는 상태이고, 심지어 비밀회의에 참가한 사람들이 18세대인지 20세대인지에 대해서도 의견이 같지 않다. 또한 박물관의 소장품에는 20명이라고 기록되어 있지만, 그중에 '옌훙창'(嚴宏昌)이라는 이름이 두 번 나오기 때문에 회의에 출석한 사람은 결국은 19명이 되는 셈이다.

2001년 6월 14일 오전, 루쯔슈를 방문했을 때 루쯔슈도 부정적인 대답을 했다. "샤오강촌에서 지장을 찍었다는 것은 거짓말이오. 내가 모를 리가 있겠소?" 그는 당시 이곳 지구위원회 정치연구실 주임이었고 이후에는 지구위원회 서기가 되었다. 그의 판단은 믿을 만했다.

그러나 그 '밀약'이 진짜든 가짜든 지금 중요한 사실은 샤오강촌의 전면청부제가 당시 엄청난 압력을 받으면서 죽을지도 모르는 위험을 각오한 준엄한 선택이었다는 것이다. 중국의 개혁에 대한 그들의 공헌은 지울 수 없는 업적이다.

1980년대 중국 농촌이 계속해서 풍작이었던 것도 그들의 경험이 확대된 것과 관계가 깊다. 샤오강촌이 개혁의 발원지라고 불리는 것은 부끄러운 일이 아니다.

샤오강촌에서 일어난 일은 분명 엄청난 혁명이었다. 그 심각성은 심지어 1949년의 해방에 비해서도 조금도 손색이 없다고 말할 수 있을 것이다. 왜냐하면 이번에 싸웠던 상대는 적군이 아니라 자기 자신이었기 때문이다.

1978년부터 샤오강촌은 청부한 토지의 생산자주권을 획득했고, 양곡은 연속해서 대풍작이었기 때문에 이후 적어도 5년간 샤오강촌은 비교적 부유한 생산대에 속했다. 1980년 새해를 막 지났을 무렵, 완리는 특별히 샤오강촌을 방문해 집집마다 살펴보고 먹을 양곡과 입을 옷이 있는 것을 보고 아주 기뻐하며 "이제 거지 쪽박 같은 것은 바다에 갖다 버려도 되겠군!"라고 말했다. 완리는 당시 전면청부제의 리더 역할을 하고 있던 옌쥔창(嚴俊昌)에게 이렇게 말했다.

"중국의 수천만 명의 공산당원들이 감히 하지 못한 일을 당신들이 해냈다. 당신들이 관리가 아니었기 때문이다. 하려고만 한다면 하지 못할 일은 없는 것이다. 중국 농민의 먹고 입는 문제를 해방된 지 30년이 지나도 해결하지 못했는데 당신들이 오히려 위험을 무릅쓰고 스스로 해냈다!"

그 후 국가개혁의 중심이 농촌에서 도시로 바뀌면서 씨 뿌리고 밭 갈며 생활하던 샤오강촌 사람들에게 다시 옛날의 위풍을 찾기는 어려웠다. 비록 집집마다 먹고 입는 문제는 해결했다 하더라도 개혁개방에서 20년이 지나고 있는데도 줄곧 먹고 입는 수준에만 머물러 있을 뿐, 건물도 짓지 못하고, 도로도 건설 못하고, 전화도 쓰지 못하고, 수돗물도 마시지 못하고, 학교도 하나 없고, 기업체도 하나 없고, 심지어 위생적인 화장실도 하나 없고, 중국의 위대한 변혁의 발원지로서 사람들이 관람할 수 있는 최소한의 전시관 하나도 세우지 못하고 있는 형편이다.

중국 개혁개방의 최대 볼거리가 이렇게 오랫동안 무신경하게 방치되어 왔다. 각지에서 모두 '이미지 공정'을 크게 벌이고 있지만, 안후이성의 이미지를 대대적으로 높여줄 이 '샤오강촌 공정'에 대해서는 안후이성 · 지구 · 현의 삼급 당위원회와 정부가 모두 아무런 관심을 갖지 않는다. 이것은 아무래도 이상하고 도무지 납득할 수 없는 일이다.

물론 샤오강촌이 20년간 '강산은 의구하고 옛 모습은 여전하다'는 말과 비슷한 상황인 것은 중국의 광대한 농촌에서 흔한 일이다. 발달이 안 된 서부지구는 물론 연해도시 주변에서도 부유해진 것은 일부일 뿐이고 절대다수의 농촌은 사실 샤오강촌과 그다지 다를 바 없는 것이다. 이러한 점에서 본다면 20년간 '강산 의구한' 샤오강촌은 중국의 농업과 농촌과 농민을 이해하는 데 있어서 고전적인 의미가 있을 것이다.

그런데 샤오강촌이 전면청부제를 실시한 지 20주년이 가까워질 무렵, 돌연 샤오강촌에 참신한 변화가 생겼다는 소식이 전해졌다. 그것은 샤오강촌 사람들이 꿈을 꾼 것 같았지만 꿈이 아니었고, 마치 꿈이 현실이 된다는 말을 검증이라도 하려는 듯한 사건이었다.

변화는 그해 6월에 시작되었다. 6월 중순 성위원회의 어떤 지도자가 직접 교통청과 건설청, 교육청, 수리청, 위생청, 신문출판국 등 성의 여러 청과 국의 책임자들을 이끌고 샤오강촌을 방문했다. 당시 샤오강촌 사람들은 이렇게 많은 지도자들이 와서 무슨 좋은 일이 있을지 전혀 몰랐다. 20년간 샤오강촌에는 많은 지도자들이 견학하고 시찰하고 사업을 지도하기 위해 찾아왔다. 그들은 여기저기 돌아다니며 보기도 하고 묻기도 하고 오고가고 했지만 너무 많고 일상적인 일이어서 샤오강촌 사람들은 별로 신경 쓰지 않았다.

그러나 이번은 좀 달랐다. 천지가 뒤바뀔 듯한 커다란 공정이 샤오강촌에서 서막을 올리려 하고 있었다.

먼저 도착한 사람은 평양현 교육위원회 주임 쉬뱌오(徐彪)였다. 그는 샤오강촌에 복음을 가져왔다. 선생과 학생 160명을 수용할 수 있는, 1학년에서 5학년까지 5개 반의 샤오강촌소학교가 6월에 시공하고 8월에 준공해서 9월 1일 정식으로 개교한다는 공정이었다.

이어서 성 건설청과 수리청, 위생청이 함께 급수탑을 건설하기 시작하더니 7월 말에 완공해서 샤오강촌 사람들은 놀랍게도 도시 사람들과 똑같이 수돗물을 먹을 수 있게 되었다. 들리는 말로는 원래 3개 청에서 공동으로 부담하기로 한 50만 위안의 자금 중에서 건설청이 내기로 한 10만 위안만 조달되고 수리청과 위생청은 공수표를 냈지만, 부족한 40만 위안은 결국 어쩔 수 없이 평양현의 수무국(水務局)에서 대신 지불했다고 한다.

계속해서 평양현 건설위원회가 통괄계획하고 현위원회와 현정부 6개 부문이 연합 출자해 샤오강촌의 모든 집의 외벽을 페인트로 칠해서 마을 전체가 요괴가 둔갑하기라도 한듯이 번쩍번쩍하게 변해버렸다. 또한 문화 수준을 높이기 위해 모든 집에 위생적인 화장실을 설치해주었고, 전면청부제 전시관도 평지에 솟아나듯이 건설되었으며, 촌 지부의 사무실도 '엽총이 대포로 바뀐 듯' 깨끗이 단장되었다. 이때 현 건설국은 현청의 요구에 따라서 촌민 주택 40채의 설계계획을 내놓았다. 공사가 끝난 후 총공사비 23만 위안은 원래 현의 선전부와 계획출산위원회, 위생국, 공급판매합작사, 인민무장부, 건설위원회가 함께 부담하기로 했는데, 뜻밖에도 다섯 개 부문이 손을 들고 말았다. 건설위원회는 발을 빼지도 못하고 이를 악물고 그중의 21만 2332위안을 대신 지불했지만, 나머지 1만 7000여 위안은 더 이상 내려고 하지 않았다. 손해를 본 시공 회사는 여러 번 찾아가서 지불해달라고 요구했지만 우리의 인터뷰가 끝날 때까지도 이 빚은 청산되지 않았다.

평양현 전신국의 경우도 마찬가지로 임무를 받아 아주 신속하게 샤오강촌 집집마다 전화를 설치해주었는데, 일처리도 깨끗하고 돈을 받는다고 분명히 말하면서도 실제로 샤오강촌 사람들에게 돈을 내라고 하지는 않았다. 전신국에서는 은행에서 100만 위안을 빌려 해결했는데 장차 이 돈의 원금과 이자를 누가 낼 지는 역시 분명치가 않다.

한 가지 설명해두어야 할 것은 앞에서 샤오강촌에 도로를 건설하지 않았다고 했지만, 샤오강촌에 길다운 길이 하나도 없다는 말은 아니다. 일찍이 장쑤성 장자강시(張家港市)의 창장촌(長江村)이 120만 위안을 투자해서 무상으로 샤오강촌을 위해 '유이로'(友誼路)라는 이름의 시멘트길을 깔아준 적이 있다. 다만 보기가 좀 좋지 않았는데 4킬로미터 되는 길의 양쪽에 가로수 한 그루도 없었던 것이다. 그래서 평양현 임업국(林業局)팀이 샤오강촌에 들어와서, 마침 오뉴월 무더운 때라서 힘들긴 했지만, 자금을 마련해 100리 밖의 펑타이현(鳳台縣) 임업장에서 전나무 830그루를 사들였다. 나무는 모두 2미터 이상 자란 것들이었는데 과학적인 실험을 한다며 뿌리를 모두 영양토로 싸서 야간에 운반해 당일로 심었으며, 두 명의 전문가를 고용해 샤오강촌에 거주시키면서 성심껏 물을 주고 흙을 북돋워가면서 보살피게 했다. 기온이 높을 때 식목을 했기 때문에 나무마다 잘 자랐는데 이것은 기적이라고 했다. 평양현 임업국 기술자는 이것으로 논문을 써서 나중에 안후이성 과학기술진보상을 받기도 했다.

이상 각 항목의 공사에 투입된 금액은 270만 1740위안인데, 무상의 인력과 각 가구에서 부담한 재료는 여기에 포함되지 않고 통계에 넣을 수도 없다. 차례차례 진행된 공사는 샤오강촌 사람들에게는 참으로 요술 같고 하늘에서 떨어진 떡과도 같았다. 샤오강촌 사람들은 1998년 장쩌민 총서기가 이곳을 시찰하러 오자 비로소 이 요술 같은 일이 벌어지게 된 자초지종을 알 수 있었다.

어째서 우리 생활 속에는 언제나 이렇게 웃을 수도 없고 울 수도 없는 일들이 생기는 것일까?

어떤 사람은 샤오강촌의 이러한 개조 공사는 난링현의 허위 보고와는 다른 일이라고 말한다. 샤오강촌은 중국 농촌개혁의 상징이라서 약간의 혜택을 받아도 지나친 일이 아니며 괜찮다는 것이다.

또 어떤 사람은 말한다. 샤오강촌은 중국의 개혁에 역사적 공헌을 했기 때문에 각계에서 힘닿는 한 주머니를 털어서 돕는 것은 당연하고 이의를 제기할 일이 아니라고.

또 누군가는 이렇게 말한다. 전면청부제 20주년을 맞이해 장쩌민 총서기의 시찰을 영접하기 위해서 샤오강촌의 개조를 계획하고 자금을 투입한 것은 잘못된 일이 아니고 관례에 따라 공공사업을 한 것뿐이라고.

그러나 샤오강촌 사람들에게는 이러한 천지개벽의 개조가 결코 감사히 받아들일 일만은 아닌 것 같았다.

급수탑이 건설되어 수돗물이 보내질 때 급수탑을 건설하던 노동자가 물을 마시려고 하자 샤오강촌에서 누군가 막아서면서 "안 돼, 맥주하고 바꿔 마셔!"라고 말했다는 것이다. 또한 길을 닦고 가로수를 심기 위해 샤오강촌의 흙을 쓰려고 하자 한 트럭당 10위안을 내라며 한 푼도 못 깎아준다고 했다는데, 이것은 평양현의 흙값에 비하면 배나 비싼 가격이다. 샤오강촌 사람들은 이 도로공사가 (샤오강촌을 위한 것인데도) 전혀 자기 마을과 무관한 것처럼 행동하고 있었던 것이다.

물론 이것은 일부 샤오강촌 사람들의 무례한 행동에 불과할 수도 있는 일이다. 그러나 물을 마시려던 사람은 일의 근원은 생각하지 않았을 것이고, 돈 내고 샤오강촌을 지원하러 온 사람은 골치가 아팠을 것이다. 샤오강촌 사람들의 이러한 달갑지 않은 듯한 반응은 아마 도우러 온 사람들이 물질적 지원만을 생각하고 정신적 지지는 고려하지 않은 것에 대한 반응일지도 모른다.

샤오강촌 사람들은 분명 섭섭함을 느끼고 있었다. 그들은 말하기를, 당신들은 왜 일찍도 아니고 늦게도 아니고 마침 장쩌민 총서기가 샤오강촌을 보러 온다고 할 때를 골라, 샤오강촌을 도와 학교도 세우고, 담장도 칠하고, 도로도 깔고, 전면청부제 전시관도 만들고, 전나무 가로수도 땅에서 솟아나게 하고, 집집마다 전화도 개통하고, 화장실도 개조하고, 수돗물도 마시게 했느냐는 것이다. 샤오강촌이 의식주의 문제를 해결한 동네에서 먹고살 만한 소강(小康) 수준으로 갑자기 변한 것은 누가 보더라도, 분명히 샤오강촌 사람들을 위한 것은 아니라는 사실을 알 수 있었다.

샤오강촌의 이 사건에 대해 처음 들었을 때 우리는 매우 놀랐다. 그러나 가만히 생각해보니 이 일은 안후이성에서 일어났지만 비슷한 사건이 다른 성과 자치구에서도 일어날 것이고 많은 사람들이 놀랄 것이라는 생각이 드는 것이다. 도대체 우리의 간부라는 사람들은 왜 이런 일들에 그렇게 열심인 것인지 그야말로 심사숙고해볼 만한 일인 것 같다.

우리는 이렇게도 생각해보았다. 만약 샤오강촌에서 이런 '석 달간의 대소동'이 없었다면 장쩌민이 중국 농촌개혁의 발원지에서 본 것은 바로 개혁개방 20년이 지나도 '강산 의구'한 샤오강촌이었을 것이고, 총서기가 중국의 삼농문제에 대해서 더 심각하게 생각했을지도 모른다. 그랬다면 9억 명의 중국 농민에게 더 많은, 더 실질적인 혜택을 가져왔을 것이고 중국 농업과 농촌에 더 고무적인 내일을 가져왔을지도 모른다.

지나간 일에 가정은 필요없다. 총서기와 우리가 본 것은 이미 소강의 수준에 도달한 샤오강촌이었다.

제8장

출로를 찾아서

27. 세비개혁의 1인자

1989년, 중국 건국 40주년이 되는 해, 안후이성 텔레비전방송국은 「토지 · 사람 · 낙원」이라는 특집 프로그램을 방송했다. 그중에 이러한 내레이션이 있었다.

"전면청부제의 실시로 농업은 사람들이 초조해하던 곤경에서 벗어났습니다. 그러나 이제 농업은 기로에 서 있습니다. 토지 청부 후에 어디로 갈까요, 어떻게 하면 생산력을 한 걸음 더 발전시킬 수 있을까요?"

전국 텔레비전 문예 프로그램 특집 부문에서 영예의 1위를 차지한 이 프로그램은 문제는 제기했지만 해결의 방법은 찾지 못했다. 당시 전면청부제가 실시된 지 이미 십여 년이 지났고 안후이성의 농촌은 분명 새로운 기로에 서 있었다. 그리고 전 중국의 농촌이 모두 이렇게 기로에 서 있었던 것도 의심할 바 없는 사실이다.

사람들은 중국의 농촌이 제2의 비약을 하기를 기대하고 있고, 중국 농민은 다시 한 번 미소 짓기를 갈망한다. 그러나 농촌에서 깊어가는 각종 모순과 새로운 문제들의 출현은 사람들을 초조하게 만든다. 농촌이 제2의 개혁으로 나아갈 출로는 과연 어디에 있는가?

사실 이 프로그램이 방영되기 1년 전, 안후이성의 텔레비전방송국과 지척의 거리에 있는 성정부 사무국의 조사연구실에서 이미 누군가가 이 문제에 해답을 내놓고 있었다.

그 사람은 바로 후에 중국 세비개혁의 1인자라는 명예를 얻게 된 고급 농예사(高級農藝師) 허카이인(何開蔭)이다.

허카이인은 굴곡이 많은 인생 이력을 가진 사람이다. 그는 아주 마르고 수척한 얼굴에 높은 코와 늘 생각에 잠긴 듯한 눈을 가진 인상적인 사람이다. 그는 진지하고 사실대로 말하는 사람이며, 국가 대사에 관심을 가진 지식인이다. 이러한 성격 때문에 1957년 아직 베이징 농업 대학의 학생이었을 때 '우파'로 낙인찍혀 베이징 대학의 아주 황량한 청년농장에 유배되어 그곳에서 20년간이나 노동을 하게 되었다. 그 후 '우파'의 낙인이 정정되어 43세의 허카이인은 안후이성 톈창현(天長縣)의 고향으로 돌아올 수 있었다. 본래 그는 평온한 날들을 보낼 수도 있었다. 그러나 뒤따른 중국 농촌의 위대한 개혁이 다시 그의 정열에 불을 붙였다. 게다가 라이안현위원회 서기 왕예메이는 이전에 그의 지도자이기도 했다. 그래서 국가 대사에 관심을 갖기를 좋아하고 사회문제에 대해 생각하기 좋아했던 허카이인은 왕예메이가 전국 최초로 라이안현에서 '호별 청부생산제'를 실행하기로 했을 때 곧바로 그를 따라서 농촌개혁의 제일선에 뛰어들었다. 그 후 다시 평양현 샤오강촌의 전면청부제를 적극 지지한 추현지구위원회 서기 왕위자오를 따라서 세대별 생산청부책임제를 위험을 무릅쓰고 추진했다. 세대별 생산청부책임제가 전국에서 성공을 거두자 왕위자오는 개혁의 공신으로서 안후이성 성장으로 발탁되었고 허카이인도 성정부 청사로 들어가게 되었다. 일개 농업과학 연구기술자가 행정기관에 들어가서 무엇을 할 수 있을까 생각한 끝에 허카이인은 거시농업정책 연구를 시작하기로 했다.

때마침 1988년 10월에 중앙농촌정책연구실과 국무원 농촌발전연구센터가 중국사회과학원과 인민일보사 등 몇몇 기관과 연합해 제1차 '중국 농촌 10년 개혁이론 세미나'를 개최했다. 이때 왕위자오는 중앙농촌정책연구실과 국무원 농촌발전연구센터 부주임으로 있었는데, 자신의 기관에서 이런 세미나를 주도하면서 자신이 자랑했던 허카이인을 잊을 수가 없었다. 왕위자오는 비서 추이촨이(崔傳義)에게 논문집을 직접 허카이인에게 보내주도록 했다.

허카이인은 논문집을 받아보고 매우 흥분했다. 그렇다, 만약 샤오강촌에서 전면청부제를 처음 실시한 것으로 치면 중국의 농촌개혁은 10년이 지났고 해결해야 할 숱한 과제가 나타났다. 그러나 중국 농촌의 제2차 개혁은 무엇을 개혁해야 하며, 또 어떻게 개혁해야 할 것인가? 이것은 중앙과 지방, 위에서 아래까지 모두 모색하고 있는 문제이다. 자신도 줄곧 이 방면에서 생각을 해오고 있는 중이었다. 옛 지도자가 보낸 신뢰에 그는 속으로 반드시 정확하고 명철한 견해를 제출하겠다는 결심을 했다.

그래서 허카이인은 긴박하게 행동했다. 그는 안후이성 사회과학원 농촌경제연구실의 진진(金進)과 주원건(朱文根) 그리고 농업과학원 작물연구소에서 일하고 있는 아내 구셴신(顧咸信)을 불러서 네 사람이 함께 심도 있는 조사·연구를 진행했다.

그리고 그해 봄부터 중국에는 농민들이 도시로 일자리를 찾아 물결처럼 이동하는 '민공조'(民工潮) 현상이 출현했다. '민공조'의 출현에 허카이인은 직감적으로 의식한 바가 있었다. 즉 농사는 이미 수지가 맞지 않아 농민의 수입 증가는 점점 완만해져서 마이너스 성장으로 나타나고, 농민의 부담이 늘어날수록 새로운 모순이 계속 생기는데 필요한 개혁 조치는 취해지지 않기 때문에 각종 모순이 점점 늘어나서 중국 농촌경제의 지속적인 발전을 심각하게 저해하는 것이다. 또한 생산 청부제가 시작된 지 10년이 지났지만 농민은 경지가 자신의 소유가 아니라고 생각하고, 조상 대대로 물려받아온 토지 정서라는 것도 사라져 바쁘게 도시를 향해 새로운 생활의 출로를 찾아 나서고 있는 것이다. 이에 따라 토지가 광범위하게 황폐해지는 것은 차치하고 농촌에 남은 사람들이라고는 대개 노인이나 부녀자나 어린아이들뿐이어서 양곡생산이 대량으로 감축됨에 따라 농촌사업은 더욱 곤란해지고 있는 것이다.

허카이인은 생각했다. 중국 농촌의 제2의 돌파구를 찾아내기 위해서는 우선 새로운 모순을 명백히 해야 한다. 도대체 새로운 모순이란 어떠한 것인가? 네 사람의 조사 연구를 종합한 결과 허카이인은 다음과 같은 결론을 도출했다.

1) 청부한 경지의 소유권과 사용권과 재산권의 모순

2) 농산품 가격과 가치의 괴리로 인한 모순

3) 농촌과 도시의 이원적 구조와 경제 일체화의 모순

4) 소생산과 대시장의 모순으로 인해 양곡의 매입 곤란과 판매 곤란이 번갈아 나타나는 모순

5) 농민 수입의 완만한 증대와 부단히 가중되는 부담의 모순

6) 폐쇄적인 사회구조와 개방적인 유통의 모순

7) 농촌 산업구조와 취업구조의 모순

8) 상대적 빈곤과 전체적인 부유의 모순

9) 생산력 수준의 저하와 과학기술 수준의 부적응의 모순

10) 물질문명과 정신문명의 부조화의 모순

물론 다른 여러 가지 모순을 열거할 수도 있을 것이다. 그러나 허카이인은 어쨌든 이러한 모순들은 계획경제의 구체제가 시장경제의 신체제로 전환할 때 피하기 어려운 마찰과 충돌이 빚어내는 필연적인 현상이라고 생각했다.

이상의 모순들을 해결하기 위해서는 반드시 그에 맞는 개혁 조치를 취해야 할 것이다.

당시 샤오강촌 전면청부제 정신의 영향으로 안후이성 학술계도 상당히 활기를 띠고 있었다. 허카이인은 조사 연구를 진행하면서 각급 당위원회와 정부 안에서 스스로 일을 하려고 하는, 능력 있고 진취적인 간부들을 발견했다. 그들은 이미 농촌에 나타난 각종 모순에 대처하면서 각자 여러 가지 개혁을 실험하고 있었다. 예를 들면 톈창현 친난진(秦楠鎭)은 이미 '녹색 카드 호적'의 시행에 착수했고, 추현에서는 농촌과학기술체제를 조성하고 있었고, 쑤현은 적극적으로 상조합작기금회를 발전시키고 있었고, 푸양시는 향진학교(鄕鎭學校)와 기술전문학교를 창설하고 있었다. 이 외에도 린촨현에서는 경지사용권 유통의 활성화를 모색하고 있었고, 잉상현은 주식 합작을 통해 농업기업의 설치를 힘써 추진하고 있었고, 수청현은 대담하게 농촌 간부의 노동보험과 퇴직 후 양로제도를 실시하고 있었다.

남쪽으로 슈닝현에서 북쪽으로 샤오당현(蕭碭縣)까지, 동쪽으로

텐창현에서 서쪽으로 린촨현까지 사방에 종횡으로 활짝 핀 개혁의 꽃은 거시농업정책의 연구를 위해 분명히 새롭고 풍부한 개혁의 길을 제시해주었다.

허카이인의 연구 열정은 전에 없이 타올랐다. 그는 몹시 흥분했다. 다른 동지들이 조사 연구한 상황을 진지하게 분석한 결과, 지금 가장 먼저 해결해야 할 문제는 토지의 항구적인 청부제로, 농민에게 장기적인 사용권을 주는 것이다. 그 다음으로 반드시 농업세비제도를 개혁해서 근본적으로 농민의 부담을 경감해야 한다.

자신이 심사숙고한 것을 문자로 바꾸고 나니 견식이 풍부한 한 편의 논문이 완성되었다. 허카이인은 논제를 '농촌의 제2의 개혁의 출로는 어디에 있는가'라고 정한 후 베이징으로 부쳤다.

허카이인이 쓴 논문은 중앙의 고위 관리에게 중시되었고, 공모 논문 중에서 우수 논문으로 평가받았다.

그러나 허카이인이 생각지도 못하게 그로부터 머지 않아 베이징에서 1989년 봄의 정치 풍파가 발생했다. 즉 극좌파가 다시 대두해 향진기업에 대해서는 은행에서 신용대출을 하지 않는다는 정부의 정책을 공표한 결과, 향진기업이 급격히 위축되고 농업 형세는 더욱 심각해졌던 것이다.

당시 허카이인 역시 농업 전면청부제를 부정하는 사조가 각지에서 용솟음치는 것을 보고 적잖이 놀랐다. 자신은 심혈을 기울여 농촌 개혁의 제2의 길을 연구하고 있는데 어떤 사람은 제1차 개혁의 성과마저 말살하려 하다니!

허카이인의 마음은 납처럼 무겁게 가라앉았다. 그는 생각했다. 집집마다 경영을 청부하는 '전면청부제'는 계획경제제도 아래에서의 선택과 개혁인데, 상품경제와 농업생산력의 발전에 따라 그 한계성이 점점 드러나면 시장을 향한 농민의 수요를 만족시키기 어려울 것이다. 다시 말하자면, 농사를 많이 지으려고 하는 사람이 시장을 통해서 토지를 사용할 수 있는 것도 아니며, 농사를 짓고 싶지 않는 사람이 시장의 법칙을 통해서 토지사용권을 내놓을 수 있는 것도 아니기 때문이다. 농민이 전면청부제에서 얻은 것은 결코 완전한 사용권이 아니다. 어떻게 이러한 청부제를 더 개선해나가야 할 것인가야말로 우리의 당면 과제인 것이다. 경영 규모를 과장되게 선전해서 실제로는 집단화로 돌아가려고 하는 것은 이미 역사가 증명하는 대로 통하지 않는 길이다. 더구나 농사를 짓는 것은 이미 돈 버는 일이 되지 않아서 각지의 농촌에서는 사람들이 우려할 정도로 농사를 포기하는 현상이 나날이 심각해지고 있다. 이러한 때 전면청부제를 부정하고 옛날로 돌아가겠다는 소문은 인심을 불안하게 하고 농민을 더욱 농사에 전념하지 못하게 할 뿐이다.

여기까지 생각했을 때 갑자기 칠이 벗겨진 평양현의 낡은 성벽에 쓰여진 네 개의 큰 글자가 허카이인의 눈앞에 나타났다. '만세근본'(萬世根本). 그것은 마치 별처럼 후대 사람들에게 분명하게 드러내 보이고 있었다.

그렇다. 중국은 농업대국이다, 10억 명의 인구 중에 농민이 8억 명이다. 농업의 상황 여하는 중국 경제의 발전과 정권의 안정에 중대한 관련이 있으니 농민과 단결하고 의지하는 것이 우리 당의 정책의 출발점이 되어야 한다. 그러나 오랫동안 우리는 농민에게 너무 많은 빚을 져왔다. 농업과 농촌, 농민의 문제를 해결하는 것은 중국의 정치 및 경제문제와 깊이 연관된 문제이고 하나의 체계적인 문제여서 한꺼번에 모든 일을 해결할 수는 없겠지만, 중국의 농업문제는 이미 일각도 지체할 수 없는 급박한 상황에 이르렀다.

조국을 위해 농업에 헌신하고 싶다는 생각이 허카이인의 피를 끓어오르게 했다. 허카이인은 책상을 마주하고 전면청부제를 부정하는 사조를 반박하는 내용을 선명하게 담은 논문 「경지의 항구적 청부제를 실행하고 농민에게 장기 사용권을 주도록 건의한다」를 써 내려갔다.

그는 자기가 글을 쓰고 있는 것이 아니라 떠오르는 생각들이 종이 위를 날아다니는 것처럼 느꼈다.

"당의 제11기 3중전회 이후 우리나라 국민경제가 급속도로 발전한 것은 바로 농촌부터 개혁에 착수해서 전면청부제를 실현했기 때문이다. 농촌의 개혁이 도시경제체제의 개혁과 정치체제의 개혁을 촉진해서 우리나라 각 부문에서도 급속도의 거대한 변화를 이끌어낸 것이다. 그러나 객관적인 발전과 농촌의 제2의 개혁이 전개됨에 따라서 정책상 정리하고 조정해야 할 일련의 문제도 출현했다. 이러한 문제들이 농민의 적극성 저하로 집중해서 나타남으로써 1984년의 최고 생산량을 오랫동안 넘지 못하고 있다. 농업 발전의 뒷심이 부족했고, 특히 이미 형성된 '이중가격제'(糧食雙軌制)가 근본적으로 양곡생산을 억압하고 있다."

계속해서 허카이인은 이론과 현실을 조합해서 타당한 논리를 전개했다.

"농지는 다년간 집단의 소유로 귀속되어 있고, 농민은 국가에 농업세를 납부하는 것 외에도 집단에 각종 부담금과 제류금을 납부해야 한다. 농지 집단소유제의 폐단이 심대한 것은 거의 누구나 아는 사실이다. 소유주는 허구이고 실제상으로는 농민의 사유로 되어 있어 임의로 집도 짓고 벽돌도 굽고 연못을 팔 수도 있지만, 동시에 성의 없이 농사를 지어 국가에 손실을 주게 된다. 한편 집단은 농지를 청부하는 권한도 갖는다. 많은 단체의 간부는 농지를 사유재산으로 간주해 토지를 징발할 때 부정하게 횡령을 하기도 한다. 그래서 전국의 농지는 매년 800만 묘의 속도로 줄어드는데 인구는 오히려 늘어나서 건국 이래 40년간 전국의 인구는 배로 늘어났지만 평균 농지는 오히려 반으로 줄어듦으로써 전 민족을 위협하는 일대 위기를 조성하게 되었다. 그 원인을 따져보면 관건은 농지의 재산권이 모호하다는 데 있다. 집단의 정체는 사실 속에 허구가 있고 허구 속에 사실이 있는 것이어서 사람들의 마음을 착실하게 만들지 않는 탓에 누구도 토지를 소중하게 여기지 않는 것이다."

여기까지 쓰고 나서 허카이인은 자신이 심사숙고한 토지의 항구적 청부제와 농촌세비징수제도의 개혁에 관한 구상을 끄집어냈다.

"이를 거울삼아 우리는 때맞춰 일대 행동을 취해야 한다. 그것은 바로 농지의 소유제에 대해 일대 개혁을 추진해서 토지를 모두 국가 소유로 귀속시키는 것이다. 나라의 토지를 나라가 소유하는 것은 당연한 일이다. 동시에 토지의 소유권(田底權)과 사용권(田面權)을 철저히 분리해서 항구적 청부제를 실시하고, 청부제의 기초 위에 계약을 맺어 농사를 짓게 하고 분산된 토지는 적절히 조정해 병합해서 청부하도록 한다. 한편 사용권은 승계할 수 있으며 양도할 수도 있다. 다만 매각은 할 수 없으며 토지관리부문의 심사 아래 해당 토지의 농지기초건설투자와 상응한 청부 권익을 회수할 수 있다. 만약 토지가 집단의 소유라면 농민에게 각종 농업세를 부과하는 것은 위법이 된다. 그러나 토지가 국가의 것이고 농민은 국가로부터 청부받는 것이라면 농민이 국가에 양곡을 납부하는 것은 너무나 당연한 일이다."

허카이인은 농업세의 현물 징수에 대한 구체적 방법에 대해 이렇게 주장했다.

"최근 3년에서 5년간의 통계에 의한 평균 생산량으로 계산해서

10퍼센트를 징수하되 이번 세기 말까지 불변으로 하고 증산이 있어도 증세는 하지 않는 것으로 하여 농민의 증산 의욕을 진작한다. 이후로는 10년마다 계약을 새로 맺는다. 농촌 간부의 수당과 급료 및 각종 제류금이 극히 불규칙해 농민의 반감을 부르고 부담이 과중하다고 호소하는 것을 고려해서, 농민의 각종 제류금과 양곡납부를 일괄해서 징수하되 추가분은 5퍼센트, 즉 전체 경지면적 산출량의 15퍼센트를 징수하고 원래의 농업 세금과 각종 제류금은 모두 폐지한다. 향촌 간부의 수당과 급료 및 각종 제류금은 납부된 양곡의 3분의 1을 수매가격으로 향(鄕) 재정에 반환해 통일해서 사용한다. 이후 누구도 농민에 대해서 한푼도 할당하거나 징수할 권리는 없다. 이렇게 함으로써 농민의 권익은 법률로 보장되고 법인에 상당하는 지위를 획득할 것이다."

허카이인은 이렇게 두 가지 수를 잘 두면 전체 국면을 살릴 수 있다고 생각했다. 이렇게 하면 농촌경제를 살릴 수 있을 뿐만 아니라 농민이 감당하기 어려운 과잉 부담의 국면도 근본적으로 제어할 수 있으리라고 생각한 것이다.

허카이인이 제기한 '농업세의 현물 징수'라는 세금비용의 개혁 방안은 오랜 조사·연구의 결과로 나온 것이었다. 그는 수많은 시간을 들여서 진지하게 중국 역사상 가장 중요한 세 차례의 세금비용의 개혁에 관해 연구했다.

당대(唐代)에 시행된 양세법(兩稅法)은 중국 세비개혁의 선구라고 할 수 있다. 양세법은 혼란하고 번잡한 세금의 종류를 호세(戶稅)와 지세(地稅)의 두 가지로 정리했다. 징수금을 모두 정규 세금으로 개정해 양세 속으로 편입시킨 것이다. 징수 시기도 집중해서 1년 중 여름과 가을 두 차례로 나눔으로써 수백 종의 징수 명목에 매주 매월 납부하느라 백성들이 쉴 틈이 없던 상황을 개혁했다. 또 중앙정부가 세금과 비용의 징수권을 통제해 관리는 양세 외에는 한푼도 추가 징수할 수 없도록 하고 이를 위반하면 뇌물죄로 처벌한다고 명문화했다.

명대(明代)의 '일조편법'(一條鞭法)은 당대의 양세법을 뒤이은 또 하나의 커다란 세제개혁이었다. 일조편법은 요역(徭役)과 전부(田賦)와 각종 잡비를 전부 하나로 통합해 토지를 대상으로 일률적으로 징수하되 은으로 납부하게 하고, 지방의 이장(里長) 양장(糧長)이 징수를 관리하던 것을 고쳐서 지방관이 징수해서 국고에 납부하도록 했다. 동시에 다른 비용을 징수하지 못하게 하고, 농민은 규정대로 납세하고 규정 외의 잡비를 거부할 수 있게 했다. 일조편법은 세법을 간편화하고 세비를 합일함으로써 지방정부가 월권으로 비용을 징수하는 행위와 지방관리의 부패행위를 효과적으로 제한했으며, 사회 생산력의 발전을 안정시키고 중앙재정의 수입을 증가시켰다.

청대(淸代) 초기에 옹정 황제가 채택한 '화모귀공'(火耗歸公)의 세비개혁은 암암리에 거두던 것을 공개적으로 징수하는 방식으로 전환했으며, 각 성의 세율과 징수액을 통일해 주와 현이 대행해서 징수한 뒤 포정사(布政司)의 창고에 납입하도록 하고, 지방 관료가 사적으로 징수하는 행위를 금지했다. 본래 지방이 독자적으로 취하고 있던 부가세(火耗銀)를 통일적으로 국고에 납입시킨 다음에 다시 중앙에서 그 일부를 지방관리의 경비(養廉銀)와 지방행정의 지출보조로 지급했으며, 동시에 감사를 실시해 부정을 단속함으로써 지방관리가 임의로 과세하는 행위에 타격을 주었다. '화모귀공'의 개혁은 분명한 성과를 거두어 지방이 지배하던 부가세의 수입도 확실히 중앙에서 장악하게 되었을 뿐만 아니라 이치(吏治)를 정돈하고 백성의 부담을 경감했으며, 국고에 보존되어 있던 은의 수량도 강희(康熙) 말년에는 800만 냥에서 6,000만 냥으로 늘어나게 되었다.

수천 년에 걸친 중국의 역사를 통관해 볼 때 농민이 농사를 지어 황제에게 양곡을 바치는 것은 절대 불변하는 일이었다. 해방 후에 중국 농촌에서는 토지개혁을 실행해 농민들에게 경지를 무상으로 나누어주고 경작하게 했지만, '황제에게 바치는 양곡'은 여전히 바쳐야 했다. 건국 후 상당히 오랜 시간 국가재정 수입의 주요 원천은 공량(公糧)이라는 실물세였던 것이다.

허카이인의 생각은 농업실물세를 회복해 무상으로 징수한 양곡을 도시 주민에게 공정가격으로 제공해 재정 보조라는 무거운 짐을 벗어버리고, 동시에 철저히 양곡시장을 개방해 농민들이 상품성 있는 양곡을 생산하게 함으로써 더 많은 혜택을 누릴 수 있게 하자는 것이다.

허카이인은 자신의 생각을 이렇게 요약했다. "국가와 집단에 통일해서 납부하고 남는 것은 모두 자기 것이다." 이것은 농촌의 제2단계 개혁을 제1단계 개혁과 유기적으로 연계해서 한 문장으로 표현한 것이다. 그는 제2의 개혁도 '제2차 청부제'라고 불렀다. 그는 이것이 바로 당시 '청부제'의 발전형이라고 생각한 것이다.

이런 구상의 실행 가능성을 설명하기 위해 허카이인은 여러 가지 계산을 했다.

"안후이성을 예로 들어보자. 안후이성의 연간 양곡 생산량이 약 500억 근(2,500만 톤)이므로, 총생산량의 15퍼센트를 지조(地租)로 징수하면 무상으로 375만 톤을 얻게 된다. 현재 매년 일괄수매량이 355만 톤인데, 협의가격으로 구매해서 공정가격으로 공급하는 것을 더하면 똑같이 375만 톤이 된다. 경지면적으로 계산하면 성 전체 6,500만 묘의 경지 중에서 빈곤지구의 일시 과세면제를 제외하고 적어도 5,000만 묘에서 지조를 징수할 수 있으므로, 1묘당 평균 75킬로그램을 징수한다면(지역에 따라 다소의 차이는 있겠지만), 5,000만 묘에서 375만 톤을 징수할 수 있으므로 정상적인 수요를 보증할 수 있다. 이렇게 하면 성의 재정은 매년 12~13억 위안이나 되는 양곡보조비의 무거운 부담에서 벗어날 수 있고, 지조로 무상 취득한 양곡을 현재의 공정가격으로 비농업인구에게 제공함으로써 다소의 수입도 얻을 수 있으니 이러한 흐름은 국가를 위해서도 좋은 일이다."

"전국적으로 보면 연간 양곡 총생산량은 약 4억 톤인데, 그중 15퍼센트를 지조로 징수한다면, 국가는 6,000만 톤의 공량을 거두게 된다. 경지면적으로 계산하면 전국 16억 묘의 경지 중에 빈곤지구의 4억 묘를 제외하면 12억 묘가 되는데, 1묘당 평균 징수액이 50킬로그램이면(성과 지구에 따라서 차이가 있다) 역시 6,000만 톤의 공량을 징수할 수 있다. 그런데 지금 국가의 매년 양곡수매량은 5,000만 톤에 불과하고 그것도 쉽게 되는 것은 아니다. 조임(租賃)제도를 실행하면 국가는 매년 6,000만 톤의 양곡을, 그것도 무상으로 확보할 수 있는 것이다. 그것을 전국의 비농업인구에게 제공하면 현재의 5,000만 톤보다 훨씬 여유가 있다."

허카이인은 안후이성과 전국의 계산을 한 다음, 농민을 위해서도 세밀하게 계산을 하고 있다.

"그렇다면 농민은 국가에 무상으로 곡물을 납부하고 나면 수입이 감소할까? 결론은 정반대이다. 안후이성에서 1인당 평균 산출량이 가장 많고 수매 부담이 가장 무거운 톈창현을 예로 들어보자. 톈창현의 농민 1인당 경지는 1.93묘이고 생산량은 1,250킬로그램, 1인당 평균 수매분이 305킬로그램이므로 가격을 끌어올려, 킬로그램당 곡물 가격을 0.444위안으로 계산하면, 135.42위안이 된다. 가령 1묘당 지조를 무상으로 100킬로그램을 국가에 납부한다고 하면, 1인당 무상 제공 양곡은 193킬로그램이 된다. 그렇다면 원래의 수매분 305킬로그램에서 지조분을 뺀 112킬로그램(305-193=112)을 협의가격으로 판매할 수 있고, 현재의 시장가격을 킬로그램당 1.1위안으로 계산하면(시장가격은 높을 때는 킬로그램당 1.4위안이었다), 123.2위안을 받을 수 있다. 이것은 현행의 수매가격보다 12.22위안 적지만, 1인당 1,500킬로그램의 생산량 중에서 305킬로그램을 빼도 농민의 수중에는 945킬로그램이 남는다. 이 가운데 적어도 500킬로그램을 협의가격으로 판다고 해도 550위안의 수입이 생기는 것이다. 만약 규정대로라면 잉여양곡은 반드시 킬로그램당 0.7위안의 가격으로 양곡부에 팔아야 되고, 그렇게 되면 겨우 350위안밖에 되지 않는다. 농민이 시장의 협의가격으로 잉여양곡을 팔면 수입은 200위안이 더 많아지고, 수매가격에서 부족한 12.22위안을 보충해도 농민들은 협의가격의 양곡으로 순수하게 187.78위안의 수입이 증대한다. 즉 양곡수매제도를 폐지하고 철저히 양곡시장과 가격을 개방하면, 톈창현의 농민은 국가에 무상으로 지조를 납부하고 남은 양곡을 시장에 자유롭게 내다 팔아서 큰 이익을 얻을 수 있는 것이다."

물론 톈창현은 생산량이 많아서 두드러진 모델이라고 할 수 있는데, 다른 현의 농민에 대해서도 수지가 맞는 것일까?

허카이인은 다시 딩위안현(定遠縣)을 예로 들어 세밀한 계산을 해보았는데, 딩위안현처럼 낙후한 지구도 3,500만 위안의 수입이 더 생기는 것이었다.

이것은 숫자로 계산해낼 수 있는 것이다. 허카이인은 이렇게 지적했다. 십일세법을 시행해서 농민에게 규정 외의 어떠한 세금도 징수하지 않기로 하고, 또 경지의 장기 사용권을 명확히 한다면, 농민은 자연히 생산에 적극적으로 나설 것이며 투자를 아끼지 않고 토지의 생산율과 상품률을 높이도록 노력할 것이다. 그렇게 해서 농민의 생산량이 많아질수록 이익도 더 많아질 것이다.

세비개혁과 경지의 항구적 청부제를 실행하는 것의 이점을 허카이인은 열두 개 항목으로 요약했다. "국가가 경지소유권을 회수하고, 사용권을 장기적으로 청부 농가의 소유로 귀속시키고, 어떠한 단위나 개인도 경지를 남용하거나 점유할 수 없게 하고, 만약 경지를 수용할 경우에는 비준을 거친 후에 해당 청부 농가의 생활문제를 해결해야 하고, 동시에 매년 해당 경지에서 납부하는 공량에 상당하는 경지점용세를 납부하도록 해야 한다. 이렇게 함으로써 효과적으로 경지의 감소를 억제할 수 있다. 농민이 경지를 점유해 건물을 세우거나 양어용의 못을 파거나 자기를 굽는 공장을 세우거나 하는 경우는, 매년 정해진 규정대로 공량을 납부해야 한다. 이렇게 하면 농민도 경지를 소중히 여기게 될 것이다."

또 이렇게도 설명했다. "국가와 집단에 납부하고 남는 것은 모두 자기 것이고 누구도 다시 농민에게 한푼이라도 징수할 권리가 없다면, 함부로 할당하고 징수하는 풍조를 효과적으로 막을 수가 있고, 농민의 부담을 경감할 수 있다. 향촌 간부는 다시는 농민에게 돈을 요구해서는 안 된다. 급료와 보조금과 제류금 등 일체의 비용은 모두 공량에서 향정부로 환급될 것이다. 간부의 임무는 오직 전심전력으로 농민을 위해 복무하는 것이다. 복무하고 공헌하는 데만 힘쓰고 농민에게 손을 벌려 착취하지 않으면 자연히 간부와 인민의 관계는 크게 개선될 것이고 당과 정부의 위신도 높아질 것이다."

물론 이러한 개혁은 광범위하게 진행되기 때문에 필연적으로 일부 부문의 이익에는 거슬리게 될 것이므로 허카이인은 논문의 말미에 이렇게 썼다. "이 일은 국무원이 나서서 협조하도록 각 방면의 이익을 조정하지 않으면 안 된다." 그리고 "국가가 먼저 한 개 성이나 여러 개의 성에서 다른 유형의 현을 선택해 시범적으로 운영해보고 탐색하도록 건의"했다.

논문을 쓰고 난 후에 허카이인은 중앙농촌정책연구실과 국무원 농촌발전연구센터에 보내려고 했다. 왜냐하면 그곳이 농촌 공작과 관련된 당중앙과 국가의 최고 연구부문인 데다가 이 두 부문의 요직에 있는 왕위자오는 그가 가장 잘 아는 지도자이기 때문이었다.

그는 우선 베이징에 전화를 했다. 전화를 걸어보고 그는 매우 놀랐다. '6·4'풍파가 발생한 지 얼마 되지 않아 중앙농촌정책연구실은 이미 폐쇄되었고, 국무원 농촌발전연구센터도 농업부 소속으로 격하되었던 것이다. 말하자면 당중앙과 국무원이라는 높은 단계에 속하는 농촌정책 및 농촌발전 연구기관은 이제 더 이상 존재하지 않는 것이었다!

왕위자오는 또 전화상에서 허카이인에게 이렇게 말했다. 베이징에서는 어떤 사람이 허카이인이 지난 번에 상을 받은 논문에 대해 비판을 진행하고 있는 중이라고.

허카이인은 다시 한 번 깜짝 놀랐다.

이번에 쓴 논문은 지난번 논문을 더 상세히 논증한 것일 뿐만 아니라 구상도 더 대담하게 한 것인데, 지난번 논문을 누군가 비판하고 있다고 하니 이번 논문을 기고할 수 있을까 하는 생각이 든 것이다.

만약 기고한다면 어디에 기고해야 할 것인가?

중앙농촌정책연구실은 사라졌고 국무원 직속의 농촌발전연구센터도 농업부에 속하게 되었는데, 자신의 논문이 제기한 숱한 구상을 농업부가 해결할 수 있을 것인가?

허카이인은 갑자기 난감함을 느꼈다.

28. 중난하이中南海에 들어가다

　　허카이인은 이리저리 생각하다가 일대 결단을 내렸다. 중앙에 직접 호소하기로 한 것이다. 그는 새로 쓴 논문을 「농촌개혁의 심화에 관한 구상」이라고 제목을 바꾸고 신화사 안후이성 지사의 선쭈룬(沈祖潤) 기자에게 보냈다. 이런 글은 신문사에 보내는 것이 더 좋겠다고 생각한 것이다.

　　과연 신화사는 신속하게 '내부참고'로 내고, 『인민일보』에서 이 글을 위해 보충판을 냈다. 그리고 국무원 연구실은 1990년 2월 17일 『결책참고』(決策參考) 1기(期)에 허카이인의 관점과 논증에 대해서 상세하게 논하면서 주목할 만한 주장을 했다.

　　"허카이인 동지의 생각으로는 이 방법을 실행하면 반드시 농업이 다년간 방황해온 곤경을 벗어날 수 있을 것이라고 한다. 그러나 이것은 작은 일이 아니다. 당면한 형세는 안정을 요구하며 누구도 경거망동해서는 안 된다. 그는 국무원 지도자 동지에게 알리고 지지를 얻기를 요구하고 있다. 한 개 현을 골라서 실험한다면 반드시 '청부제'와 마찬가지로 군중의 지지와 환영을 얻을 것이라고 확신하고 있다. 적어도 양곡 생산구에서는 자연히 확대되어 갈 것이라고 확신한다."

　　신화사와 『인민일보』가 내부참고와 보충판을 내고, 국무원 연구실이 『결책참고』를 발행한 것과 동시에, 안후이성 정부 사무국의 부주임 장쉐타오(張學濤)도 허카이인의 글을 안후이성이 발행하는 『정무내부참고』(政務內部參考)에 실었다. 중앙의 정책결정 조직의 내부참고에 전재되었다고 성정부에서 반드시 본다고는 할 수 없지만, 안후이성의 『정무내부참고』에 실린 이 구상은 역시 안후이성과 성정부 지도자의 주목을 받게 되었다. 성위원회 서기 루룽징은 관련 부문의 동지에게 논증해보도록 제의했고, 부서기 멍푸린(孟富林)도 "허카이인 동지의 글이 매우 좋다"고 하면서 성농업경제위원회의 관련 부문과 전문가에게 한번 연구해보도록 제안했다. 상무위원으로 부성장(副省長)인 사오밍(邵明)과 농업 분야를 관할하는 부성장 왕서윈(汪渉云)도 전문가를 조직해서 논증하고 소범위 내에서 시험해보기를 희망했다. 상무(商貿)를 관할하는 장룬샤(張潤霞) 부성장과 문교위(文敎衛)를 관할하는 두이진(杜宜瑾) 부성장의 경우는 한편으로는 허카이인이 필요로 하는 데이터를 찾는 데 적극 도와주기도 했고, 한편으로는 직접 지지해주었다. 공업을 관할하는 룽녠(龍念) 부성장은 기치도 선명하게 허카이인의 구상을 본 지 일주일 만에 두 번이나 지시를 내리는 등 아주 긍정적이었다. 그는 "이것은 아주 중요한 건의다. 나는 개별 지구에서 시험해보는 데 찬성한다"라고 명확한 태도를 보였다.

요컨대 성위원회와 성정부의 적지 않은 지도자들이 매우 중시하고 있었던 것이다. 유감이었던 것은 국무원 연구실이 발행한 『결책참고』에서 "이것은 작은 일이 아니다. 당면한 형세는 안정을 요구하며 누구도 경거망동해서는 안 된다"라고 말한 것처럼 당시의 형세가 좋지 않았다는 것이다. 안후이성 농업위원회가 주도하는 전문가 논증 회의가 개최되었지만, 회의에서 논증한 것은 허카이인의 개혁 구상이 농촌개혁을 심화하는 데 실제적인 의의가 있느냐보다는 오히려 당시 전국에서 요란하게 진행되고 있던 '치리숙정'(治理肅正) 공작과 어울리는가 여부에 있었다.

결론은 뻔했다. '치리숙정' 기간에 무슨 '심화개혁'을 담론하겠느냐는 것이었다.

이에 성농업위원회는 조직 명의로 성위원회에 논증 보고를 제출했다. 보고서는 허카이인 동지의 농촌개혁의 심화에 관한 구상은 현행 정책에 어울리지 않는다고 인정했다.

논증회의에서 부정되었기 때문에 성위원회와 성의 주요 지도자는 더 이상 문제 삼으려고 하지 않았고, 허카이인이 심혈을 기울인 연구 성과는 결국 방치된 채 흐지부지되고 말았다.

허카이인은 나라를 위해 일할 길이 없다는 것을 느꼈다.

1991년 정월 허카이인은 「과학기술은 제1의 생산력」이라는 논문 으로 국가과학위원회상을 획득했다. 상을 받으러 베이징으로 가는 중 에 그는 뜻밖에도 국무원 연구실로부터 자료 보고의 요청을 받았다. 이 소식에 그는 흥분을 감출 수 없었다.

그날은 1991년 2월 2일이었다. 그는 평생 처음으로 신성하고 신 비로운 중난하이(中南海: 쯔진청紫禁城 서쪽에 중국공산당과 국무원 및 고 위 지도자들의 거주지가 있는 곳으로, 원대元代 이래 황성의 일부였다--옮 긴이)에 들어와 쯔광거(紫光閣) 바로 옆에 있는 궁쯔러우(工字樓)를 방 문했다. 그를 맞이한 사람은 국무원 연구실의 농촌경제조 조장 위궈야 오(余國耀)였다.

허카이인은 농업의 '청부제'를 한 걸음 더 개선 발전시키는 구상 과 구체적인 생각을 보고했다. 즉 경지의 장기적 청부책임제 실행, 농 업세비를 통일하는 개혁 실행, 양곡의 국가수매 및 양곡의 이중가격제 도 폐지, 농산품 시장과 가격의 전면개방을 건의했고, 과학기술을 주 축으로 하는 사회화 서비스를 체계화하고, 구역 규모의 농촌 상품경제 를 발전시켜야 한다고 직언했으며, 농촌의 호적제도를 개혁해 도시와 농촌의 견고한 이원적 구조를 타파해야 한다는 점도 언급했다.

최근 몇 년 동안 몰두해온 과제에 대해 이야기하자 허카이인의 말 은 그칠 줄을 몰랐다.

위궈야오는 진지하게 듣고 있었다. 허카이인이 드디어 오랫동안 생각해서 저술한 「농촌개혁의 심화에 관한 구상」에 대해 말하자, 위궈야오는 리펑 총리도 『결책참고』에서 그 글을 읽고 매우 칭찬했다고 말해주었다. 리펑 총리는 국무원 연구실 농촌조와 좌담할 때 허카이인이 건의한 '십일세'를 언급하면서 이렇게 말했다는 것이다. "양곡의 계약 수매를 국가 수매로 전환하면 국가에 대한 농민의 공헌 의무를 강조하면서 수량은 변함없이 5,000만 톤을 보증하게 된다. 어떤 사람은 현물세로 전환해 십일세를 실행하자고 건의하는데, 장래 생산량이 5억 톤이라고 할 경우에 10퍼센트를 징세하면 5,000만 톤이 된다. 중국은 옛날부터 십일세가 있었고, 전문가들도 이런 방법을 채택해 농민과 국가의 관계를 강화하도록 건의하고 있다. 상품경제의 발전에 따라서 어떠한 방법을 채택해야 할지 천천히 신중하게 의논해보아야 할 것이다."

허카이인은 자신의 제안이 총리로부터 중시와 칭찬을 받았다는 말을 듣고 크게 고무되었다. 허카이인은 자신의 글에 대한 상층부의 반응에 대해 더 자세히 알고 싶어졌다. 이때 위궈야오가 허카이인을 불러서 직접 보고하라고 한 경위에 대해서 말을 꺼냈다.

"현재의 문제는 어떻게 이 구상을 실현 가능한 방안으로 바꿀 수 있는가 하는 것이네. 총리가 '천천히 신중하게 의논해보아야 할 것이다'라고 하신 말씀은, 내가 이해하기로는, 지금은 아직 치리숙정의 시기이기 때문에 크게 움직일 수는 없다는 뜻이네. 또한 이 구상에 대해서 다른 관점들도 있네. 따라서 나는 허 선생이 좀 더 조사해보고 자세히 논증한 뒤 시행 가능한 방안을 갖고 와서 성위원회와 성정부의 지도자에게 보고하고 먼저 시험해보기를 바라네. 가장 좋은 것은 현에서 한 번 시험해보는 것인데 향진에서 하는 것도 좋겠지. 만약 성공한다면 다음 진행이 수월하게 되겠지."

위궈야오의 말을 듣고 허카이인은 크게 고무되었지만 자기 혼자 중난하이에 들어와서 이렇게 큰 임무를 맡은 것은 명분이 좀 부족한 것 같아서 물어보았다. "총리의 서명이 들어 있는 문서를 한 통 받을 수 없을까요? 그래야 나도 돌아가서 일을 맡았다고 할 수 있을 테니까요."

"그건 어렵네." 위궈야오가 말했다. "만약 총리가 서명을 하면 그것은 중앙의 의지가 되어버리네. 그렇게 되면 안후이성만 할 수 있는 것이 아니라 다른 지방도 할 수 있는 것이 되고, 모두 할 수 있게 되면 혼란에 빠지게 되네. 허 선생의 구상과 허 선생의 방안으로 하는 것이 효과가 있는 것이네. 다른 사람은 아무도 이런 구상과 방안을 가지고 있지 않다네. 그대로 모방만 해서는 좋은 결과가 될 수 없다네."

허카이인이 생각해도 일리가 있는 말이었다. 그는 충분히 공감한다는 듯이 머리를 끄덕이며 "알겠습니다"라고 말했다.

위궈야오는 격려하며 말했다. "농업 '청부제'는 안후이성 평양현 샤오강촌에서 먼저 시작해서 샤오강촌에서 성공했기에 전국에 유행하게 되었네. 이 점에서 보면 국가와 농민의 이익에 부합하기만 한다면 비록 일개 촌에서 나온 방법이라도 자연히 확대해나갈 수 있을 걸세."

'청부제' 이야기가 나오자 허카이인은 할 말이 많았다. 허카이인은 늘 중국 농촌의 제2차 개혁은 오직 청부제의 개선 발전뿐이라고 생각해왔다. 지금 사회에서 청부제를 부인하려는 좌경 사조를 보고, 허카이인은 위궈야오에게 자신의 생각을 솔직하게 털어놓았다. 허카이인은 개혁은 물을 거슬러 가는 배와 같은 것이어서 멈추면 후퇴하는 것인데, 개혁에는 퇴로가 없어 후퇴의 결과를 감당하기 어렵다고 생각했다.

위궈야오는 허카이인의 생각에 찬동했다. 농촌개혁이라는 주제에서 두 사람의 생각은 공통점이 많았다. 그래서 중난하이 궁쯔러우의 사무실 안에서 베이징의 1년 중 가장 추운 날, 한 사람은 요직에 있고, 한 사람은 지방의 고급 농업기술자에 불과하지만 서로 의기투합해서 두 시간이나 아주 흥분한 채로 이야기를 나눌 수 있었다.

떠날 때 위궈야오는 허카이인의 손을 꼭 잡고 말했다. "안후이성이 농촌개혁을 심화하는 데 다시 선두에 나서 주기를 바라네."

허카이인은 머리를 끄덕이며 자조적인 웃음을 보였다. 국무원 연구실 농촌조 조장 위궈야오가 자신에게 보고를 시키고 구상을 말하게 한 것은 위궈야오의 개인 행위가 아니라는 것을 알 수 있었다. 그런데 허카이인은 온전히 자기만을 대표할 수 있을 뿐이고 적어도 당시의 그는 안후이성은 물론 1개 향이나 촌을 대표할 수도 없었던 것이다.

그러나 헤어질 때 위궈야오가 제시한 희망은 허카이인으로 하여금 하나의 결심을 굳히도록 했다. 그것은 자신의 노력으로 그 희망을 현실로 바꿔보자는 것이었다.

그는 안후이성은 중국 농촌의 제1차 개혁에서 거대한 공헌을 했고, 제2의 개혁의 역사도 반드시 안후이성의 대지에서 쓰여질 것이라고 믿었다.

1991년 4월 허카이인은 상세한 조사 끝에 드디어 하나의 실현 가능한 실시 방안을 내놓았다. 「농촌 상품경제를 발전시키기 위한 근본적인 조치—농촌개혁의 심화에 관한 몇 가지 구상」이라는 논문이었다.

이 구상에서 허카이인은 농촌개혁을 심화하기 위한 열 가지 조치를 제시했다.

이것은 하나의 종합적인 개혁 방안이었다. 허카이인은 현재 농촌에 존재하는 새로운 모순과 문제는 복잡하게 엉켜 있어서 차기 농촌개혁은 반드시 전면적으로 추진해야 한다고 생각했다. 이 때문에 그는 농촌 토지제도의 개혁, 세비제도의 개혁, 호적제도의 개혁, 재산권

제도의 개혁 및 농촌경영제도, 융자제도, 노동력전이제도, 과학기술제도, 사회보장제도, 정신문명건설 및 양곡구매제도의 개혁까지 분별해서 그에 상응하는 개혁 조치를 제정했다.

물론 전면적인 추진이라는 것이 모든 일을 한꺼번에 우열을 가리지 않고 동시에 추진한다는 뜻은 아니었다. 허카이인은 토지제도와 세비제도의 개혁을 돌파구로 삼아야 한다고 제시했다.

허카이인의 개혁 조치는 아주 구체적으로 설계되어 있었다. 예를 들면, 생산청부제를 한다는 전제 아래 농민에게 30년 내지 35년의 경지사용권을 주고, 사람 수는 증감할 수 있으나 경지는 증감할 수 없게 하고, 유상으로 양도할 수도 있고 저당에 넣어 집단경영에 참여할 수도 있게 하는 등 부분적으로 토지의 상품성을 회복하도록 할 것을 제안했다. 또 농업세비 징수방법의 개혁은 세비를 통일하고, 실질가격으로 징수하고, 공량으로 납부하고, 수매제도를 폐지하고, 3년간은 증감이 없도록 하고, 세는 국가에 납입하고 비용은 향촌에 넘기고, 수지를 엄격히 하고, 장부를 공개하도록 한다는 등의 내용을 담고 있었다.

허카이인의 개혁 구상은 대개 간명한 말 속에 깊은 의미가 담겨 있고, 알기 쉽고 외우기도 쉬웠다. 이것은 그가 오랫동안 농촌 공작에 몸담아온 경험과 관련이 있는 것으로, 그만큼 농민에 대해서 잘 알고 있는 사람이기 때문이었다.

서면보고 자료가 인쇄되자 허카이인은 성위원회 서기 루룽징의 비서 류쉐야오(劉學堯)와 위옌루(余焰爐), 성장 푸시서우(傅錫壽)의 비서 팡닝(方寧)과 디칭당(翟慶黨)을 통해서 우선 성위원회와 성정부의 두 주요 지도자에게 보냈다. 물론 곧 관련 있는 성위원회 부서기와 부성장에게도 보내주었다.

어느새 서너 달이 지나갔다. 그러나 허카이인이 보낸 보고서에 대해서는 아무런 반응도 없었다. 허카이인은 불안해졌다.

　허카이인은 이것은 분명히 성농업위원회가 제출했던 부정적인 '논증 보고'와 관계가 있다고 생각했다. 그러나 허카이인은 이미 보고서에서 국무원 연구실 농촌조의 책임자와 면담했을 때의 제의와 리펑 총리의 이야기도 모두 설명해두었던 것이다. 허카이인은 오리무중에 빠진 것처럼 도대체 이유를 알 수 없었다.

　그해 7월 국무원 발전연구센터에서 허카이인에게 전화해 창춘시 (長春市)에 가서 농민일보사와 지린성(吉林省) 인민성정부가 공동 주관하는 '전국농촌문제연구토론회'에 참가해달라고 요청했다. 그 전에 이미 『농민일보』에서는 허카이인의 농촌개혁 심화에 관한 구상을 '농촌정황' 난에 게재하고 편집자의 코멘트까지 특별히 덧붙였다.

　베이징에서 걸려온 전화와 '농촌정황' 난의 게재가 번민하고 있던 허카이인에게는 강심제 주사를 한 대 맞은 것처럼 힘이 되었다. 적어도 국무원 발전연구센터는 이미 자신의 연구 작업에 주목하고 있고, 농업부의 기관지인 『농민일보』도 자신의 구상을 지지하고 있으며, 그의 여러 가지 구상은 『농민일보』를 통해 전국으로 전파되고 있다고 말할 수 있는 것이다. 그는 물론 더 많은 농촌정책 연구자들이 참여하기를 희망했고, 더욱이 창춘에서 열리는 이번 토론회를 통해 전국 각지에서 온 연구자들과 함께 중국의 농촌문제를 탐구할 수 있게 되기를 희망했다.

　그는 떨리는 심정으로 연구실 주임을 만나러 갔다. 흥분한 나머지 그는 상사의 안색을 살필 생각도 않고 베이징에서 온 전화를 보고하고 동의를 구했다.

　그런데 뜻밖에도 주임은 냉랭하게 머리를 흔들며 "동의할 수 없네"라고 말하는 것이었다.

"아니 왜요?" 허카이인은 전혀 뜻밖이었다. 왜냐하면 조사연구실에서 하는 일이란 조사·연구이고, 국무원 발전연구센터에서 조사연구실의 직원에게 전국적인 회의에 참여해달라고 초청한 것은 연구실장으로서 기쁘고 자랑할 일이기 때문이었다.

그런데 주임은 대답도 없이 머리도 들지 않은 채 자기 일만 하고 있을 뿐이다.

허카이인은 얼이 빠져 멍하니 주임을 보면서 한참 동안 아무 말도 나오지 않았다.

도저히 참을 수 없었던 그는 성정부의 부비서장 류융녠(劉永年)에게 달려갔다.

류융녠은 허카이인이 전국적인 대회에 참가하겠다는 말을 듣고 기뻐하면서 말했다. "당연히 가야지, 이것은 안후이성으로서도 명예로운 일인데."

류융녠 부비서장의 말을 듣고 나서, 그날 오전 허카이인은 더 이상 주임을 상대하지 않고 기차역으로 가서 창춘행 차표를 끊었다.

그런데 오후에 출근하자 주임이 대뜸 허카이인에게 "표를 샀나?"라고 물었다.

허카이인은 당당하게 말했다. "샀습니다."

"표 내놔!" 주임은 다짜고짜 허카이인의 면전에 손을 내밀며 말했다.

허카이인은 이상하다는 듯이 반문했다. "왜 표를 달라는 겁니까?"

"자네는 이번에 못 가!"

"류 부비서장이 이미 내가 가는 것을 승인했습니다."

"류융녠 부비서장이?" 주임의 어투가 더 강경해졌다. "그 사람이 성장이라도 된다는 건가?"

허카이인이 순간 놀랐다. "설마 성장도 내가 가는 것을 동의하지 않는단 말입니까?"

주임은 더 이상 말하지 않았다. 다만 의심할 여지 없이 허카이인에게 표를 달라고 요구하고 있었다.

그러나 허카이인은 이 사건에 대해서 반신반의하고 있었다. 그는 당당한 한 성의 성장이, 그렇게 많은 중요한 일을 해야 할 사람이 겨우 이런 작은 일에 관심을 가진다는 사실이 믿어지지 않았던 것이다. 만약 이것이 정말 성장의 뜻이라면 이것은 또 무슨 의미란 말인가? 푸 성장이 일찍이 마안산(馬鞍山)에서 야금 작업을 하던 사람이라서 농업에 대해서는 잘 모르고 중시하지 않는다는 뜻인가? 아니면 목전에서 벌어지는 '치리숙정'의 민감한 형세를 보고 자신의 정부 부원이 전국적인 회의 석상에서 안후이성에 시비거리라도 불러일으킬까 두려워하는 것일까?

집에 돌아와서 허카이인은 아무리 생각해도 이해할 수 없었다. 밥도 먹지 않은 채 그대로 침대에 누웠다가 문득 깨닫게 되었다. 지난번에 성정부 사무국에서 발행하는 『정무내참』(政務內參)에 자신의 논문이 실린 이후, 수많은 농업 주관 담당자와 담당자가 아닌 부성장까지 모두 지시를 내리고 태도를 표명했지만, 성장만은 지금까지 가부를 밝히지 않았던 것이다.

현재 한 가지 확실한 것은 이제 창춘 회의에는 갈 수 없게 되었다는 사실이다. 일개 성정부 사무국의 일반 연구원이 성의 최고 행정장관과 맞선다면 결과는 뻔한 것이다. 허카이인은 이번 창춘 회의를 포기할 수밖에 없었다.

29. 두 차례의 확대회의

당시 허카이인은 하루가 1년 같은 나날을 보냈다.

어느날 허카이인이 성정부의 사무실 건물로 들어가고 있을 때 부성장 룽녠(龍念)이 그를 불러세웠다. "허 선생, 이리 좀 와보게."

허카이인은 매우 궁금했다. 룽녠의 담당은 공업인데 무엇 때문에 나를 보자는 것일까? 룽녠의 사무실에 가서야 허카이인은 룽녠이 이 사안에 대해서 매우 관심이 많다는 것을 알았다. 룽녠은 허카이인의 개혁 구상에 대해 자세히 묻고 나서는 과단성 있게 말했다. "허 선생, 농업에 대해 나는 잘 모르지만, 우리에게는 가난한 사람을 도울 의무가 있소. 나의 빈곤 지원 지역은 린촨현인데, 그곳에서 허 선생의 개혁 구상을 한번 실험해보는 것은 어떨까?"

룽녠은 일단 하기로 하면 벼락같이 일을 추진하는 사람이었다. 그는 이렇게 말하고는 곧 결정한 것으로 해버렸다. 이틀째 되는 날 아침, 룽녠은 허카이인을 성정부의 청사로 불러서 마이크로버스를 타고 린촨현으로 갔다. 그들은 이 국가급의 빈곤현에서 일주일간 머물렀다. 주간에는 빈곤지원책을 연구하면서 고급 농업기술사인 허카이인이 룽녠의 고급 참모가 되었고, 야간에는 룽녠이 린촨현의 양곡국장과 세무국장, 정부 사무국의 주임과 경제체제개혁위원회 주임 등을 하나씩 불러 허카이인을 도와서 각 방면에서 모두 만족할 수 있는 세비 통일안을 고안하도록 했다.

린촨현을 떠나기 전에 룽녠은 추수 때 허카이인과 함께 린촨현을 다시 방문하기로 약속했다. 세비개혁의 실험을 계기로 농민부담을 줄이고 빈곤개선 대책을 전면적으로 추진하자는 것이었다.

그러나 일은 뜻대로만 되지는 않는 법이다. 1991년 여름, 100년에 한 번 정도 온다는 대홍수가 일어나 그들의 계획을 수포로 돌아가게 했던 것이다. 많은 농촌이 물에 잠기고 농민들은 밥도 먹지 못하는 상황이 되었는데 무슨 세비 통일을 할 틈이 있겠는가? 또 이 작업을 적극 지지하던 현위원회 서기 천예푸(陳業夫)도 인사 이동이 되어 다른 곳으로 부임하고 저우(周) 현장도 임기 교체 때 돌연 면직되었다. 한바탕 헛된 꿈을 꾼 셈이었다.

　　그렇지만 허카이인이 마음이 편안해진 일도 있었는데, 그것은 마음속에 맺힌 응어리가 풀렸기 때문이다. 즉 우연한 기회에 성정부에서 그를 창춘 회의에 가지 못하게 한 원인을 알게 된 것이다. 원래 당시 누군가 허카이인을 "허장성세로 협잡질한다"고 고발했기 때문에 성정부에서 사람을 국무원에 파견해 허카이인이 말한 대로 리펑 총리가 그런 말을 했는지, 또 국무원에서 허카이인을 중난하이로 불러 작업을 보고하라고 한 것이 사실인지의 여부를 조사시켰던 것이다. 외부 조사는 그에게는 숨기고 했는데 조사해본 결과 모두 사실로 드러나자 조사에 착수했던 동지가 마음에 켕기는 것이 있어 돌아와서는 허카이인에게 사실을 털어놓았던 것이다.

　　겨울이 가고 봄이 왔다. 1992년은 소리 없이 찾아왔는데, 이해 삼사월에 덩샤오핑 동지의 남순강화(南巡講話)가 얼어붙은 세상을 녹이는 봄바람처럼 중국 대지에 발랄한 생기를 불어넣어 주었다.

　　얼마나 좋은 말인가!

　　"개혁개방은 대담하고 용감하게 시험해야 하며 소심한 여인처럼 할 수는 없다. 올바르다고 생각한다면 대담하게 해보고 대담하게 부딪쳐

보자. 부딪쳐보는 정신, 모험의 정신, 기백과 힘이 없으면 좋은 길, 새로운 길, 새로운 사업은 만들어낼 수 없다."

"농촌개혁과 도시개혁에 논쟁은 필요 없다. 대담하게 시험해보고 대담하게 부딪쳐보자. 우리의 정책은 (기회를) 보는 것을 용인한다. 보는 것을 용인하는 것은 강제하는 것보다 훨씬 좋은 것이다."

"기회를 잡아야 한다. 지금이 바로 좋은 기회이다. 나는 기회를 잃을까 두렵다. 잡지 않으면 보였던 기회는 사라지고 만다. 시간이 지나면 곧 사라지는 것이다."

덩샤오핑 동지가 사람들의 마음을 격려하는 강화를 읽고 허카이인은 피가 솟구치는 것을 느꼈다.

덩샤오핑의 남순강화에 이어서 안후이성 상무 부성장 사오밍이 나섰다. 그는 다시 허카이인의 보고를 농업 담당의 왕서원 부성장에게 건네주며 다음과 같이 의견을 표시했다. "서원 동지, 허카이인 동지의 이번 건의는 제의한 지 몇 년 되었고, 나도 몇 차례 검토하고 생각해보았습니다. 현재 중앙에서는 대담하게 해보라고 제창하고 있는데, 당신이 우리가 한 개 현이나 향을 선택해서 실험하는 것에 동의한다면, 다시 성 지도자와 의논해서 관련 부문과 함께 연구해보고 싶습니다."

사오밍의 연락을 받은 다음 날 왕서원은 답신을 보냈다. "사오 부성장의 의견에 동의합니다."

이것은 "심산유곡에 길이 없는가 했더니 버드나무 우거지고 백화가 만발한 동네가 하나 나타나네"(남송의 시인 육유陸游의 시 「유산서촌」遊山西村의 한 구절―옮긴이)라는 말대로 기회가 드디어 온 것이었다.

그 무렵 전국국토학연구회가 안후이성의 화이베이에서 열렸는데, 저명한 농촌경제 전문가 두룬성도 참석했다. 허카이인도 초청을 받고 회의에 참석해 발표했는데, 회의 주제가 국토에 관한 것이어서 허카이인의 발언도 국토에 관련된 것일 수밖에 없었지만 그의 마음은 여전히 농촌개혁에 가 있었다. 그래서 그가 쓴「농촌 상품경제를 발전시키는 근본적 조치—농촌개혁의 심화에 관한 몇 가지 구상」을 갖고 가서 두룬성에게 증정했다.

두룬성은 논문을 읽고 크게 칭찬하면서 허카이인에게 이렇게 말했다. "허 선생, 연해지구에 대해서는 따로 조사해봐야겠지만, 허 선생의 조치는 중국 중서부의 광대한 농촌에 적용할 수 있다고 단언할 수 있네."

두룬성의 높은 평가를 받고 허카이인은 크게 고무되었다.

회의가 종료될 무렵, 푸양지구의 상무 부전원(副專員)인 왕화이중이 차를 갖고 회의에 왔다. 두룬성을 영접해 푸양지구에 가서 사업지도를 받으려는 것이었다. 왕화이중이 일부러 두룬성을 청한 이유 가운데 하나는 두룬성이 중앙농촌정책연구실과 국무원 농촌발전연구센터 주임으로 있을 때 중국 농촌개혁에 큰 영향을 끼친 '중앙 제1호 문건'을 기초한, 당내 농업문제의 1인자였기 때문이고, 또 하나는 두룬성이 화이하이전투(淮海戰役) 때 푸양에서 지구위원회 서기를 담당해서 푸양과 인연이 있었기 때문이다. 1987년 국가가 농촌개혁 시험지구를 만들기로 결정했을 때 노(老)서기 두룬성의 강력한 추천으로 푸양이 중국 최초의 국무원 등록안에 의한 농촌개혁 시험지구가 된 일도 있었다. 두룬성이 안후이성에 왔으니 푸양 인민이 왕년의 노서기, 노전문가를 초청해 지도를 받으려고 한 것도 인지상정이었다.

그러나 두룬성은 너무나 바쁜 와중에 겨우 틈을 내서 전국적인 회의에 온 것이었고, 또 오기 전에 이미 베이징으로 돌아갈 차표도 사놓았기 때문에 왕화이중에게 사양하면서 이렇게 말했다. "가을에 다시

한 번 오기로 하지요. 지금은 나보다는 당신과 같은 성 출신인 허카이인 동지가 가도록 하는 것이 더 낫겠소. 허 동지는 생각이 있는 사람이오. 그는 벌써 아주 좋은 방안을 갖고 왔소."

두룬성의 추천으로 허카이인은 왕화이중의 차를 타고 조조(曹操)와 화타(華陀)의 고향인 보현(亳縣)으로 갔다.

당시 푸양은 아직 행정시가 조직되지 않았고 보현도 보저우시(亳州市)로 승격하기 전이었으며, 푸양지구 단독으로 독립된 행정구를 만들지도 못하고 지구의 몇몇 기관의 지도자가 모여서 회의를 열고 있었다. 허카이인의 도착으로 회의에는 개혁의 화제가 추가되었다. 지구위원회 서기 왕자오야오로부터 농촌 제2차 개혁의 구상을 들려달라는 친절한 요청을 받자, 오랫동안 억눌려온 허카이인은 이렇게 속시원히 말할 수 있는 곳을 갈망해온 터라 사양하지 않고 다년간 심사숙고한 구상을 술술 이야기했다.

말을 마친 후 허카이인은 청중의 주의를 일깨웠다. "이 방안은 많은 금기에 당면해서 실현할 수 있을지 없을지 저 자신도 자신이 없습니다."

기관의 구성원들은 그 후 열띤 토론을 벌였다. 최후에 왕자오야오가 허카이인에게 말했다. "우리는 하기로 결정했습니다. 와서 우리를 도와 같이 해봅시다."

허카이인은 드디어 자신의 구상이 실시된다는 말을 듣고 마음이 엄청 흥분되는 것을 감출 수 없었지만, 한편으로는 걱정도 없지 않아서 이렇게 말했다. "여기에는 분명 위험이 따를 것입니다."

왕자오야오는 솔직하게 말했다. "우리는 국가에서 승인한 농촌개혁 시험지구이고 창신과 돌파를 해보라고 허가받았습니다. 위험이 있다 하더라도 우리 지구에서 부담하고 나 왕자오야오가 부담하는 것이지, 허 선생과는 상관없습니다."

왕자오야오의 말은 차분하면서도 단호했다.

허카이인은 왕자오야오의 손을 꽉 잡았다. 마음속에서 무언가 뜨거운 것이 치밀어 올라왔다. 그렇다, 왕 서기가 이렇게 말을 해주는데 무슨 더 할 말이 필요하겠는가.

회의 후에 왕자오야오는 자신이 직접 허카이인을 시험지구로 지정된 곳으로 안내했다.

그들이 우선 도착한 곳은 잉상현이었다.

잉상현은 당시 국무원 농촌발전연구센터에서 토지제도의 개혁을 시험하던 곳으로, 연구센터의 두잉(杜鷹) 등이 1년여 동안 머물면서 깊이 파고들었다. 허카이인은 농촌개혁 심화에서 가장 중요한 것은 토지제도와 세비제도의 두 가지 개혁이라고 생각하고 있었는데, 토지제도 개혁이 이미 모색 중이라면 남은 문제는 세비제도상의 개혁이었다.

따라서 허카이인이 왕자오야오와 함께 확정해야 할 것은 세비개혁의 실험지였다.

잉상현에서는 이 때문에 현위원회 확대회의가 열렸는데 현내 5대 기관의 전원이 모였다. 지구위원회 서기 왕자오야오도 출석했지만 잉상현이 농촌세비개혁의 실험지가 될 것인지에 대한 동의 여부는 지구위원회가 독단으로 처리하지 않을 것이며, 여러분이 자신의 의견을 충분히 발표해주기를 바란다고 설명할 뿐이었다.

허카이인이 관련 상황에 대해서 자세히 설명하고 나자 자유로운 발언이 시작되면서 회의장은 열기가 치솟았다. 회의장은 곧 의견이 엇갈렸다. 현위원회와 현정부는 추진하고 싶어 했고, 정치협상회의는 태도가 명확하지 않았으며, 인민대표는 반대였다.

지지자와 반대자와 절충자의 의견이 격렬하게 대립해 끝까지 결말이 나지 않았다.

현의 인민대표의 지도자가 반대하는 데에는 공개적으로 제기할 만한 충분한 이유가 있었는데, 그것은 "이 방안은 분명히 현행 정책 법규와 일치하지 않는다"는 것이었다.

허카이인은 진지하게 듣고 있었는데, 들을수록 덩샤오핑 동지의 남순강화가 멀리 앞을 내다보고 시대적 병폐의 심각함을 시의적절하게 지적한 것이라는 생각이 들었다. 허카이인은 반대자와 절충자의 이유 중에서 상투적인 의견을 찾아냈다. "다른 곳에서는 이렇게 하지 않는다. 우리가 이렇게 하면 향진의 간부가 불만을 제기할 것이다."

공을 세우려고 하기보다는 잘못이 없기만을 바라고, 안정을 추구하고 분란을 기피하며, 마음 편하게 지내려고 하는—이렇게 "부딪쳐 보는 정신이 없고, 모험 정신이 없고, 기백과 힘이 없고", "소심한 여인 같은" 정신상태가 이미 농촌개혁의 심화를 가로막는 가장 심각한 장애가 되어 있었던 것이다.

물론 허카이인도 반대자가 말하는 위풍당당한 원인의 배후에 더 숨겨진 원인이 있다는 것을 모르지는 않았다. 이러쿵저러쿵 두렵다고 말하지만, 까놓고 말하면 사실 세비 통일이 추진되면 향촌의 간부가 지금처럼 마음대로 농민들에게서 돈을 거둘 수가 없는 것을 두려워하는 것이다. 그리고 추호의 의문도 없이 향촌 간부와 현의 간부들의 허다한 업적이 목표달성이나 승진에 의해 이루어진 것인데, 비용 징수나 할당금 부과나 자금 징수를 하지 말라고 하면, '공익사업'에 필요한 돈들은 도대체 어디서 나온다는 말인가?

그들이 세비개혁에 동의한다는 것은 어떤 의미에서는 스스로 자신의 돈줄을 끊는 것과 마찬가지인 셈이다.

명백한 일이지만, 개혁을 실행하려면 우선 정신의 개혁이 필요하고, 과감하게 우선 자신부터 개혁하지 않으면 안 되는 것이다.

왕자오야오는 이러한 상황을 똑똑히 지켜보았지만 강요하지 않았다. 왜냐하면 농업개혁의 성공 여부는 우선 농민의 이해와 인정과 지지를 얻느냐에 달려 있는 것인데, 현급의 지도간부가 아직 이렇다면 그들이 광대한 농민을 조직하고 동원해서 개혁을 성공으로 이끌기를 바랄 수는 없기 때문이다.

왕자오야오가 허카이인에게 말했다. "이번에는 귀양현(渦陽縣)으로 가봅시다."

노자(老子)의 고향인 귀양현에 도착하자 왕자오야오는 허카이인을 귀양현위원회와 현정부의 주요 간부에게 소개하고, 자신은 지구위원회에 돌아가 처리할 일이 생겼기 때문에 먼저 가버렸다. 가기 전에 왕자오야오는 허카이인에게 간절하게 말했다. "이 일은 서둘러서는 안 됩니다. 그러나 나는 푸양지구에서 세비개혁을 시행하는 것을 지지하니 이것만은 안심해도 좋소."

귀양현도 이 때문에 현 확대회의를 열었는데 왕자오야오 서기가 현장에 없기 때문인지 잉상현에 비해서 회의 분위기는 더욱 격렬했다. 세비개혁의 기본 원칙이 "국가와 집단에 납부한 후 남는 것은 모두 농민 개인의 것이고, 어떤 부문이나 어떤 사람도 다시 농민에게서 한푼이라도 징수할 권리는 없다"라는 말을 듣고 회의장은 시작부터 소란해졌다.

회의 상황은 잉상현과 별 차이가 없었다. 현위원회 서기 왕바오민(王保民)은 단호히 지지하는 편이었고 세비개혁을 중요한 정치 임무로 간주하고 있었다. 현장 왕빙위(汪炳瑜)도 태도가 아주 굳건했는데, 그는 오늘날 농민이 분명 아주 괴롭고 막중한 부담에 시달리고 있으며, 지금 방안이 농촌의 '삼란'(三亂)의 부정에 효과적으로 제동을 걸 수 있으리라고 생각했다. 정치협상회의의 태도는 모호했고, 인민대표는 단호히 반대했다.

논쟁이 수습되지 않고 있을 때 현장 왕빙위가 노트를 탁자 위에 던지며 말했다. "모든 위험은 우리 현위원회와 현정부가 지겠습니다. 의견은 잘 들었습니다. 알겠습니다. 그러나 우리는 역시 하지 않으면 안 됩니다!"

이 한 마디로 회의장은 일순간 조용해졌다.

회의가 끝난 후 허카이인은 왕빙위를 만났다. 허카이인은 과감하게 결정을 내리고 책임을 지겠다고 선언한 현장에게 감격하면서도 진심으로 말했다. "이제 곧 교체의 시기인데 좀 기다리시지요. 이 일 때문에 현장이 교체되면 이후에는 아무 일도 할 수 없게 됩니다."

왕빙위가 생각해봐도 일리가 있는 말이었다. 현의 5개 기관이 일치단결할 수는 없다고 하더라도, 일을 하는 데는 원칙이라는 것이 있기 마련인데 사람들의 의견이 일치하지 않을 때 너무 서두르는 것은 확실히 좋은 방법이 아니었다. 왕빙위는 씁쓸히 웃으면서 말했다. "좋습니다. 우선 상황을 좀 지켜봅시다."

귀양현을 떠날 때 허카이인은 더 이상은 현의 간부들을 놀라게 하고 싶지 않았다. 그는 혼자 가방을 들고 묵묵히 장거리 버스터미널을 향해 떠났다.

두 차례의 현위원회 확대회의가 이렇게 소란한 것을 보고 허카이인은 농촌세비개혁의 길은 틀림없이 멀고도 험난할 것이라는 생각이 들었다.

돌아오는 길에 그는 많은 생각을 하고 또 했지만, 극히 낙담할 뿐이었다. 그는 극도의 피로와 낭패감을 느끼면서 허페이로 돌아왔다.

30. 신싱진新興鎭의 출현

세상은 정말 넓어서 어떤 일이 일어날지 알 수가 없다.

궈양현의 현위원회 확대회의가 큰 소란 속에서 유감스럽게 끝날 무렵, 오히려 이 현의 신싱(新興)이라는 이름의 작은 변두리 진에서 중화인민공화국 개혁사에 기록되어야 할 사건이 일어나려 하고 있었다.

오늘날 향촌 간부의 질이 매우 떨어진다고 생각할 이유는 없다. 그들 중의 절대다수는 농촌경제를 잘되게 하려는 사람들이다. 바로 이런 강렬한 소망을 가지고 있던 신싱진의 당위원회 서기 류싱제(劉興杰)와 진장(鎭長) 리페이제(李培杰)는 『농민일보』에 게재된 자칫하면 지나쳐버리기 쉬운 한 편의 글에 큰 흥미를 갖고 즉시 열렬한 토론을 벌였다.

그것은 양원량(楊文良)의 이름으로 게재된 「농민을 위해 양곡규제를 풀어 시장으로 향하게 하라」는 글이었다. 그들은 이 글에서 제기한 세비개혁에 대해 깊은 관심을 갖고 "세금과 비용을 일괄 징수하고 각각 분배한다"는 것을 실행해보고 싶다는 생각을 갖게 되었다.

두 사람은 세비 징수라는 말만 들어도 머리가 터져나갈 것 같았다. 징수 임무는 매년 늘어나서 이 해에 진에서 징수해야 할 세금은 농업세 31만 위안, 농업특산세 24만 위안, 경지점용세 2만 4000위안, 담배제품세 81만 5000위안, 제류통주금(提留統籌金) 162만 위안, 그리고 도로수리비와 치수비 합계 320만 위안으로, 농민 1인당 부담이 100위안을 넘고 1묘당 부담도 50위안이 넘었다.

이상의 징수 임무를 완수하기 위해 그들은 인원을 조직해서 집집마다 방문해서 징수하지 않으면 안 되는데, 이 인원이 필요로 하는 제

경비는 징수 총액의 10퍼센트, 때로는 20~30퍼센트에 달하기도 한다. 이 별도의 비용은 다시 농민에게 부과된다. 특히 담배세는 위에서 매년 징수 임무를 부과하는데, 진에서는 농가에 분담시켜 1묘당 80여 위안이 할당된다. 농민은 모종의 재배와 시비, 담뱃잎을 건조시키기 위한 탄, 관개 등 생산성의 투자로 1묘당 생산비가 200위안 가까이 드는데, 1년 동안 고생한 뒤에 오히려 또 돈을 더 내야 하는 셈이다. 농민의 원성은 길에 넘치고, 향촌 간부는 매년 욕을 먹어가며 모내기를 강요하고 욕을 먹어가며 구매를 독촉하느라 모두 몰인정한 사람이 되어버렸다.

류싱제는 이제 갓 서른 살이 된 혈기왕성한 청년으로, 보아하니 올해도 비용 징수와 구매의 임무를 완수하기 어려울 것 같아 깊이 생각한 바를 리페이제에게 말했다.

"국무원에서 여러 차례 지시를 내려 농민의 부담은 전년도 순수입의 5퍼센트를 넘어서는 안 된다고 했는데, 결과는 본래 징수의 상한 기준으로 제시된 것이 오히려 가중 징수의 하한선이 돼버렸습니다. 허위 과장 보고가 또 성행해서 농민 1인당 수입은 겨우 1,000위안밖에 안 되는데도 1,500위안이나 2,000위안이나 된다고 보고해야 하고, 결국에는 이 허위 보고의 5퍼센트를 기준으로 징수하니 어떻게 하라는 겁니까?"

리페이제는 류싱제보다 훨씬 나이가 많고 경험도 당연히 더 많았다. 젊은 서기의 말을 듣고는 그해의 양곡가격을 계산해보았다. "국가의 양곡수매가격과 시장가격은 차이가 크네. 예를 들어 콩은 국가수매가격은 1근(500그램—옮긴이)에 0.384위안인데, 시장가격은 0.9위안에서 1위안이니 농민은 이 때문에 매우 불만일세. 이 방법은 언젠가는 바뀌어야 하네."

"그렇습니다. 어떻게 합리적인 방법을 만들어야 농민의 부담을 진정으로 줄일 수 있을까요?" 류싱제는 한숨을 쉬며 말했다, "비용의 징수는 농민들이 알 수 있게 하고, 향촌 간부들을 1년 내내 징수에 시달리게 하는 일에서 해방시켜야 합니다."

류싱제는 신싱진 당위원회 서기가 된 이래 줄곧 해결책을 찾고 있었다. 그는 세금과 비용을 징수하는 일 때문에 향촌의 간부와 농민 사이에 원한이 이미 깊고, 당과 인민 사이가 심각하게 악화된 상황을 알고 있었다. 그는 여기에서 무언가 하고 싶었다.

리페이제가 말했다. "신문에서 말한 방법을 써봐도 괜찮지 않을까?"

류싱제가 말했다. "내가 리 선생을 오시라 한 것도 이 일을 상의하기 위해섭니다."

그래서 후에 '신싱이걸'(新興二杰)이라 불리게 된 류싱제와 리페이제는 의기투합해서 마주앉아 양원량의 글에서 제시한 방법에 따라 계산해보았다. 신싱진의 매월 급여 지출은 7만 위안 정도로 1년에 85만여 위안이었고, 사무경비는 1년에 20만 위안, 농업세는 보통 50만 위안으로 정해져 있었다. 여기에 건설비 40만 위안, 농전수리와 식수조림에 필요한 20만 위안, 사회복지에 필요한 20만 위안 등 별별 경비를 다 추가하면 진 전체가 1년에 필요한 자금은 적어도 260만 위안은 되는 것으로 계산되었다. 그런데 진 전체의 경지면적은 8만 7000묘이기 때문에 계산해보면 1묘당 30위안을 징수하면 기본적으로 진의 재정수요에 맞출 수 있었다.

이렇게 "1묘당 30위안을 징수하면, 더 이상의 징수는 없다"는 대담한 구상이 만들어졌다.

이러한 방법을 민중은 받아들일 수 있을까? 류싱제와 리페이제는 향촌 간부를 동원해 집집마다 돌아다니게 하여 농민들의 의견을 널리 물어보았다. 농민들은 한 번만 내고 더 이상 내지 않는다는 말에 모두 박수를 치면서 좋아했다.

신싱진 토박이인 당위원회 서기 류싱제는 농민 의견의 보고를 종합해서 진당위원회와 진정부의 주최로 열린 연석회의에서 솔직하게 말했다. "나는 농민의 아들입니다. 농촌의 수많은 일을 모두 직접 경험했고 내 눈으로 보아왔습니다. 내가 이 고향땅에서 하는 일이라곤 겨우 돈을 거두는 일뿐이고 고향의 여러분에게 욕을 많이 먹었습니다."

생각은 이미 정해졌고 남은 것은 어떻게든 방법을 강구해서 상급 간부의 지지를 얻는 일이었다. 그해 10월 초 류싱제와 리페이제는 특별히 귀양현에 가서 매우 조심스럽게 현위원회와 현정부에 사업을 보고했다.

현위원회 서기 왕바오민과 현장 왕빙위는 두 사람의 보고를 진지하게 들었는데, 특히 두 사람이 농민의 의견을 널리 구하고 또 진당위원회와 진정부에서 대회를 열어 결의했다는 사실을 알고는 매우 기뻐했다. 그들은 실험하는 것을 명확히 허가했을 뿐만 아니라 허카이인의 농업개혁에 관한 구체적인 방안도 소개해주었다.

류싱제와 리페이제는 크게 고무되었다. 그들을 예상외로 더욱 기쁘게 했던 것은 서기와 현장이 해보자고 격려했을 뿐만 아니라 그 자리에서 내년 3월 1일 신싱진에서 현장회의를 열기로 결정하고 그들을 위해 응원하겠다고 한 것이었다.

서기와 현장의 이 비상한 결정에 두 사람은 너무 기쁜 나머지 오히려 불안할 정도였다. 현 간부의 뒷받침을 얻어 '신싱이걸'의 의욕은 더욱 충만해졌다. 그런데 그 후 오래지 않아 두 사람은 잇따라 현위원회 확대회의에서 일어난 논쟁과 왕빙위가 회의 석상에서 노트를 집어던진 이야기를 전해 듣고 이것이 그렇게 간단한 일이 아니라고 느꼈다. 왜냐하면 세비를 통일해서 징수하는 것은 명백히 당시의 정책과 법규에 위배되기 때문이었다.

현위원회 확대회의가 이렇게 힘들 정도라면 그들처럼 작은 향진에서는 어떻게 될 것인가? 류싱제와 리페이제는 그제서야 좀 두려움이 느껴졌다. 그러나 두려운 건 두려운 것이고 해야 할 일은 하지 않으면 안 된다.

"올바르다면 대담하게 해보고 대담하게 부딪쳐보는 거지요." 류싱제는 말했다. "누가 조사한다 하더라도 어쨌든 덩샤오핑 동지의 말이 있지 않습니까!"

리페이제가 말했다. "내가 보기에는 이 개혁은 모든 부문에 다 이익이 있는데, 다만 향진의 간부와 촌의 간부에게는 이득이 없네. 농민에게서 다시는 기름을 짜낼 수가 없기 때문이지. 국가와 집단에 이익이 있고 또 농민의 부담이 줄어든다면 개인에게 좀 억울하거나 손해가 있다 해도 각오해야 할 거야."

류싱제가 곰곰이 생각하면서 말했다. "위험을 줄이기 위한 좀 더 좋은 방법은 찾을 수 없을까요?"

그 후 두 사람은 '더 좋은 방법'을 드디어 찾아냈다. 세비개혁의 방안을 아예 신싱진 인민대표대회의 심의로 넘겨버리는 방안이었다. 이렇게 하면 진의 인민대표의 참여와 지지를 얻을 수가 있기 때문이다.

1992년 11월 23일 신싱진 인민대표대회가 성대하게 열렸다. 110명의 인민대표 중 병이나 사정이 있어서 결석한 두 명을 제외한 108명이 모두 회의에 참가했다.

회의 석상에서 리페이제는 진정부를 대표해 '농민부담을 실질적으로 경감하기 위해 토지청부세(비)제도를 수립하자'는 보고를 했다. 진지하고 충분한 토론을 거쳐 108명의 대표가 전원 찬성표를 던졌다.

신싱진의 인민대표들이 대회의 제안을 심의해서 통과시키는 데 이렇게 일치를 보인 적은 없었다.

일개 향진의 인민대표대회의 심의에 의해서 이렇게 중대한 개혁 사업을 통과시킨 것은 중국 인민대표대회의 역사상 일찍이 없었던 일이라고 할 수 있을 것이다.

회의 후에 중화인민공화국 역사상 처음으로 향진정부에 의해 개혁의 포고가 이루어졌다. 진장 리페이제의 자필 서명이 있는 이 포고문은 다음 날 아침 신싱진의 모든 촌과 시에 나붙었다. "1993년 1월 1일을 기해 진 전역에서 토지청부세(비)제도를 실험적으로 시행한다."

포고문의 내용은 다음과 같다.

1. 세금과 비용의 제류금을 전액 청부하고, 농민은 다만 정책과 법규에 따라 의무노동만을 부담하고 어떤 비용도 다시('다시'는 원문에서는 '再'가 아니라 '在'로 잘못되어 있다―옮긴이) 부담하지 않으며, 어떠한 단위와 개인도 농민에게 할당이나 제류금을 증가하는 것을 용인하지 않는다.

2. 진 전체 8만 9000묘의 토지에서 1묘당 청부비는 1년에 30위안을 납부하고(여름과 가을에 절반씩), 세금과 비용과 제류금의 징수는 한번으로 끝내며, 농민이 국가의 규정대로 매도한 양곡은 매도한 사람이 현금을 갖는다.

3. 진의 재정소(財政所)는 직접 농민과 협의서에 서명하고, 징수 기간에는 자연촌 행정촌의 간부가 책임지고 실행하는 동시에 진 전체 간부와 국가의 직원·교사·당원은 납부를 선도한다…….

이렇게 유례를 보기 드문 포고문은 비록 기층정부(향진정부―옮긴이)의 명의로 나붙었지만, 수억 명의 중국 농민이 오랜 부담을 벗어버리고 시장으로 용감하게 달려가고자 한 결심을 소박하게 표명한 것이었다. 그중의 많은 내용은 오늘날 중국의 광대한 농촌에 대해 이상적인 모습을 제시했다는 의의가 있다. 이것은 인민공화국 역사상 중대한 사건으로 기억되어야 할 것이다.

신싱진에서 세비개혁이 일어났다는 소식은 마치 화이베이의 적막한 평원에 번개가 치기라도 한듯이 귀양현의 향촌 간부와 농민을 놀라게 했다. 세금과 비용의 징수로 골머리를 앓고 있던 간부들과 무분별한 징수를 두려워하고 있던 농민들은 신싱진에서 한 번으로 끝낸다는 세비개혁이 일어났다는 말을 듣고 모두 마음속으로 환영했다.

그래서 한때는 신싱진에 가서 구경을 하려는 사람들이 출렁이는 물결처럼 끊이지 않기도 했다.

사람들은 모두 생활에 찌들어 있었고 알게 모르게 각종의 속박에 너무 오래 묶여 있었기 때문에 벗어나기를 갈망해 일종의 변화를 찾고 있었다. 이제 신싱진에서 앞장을 서서 새로운 길을 개척하자 자연히 다른 향진들도 저마다 실행해보고 싶어 난리였다.

소식을 듣고 먼저 움직인 것은 단청향(丹城鄕)이었다. 단청향은 신싱진의 바로 뒤를 이어 그 방법대로 향인민대표대회를 열어 회의에서 같은 세비개혁 방안을 심의해 통과시켰다.

마뎬향(馬店鄕)도 뒤질세라 요란하게 각종 준비를 하기 시작했다.

매년 정월의 화이베이는 하늘과 땅이 얼음과 눈으로 뒤덮이고 차가운 서북풍이 대평원 위의 모든 생명을 휘몰아치는 삭막한 곳이었다. 그러나 1993년 정월의 귀양현과 주변의 멍청현, 리신현, 타이허현, 쑤이시현(濉溪縣) 및 보현에서는 오히려 신싱진 세비개혁의 화제로 달아

오르고 있었다.

신년의 3일째 되는 날, 귀양현위원회와 현정부, 현인민대표회의, 현정치협상회의의 간부 및 현내 각 향진당위원회와 정부 책임자가 신싱진에 모였고, 예정대로 4대 기관의 공동회의가 열렸다. 귀양현위원회 서기 왕바오민과 현장 왕빙위의 사전계획은 이 현장회의를 통해 신싱진의 개혁을 모델로 해서 현 전체로 확대 추진하려는 것이었다.

회의에서는 류싱제가 신싱진의 대표로서 기조강연을 했다. 착실하게 준비해온 류싱제는 당당하게 자신들이 농민부담을 경감하기 위해 추진한 '토지청부세(비)제도' 개혁의 방법과 느낀 바를 보고했다. 참석한 거의 모든 사람들이 경청해 회의장의 분위기는 극도로 고조된 상태였다. 그러나 바로 이때 현위원회 서기와 현장도 예상치 못한 상황이 발생했다. 현인민대표회의의 주임이 돌연 이의를 제기한 것인데, 신싱진의 개혁 방안이 합리적이라고 해도 불법이라는 말이었다.

인민대표 주임은 이론을 용납하지 않겠다는 말투였다. 그의 냉정한 어조에는 단호히 부결시키겠다는 태도와 추호도 흔들리지 않겠다는 원칙적인 입장이 배어 있었다.

정계를 잘 알고 있는 사람들은 한 번 듣고는 곧 여기에는 뭔가 있다는 것을 눈치챘다.

이번의 공동회의가 현 서기와 현장 두 사람이 주도한 것이고, 신싱진의 개혁 정신을 발양하고 개혁 방안을 확대하기 위해 서기와 현장이 애써서 과감하게 일을 추진한 사실을 모르는 사람은 없었다. 그런데 감히 현내 여러 기관과 모든 향진당위원회 및 정부 책임자의 면전에서 현 서기, 현장과 어긋나는 의견을 말하는 것은 성 인민대표나 적어도 지구 인민대표의 배경이 없으면 불가능한 일이다.

이것은 대다수의 회의 참석자에게 예상 밖의 일이었다. 이것은 신싱진의 개혁에 대해, 현위원회와 현정부가 개최하기로 결정한 공동회의에 대해 정면으로 경고하는 것과 다를 바 없었다.

사람들은 모두 인민대표 주임의 의견이 조금도 개인의 감정이 섞인 것이 아니라는 점을 알고 있었다. 이렇게 상반된 견해를 표명하는 것은 합리적이고 합법적일뿐만 아니라 인민대표는 법에 따라 향유되는 권력을 행사하는 것이고, 국가정책 법규의 엄격성을 수호하는 것이기도 하다. 따라서 인민대표 주임이 설명하지 않아도 사람들은 알고 있었다. 즉 불법적인 결정을 고무하고 선양하는 것이 현위원회와 현정부에게 무엇을 의미하는 것인지 말이다.

회의장에는 갑자기 숨이 막힐 듯한 정적이 흘렀다.

좀 전에 고도로 고조되었던 회의장의 분위기는 갑자기 바뀐 적막감 속에 돌연 사라져버려 흔적도 찾을 수 없었다.

회의의 취지도 순식간에 바뀌어버렸다. 현 서기 왕바오민과 현장 왕빙위도 이러한 상황에서는 다시 뭐라고 할 말이 없었다.

국법의 감독자인 인민대표 주임이 개혁 방안의 불법성을 지적한 후 현 서기와 현장이 또 이렇게 침묵하자, 사람들의 사고 방향도 자연히 개혁 노선에서 이탈해 애매모호한 발언을 하기 시작했다.

현장회의의 마지막 풍경은 많은 사람들에게 지금까지 인상 깊게 남아 있다. 현 서기가 내심으로 신싱진의 개혁을 바라고 있지만 이미 그렇게 선명한 태도를 밝히지 못하고 있다라든가, 실행이 되지 않은 것이라면 이제 다시 되돌아가도 늦지 않다는 이야기도 나왔다.

요컨대 현장회의 후에 지금까지 당당하게 지지했던 간부들은 자신감을 잃어버리고 말았다.

신싱진의 세비개혁은 거대한 암초에 걸리고 말았다.

과연 이 개혁은 실행할 수 있는 것일까?

류싱제와 리페이제는 머뭇거렸지만 이대로 체념하고 물러서지 않았다. 진 내의 당정기관은 진지한 협의를 거쳐 초지를 관철하기로 결정하고 어떤 일이 있어도 세비개혁을 계속해나가기로 했다.

류싱제와 리페이제는 대의를 정했다. 이 개혁은 농민에게 좋은 일이다. 농촌의 기층 간부가 농민의 복리를 위하지 않는 것이야말로 최대의 직무 위반이다.

그들은 물론 조직 원칙의 중요성을 알고 있었다. 또한 토지청부세(비)제도의 실험적 시행이 현행 정책 법규에 위배된다는 것도 알고 있었다. 그러나 그들은 또한 장쩌민 총서기가 "덩샤오핑 이론의 위대한 기치를 높이 들자"고 재삼 강조한 사실도 알고 있었다. 덩샤오핑의 남순강화는 틀림없이 덩샤오핑 이론의 중요한 구성 부분으로서, 남순강화를 대하는 데는 두 가지 방식이 있는데 입으로는 찬동하고 속으로는 반대하느냐 아니면 액면 그대로 실행하느냐이다. 이것은 덩샤오핑 이론의 기치를 드느냐 마느냐와 같은 것이고, 장쩌민 총서기의 중요 지시를 집행하느냐 마느냐와 같은 것이며, 당성이 있느냐 없느냐와 같은 근본적인 큰 문제인 것이다.

'증권'이나 '주식시장'은 자본주의의 물건으로 간주되어 왔지만, 덩샤오핑은 의미심장하게 이렇게 말했다. "이 물건들은 도대체 좋은 것인가 나쁜 것인가, 위험한 것인가 위험하지 않은 것인가, 자본주의만의 것인가 사회주의에서는 쓸 수 없는 것인가를 시험해보기 바란다. 그러나 확실하게 시험해보아야 한다." 아울러 이렇게도 말했다. "옳다고 생각하면 1~2년 시행해보고 맞으면 개방하는 것이다. 틀리면 고치고 문을 닫으면 된다." 심지어 이렇게도 말했다. "문을 닫으려면 빨리 닫아도 좋고, 늦게 닫아도 좋고, 꼬리를 남겨두어도 좋다. 두려워할 것은 없다. 이러한 태도를 견지하고 서두르지 말아야 한다. 그래야 큰 착오를 면할 수 있을 것이다."

덩샤오핑의 산하를 삼킬 듯한 남순강화를 읽을 때 류싱제와 리페이제는 심령이 흔들릴 뿐만 아니라 무언가 크게 깨달은 것 같기도 했다.

그들은 계획대로 세비개혁의 「시행(試行) 세칙」과 세비 합병 후의 「수납결산 방법」을 모든 농가에 발송했고 규정에 따라 세대마다 협의서에 서명을 받았다.

이렇게 신싱진에서 뒤를 돌아보지 않는 용감한 세비개혁의 서막이 열렸다.

신싱진과 함께 개혁 추진을 준비하고 있던 마뎬향에서는 당서기가 형세가 이상하게 돌아가자 움츠러들고 말았다. 그러나 똑같이 기층인민대표대회를 열어 개혁 방안을 통과시킨 단청향은 신싱진의 진행 상황에 고무되어 신싱진과 함께 계속해나가기로 결정했다.

그러나 좋은 시절은 오래가지 않았다.

3월 1일, 현인민대표대회의 법제공작위원회와 현재정국이 돌연 많은 인원을 신싱진에 파견해 조사를 벌였고, 3월 3일에는 당서기 류싱제가 전출되고 말았다.

누군가는 류싱제가 전출된 것은 신싱진 세비개혁에 대한 발본색원의 처사라고 말했다. 또 누군가는 류싱제가 부현급(副縣級)인 청관진(城關鎭)의 진장으로 전출되고, 리페이제가 그를 뒤이어 신싱진의 당서기를 맡은 것은 현에서 그들을 중용한 것이라고 말하기도 했다. 그러나 어쨌든 세비개혁은 바로 아주 어려운 초보 단계에 있었기에 류싱제의 전출은 신싱진으로서는 손실이었다.

진장 리페이제는 당위원회 서기가 되고 부진장 궁바오제(龔保杰)가 진장으로 승진했다. 궁바오제도 세비개혁의 지지파였는데, 그의 이름에 '제'(杰) 자가 있어 나중에 사람들은 '신싱이걸'을 '신싱삼걸'로 개칭했다.

신싱진의 개혁은 결코 이 때문에 중단되지 않았고, 오히려 민심을 얻고 명분을 얻어서 아주 신속하게 전개되어 파죽지세와 같았다.

그러나 4월 27일이 되자 형세가 갑자기 급전직하했다. 이날 귀양 현 인민대표대회 상무위원회는 정식으로 한 가지 결정을 내렸다. 그것은 바로 신싱진과 단청향의 인민대표대회에서 통과한 세비개혁 실행의 결의를 취소한다는 것이었다.

인민대표대회 상무위원회의 결정을 보고 단청향은 버티지 못하고 뒤로 물러섰다. 리페이제도 괴로운 선택에 직면했다. 정식으로 내려온 결정을 보고 리페이제는 사무실 문을 닫아걸고 혼자 오전 내내 멍하니 창문 밖을 바라보고 있었다고 한다.

다음 날 리페이제는 현성(縣城)에 가서 인민대표 주임에게 면담을 요청했다. 자신의 노력을 통해서 주임에게 표현의 완화라도 얻어낼 수 있지 않을까 해서였다. 그러나 이러한 희망도 결국 무산되고 말았다. 돌아온 회답은 추호도 반론의 여지를 주지 않는 것이었다. "다시 해서는 안 됩니다. 이것은 불법입니다."

그러나 리페이제는 체념하지 않고 이번에는 현위원회로 가서 개혁을 계속하게 해달라는 청구를 제출했다. 현위원회 서기 왕바오민은 물론 인민대표대회 상무위원회가 통과시킨 이번 결정이 상부의 지지를 얻은 것을 알고 있었다. 이런 상황이 되자 그로서도 명확한 태도를 밝히기가 어려워서 이렇게 말했다. "다시 하게 되면 잘리게 될거야." 이렇게 말하고 나서 그는 의미심장하게 다시 덧붙였다. "잘려도 다시 기용할 수 있겠지만."

리페이제는 무슨 말인지 알아챘다.

신싱진으로 돌아오는 길에 리페이제의 심정은 착잡했다. 그는 "진리는 때로는 소수의 사람에게 있다"는 비장함을 통감했다.

리페이제는 생각했다. 만약 현행 정책과 법규에 어긋나는 일이라고 해서 모두 아무런 분석도 하지 않고 모두 단호히 반대하며 일체 말살한다면, 그렇다면 중국의 농촌에 펑양현 샤오강촌에서 행해진 청부제의 전례가 있을 수 있을까? 감옥에 갇히고 죽을 수도 있는 것을 두려워하지 않는 용기가 없었다면 오늘날 개혁개방의 형세가 어떻게 있을 수 있을까? 진당위원회 서기는 어느 정도 높은 자리인가? 조사를 받고 잘린다 해도 크게 잃을 것은 없다. 인민들을 위해 그들의 마음에 드는 좋은 일 한 가지를 할 수 있다면 집으로 돌아가 다시 농사를 지어도 좋지 않은가?

그래서 리페이제는 끝까지 밀고 나가기로 마음을 굳게 다졌다.

그 후 그는 큰 회의든 작은 회의든 상부에서 물어보면 개혁이라는 말을 입에 올리지는 않았지만, 하는 일은 원래대로였다. 누가 뭐래도 나는 내 갈 길을 가겠다는 식이었다.

신싱진이 농민과 계약한 협의 규정에 의하면 경지 1묘당 30위안만 납부하면 정책으로 규정된 의무노동 이외의 의무는 일체 없기 때문에 농민의 생산 의욕이 전에 없이 올라갔다. 적지 않은 농가에서 효율이 높은 작물을 경작하기 시작했고, 약재와 귀양현 특산의 태간(苔干)은 1만 묘로 경작 면적이 확대되어 생산량이 전년도에 비해 각각 두 배와 아홉 배로 증가했다. 연근도 5,000묘로 확대되어 전년도에 비해 생산량이 다섯 배 이상 증가했다. 모두 기꺼이 자금을 투자하고 애써서 경작했으며, 하늘도 도와서 가을에는 대풍작이 되었다. 그 결과, 그 해 가을 세비를 징수하는 임무는 민병을 동원하지 않고, 경찰도 움직이지 않고, 향촌 간부들이 집집마다 방문해 가축이나 양곡을 끌어낼 필요도 없이 겨우 10일 만에 순조롭게 완수할 수 있었다. 이것은 몇 년 동안 보지 못했던 일이었다.

개혁의 「시행 세칙」이라는 제약이 있었기 때문에 농민에게 함부로 손을 내미는 현상이 신싱진에서는 억제되었다. 그래서 농민 1인당 부담과 1묘당 부담이 개혁 전인 1992년의 같은 기간에 비해 각각 37퍼센트와 20.6퍼센트 감소했다.

이것은 과거에는 감히 상상도 하지 못했던 일이었다.

리페이제에게 가장 의외의 일이었던 것은 토지청부제의 '세비합일'을 실험적으로 시행한 후 토지가 합리적으로 유전(流轉)하기 시작한 것이다. 다시 말하면 토지가 경작 능력이 있는 사람의 손으로 이동하기 시작한 것이다. 리페이제가 사람을 보내 내막을 조사한 결과, 진 전체에서 스스로 하청을 준 세대가 100세대가 넘고, 그중 어떤 세대는 60여 묘나 받아들여 품질 좋은 콩을 수확해서 거둔 순수입만 2만 위안이 넘었다. 또한 사람을 동원해 농가를 방문해서 독촉하는 일도 없어져 수많은 편제들이 필요없게 됨에 따라, 이것만으로도 촌의 간부를 300여 명이나 정리할 수 있게 됨으로써 농민의 부담을 크게 감소시켰던 것이다.

리페이제와 궁바오제가 외부에 대해 굳게 입을 다물고 '개혁'이라는 두 글자를 내세우지 않았더라도, 이 일은 결국 현정부의 정보과를 속여 넘길 수는 없었다. 그리고 정보과장 왕웨이(王偉)는 신싱진의 세비개혁으로 나타난 새로운 변화를 성정부에 보고할 책임이 있다고 생각했다. 그날 왕웨이는 자신이 이해한 정황을 간명하게 정리한 문건을 성정부의 정보과에 보고했다.

신화사 안후이성 지사의 기자가 왕웨이의 문건을 입수한 뒤 뉴스의 가치가 있다고 판단해서 내부참고 자료로 정리해 『반월담』(半月談)의 내부판에 게재했다.

뜻밖에도 이 기사는 아주 작은 기사였음에도 불구하고 궈양현 인민대표대회의 간부들을 격노시켰다. 그들은 왕웨이가 정보원이라는 것을 알고 곧 불러내 문책했다. "당신은 어떻게 이런 기사를 보도하게 할 수 있는가?"

간부들은 이 소식이 궈양현에 분규를 일으키고 궈양현 인민의 얼굴에 먹칠을 하는 일이라고 생각한 것이다.

현정부에서 개최한 징수임무 완성상황보고회의에서 리페이제는 적지 않은 사람들이 자신을 이상한 눈으로 바라보는 것을 보았는데, 아마도 개혁의 소문이 퍼졌기 때문일 것이라고 짐작했다. 리페이제는 당과 정부의 간부들을 건드리고 싶지 않아서 자신이 보고할 순서가 되자 아예 새빨간 거짓말을 했다. "신싱진은 전적으로 인민대표대회 상무위원회의 결정에 따르고 있습니다. 이전의 세비개혁 방법은 다시는 실행하고 있지 않습니다."

리페이제는 아주 그럴싸하게 말했다. 그는 진지하게 거짓말을 하는 법을 배우지 않으면 안 되었던 것이다.

개혁의 좋은 점을 알게 된 리페이제는 이 개혁을 끝까지 밀고 나가기로 결심했고 동시에 본의 아니게 새빨간 거짓말을 계속하지 않을 수 없었다.

당성(黨性)과 양심은 사실 모순이 아니고 같은 것일 터인데, 신싱진의 토지세비개혁을 위해 리페이제와 궁바오제는 매일매일 '조직의 기율'과 양심 간의 괴로운 선택 사이에서 생활하고 있었다.

31. 꽃향기가 담장을 넘어 퍼지다

허카이인은 농촌세비개혁에 관한 구상이 잉상현과 궈양현에서 열린 두 차례의 회의에서 좌절을 겪었지만 아직 포기하지 않고 안후이성의 수도 허페이로 돌아온 이후에도 계속 지지자를 찾고 있었다. 그 무렵 양쯔강에 인접한 구리의 산지로 유명한 퉁링시(銅陵市)에서 시장 왕양(汪洋)이 시 전체를 상대로 내부의 문제를 폭로하는 해방사상 대토론회를 대최해 전국적으로 적지 않은 반향을 불러일으켰다. 허카이인은 순간 기발한 생각을 했다. 자신의 개혁 방안을 왕양 시장에게 보여준다면 어떨까? 그는 곧 이 생각을 행동으로 옮겨 개혁을 추진하는 젊은 시장에게 편지와 함께 관련 자료를 보냈다.

왕양은 허카이인의 편지와 자료를 보고 아주 마음에 들어 바로 퉁링현(銅陵縣)에 지시해서 실시 가능성을 타진해보도록 했다. 당시 퉁링현위원회 서기 천쑹린(陳松林)은 성위원회의 당(黨)학교에서 학습 중이었는데, 이 건을 들어보고 즉시 지지를 표명했다. 현위원회 부서기이자 현장인 탕스딩(唐世定)은 더욱 흥미를 갖고 왕양 시장의 지시를 접수하자 즉시 허카이인에게 편지를 보내 퉁링현으로 와달라고 요청했다.

허카이인은 아주 기뻐하며 급히 남쪽으로 내려갔다.

허카이인은 자신의 편지 한 통이 이렇게 큰 반응을 불러일으킬 줄은 몰랐다. 그러나 마찬가지로 그가 예상하지 못했던 것은 퉁링현의 몇몇 기관의 회의 석상에서 자신의 세비 통합에 대한 자세한 구상이 소개된 후 전개된 광경인데, 바로 잉상현과 궈양현에서 본 것처럼 지지자는 당당하게 지지했지만 반대자도 명확하게 발언해 서로 격렬하게 대립하는 상황이 재연된 것이다.

이렇게 되자 회의를 주최한 탕스딩 현장은 아주 난감해했다.

탕스딩은 허카이인과 이별하면서 이렇게 말했다. "퉁링현에서는 농촌세비개혁의 통일을 실험하기를 매우 희망하고 있습니다. 그러나 이 일은 워낙 중대한 일이라서 성 간부의 명확한 지지가 없으면 하부의 각종 의견을 통일하기 어렵습니다. 또 현재 정부의 임기 교체 시기도 다가오고 있어서 성위원회와 성정부의 명확한 태도가 있다고 해도 실험의 지속성을 보장하기 어렵습니다."

허카이인은 다시 한 번 실망하면서 허페이로 돌아왔지만 마음의 평정을 찾기가 매우 힘들었다. 왜냐하면 이번에는 뜻밖에 허베이성위원회 연구실로부터 편지를 받았고 또 거의 동시에 허베이성위원회 서기 싱루전(邢錄珍)이 쓴 편지도 받았는데, 두 편지가 모두 자신의 농촌개혁 구상이 허베이성의 당과 정부의 주요 간부로부터 아주 중시되고 있고 자신이 "제시한 사고방식과 방법이 허베이성의 농촌 상품경제 발전뿐만 아니라 전국의 농촌경제 발전에도 분명 의의가 있을 것"이라고 인정해 주었기때문이다.

이 북쪽 지방으로부터 온 편지를 읽고 허카이인은 감개무량했다. 그는 깊이 감동함과 동시에 깊은 슬픔에 빠져 어찌할 바를 몰랐다.

"이야말로 '꽃향기가 담장을 넘어 퍼지다'라는 옛말 그대로가 아닌가?"

허카이인은 자신의 꿈이 자신이 태어나고 자라온 고향 안후이성에서 이루어지기를 간절히 바랐다.

허카이인은 국무원 연구실 농촌조장 위궈야오의 기대를 잊을 수가 없었다. 위궈야오는 농업청부제가 안후이성 펑양현 샤오강촌에서 시작한 것이라면서, 허카이인에게 다시 한 번 안후이성에서 농촌개혁의 심화를 선도해주기를 기대했던 것이다.

보아하니 그의 구상은 안후이성에서는 지나친 욕심이었고 화이베이와 강남의 세 개 현에서도 벽에 부딪쳤지만, 그는 다시 붓을 들어 자신이 근무하는 성정부의 지도자들에게 편지를 썼다. 그는 편지에서 "성 지도자들이 명확한 지지를 표명해 인식의 통일을 이루게 해주기를" 간절히 희망했다.

얼마 후 성정부의 부비서장 천저샹(陳著香)과 농업을 담당하는 부성장 왕서원 그리고 상무 부성장 사오밍이 연달아 허카이인의 편지에 대해 긍정적인 지시를 주었다. 특히 사오밍의 지시는 허카이인이 보고 매우 감동했다. "허카이인 동지의 이번 건의는 몇 년이나 된 것이고 나도 여러 번 보고 생각해보았소. 현재 중앙에서 과감하게 실험해보기를 제창하고 있기 때문에, 현이나 향을 하나 선택해서 실험해보는 것이 어떻겠소? 만약 동의하면 다시 성의 간부와 연락해서 관련 부문을 찾아 함께 연구해보지 않겠소?"

사오밍의 태도가 확실했기 때문에 허카이인은 완전히 믿고 그가 '다시 성의 간부와 연락'하기를 기다리고 있었다. 그러나 하루하루 시간이 지나 그해 연말이 되도록 기다려도 아무런 소식이 없었다. 순식간에 1년이 또 지나 새해를 맞이하게 되었다. 사람들은 새해맞이에 들뜨고 분주했지만 허카이인은 피로에 지치고 낙담한 나머지 추호도 설을 맞이하는 심정이 아니었다.

허카이인은 지나칠 정도로 일을 성실하게 하는 사람이었다. 하지만 그가 생각한 농업개혁의 구상은 이제 5년이 지났지만 여전히 구상인 채로 남아 있다. 탁상의 공론일 뿐인 것이다. 한번 실험해서 자신의 꿈이 실현되기를 얼마나 갈망해왔던가!

거리에서 아이들이 폭죽을 터뜨리는 소리를 들으면서 허카이인은 생각했다. "천하는 참으로 넓으니, 안후이성이 아닌 다른 성에서 받아 주어도 좋을 텐데."

허카이인은 결국 안후이성이 이 일을 이렇게 처리하는 것을 보고는 인내심을 잃고 다른 성으로 눈을 돌리기 시작했다.

허카이인은 생각했다. 허베이성에서 그렇게 중시하고 움직이려고 준비하는 이상 중국의 절대다수의 성과 도시 지역이 자신의 개혁 조치에 대해 흥미를 가지고 있는 것이라고 믿어도 좋다고.

허카이인은 문득 이웃 성의 성장 리창춘(李長春)이 생각났는데, 이는 허난성과 안후이성이 모두 농업을 주된 산업으로 하고 농민의 부담이 최대문제라는 공통점이 있기 때문일 것이다. 물론 리창춘의 이름이 생각난 또 하나의 이유는 많은 중국인들에게 너무나 귀에 익은 이름이었기 때문이다. 리창춘이 선양(瀋陽) 시장과 랴오닝(遼寧) 성장으로 있을 때 용감하고 과감하게 개혁을 추진한 일은 이미 세상 사람들이 다 아는 바였다. 선양방폭기재공장(瀋陽防爆器材工場)이 전국 최초로 파산을 선포한 것은 바로 리창춘의 멋진 솜씨에 의한 것이었다.

허카이인은 편지를 썼다.

리창춘 성장께.

새해 복 많이 받으십시오. 외람되오나 실례를 무릅쓰고 저의 개혁 심화에 관해 건의를 드리고자 합니다.

허카이인은 자신을 아주 잘 알고 신뢰하는 상급 간부에게 보고하듯이 리창춘에게 편지를 썼다. 그는 자신의 농촌개혁 구상에 관한 경위와 구체적인 개혁 방안을 설명했다. 그리고 국무원 연구실이 이 문제 때문에 『결책참고』를 특별히 편집·발행해 중앙정치국과 국무원 간부에게 보낸 일, 리펑 총리의 중시를 받았던 정황 등에 대해서도 설명했다. 동시에 최근에 쓴 「농촌 상품경제를 발전시키기 위한 근본적인 조치」도 동봉했다.

편지를 발송했지만 허카이인은 그다지 큰 희망은 품지 않았다. 한성의 장이라면 처리해야 할 일이 수없이 많고 신경 써야 할 일도 너무 많을 터이며, 더구나 자신과 리창춘 성장은 일면식도 없는데 실례를 무릅쓰고 편지를 보냈으니 읽어봐 줄지도 알 수 없는 일이었다. 다만 이렇게 다 털어놓자 오히려 걱정거리를 처리해버린 것 같았고 편지를 부치고 나니 갑자기 온몸이 홀가분해진 듯한 느낌이 들었다.

그런데 이후 벌어진 일은 또한 허카이인을 감개무량하게 했다. 그가 리창춘에게 보낸 편지에서 언급한 일들은 과거 안후이성 성장에게도 서면으로 보고한 적이 있었다. 그러나 그는 성장으로부터 한 글자의 지시도 받은 적이 없었을 뿐만 아니라 오히려 내사를 당하고 심지어 전국농촌연구토론회에 참가할 자유도 박탈당했다. 그런데 허난성 성장 리창춘과는 친교 관계도 없는 데다가 겨우 편지 몇 자를 적어 보냈을 뿐인데도 매우 중시해서 허난성 경제체제개혁위원회에서 신속히 허카이인에게 한 통의 따뜻한 정이 넘치는 답장을 보내왔던 것이다.

답장을 보고 허카이인은 리창춘이 이제는 성장이 아니라 허난성 위원회 서기가 된 사실을 알았다. 답장에는 이렇게 쓰여 있었다.

귀하가 리창춘 서기에게 보낸 편지와 자료를 받았습니다. 리창춘 서기와 리청위(李成玉) 부성장으로부터 각각 지시를 받아 귀하의 의견을 연구하고 연락을 드리는 바입니다. 우리는 귀하가 「농촌 상품경제를 발전시키기 위한 근본적인 조치」라는 글에서 좋은 건의와 의견을 많이 제시해주어서 농촌개혁의 진일보에 틀림없이 의의가 있고 효과가 있으리라고 생각합니다. 이후로도 계속 귀하가 연구한 새로운 성과와 새로운 견해를 우리에게 보내주어 상호 교류하고 토론하기를 바랍니다.

편지에는 리창춘과 리청위가 내린 지시 문건의 복사본이 동봉되어 있었다. 지시 문건을 통해서 허난성위원회가 이미 '농업세의 현물 징수 실행'을 결정했고, 상추(商丘)지구를 실험지로 확정한 사실을 알 수 있었다.

허난성 경제체제개혁위원회가 보낸 편지가 도착한 것은 3월 20일이었는데, 4월 14일에는 다시 리청위 부성장이 허난성 인민정부를 대표해 허카이인에게 충심으로 감사의 뜻을 표한다는 편지가 도착했다.

자신이 그렇게도 애쓰고 공들였던 밭갈이가 드디어 수확을 맺으려고 하자 허카이인은 무척이나 기쁘고 위안을 받는 느낌이었다.

그러나 이와 비례해서 허카이인을 더욱 실망시킨 것은 그 후 1년이라는 시간이 지나도록 안후이성에 보낸 보고에 대해서는 아무 소식도 없다는 것이었다.

물론 이 기간에 안후이성에서도 그를 기쁘게 한 소식이 있기는 했다. 바로 오랫동안 갈구해온 토지제도 개혁의 조짐이 나타난 것이다. 전국농촌공작회의가 중앙에 결정을 전달해 농민의 청부경지에 대한 사용권을 30년 연장하고, 유상으로 양도하고 값을 매겨 저당잡힐 수도 있으며, 주식으로 집단경영에 참가할 수도 있도록 한 것이다. 토지의 영구적 청부를 해결해서 농민에게 장기적인 사용권을 준 것인데, 이는 허카이인이 5년 전에 극력 호소했던 것이다. 새로운 결정이 전달되자 푸양지구위원회와 행정관서는 국가농촌개혁시험지구사무실 주임 두잉 등의 지도 아래 솔선해서 과감하게 탐색을 추진했다. 그들은 전체 범위 내에서 새로 경지를 측량하고, 행정촌을 단위로 현재 농촌의 실제 인구를 기준으로 하여 "소유권은 강화, 하청권은 명확, 청부권은 안정, 사용권은 자유"라는 원칙에 입각해 대단한 열의로 새로이 경지의 청부분배를 추진했다. 청부경지는 세대 인원수의 증감에 관계없이 계승할 수 있고, 농민이 유상으로 양도, 대출, 저당, 출자에 제공할 수도 있도록 했다.

이러한 개혁으로 토지를 양도한 농민은 안심하고 공상업에 종사할 수 있고, 농사를 잘 짓는 사람은 경영 규모를 확대할 수 있다. 이렇게 해서 많은 농업과학기술인과 향진기업이 점차 토지를 빌려 생산업에 전력을 쏟게 되었다. 이것은 토지의 산출률을 높일 뿐만 아니라 중국 농촌의 분업화를 크게 촉진했다.

이것은 허카이인이 중앙에 보고한 「경지를 영구히 청부하고 농민에게 장기적으로 사용권을 준다」는 구상과 완전히 일치하는 것은 아니고, 토지의 상품성이 부분적으로 회복되고 토지의 자원적 요소의 확대도 완만하게 진행되고 있을 뿐이지만, 허카이인으로서는 매우 흥분할 일이었다. 왜냐하면 토지사용권의 자유화는 이제 더 이상 아라비안나이트처럼 허무맹랑한 이야기는 아니었기 때문이다.

허카이인은 마오쩌둥의 말을 확신했다. "중국에서 하는 일은 서둘지 마라, 천천히 하라."

허카이인은 이렇게 생각했다. "9억 명의 농민을 괴롭히던 토지청부제 문제가 초보적인 해결을 본 이후 농촌의 수많은 모순 중에서 가장 큰 문제는 세비제도의 개혁이다. 이것도 서둘러서는 안 되는 일이지만, 그러나 기다리고만 있어서는 내 머리는 하얗게 세어버리고 말 것이다!"

제9장

하늘이 준 임무

32. 나를 알아주는 사람

1990년 1월 23일, 『인민일보』의 '보충판'에 게재된 허카이인의 개혁 구상안에 대해 허베이성 성장 웨치펑(岳岐峰)도 깊은 흥미를 가지고 있었다. 허베이성도 농업을 위주로 하는 성이어서 안후이성과 마찬가지로 오랫동안 농업세비를 징수하는 일에 많은 문제를 안고 있었기 때문에, 웨치펑도 진지하게 허카이인의 글을 읽고 즉시 "인원을 조직해 문건을 연구하고 허베이성의 정황에 대해 보고서를 작성하라"는 지시를 내렸다.

웨치펑 성장이 지시를 내린 몇 명의 동지는 성위원회 정책연구실 주임과 성정부 연구실 주임 그리고 성정부 비서장 등이었다. 웨치펑은 허카이인이 제안한 개혁 구상에 흥미를 느꼈을 뿐만 아니라 당위원회와 정부 양쪽의 정책연구원을 적극 동원해 허베이성의 정황에 맞추어 즉시 토론과 논증을 진행하도록 한 것이다.

허베이성위원회 사무국은 그날로 성위원회 정책연구실이 주도해서 이 문제를 처리하도록 결정했다. 성정책연구실 주임으로 후에 중앙정책연구실 부주임이 된 샤오완쥔(肖萬鈞)은 즉시 인원을 배치했다. 이렇게 해서 허베이성위원회 정책연구실 농촌처의 양원량이 우연 또 필연으로 우리의 시야에 들어오게 된 것인데, 이 사람은 베이징 대학 국제정치학과 68회 졸업생으로 장차 중국 농촌세비개혁의 역사상 또 하나의 중요한 인물이 된다.

임무를 받은 양원량은 즉시 '공량제'(公糧制) 연구에 착수해 3개월 후에 「공량제 실행에 대한 탐구」라는 연구성과를 냈다. 초고를 완성한 후 그는 안후이성의 허카이인에게 편지를 썼다. 그 편지에는 존경하는 마음이 가득 담겨 있었다.

> 선생의 대작을 읽고 배운 바가 많았습니다. 현재 웨치펑 성장의 지시대로 허베이성의 상황에 맞게 선생께서 제안한 경지 국유, 농민의 영구적 사용권, 합동수매제 폐지, 공량제(십일세) 실현의 건의 등에 대해 논증해보았습니다. 저는 선생께서 제안한 이런 건의들이 기본적으로 실행 가능하다고 생각합니다. 채용된다면 반드시 농민의 경지를 보호하고 생산의 효율성을 높일 것이며, 농가의 청부제를 안정시키고 농촌경제를 발전시킬 뿐만 아니라 농촌의 정치적 안정에도 이바지할 것입니다.
>
> 안후이성은 오래 지속된 '좌편향'의 착오를 바로잡고 있는 중이며, 농촌청부제를 전국에서 최초로 실행하는 공적을 세워서 전국 농민이 천팅위안 서기(전 안후이성 펑양현 서기)에 감사하고 있습니다. 이제 선생은 농촌청부제의 안정과 개선의 건의안, 즉 경지 국유, 영구적 경작

권, 십일세 실행 등의 주창자로서 반드시 전국의 농민들에게 충심으로 감사를 받을 것입니다.

편지의 말미에는 '허베이 지음(知音) 양원량'('허베이성의 나를 알아주는 사람 양원량'이라는 뜻—옮긴이)이라고 쓰여 있었다.

편지를 받고 허카이인은 놀라고 기뻤다. 자신의 개혁안에 대해 안후이성에서는 아무런 움직임도 없는데 오히려 외부에서 이렇게 중시하고 있을 줄은 전혀 상상도 하지 못했다.

'나를 알아주는 사람'에 대해 사양할 필요는 없었다. 허카이인은 양원량의 「공량제 실행에 대한 탐구」에 대한 솔직한 감상을 쓴 답장을 보냈다.

그런데 양원량이 논문을 마지막으로 수정해서 웨치펑 성장에게 보고하려고 할 때 상황에 변화가 생겼다. 웨치펑 성장이 허베이성에서 랴오닝성(遼寧省) 성장으로 이동하게 된 것이었다. 따라서 양원량의 보고도 보류되고 말았다.

그러나 이 일에 심혈을 쏟았던 양원량은 도중에서 그만둘 수는 없었다. 그가 이 임무를 부여받은 것은 전혀 우연이고 수동적인 일이었지만, 전심전력으로 뛰어든 이후로는 이 문제가 매우 의미 있고 다시 만나기 어려운 중대한 과제이며 나아가 일종의 신성한 사회적 책무라고까지 느끼게 되었다. 그래서 공량제에 대한 연구는 그의 머리를 떠나지 않는 중대한 일이 되었다.

그 무렵 양원량은 『농민일보』와 『구시』(求是), 『결책참고』, 『현급종합개혁통신』(縣級綜合改革通訊) 등 성 내외의 잡지에 「토지 국유와 농민 영구경작 실행에 대한 구상」과 「십일세에 관해서」, 「너무 무거운 이중부담 문제의 조속한 해결을 바란다」, 「5,000만 명 농민이 제3의

해방을 환호한다―농촌세제개혁에 관한 연구보고」 등을 잇달아 발표했다.

허카이인과 마찬가지로 양원량도 이러한 글들이 상부의 주목을 끌기를 희망했다.

1991년 7월 16일 양원량은 허카이인에게 보낸 편지에서 이렇게 썼다.

우리는 서로 만난 적은 없지만, 편지와 글을 통해 저는 선생의 농민에 대한 깊은 감정과 당의 정책연구사업에 대한 고도의 열정과 강렬한 사명감을 알고 있습니다. 저는 농촌정책 연구전선의 일원으로서 선생과 같은 지기를 가질 수 있게 되어서 너무나 기쁩니다. 저는 토지와 양곡, 인구, 농민부담 문제 등 농촌경제의 발전을 가로막는 심층적인 문제들을 선생과 공동으로 연구해서 해결하고 싶습니다.

건국 이래 중국의 농민문제는 줄곧 좋은 해결을 보지 못하고 있습니다. 아시는 바와 같이 건국 초에 농민은 해방을 얻고 토지를 분배받아 '경자유기전'(耕者有其田)이 실현됨으로써 농민 생산성이 매우 높아졌습니다. 그러나 얼마 못가 실정에 맞지 않게 생산관계에서 극좌적 정책을 단행해 인민공사제도를 실행한 결과, 농민은 생산자주권을 박탈당하고 중국의 농업발전은 중대한 장애를 만났던 것입니다. 제11기 3중전회 후 농촌청부제를 실행해 농민이 생산자주권을 갖게 되었지만, 경지의 사용권은 계속 변동 상태에 있어서 농민들이 경지에 장기적이고 효과적인 투입을 하려고 하지 않습니다. 게다가 각종 세금과 비용이 할당돼 농민들로서는 감당하기 어렵습니다. 이러한 문제들이 해결되지 않으면 중국의 농업은 결코 한 걸음 더 발전할 수 없고 농촌은 안정될 수 없을 것입니다.

역대 봉건 왕조의 교체는 본질적으로는 모두 농민의 과중한 부담과 관련이 있습니다. 이른바 "지나친 세금은 호랑이보다 무섭다"거나 "관이 핍박하면 민은 반란한다"라는 속언들이 이를 가리키고 있습니다. 우리 공산당은 인민을 위해 복무하는 것을 종지로 삼고 있습니다. 사회주의 건설의 목적은 인민이 행복하고 안정된 생활을 하도록 하는 데 있는 것인데, 농민부담 문제에 주의하지 않는다면 사회주의 중국이 봉건 왕조의 전철을 밟을 수도 있을 것입니다.

양원량은 심지어 허카이인이 제안한 개혁 구상을 '비극이 다시 반복되는 것을 막는 근본적인 대책'이라고까지 생각했다.

1992년 9월 18일 양원량은 추스융(邱世勇)과 공동으로 「공량제─농민부담을 줄이는 근본 대책」이라는 논문을 써서 허베이성위원회 사무국이 주관하는 『종합조사연구정보』에 발표했다. 의외로 이때까지 발표한 수많은 논문 중에서 유독 본성 기관지에 실린 이 논문만이 성위원회 서기 싱충즈(邢崇智)의 주목을 받았다. 싱충즈는 즉시 이 논문과 관련해 성위원회 부서기 리빙량(李炳良)에게 다음과 같은 지시를 내렸다. "리빙량 동지, 관련 방면의 동지를 소집해 개혁 방안을 연구해서 제출하시오. 법률적으로 농민부담 과중문제를 해결하도록 힘써주시오. 임시방편으로는 이 문제를 해결할 수 없을 것이오."

사실 그 전에 리빙량은 이미 정책연구실에서 이 글을 읽고 이미 정책연구실의 책임자이자 현급(縣級) 종합개혁지도소조사무실 주임인 우즈슝(吳志雄)에게 지시를 내린 터였다. 그는 양원량의 글에 대해 이렇게 평했다. "일깨우는 바가 많다. 종합개혁 시범현을 선정해 양곡과 기름가격을 시험적으로 개방하면 어떨까? 고려해보기 바람."

이제 또 성위원회 서기 싱충즈의 명확한 의견을 접수하자 리빙량은 공량제를 시험해보려는 의욕이 더욱 커졌다. 그래서 그는 다시 우즈슝에게 지시를 내렸다. "이것은 매우 중대한 문제요. 싱충즈 동지의 지시에 따라 논의해보고 한 차례 토론회를 열어보시오."

리빙량의 두 가지 지시를 접수한 후 우즈슝은 즉시 양원량에게 연락을 취해 더 구체적인 안건을 내달라고 요청했다.

드디어 성위원회 서기의 인정을 받은 양원량은 크게 고무되었고, 신속히 「공량제 실행에 관한 건의」를 완성했으나 별로 만족스럽지가 않아서 다시 「허베이성 공량제 개혁 방안」을 작성했다. 신중을 기하기 위해 초고를 완성한 뒤 양원량은 성위원회 농공부와 경제체제개혁사무국, 재정국과 농업국 등에 달려가 의견을 구했다. 그러고 나서 다시 양곡생산으로 유명한 정딩현(正定縣)에 가서 현장의 의견을 구했다. 양원량은 정딩현위원회와 현정부가 이러한 실험에 대해 매우 적극적으로 나서는 것을 보고 곧 성위원회 정책연구실의 부청급(副廳級) 연구원인 셰루성(謝祿生) 외에 정딩현 종합개혁사무실의 쉬샹시(徐祥熙), 샤오위량(肖玉良), 한건쉐이(韓根鎖), 장인쑤(張銀蘇), 예정궈(葉正國) 등 다섯 명이 함께 4개월 동안 현내 5개 향진 10개 촌의 100세대의 농가를 찾아다니며 조사 탐방을 진행했다. 그리고 원고를 일곱 차례 수정한 끝에 「정딩현 공량제 개혁의 시행(試行) 초안」을 완성했다.

때는 이미 1993년 5월이었다. 개혁 방안은 이미 완성되어 성위원회에 정식으로 보고할 준비가 되었지만, 양원량은 아직 중요한 일이 하나 남아 있다는 것을 깨달았다. 그것은 안후이성에 가서 이 개혁의 제창자인 허카이인을 방문해 그의 의견을 들어보는 일이었다.

1993년 5월 24일 양원량은 스자좡(石家莊)에서 남행 열차를 타고 안후이성의 성도 허페이에 도착했다. 허페이는 2,000년이 넘는 역사를 가진 옛 성터에 자리 잡고 있는 유서 깊은 도시다. 이곳은 삼국시대 조조(曹操)와 장료(張遼)의 유적지와 송대(宋代)의 청백리로 유명한 포증(包拯)의 무덤도 있고, 청대 이홍장(李鴻章)의 고향이기도 하다. 그러나 양원량에게는 이런 역사 유적들에 마음을 쓸 여유는 없었고, 성정부의 맞은편에 있는 여관에 숙박 수속을 마치자마자 황급히 허카이인을 찾아갔다.

허카이인은 양원량이 불원천리 찾아온 데다가 정딩현 종합개혁사무실의 샤오위량과 한건쒀 그리고 식량국(食糧局)의 리헤이후(李黑虎)까지 대동한 것을 보고 너무나도 기뻐했다. 허카이인은 원래 허베이성에서 온 손님들을 위해 허페이에서 지내는 동안 즐겁게 해주려고 관광 안내를 할 작정이었으나, 허베이성위원회와 성정부가 농촌세비개혁을 매우 중시하고 지지하면서 그들에게 신속하게 구체적인 방안을 가져오도록 했다는 것을 알고는 관광은 그만두기로 하고 집에서 함께 '공사'(公事)에 전념하기로 했다. 그는 자신의 연구성과가 허베이성에서 곧 실험될 개혁에 실질적으로 도움이 되기를 간절히 희망했다.

양원량 일행은 허페이에서 이틀 동안 머물면서 꼬박 논의에 몰두했다. 그들은 서로 늦게 만난 것을 한탄했고, 그만큼 못다 한 이야기가 많았다.

양원량이 허베이성에 돌아온 지 오래지 않아 곧 개혁 실험 방안의 최종 수정안이 완성되었다. '실시 방안'을 보고하고 나서 양원량은 허베이성위원회의 주요 간부에 변동이 있는 것을 알고 불안감을 금치 못했다. '농촌세비개혁의 실험사업에 지장을 주는 것은 아닐까?'

양원량의 걱정이 이유 없는 것은 아니었다. 중국은 인사이동에 좌우되지 않고 사업의 연속성을 확보할 수 있는 효과적인 제도를 아직 갖추고 있지 못해서 사람에 따라서 사정이 달라지는 것은 결코 이상한 일이 아니었기 때문이다.

다행히 부서기 리빙량은 이전처럼 양원량을 지지해주었다. 그는 '실시 방안'을 보고 매우 만족했고, 신임 서기에게 결정을 요청할 때에도 같은 생각에서 특별히 몇 마디를 덧붙였다.

"이 방안은 종합개혁사무실의 동지와 정딩현의 동지가 함께 만든 것으로 제가 한번 들어보았습니다. 주요 특징은 양곡구매가격을 개방함과 동시에 공량제를 실행하자는 것입니다. 농민의 세금을 현금에서 실물로 바꾸고, 하나의 세금으로 통일해 한 번에 납부하도록 하자는 것인데, 이렇게 하면 투명도가 높아지고 접수가 쉬워져 농민부담을 경감하는 근본 대책이 될 수 있으며, 향촌에 필요한 재정과 국가에서 필요한 양곡을 확보할 수가 있습니다. 먼저 정딩현의 세 개 향에서 실험해보고 시행을 동의하시기 바랍니다."

양원량의 걱정은 지나친 것이었다. 신임 성위원회 서기는 「정딩현 공량제 개혁의 실험 시행 초안」을 자세히 읽고 나서 깨끗이 '실험에 동의한다'고 서명했던 것이다.

성의 지도자가 실험에 동의한다고 결정하자 양원량도 겨우 안도의 한숨을 내쉬었다. 그러나 그는 여전히 안심할 수 없었다. 개혁 방안을 더욱 완전한 것으로 만들기 위해 정딩현의 동지와 함께 이번에는 베이징으로 달려갔다. 그들은 각각 중앙정책연구실과 국가계획위원회, 국가농업부, 국내무역부 및 베이징농업 대학 농경관리학원 등 여러 부문을 찾아다니며 널리 의견을 구했다.

양원량이 사업 진전 상황을 허카이인에게 보고하자 그도 매우 기뻐했는데, 한편으로는 허베이성위원회가 개혁을 추진하는 박력과 공작의 치밀함에 대해서 질투를 느낄 정도였다.

그런데 바로 이 무렵 허카이인은 우연히 안후이성의 궈양현 신싱진에서도 이미 몰래 세비개혁이 진행되고 있다는 소식을 듣고 반신반

의하면서 불가사의한 일이라고 생각했다. 그는 이미 이 일로 귀양현에
가기도 했었고 당시 귀양현 확대회의의 광경은 지금도 기억에 새로운
데 어떻게 이런 일이 가능하다는 말인가?

놀랍기도 하고 기쁘기도 하면서 호기심에 허카이인은 장거리 버
스를 타고 귀양현에 가서 직접 사실 여부를 알아보기로 했다.

33. 논쟁은 그만두고 행동으로 보여라

귀양현에서 허카이인은 세비개혁을 지지하기 위해 현 확대회의
석상에서 공책을 집어던진 왕빙위 현장을 찾아갔다. 왕빙위는 반갑게
맞이했지만 허카이인이 신싱진 세비개혁의 상황을 묻자 의미심장하게
웃으며 말했다. "당신이 직접 돌아다니면서 보시오." 그러고는 정보과
장 왕웨이를 불러 허카이인을 모시고 가서 누군가 농사일을 잘 아는
사람에게 현지의 농가를 안내해주도록 당부했다.

현장의 사무실을 나오자 허카이인은 참지 못하고 신싱진에서 도
대체 무슨 일이 있었는지 물어보았다. 왕웨이는 조용히 허카이인에게
말했다. 신싱진에서 세비개혁을 한다는 소식은 이미 멀리까지 퍼져나
가, 부근의 현과 시는 말할 것도 없고 장쑤성과 쓰촨성의 연구조도 소
식을 듣고 오고, 어떤 곳에서는 향진의 당위원회와 정부, 인민대표, 정
치협상위원회 등 4대 기관이 연합해서 경험을 배우려고 하는데, 귀양
현에서만은 지금도 깊이 숨겨 비밀로 하려 한다고.

허카이인은 들을수록 이해가 되지 않았다. 그렇게 먼 지방에까지
소문이 전해졌는데 안후이성의 성도에 있는 자신은 왜 듣지 못했던

가? 이야말로 등잔 밑이 어둡다는 것이 아닌가?

　허카이인은 왕웨이를 따라가 농업 부문의 직원을 방문했다. 그런데 신싱진에 가려고 한다는 말을 듣자, 일이 너무 바쁘다거나 아파서 나갈 수 없다는 핑계로 거절해서 왕웨이를 매우 난처하게 만들었다. 왕웨이는 아예 솔직히 말했다. "지금 아무도 당신을 모시고 가려고 하지 않는군요. 다시 한 번 더 사람을 찾아보고 그래도 안 되면 내가 모시고 가지요."

　왕웨이가 생각한 사람은 향진의 당위원회 서기 부서에서 온 현의 농업위원회 부주임 뉴썬(牛森)이었다. 뉴썬은 30여 세의 나이로 사상이 자유로울 뿐만 아니라 마침 농촌조사연구사업을 담당하고 있었다. 왕웨이는 전화로 연락을 취했는데, 뉴썬이 상황을 이해하고 흔쾌히 동행하겠노라고 수락했기 때문에 왕웨이도 겨우 난감한 상황을 벗어날 수 있었다.

　세 사람은 함께 신싱진으로 갔다.

　신싱진에서 허카이인은 진의 당위원회 서기 리페이제를 만났다.

　리페이제는 인사를 나눈 성정부 관계자가 바로 최초로 개혁 구상안을 제안한 허카이인이라는 것을 알고 감격해서 잠시 동안 잡은 손을 놓지 않고 몇 번이나 말했다. "이거 참 대단한 일입니다. 그렇게 만나고 싶었는데도 안 되었는데 선생께서 직접 찾아와주시다니!"

　리페이제는 진실한 사람이라 면전에서 거짓말을 못하고 허카이인에게 신싱진의 세비개혁은 줄곧 비밀리에 추진되어왔다고 말했다. 다만 이러한 중대한 개혁을 한 개 향만으로 추진하는 것은 돛단배로 대해를 저어나가는 것과 같아서 어떤 상황에 부닥칠지 알 수 없으며, 너무 위험이 크고 곤란한 일이라고 말했다. 원래 진(鎭)의 규정으로는 1묘당 매년 농민에게 30위안의 청부세비만 거두기로 되어 있는데, 상부의 여러 부문에서 갖은 수법을 다해 임무나 할당을 부과하기 때문에 진에서도 감당하기 어려워 개혁이 큰 타격을 받고 거의 중단될 뻔했다고도 했다.

허카이인은 신싱진이 처한 상황에 대해 우려했지만 그래도 흥분을 억누를 수 없었다. 시작했으면 되는 것이다. 신싱진의 이러한 세비 개혁은 허베이성 정딩현의 공량제 개혁과 마찬가지로 본질적으로는 모두 구체제에 대한 일종의 수정에 불과한 데다가 합법적 행정권력을 이용해 목전의 불법적인 정부 부문과 집단 조직의 이익을 납입세비 항목과 일괄 징수하고 있으며, 심지어 양곡시장의 변화에는 속무수책으로 나타났다. 그러나 과감한 개혁의 시도로 세비 징수 관리상의 비용을 크게 절감했고, 농민부담이 증가하는 기세를 억제했으며, 농민의 경작 의욕을 고취하고 당과 인민 사이의 관계도 어느 정도 개선했다. 특히 하나의 개혁이 문제를 해결할 수 있다 해도, 때때로 개혁은 더 복잡하고 첨예한 문제들을 야기한다. 바로 이 때문에 신싱진의 개혁이 우리에게 주는 교훈과 계시는 무엇보다 귀중한 것이다.

이렇게 중국 농촌의 제2의 개혁이라는 여정을 향해 돌파구를 연 것은 추호도 의심할 바 없이 측량할 수 없는 기념비적인 의의가 있는 것이다.

허카이인은 리페이제와 마치 오랜 친구를 만난 것처럼 밤새워 이야기를 나눴다. 그리고 또 수고를 아끼지 않고 집집마다 탐방하며 살펴보았다. 허페이로 돌아온 후에는 자신이 보고 들은 것을 조사 보고서로 써서 안후이성 인민정부에 제출했다.

뜻밖에도 허카이인을 힘내게 한 것은 일찍이 농촌개혁의 시험지구가 되었던 푸양지구위원회의 전 서기 왕자오야오가 당시 이미 안후이성 상무 부성장으로 승진해 있었던 일이다. 이러한 인사이동은 농업

대성(農業大省)인 안후이성이 농촌개혁을 심화하는 데 있어서 국민들에게 희망을 줄 것이라고 허카이인은 예감했다.

귀양현에서 돌아온 지 오래지 않아 허카이인은 허페이의 다오샹러우빈관(稻香樓賓館)에서 열리는 안후이성 농촌공작회의에 참가했는데 휴식 시간에 마밍예(馬明業)라는 사람이 찾아왔다. 그는 자신을 타이허현 현장이라고 소개하고는 타이허현에서 올해를 '농민 수입의 증가, 농민부담 감소의 해'로 정했다고 했다. 현위원회와 정부가 이를 위해 '개혁을 통해 발전을 구하고, 개혁을 통해 부담을 줄이자'는 전략을 제안했고, 현에서 철저한 농촌 조사 연구를 통해 최종적으로 개혁을 추진하려고 하는데, '세금을 바로 걷고 비용은 폐지하는' 방향으로 확정했다는 것이었다.

"허 선생, 우리는 이미 선생이 농촌개혁을 심화하는 방면에서 수많은 뛰어난 구상을 하신 것을 잘 알고 있습니다." 마밍예는 이렇게 말을 꺼내면서 부탁했다. "우리도 귀양현의 신싱진을 참관해 보았습니다만, 타이허현도 세비개혁을 시험해보려고 하니 도와주시기 바랍니다."

허카이인은 매우 기뻐하면서 말했다. "좋습니다, 당신들에게 이 방면의 자료를 제공해드릴 수 있습니다."

마밍예가 말했다. "이거 참 감사합니다. 언제쯤 찾아 뵈면 되겠습니까?"

"회의가 끝나면 드리겠습니다."

"지금 바로 보고 싶습니다만."

"지금요?" 허카이인은 웃고 말았다.

마밍예는 진지하게 말했다. "오늘이 제일 좋겠습니다."

허카이인은 이런 회의 석상에서 자기처럼 성격이 급한 사람을 만날 줄은 생각하지 못했다.

"좋습니다. 내가 곧 찾아보지요."

허카이인은 그날 저녁 바로 집으로 가서 자신의 연구 자료를 찾아 마밍예 현장에게 건네주었다.

허카이인을 더욱 놀라게 한 것은 타이허현의 행동이 놀랄 만큼 빠른 것이었다. 바로 며칠도 되지 않아서 그들은 「타이허현 농업세비개혁 의견 보고」를 성정부에 보고한 것이었다.

이것은 농업에 관련된 일이었기 때문에 보고는 왕자오야오 부성장에게 도달했다. 왕자오야오가 타이허현의 보고를 받은 것은 예기치 않은 일이기는 하나 또한 예상했던 일이기도 했다. 왜냐하면 자신이 푸양지구위원회 서기였을 때 이미 세비개혁에 깊은 관심을 가졌으며, 허카이인에게 "우리는 개혁하기로 결정했습니다"라고 말하고 그를 대동해 실험지를 찾으려고 한 적도 있었기 때문이다. 잉상현과 귀양현에서 두 간부기관의 생각이 통일되기 곤란했을 때도 그는 허카이인에게 이렇게 말했다. "이 일은 서둘러서는 안 됩니다. 그러나 나는 푸양지구에서 세비개혁을 하는 것을 지지하니 이것만은 안심해도 좋소." 이제 푸양지구의 타이허현이 드디어 움직이기 시작했다. 조건이 갖추어지고 성숙해진 것이다. 그래서 왕자오야오는 타이허현의 개혁을 위해 앞에 나서서 여론을 조성하기로 했다.

왕자오야오는 즉시 지시를 내렸다. "팡자오샹 동지 열람. 타이허현에서 추진하는 농업 세제개혁을 나는 동의하는데 고려하기 바람."

왕자오야오의 태도는 '동의한다'고 했듯이 아주 분명했다. 성정부의 상무 부성장으로서 그는 자신이 강력한 지지를 표명할 뿐만 아니라 한 걸음 더 나아가 이 사업의 담당자인 성위원회 팡자오샹 부서기의 지지까지 요구한 것이다.

팡자오샹의 당시 의견도 아주 분명했다. "정밀하게 실험하고 주의 깊게 총괄하고 안정을 유지한다."

성위원회 담당 간부의 구체적인 의견이 나온 후에 왕자오야오는 즉시 장평성(張鋒生) 부비서장에게 통지해, 성농업경제위원회 부주임 우자오런에게 성위원회 담당 간부의 지시에 근거해 신속히 관련 부서를 조직해서 진지하게 논증하도록 하라고 요구했다. 아울러 치밀하게 조직하고, 잘 실험해보고, 주의 깊게 경험을 총괄하고, 적시에 진전되는 상황을 보고할 것을 강조했다.

장평성은 두 명의 성의 최고 간부가 내린 지시를 우자오런에게 전달했고, 우자오런은 신속하게 부서를 조직했다.

성위원회와 정부의 간부 네 명이 같은 날 타이허현의 세비개혁을 요구하는 보고서에 명확한 지시를 내렸고, 이튿날에는 농촌공작지도소조사무실에서 타이허현의 보고서를 첨부한 논증회 개최 통지를 성의 체제개혁위원회, 재정청, 부담경감사무국과 성정부 사무국의 관련 부문에 발송했다. 중대한 개혁에 관련된 일이 이렇게 신속하게 진행된 것은 안후이성 역사상 매우 드문 일이었다.

허카이인은 논증회에 출석해달라는 통지를 받았을 때, 이렇게 초비상의 속도로 일이 진행되는 것을 보고 깜짝 놀랐다. 이것은 아마 왕자오야오 부성장이 개혁의 제1선에 서 있고 또 허난성과 허베이성에서 개혁의 형세가 기세등등한 것과 관련이 있을 것이라고 허카이인은 생각했다. 물론 또 하나 가볍게 보아서는 안 되는 원인도 있는데, 바로 그해 봄에 안후이성 리신현 지왕창향 루잉촌의 청년 농민 딩쭤밍이 농민부담 문제를 알린 것이 원인이 되어 파출소에서 맞아 죽어 중앙에 충격을 준 일이었다. 이 사건 이후 당중앙과 국무원의 긴급통지, 특별문제회의 및 농업 관련 프로젝트의 심사 처리 등이 연속 단행되어 일시에 '부담 경감'이 그해 중국의 최대 이슈가 되었다.

타이허현의 농민부담 경감을 주요 종지로 하는 농촌세비개혁을 추진하겠다는 보고서는 천시(天時)와 지리(地利)와 인화(人和)의 조건을 다 갖췄다고 해도 좋을 것이었다.

그래서 허카이인은 위아래로 모두 지지를 얻은 이런 형세에서 논증회를 여는 데 무슨 문제는 없으리라고 생각했다.

그런데 그가 예상치 못한 상황이 발생했다.

1993년 11월 8일 오전 8시 30분, 농업경제위원회 부주임 우자오런이 주최한 논증회가 성위원회 기관인 베이러우(北樓)에서 정시에 개최되었다. 회의에는 체제개혁위원회, 재정청, 부담경감사무국과 성정부사무국의 관련 부문의 책임자 그리고 성농업경제위원회의 생산처장, 조사연구실 처장, 사무실 주임, 경제관리센터의 당지부 서기와 센터장도 모두 참가했다. 타이허현 현장 마밍예와 현의 재정국장 궁샤오리(龔曉黎), 농업경제위원회 부주임 쩌우신화(鄒新華)와 현정부의 조사연구과장 쑹웨이춘(宋維春)도 타이허현에서 성도까지 와서 회의에 출석했다.

허카이인은 일찌감치 회의장에 와 있었다.

회의가 열리자 먼저 체제개혁위원회 농촌처장 판마오췬(潘茂群)이 열정이 넘치는 발언을 했다. 그는 타이허현의 과감한 개혁을 칭찬하고, 보고서가 명쾌하고 현실성이 있다고 하면서 동시에 개선해야 할 구체적인 의견까지 제안했다. 이어서 부담경감사무국의 서기 마오리허(毛禮和)가 현재 농민의 부담은 확실히 너무 무겁고 감소된 적이 없었던 점을 지적한 뒤 타이허현의 보고서에 대해 지지를 표명하고 해볼 만하다고 말했다. 농업위원회 조사연구실 처장 저우신성(周信生)은 허카이인 동지가 세비개혁의 구상을 제안했을 때 자신은 즉시 쌍수를 들어 찬성했다고 하면서, 타이허현의 방안은 조금 거칠기는 하지만 부단히 모색하고 실천하면 더욱 완전해질 것으로 믿는다고 말했다.

허카이인도 발언했다. 자신이 몇 년 동안 다져온 세비개혁에 대한 생각을 주로 말하고 아울러 개혁은 반드시 어떤 부문의 구체적인 문제에 관련되는 것이기 때문에 각 부문이 타이허현의 개혁을 많이 이해하고 지지해주기를 특별히 희망한다고 말했다.

사람들의 발언은 기본적으로 모두 적극적인 지지를 표명하는 것이었다. 그러나 누구도 농업세의 징수사업을 담당하는 부문인 재정청의 대표가 부정적인 의견을 내리라고는 예상하지 못했다.

당시 성재정청 농세처장 장광춘(張光春)은 허카이인으로부터 멀리 떨어진 곳에 앉아 있다가 갑자기 그를 쳐다보더니 벌떡 일어서서 손가락질을 하면서 큰 소리로 꾸짖었다. "허 선생, 계속 헛소리만 하고 있군! 함부로 말하지 말란 말이야! 당신이 세비를 휘저어놓아서 세금을 못 거두게 되면 이후 급료는 누가 주나? 급료를 못 주게 되면 사람들이 찾는 것은 당신이 아니라 나라구!"

그의 목소리는 아주 컸고 매우 격분해서 벌떡 일어나 허카이인을 가리키는 거동이 너무나 무례했기 때문에 회의 참석자들은 모두 경악했다.

회의장의 분위기는 갑자기 얼어붙고 말았다.

인터뷰 중에 이러한 에피소드를 들었을 때는 우리도 이해할 수 없었다. 왜냐하면 농세처(農稅處)는 하루종일 농업세를 다루는 곳이니, 이 부문의 책임자는 누구보다 농민의 부담을 잘 아는 사람일 것이다. 그 부담의 무거움에 대해서는 주룽지 총리도 나중에는 소리 높여 "농민의 부담이 너무 무겁다. 이 문제는 해결하지 않으면 안 된다!"라고 말했고, 심지어 "고혈을 짜낸다"거나 "민원이 들끓는다"라는 말까지

나왔던 것이다. 그런데 농업세 부문에 종사하는 정부 공무원이 중국에서 가장 많은 납세자인 9억 명의 농민에 대해 추호의 측은지심도 없이 오히려 월급만 받아먹는 공무원의 대변인처럼 되어 감정과 책임감이 사라진 것에 대해서는 이해하기 어려웠다.

이러한 상황을 우선 참지 못했던 것은 타이허현 현장 마밍예였다.

마밍예는 타이허현의 보고서가 허카이인의 수많은 개혁 아이디어를 참고했다는 사실을 잘 알고 있었다. 그러나 그 아이디어는 결코 나쁜 것이 아니라고 확신했다. 이미 현에서 조사도 여러 번 철저히 거듭했던 터였다.

마밍예는 보고서에는 아직도 수정할 점이 없지는 않고 경우에 따라서는 다시 작성할 필요도 있다고 생각했지만, 그러나 개혁의 사상과 중요한 취지에 대해서는 의심할 여지가 없는 것이었다. 농세처장이 보고서를 검토하지도 않고 전부 부정하는 데다가 말투까지 이렇게 과격하고 난폭한 것은 도저히 참을 수 없는 일이었다.

마밍예가 일어나서 반격에 나서려고 하자 오히려 허카이인이 그에게 침착하게 가만히 있으라는 신호를 보냈다.

농세처장이 단호하게 부정적인 의견을 취했기 때문에 회의장은 논쟁이 매우 격렬해졌지만 결국 지지자가 많았다.

최후에 회의를 주최한 우자오런이 총괄하는 순서가 되었다. 그는 타이허현의 농촌세비개혁의 개시는 긍정되어야 할 것이고 사상적으로도 올바른 것이며, 이렇게 해야 농민부담을 경감할 수 있고 간부들이 범한 착오를 줄일 수 있으며 농촌경제의 발전을 촉진할 수 있다고 주장하면서 이 일은 성위원회와 정부의 관련 간부의 지지도 얻고 있다고 말했다.

그리고 이 개혁에 어떤 이름을 붙일지, 어떻게 개선해나갈지에 대해서는 광둥성(廣東省)의 방법에서 배워 '이름은 아이가 태어나고 나서' 붙여도 좋다고 말했다. 또한 타이허현에서 개혁을 추진하는 것은 찬성하지만 보고서는 다시 쓸 필요가 있으며, 더 세밀하게 작성해서 이론상으로 더 논리적이고 실천적으로도 더 현실적으로 다듬은 뒤에 다시 한 번 전문가를 불러서 논증하자고 결론지었다.

회의가 끝난 후 마밍예는 허카이인을 쫓아가서 물어보았다. "회의 석상에서 남이 그렇게 선생을 헐뜯는데 왜 한 마디도 하지 않았습니까?"

허카이인은 허허 웃으면서 말했다. "우리는 친구요. 그 사람이 내게 무슨 편견이 있어서 그런 게 아니라 일 때문에 그런 거지요."

"친구라면서 어찌 조금도 체면을 봐주지 않는 겁니까?" 마밍예는 더욱 이상했다. "선생은 한 마디도 논쟁을 안 하실 겁니까?"

"이런 일에 대해서는 역시 덩샤오핑 동지의 말대로 하려고 합니다. 논쟁하지 말고 행동으로 보여주라는 말이 있잖습니까. 이런 일은 논쟁만 하고 결과가 없으면 싸울수록 격렬해져서 감정만 상하고 힘이 빠져버립니다."

마밍예가 잠시 생각하더니 말했다. "선생 말도 맞습니다. 일을 해보지 않고서는 시비를 가릴 수 없고, 하려고 한다면 남의 불평을 두려워할 필요가 없다는 것이죠. 시골 속담에 이런 말이 있지요. '진흙탕에 빠져 봐야 진흙발이 된다'고요. 발로 땅을 밟고 용감하게 길을 헤쳐나가는 것이야말로 무엇보다 중요하겠지요."

허카이인은 이 똑똑한 젊은 현장이 갑자기 귀엽기도 하고 존경스러워 보이기도 했다.

헤어질 때 마밍예가 진지하게 말했다. "저는 곧 다른 차를 타고 돌아갑니다. 제 운전기사와 차를 남겨놓을 테니 농경위의 쩌우 주임과 함께 오시지요. 타이허현에서 선생을 기다리겠습니다."

허카이인이 그 말을 듣고는 기뻐했다. "당신이 내 의견도 들어보지 않고 다 파악했단 말이오?"

마밍예는 허카이인의 손을 꼭 쥐고 흔들며 계속 말했다. "이렇게 하죠, 이렇게요. 제가 타이허현에서 선생을 기다릴 테니 남은 이야기는 타이허현에 가서 하시죠."

그날 마밍예는 타이허현으로 돌아갔다.

그날 저녁 허카이인은 남아 있던 쩌우신화와 함께 보고서의 수정 방안에 대해 기초적인 논의를 했다. 이튿날 두 사람은 일찍 일어나 아침밥을 대충 먹고 마밍예의 차를 타고 출발했다. 타이허현에 도착한 그날 오후 현의 당위원회와 정부, 인민대표대회, 정치협상회의, 기율검사위원회, 인민무장부 등 6대 기관의 전체 구성원과 관련 과장 및 국장들이 모두 한곳에 모였다. 마밍예가 우선 성에서 열린 논증회의 상황에 대해 보고를 했고 이어서 허카이인이 농촌세비개혁 방안을 어떻게 제정하면 좋을지 의견을 발표했다. 회의의 열기는 뜨거웠으며, 사람들은 활발하게 논의를 나누고 각자의 견해와 건의를 제안했다. 쩌우신화는 '연발총'이라는 별명에 걸맞게 그날 밤 한숨도 안 자고 보고서의 수정안을 만들어냈다.

이튿날 오전 6대 기관과 과장 및 국장들이 다시 모여 새로 나온 보고서를 놓고 또 한 차례 열띤 토론을 벌였다. 정오 무렵에 쩌우신화가 사람들의 의견을 요약했고 오후에 토론이 계속되었다.

현위원회 서기 왕신윈(王心云)은 개혁안에 대해 다음과 같이 세 가지의 '반드시'를 요구했다. "반드시 부담경감 목적을 달성해서 농민을 만족시켜야 하고, 반드시 알기 쉽게 행하도록 절차를 간편히 해서 진정으로 기층 간부의 공작 효율성을 높여야 하고, 반드시 국가와 집

단과 개인 삼자의 이익을 같이 고려해서 상급 간부의 지지를 획득해야
한다.”

허카이인의 구체적인 지도도 받고 또 상하 각 방면의 여러 가지
좋은 의견을 모아서 4개 부분 19조항으로 구성된 「타이허현 농업세비
개혁 실시방안 보고서」가 깔끔하게 완성되었다.

'실시 방안'은 다음과 같이 결정했다. “1994년 1월 1일부터 타이
허현은 현 전역에서 양곡수매제도를 폐지하고 대신 농민에게 공량을
징수한다. 공량의 징수는 현물을 위주로 하되, 현물을 납부하는 것이
곤란하면 물가와 재정 등의 부문이 공동으로 산정한 해당 연도의 시
장 곡물가격으로 환산해서 대금을 납부한다. 과거의 다항 징수를 일괄
징수로 개정하고 분류해서 결산한다. 과거의 향, 촌, 조(組) 3급 결산을
향진의 통일 결산으로 개정한다. 기존의 다단계 관할을 통일 관할로
개정한다. 농민이 부담하는 세비를 변량(變量)에서 정량(定量)으로 개
정하고 과거 사람(人)과 토지(地), 산출량 및 순수입에 의거해 징세했
던 것을 주로 토지에 의거하는 것으로 개정한다. 평년작의 경우 1묘당
공량의 징수는 50킬로그램으로 하고 3년간 불변으로 한다. 확실히 경
지가 없는 사람 혹은 1인당 경지가 많지 않은 촌, 조, 농가 및 농촌 중
의 특히 빈곤한 농가 등의 경우는 별도로 다른 방법을 제정한다.”

농민 출신으로 명 왕조를 창건한 황제 주원장은 세금을 거둘 때
“법은 간단히, 사람이 알기 쉽게”라는 명언을 남겼는데, 허카이인도
타이허현의 세비개혁을 알기 쉽게 4개 항목으로 노래하듯이 (4자경으
로) 요약했다.

세금 비용 통일해서 현물로 징수하고, 법규대로 공량납부 수매제도
폐지하고,

여름 6할 가을 4할 두 번 납부 청산이네, 한 번 정해 3년이면 더도 없고 덜도 없고,

양곡센터 양곡징수 재정을 결산하면, 세금은 국고 가고 비용은 향촌으로,

비용을 도맡아서 향촌에서 관리하니, 수지가 엄격하고 장부는 투명하다.

요컨대 '실시 방안'은 가능한 한 백성에게 가깝고 실제에 부합하게 만든 것으로서 엄격하면서도 인도적인 관심을 갖춘 것이었다. 실질적으로 자의적인 징수를 제지하고 농민부담을 경감하기 위해 두 개의 전문 조항을 추가했다. 하나는 "공량 계약을 위반해 농민에게 함부로 할당하고 자금이나 비용을 징수하는 경우에 농민에게 이를 거절하고 고발 고소할 권리가 있으며, 정부는 고발하는 사람을 보호하고 장려한다"는 것이고, 또 하나는 "현인민법원은 최고인민법원의 「농민의 과잉 부담이 야기한 안건의 신속한 심리에 관한 통지」 및 공량계약에 의거해 행정기관이나 향촌 간부의 불법적인 비용이나 노무의 요구를 불복함으로써 제기된 행정소송 안건에 대해 법에 따라 심리하고 신속하게 재판한다. 불합리한 결정은 법에 따라 취소한다. 즉 자의적인 할당이 농민에게 경제적인 손실을 준 경우에는 법에 따라 배상 판결을 하고, 임의로 농민부담을 가중해 악성 안건을 야기하거나 중대한 손실을 초래한 책임자에 대해서는 법에 따라 형사 책임을 묻는다"는 것이다.

'실시 방안'은 성에 송부되어 농업경제위원회와 양곡청, 재정청 지도부의 승인을 받았다. 지도부는 높이 평가한 다음 구체적이고 유익한 수정안을 내놓았다. 마지막으로 농업경제위원회 부주임 우자오런이 직접 '실시 방안'을 최종 완성했다.

1993년 11월 16일 오전 9시, 쩌우신화는 '실시 방안'의 최종본을 들고 성정부 사무국으로 갔다. 원래 문서처리 규정에 의하면 문건을 문비처(文秘處)로 송부해야 했다. 그러면 문비처에서 심사 후 관계 부서로 보내고 부서의 서명을 거쳐 소관 간부에게 전달되는데, 여기서 다시 이 사업을 담당하는 부비서장과 부성장에게 송부되는 등 처리 과정이 상당히 복잡했다. 그래서 시간을 벌기 위해 허카이인이 말했다. "관례를 한번 깨보도록 합시다." 허카이인은 왕자오야오 부성장이 이 일에 깊은 관심을 갖고 이미 성위원회와 성정부에서 치밀한 공작을 해둔 것을 알고 있었다. 그래서 쩌우신화에게는 문비처장에게 문건 10부를 송부하도록 한 후 1부는 자신이 직접 농업을 담당하는 장펑성 부비서장에게 전달했다.

장펑성은 문건을 잠깐 살펴본 후 허카이인을 쳐다보더니 "이 문서를 전부 봤습니까?"라고 물었다. 허카이인은 신중하게 말했다. "이것은 내가 그들과 함께 만든 겁니다. 그리고 푸양지구위원회가 심사해서 도장을 찍은 것이고, 다시 농업경제위원회의 재심사를 거쳐 원고를 수정한 후 가져왔습니다." 장펑성이 처음부터 끝까지 모두 읽어보더니 두말 하지 않고 펜을 집어들어 '동의'라고 서명해주었다. 이어서 문비처장이 회답을 받고 처리해주기까지 모두 합쳐 두 시간이 걸리지 않았다. 나중에 허카이인은 감개무량한 표정으로 말했다. "사무국에서 20여 년간 문서행정을 보아왔지만 이렇게 빨리 처리한 일은 본 적이 없소."

이리하여 이제까지 없었던 농촌세비개혁이 인구 139만 명에 175만 묘의 경지를 보유한, 광대한 화이베이평야에 둘러싸인 타이허현에서 사람들의 기대 속에 그 서막이 열렸다.

1994년 1월 1일 허베이성의 공량제 개혁이 정딩현의 3개 향에서 실험적으로 실시되었을 때, 안후이성 타이허현에서는 이미 전광석화처럼 현 전역의 31개 향진에서 전면적으로 전개되었으니 중국 최초로 농촌세비개혁을 실시한 현이라고 해도 손색이 없을 것이다.

34. 개혁할 것인가 말 것인가

1993년 12월 3일, 타이허현의 세비개혁이 시작된 지 16일째 되는 날에 허베이성에서는 종합개혁사무국과 정딩현 정부의 공동 주최로 '공량제 개혁 실험에 대한 심포지엄'이 열렸다.

이 심포지엄에는 중앙정책연구실과 국무원 연구실, 국무원 발전연구센터, 국가경제체제개혁위원회, 중국농업과학원, 중국사회과학원, 재정부, 농업부, 국내무역부의 관계 지도자 및 전문가들이 참석했다. 농촌세비개혁에 관한 것으로는 중국 역사상 처음이고, 그 규모의 크기와 품격과 영향력에 있어서도 전에 없던 것이었다.

이 심포지엄 석상에서 참가자들은 모두 허베이성의 공량제에 의한 개혁 실험을 높이 평가했다. 심포지엄은 이론상의 연구성과보다도 중앙정부와 국가의 직속기관에 준 영향이 더 크다고 할 것이다.

해가 바뀌어 1994년 1월 10일 허베이성위원회 서기는 또 '실험을 확대해도 좋다'는 결정을 발표했다. 이렇게 해서 허베이성 공량제 개혁의 실험지는 정딩현의 3개 향에서 성 전역에 걸쳐 26개 현과 시의 184개 향진으로까지 단숨에 확대되었고, 그중 정딩현, 닝푸현(寧普縣), 구청현(故城縣), 신러현(新樂縣), 창현(滄縣)은 현 전체에서 추진되었다. 4개월 후인 5월 10일에는 허베이성에서 양곡납부제도 실험에 관한 교류회의도 열렸고, 공량제 개혁의 파문은 황허강의 북안 일대에서 가속적으로 고조되어 중국의 주요한 곡물과 면 생산지대에 활기를 불어넣었다.

그런데 농촌세비개혁의 발상지인 안후이성에서 생각지도 않은 사태가 발생했다. 안후이성의 푸시서우 성장이 돌연 타이허현의 세비개혁을 중지하도록 명령한 것이었다. 너무나도 갑작스런 중지 명령이었기 때문에 이것이 성장 한 사람의 생각인지 아니면 중앙정부의 배경이 있는 것인지 사람들은 도무지 알 수가 없었다.

허카이인은 처음 이 소식을 들었을 때 믿으려고도 하지 않았다. 왜냐하면 양원량과 친밀한 관계여서 허베이성에서는 분명히 개혁의 열기가 고조되어 있다는 것을 알기에 이 실험을 금지하는 것이 분명 중앙의 뜻은 아닐 것 같았기 때문이었다. 그러나 성장이 즉각 세제개혁의 중지를 결정한 것 또한 틀림없이 근거가 있는 것이었다. 그것은 말할 필요도 없이 이전에 궈양현의 인민대표대회 상무위원회가 신싱진의 세비개혁을 중지시킨 그 이유, 바로 개혁은 법에 어긋난다는 것이다. 왜냐하면 현행 농업세제가 의거하고 있는 것은 다름 아닌 '중화인민공화국 농업세 조례'이기 때문이다. 이 조례는 1958년에 공포된 것인데, 그후 30여 년 사이에 중국은 크게 변화했다. 현실에 맞지 않는 농업세제 때문에 얼마나 많은 폐해가 계속되었던가. 그렇지만 이 조례는 그때까지 폐지되지 않았고, 법률 효력이 있는 한 이 세제는 당당하게 법적 보호를 받고 있는 것이다.

우리는 취재를 통해서도 푸 성장이 왜 중지 명령을 내렸는지 진짜 이유를 알 수 없었다. 하지만 이 중지 명령은 타이허현의 개혁을 열심히 지지하던 모든 사람들, 특히 개혁의 한가운데에 있던 타이허현 사람들에게 큰 충격을 주었다.

사람들은 당황하고 놀라고 초조하고 애석했지만 어찌할 수가 없었다.

많은 사람들이 의문을 제기하고 있었다. 지금 구폐를 고쳐 새로운 제도를 도입하지 않는다면 과연 농촌의 발전을 바랄 수 있을 것인가?

허카이인은 철저하게 논쟁할 필요를 느꼈다. 그래서 그는 허난성의 당위원회 서기와 성장 그리고 허베이성의 당위원회 전 서기와 현 서기, 성정부의 전 성장과 현 성장이 지시한 문건의 복사본을 안후이성의 당정 주요 간부에게 보냈다.

이때 안후이성 당위원회의 상무위원이며 상무 부성장인 왕자오야오도 나서서 한마디를 했다.

왕자오야오는 당위원회 서기 루룽징을 만나 자신의 의견을 털어놓았다. "성정부는 타이허현에 농촌세비개혁을 시행하라고 승인했습니다. 이제 와서 철회하면 이것은 자기 뺨을 때리는 것 아닙니까? 이런 조령모개식으로 앞으로 성정부가 어떻게 일을 할 수 있겠습니까? 더구나 농촌세비개혁은 다른 성에서도 다 하고 있습니다."

루룽징도 타이허현의 개혁이 왕자오야오의 지지 아래 이루어진 것을 알고 있었고 그의 말도 일리가 있다고 생각했지만, 푸시서우 성장이 타이허현의 개혁을 중지시킨 것도 세법에 근거한 것이고 작업상 고려한 것이어서 이치도 맞고 법적 근거도 있는 것이었다. 그래서 루룽징은 이렇게 대답했다. "정식으로 문서를 보내지 않았다면 하지 않으면 그만인데, 성정부가 이미 문서를 보냈으니 계속 한번 해보고 가을이 지난 후에 어떻게 되나 효과를 보고 다시 이야기합시다."

루룽징은 당위원회의 서기로서 푸시서우 성장과 농업을 주관하는 왕 부성장 양쪽의 체면을 세워주었다. 온화한 말투였지만 이 한 마디로 타이허현의 개혁은 계속되었다.

그런데 가을이 되자 사태가 일변했다. 푸시서우가 타이허현 개혁에 대한 발언권을 상실한 것이다. 그는 성장에서 해임되었다. 해임은 갑자기 통보되었다. 푸시서우는 그날 구미 지역을 순방하고 돌아오는 길이었는데, 아직 허페이의 뤄강(駱崗) 공항에 있을 때 중앙정부로부터 임기만료 전에 해임이라는 통보를 받았다. 이유는 안후이성의 간부와 인민으로부터 자신이 담당하고 있던 정부에 대한 반발이 거셌기 때문이라고 한다. 그날로 농업과 농촌문제에 밝은 후이량위(回良玉)가 성장 대행으로 안후이성에 파견되었다.

후이량위의 경력을 아는 사람은 다 아는 사실이지만, 그는 농업학교를 졸업한 뒤 지린성 위수현(楡樹縣)의 농업국에 배속되어 30년간 일관해서 농업 분야에서 일해온 사람이었다. 인민공사의 서기와 농목청장, 성의 농촌정책연구실 주임을 거쳐 중앙정책연구실 부주임이 되어 농촌정책 연구에 종사해온, 성장의 격에 어울리는 농업전문가라고 할 수 있다.

안후이성에 온 후이량위는 타이허현의 농촌세비개혁을 절찬했다. 다음 해 2월 정식으로 안후이성 성장에 취임하자 첫 번째 성장 사무회의를 열었는데 여기에서 나온 성정부의 결정으로 하달된 제1호 문서는 타이허현의 개혁을 화이허강 양안의 20여 개 현과 시로 신속히 확대해 실시한다는 내용이었다.

루룽징 당위원회 서기가 "가을 후에 어떻게 되나 효과를 보고 다시 이야기합시다"라고 말했지만, 가을까지 기다리기도 전에 효과는 나타나고 있었다. 타이허현에서는 세비개혁을 시작한 지 불과 반년 만에 건국 이래 최대의 기적이 일어나고 있었다. 현 전역의 31개 향진, 9,168개의 촌민 소조, 35만 3459세대의 농가로부터 징수하는 하계의 농업세가 겨우 5일 만에 징수 작업을 끝낸 것이다.

양곡을 납부하는 농민들이 앞을 다투어 좋아라고 양곡센터에 모여 장사진을 이루었다. 오랫동안 볼 수 없었던 그런 광경에 많은 향촌의 간부들은 콧날이 찡해지고 눈시울이 뜨거워지면서 이렇게 말했다. "전에는 농민에게 돈을 거두기 위한 서류가 잔뜩 있었고, 여러 부문에서 여러 명목으로 돈을 거뒀다. 그 액수도 많았다. 너무 많아 간부들도 잘 모를 정도였다. 이제는 잘 됐다. 얼마나 내야 하는지 모두 알 수 있으니. 전에는 1년 내내 돈이며 양곡을 내라고 농민을 닥달해 섣달그믐에도 받으러 가곤 했다. 이제 우리는 완전히 해방되고 또 홀가분해졌다. 또 징수에서 결산까지 간부가 현금을 만지지 않으니 깨끗해졌다."

간부는 일이 명확해지고 쓸데없는 일이 없어지고 더러운 일을 할 필요가 없어지게 되었다. 농민은 한 번의 납부로 납세가 끝나고 액수도 3년 불변이어서 안심하고 만족했다.

그해 가을 추수는 한발의 피해를 입었지만 농업세 징수 작업은 불과 15일 만에 끝났다.

그해 현 전체에서 징수한 양곡은 합계 6만 5277톤에 달해 종전 국가에서 수매한 임무량보다 1만 7747톤이나 웃돌았다. 가격 요소를 빼고 생각해도 농민의 세금 부담은 반 이상이나 줄었다. 특히 현 전역에서 과감하게 시장과 가격을 개방해서 농민은 집에서 먹는 양곡과 씨앗을 남기고는 상품으로 곡물을 팔아 총 1억 5000만 위안, 현 전체로는 1인당 120위안의 소득증대를 실현할 수 있었다.

개혁 1년 전 타이허현에서 각급 당위원회와 정부에 농민부담의 과중을 호소하러 찾아간 경우는 횟수로는 93회, 사람 수로는 500여 명에 달했다. 그러나 개혁이 시작된 1994년에는 현 전체 2,969개의 자연촌, 132만 농민 중에서 '농민부담 과중'으로 상방한 사람은 아무도 없었다.

상방이라고 하면 롼차오향(阮橋鄉) 마왕촌(馬王村) 마장(馬莊)지구의 마커중(馬克中)이 유명했다. 1993년에도 마커중 부자는 부담 과중과 특산세 징수의 문제로 두 번이나 현에서 성으로, 계속해서 국무원의 농민부담경감사무실에까지 고발했다. 그런데 세비개혁 후에는 집집마다 감독카드 한 장으로 회계가 명쾌해져서 마커중도 일가를 거느리고 안심하고 경작에 전념할 수 있게 되었고, 그 결과 여름과 가을 모두 전에 없었던 수확을 거두었다. 솔선해서 양곡납부를 마친 마커중은 얼굴 가득 미소를 띠며 말했다. "농업세를 현물로 징수하고 모든 일을 공개적으로 진행해서 아무도 다시는 제멋대로 징수하고 할당하고 돈을 뜯어낼 수가 없게 되었어요. 간부들이 횡령하지 않고 양곡센터에서 값을 깎지 않으니 농민의 부담은 줄고 수입은 늘어 이제 상방하러 갈 일이 없어요."

그러나 호사다마라고 좋은 일에는 마가 끼는 법이다. 타이허현이 이렇게 기쁜 성과를 낸 것은 사실이었지만, 그들이 세비개혁을 시작한 그해는 바로 전국에서 국세와 지방세로 분세제(分稅制)의 개혁이 실시된 해였다. 재정의 중앙집권 후에 중앙에 좋은 점이 즉시 효과를 보이기 시작했다. 즉 1993년 중앙의 재정수입은 겨우 957억 위안이었던데 비해 1994년에는 2,908억 위안으로 2,000억 위안 가까이 급격히 증가했다. 한편 1993년 지방 재정수입은 3,990억여 위안이었는데, 세제개혁 이후에는 2,311억 위안으로 감소했다. 이것은 단지 재정수입 방면의 상황일 뿐이다. 세제개혁 이후 중앙과 지방의 재정지출 상황도 바로 상반되게 나타났다. 1994년 중앙의 재정지출은 세제개혁 전의 1993년에 비해 442억 위안이 늘어나 겨우 1,754억 위안이었다. 반면에 지방의 재정지출은 708억 위안이 급증해 4,038억 위안이나 되었는데, 이는 중앙재정에 비해 거의 두 배나 늘어난 액수였다.

이러한 세제개혁에 의한 세출입의 변화로 인해 지방정부의 재정은 몹시 궁색해졌다. 많은 지방이 행정운영비나 인건비를 지출하기도 곤란해진 것이다.

지방정부 재정이 좋은 시절이 아니었지만 그렇다고 이 곤란을 다시 농민에게 전가해 농촌세비개혁을 추진하려는 마음을 동요시킬 수도 없었다. 타이허현위원회와 현정부는 사태를 보고 심의한 결과, 인원삭감이라는 방법을 채택하기로 했다. 사무기구를 간소화하고 잉여인원을 정리해 어떤 진에서는 1년간 98명의 간부를 해고하고 다음 해에도 인원을 줄여나가기로 했다. 이와 동시에 현 전역에서 양곡의 구입과 판매방법 및 향촌 재무제도의 개혁, 농업구조조정, 촌 간부의 노동보험, 과학적 경작과 시장 건설의 강화 등 일련의 개혁을 추진하고 온갖 노력을 기울여 간부와 농민의 생산 의욕을 고취하고자 힘썼다.

그러나 타이허현으로서는 해결할 수 없는 일도 많았다. 현에서는 세비개혁으로 농민의 초과 부담을 일체 봉쇄하려고 했지만, 개혁이 실험된 그 다음 해에 국무원에서 오히려 농민 1인당 25위안의 '쌍기교육비'(雙基敎育費)를 징수하는 것을 명문화했고, 수많은 다른 중앙기관들도 경비는 주지 않고 임무만 하달하는 '달성 목표'를 내려보냈다.

이러한 모든 '홍색문건〔紅頭文件: 상급기관에서 지시하는 문서로 상단에 '○○(단위)문건'이란 글씨가 붉은색으로 크게 찍혀 있는 데서 홍두문건이라 한다―옮긴이)'은 하부기관에서는 반드시 집행해야 하는 것으로서, 타이허현은 부득이 원래의 개혁 방안을 이에 맞춰 조정하지 않을 수 없었고, 마음에 들지는 않았지만 교육, 위생, 치안경비, 문서기록, 통계 등 징수 항목을 새로 늘려 '한 번의 납부로 한 번에 청산하고 3년 불변'이라는 공약도 에누리하지 않을 수 없었다.

그러나 이렇게 되었다 해도 농촌세비개혁을 하는 것과 하지 않는 것은 큰 차이가 있었다. 타이허현에서 나타난 반가운 변화는 농민부담이 날이 갈수록 증대해 간부와 인민 사이에 나날이 긴장감이 더해지던 광대한 농촌에 거대한 반응을 불러일으켰다. 타이허현 주변의 멍청현, 리신현, 린촨현 등이 개혁을 모방하기 시작했고, 몰래 개혁을 진행하던 귀양현 신싱진도 더 이상 숨기지 않았으며, 당초 확대회의에서 이 일로 계속 논쟁을 벌였던 귀양현과 잉상현의 4대 기관도 이제는 개혁의 장점을 간파하고는 일심으로 협력해 개혁의 실험에 나섰던 것이다.

타이허현에서 벌어지고 있는 세비개혁에 대해 성도 허페이에 있는 한 사람은 줄곧 불안감을 감추지 못하고 있었다. 그는 여름 수확기 무렵에 동정을 살피러 타이허현에 다녀왔다. 그는 바로 이전에 허카이인에게 '함부로 말하지 말라'고 질책했던 성 재정청의 농세처장 장광춘이었다. 개혁이 농업세 징수를 어지럽힐까 걱정했던 그는 최후까지도 찬성하지 않았다.

장광춘은 안절부절못하고 타이허현에 가서 허실을 조사해보았다. 그 결과 자신이 이전에 걱정했던 일이 아무런 근거도 없는 것이라는 사실을 알고 그제서야 가슴을 쓸어내렸다. 그러자 당초 회의에서 그렇게 흥분해 허카이인의 이름을 거론하며 손가락질했던 일을 생각하니 미안한 마음이 들었다. 장광춘은 원래 솔직하고 거리낌없는 사람이었다. 의견이 있고 관점이 있으면 면전에서 바로 말해 버리고 자신의 생각을 숨김없이 말하기도 하지만, 지금처럼 자기 잘못이라는 것을 알면 곧바로 고칠 줄도 아는 싹싹한 사람이었다. 허페이로 돌아온 후 사람들을 만나면 그는 이렇게 말하곤 했다. "타이허현의 그 방법 괜찮던데!"

안후이성 타이허현의 농업세비개혁 소식은 발 없는 소문처럼 멀리 퍼져 곧 국가재정부 농재사(農財司)에서 담당자가 현장 조사를 하러 왔다. 그들은 우선 성도 허페이에 도착해서는 같은 계통의 재정청 농세처와만 연락을 취했다. 타이허현에 도착한 후에는 현의 간부나 향장, 진장과도 인사를 생략하고 재정국에만 사람과 차를 보내달라고 요구했을 뿐이며, 궁벽하고 가난한 곳으로만 돌아다니면서 직접 농민을 만나 대면 조사를 벌였다.

그들이 이렇게 한 것은 보다 객관적으로 실제 상황을 이해하기 위한 것이 분명했다.

그런데 그들은 다른 사람의 말이라면 믿지 않았을지도 모르지만 그들을 안내한 장광춘이 자신의 경험에 비추어 설명한 것이 적지 않은 작용을 했다.

도중에 장광춘은 쉬지 않고 세비개혁의 좋은 점을 선전했다. 그는 농민부담이 과거에 비해 절반 이상이나 줄었고 재정은 오히려 증가했다고 말했다. 이전에는 연말이 되어도 세금이 걷히지 않아서 매년 15퍼센트의 세금이 체납될 때도 있었지만 실물 징수를 실행하고 나서는 농업세의 납부가 매우 신속해졌고 현 전체에서 미납한 세대가 하나도 없는데, 이것은 과거에는 감히 상상도 하지 못했던 일이라고 말했다.

이후 곧 국무원 농민부담경감사무실 주임 쉬궈훙(徐國洪) 일행도 푸양지구에 와서 검사 작업을 벌였다. 그들은 푸양지구의 세비개혁을 이해한 후 높이 평가했으며, 지구위원회와 행정기구에 성과를 잘 정리하고 개혁의 진전 상황을 계속 주시하라고 지시했다.

일찍이 타이허현 개혁 실시 방안의 원고를 직접 마무리한 안후이성 농업경제위원회 부주임 우자오룬은 개혁이 시작된 후 타이허현에서 잇달아 들려오는 좋은 소식에 몸이 근질근질하던 참이었던지라 이날 성의 농민부담경감사무실 부주임 마치룽(馬啓榮)을 즐겁게 맞이했다. 그는 우선 푸양지구를 안내하고 나서 지구농업위원회 주임 왕춘쿠이(王春魁)와 함께 타이허현으로 차를 타고 갔다.

개혁의 성과를 더 정확히 파악하기 위해 우자오런 등도 향과 현의 간부는 건너 뛰고 3개 향의 농민 20여 명을 조사했다. 말하자면 '암행 탐방'이라고 할 것인데, 접촉한 농민들마다 거의 이구동성으로 세비개혁이 좋다고 격찬했다. 우자오런도 아주 감동했다. 돌아와서 우자오런은 『농촌개혁의 신연구』라는 책의 서문에 격동된 감정으로 이렇게 썼다. "최근 몇 년 동안 내 기억으로는 농민으로부터 전면적으로 지지를 받은 정책은 생산청부제 말고는 이번의 세비개혁뿐이다."

우자오런은 타이허현의 세비개혁을 '여섯 가지 만족'으로 총괄했다. "수매 임무가 순조롭게 완수되고 구입 루트가 확보되어 양곡센터가 만족한다. 세수 입고가 신속히 이루어져 재정이 만족한다. 결산이 통일되어 화폐 발행이 감소되고 가영수증을 발행하지 않아도 되어 은행이 만족한다. 많은 시간과 정력을 절약하고 인민과 마찰이 줄어 기층 간부가 만족한다. 물론 가장 중요한 것은 농민의 만족인데 하계와 추계의 실물 징세가 1주일 만에 완료되었고 부담문제로 상방하는 일은 한 건도 없었다. 국가농촌개혁시험구사무실, 국무원 농민부담경감사무실, 성 직속의 관련 부문, 지구부담경감과 개혁시험사무실이 전후해서 모두 아홉 차례나 사람을 파견해 현장 조사를 했는데 결론은 모두 같았다. 농민은 만족하고 있다."

우자오런은 이번 개혁 성공의 원인에 대해 진지하게 생각해보았다. "지금 좋은 정책, 좋은 구상, 좋은 설계가 적은 것은 아니다. 어려운 것은 실행이다. 왕왕 실행 도중에 힘이 부족해 이상하게 되고 마는 경우가 많다. 타이허현의 세비개혁은 설계가 치밀할 뿐 아니라 실행도 완벽했다. 어떻게 이렇게 할 수 있었을까? 관건은 현위원회와 현정부가 이 개혁을 매우 중시했고, 6대 기관이 보조를 맞추었으며, 현급 각 부문이 일심으로 협력해서 실무기관이 그에 힘입어 효과를 거둘 수 있었기 때문이다. 이것은 보편적인 의의가 있는 경험이며, 어떠한 일이라도 그 성공의 비결은 여기에 달려 있다고 생각한다."

타이허현의 개혁에 대한 주요 경험을 총괄하고 나서도 우자오런은 미진함을 느끼고 다시 한 편의 글을 썼는데, 그 제목이 확연하게도 「제2의 청부제에 갈채를 보낸다」였다.

1994년 12월 28일 중국공산당 중앙정치국 위원 겸 중앙서기처 서기, 국무원 부총리인 장춘윈(姜春雲)이 10개 부와 위원회의 담당자들을 통솔해 안후이성을 시찰하러 왔다. 그는 푸양지구의 농촌개혁이 가져온 대변화를 보고 높이 평가하며 말했다.

"이 지구는 농촌개혁에 돌파구를 열었고 여러 방면에서 성과를 올리고 있다. 토지청부제도 개혁으로 청부제도 안정화의 문제를 해결했고, 농민의 생산성 제고를 고취했으며, 토지 생산성도 제고했다. 특히 세비제도의 개혁은 농민과 농촌의 말단 간부 모두에게 골치 아픈 문제를 해결해 농민부담을 경감하고 간부와 대중의 관계를 개선했으니 경제적 의의만 있는 것이 아니라 정치적으로도 의의 있는 일이다."

그런데 바로 이때 뜻밖에도 시찰에 동행했던 재정부 부부장 리옌링(李延齡)이 갑자기 장춘윈의 말을 가로막더니 이런 말을 하는 것이었다. "여기서는 농업특산세도 농업세에 포함시키고 있는데 이것은 불합리한 일입니다. 마땅히 현실에 근거해서 징수해야 하는데 이렇게 하는 것은 잘못된 일입니다."

이 말을 듣고 장춘윈은 즉시 맞받아쳤다. "그것은 나도 알고 있는데, 그들이 이렇게 하는 것이 잘못된 일은 아니오. 나도 말단에 있을 때 해봤지만 '현실에 근거해서 징수한다'는 것은 이론적인 것일 뿐 현실로는 불가능한 일이오. 내가 아는 바로는 전국 대다수의 지방이 모두 평균으로 할당하고 있소. 그러니 여기에 대해서는 더 이상 말하지 마시오."

그날 장춘원은 아주 기분이 좋았다. 중앙농촌공작영도소조(中央農村工作領導小組) 조장으로서, 농업을 주관하는 부총리로서 안후이성 농촌의 개혁이 돌파구를 연 것을 본 그는 기뻐서 후이량위 성장에게 이렇게 말했다. "농업세비개혁은 농촌개혁을 심화시킨 중대한 돌파구이니 이 개혁을 더 대담하게 확대 추진해나가기 바랍니다."

수행한 국무원 연구실 부주임 양융저(楊雍哲)도 흥분한 어조로 이어서 말했다. "수년래에 중국 농촌개혁이 정지한 것 아니냐는 말이 있는데 여기 안후이성에 한번 와보니까 전혀 그런 것 같지 않습니다. 푸양의 토지청부제 개혁과 농촌세비 징수방법의 개혁은 모두 특색이 있고 효과가 대단합니다. 이것은 전국적으로 지도적인 의의가 있는 일입니다."

장춘원 일행이 떠난 지 얼마 후에 후이량위는 성장 사무회의에서 장후이(江淮) 분수령 이북의 화이수이(淮水)강 연안 일대, 특히 화이베이(淮北)지구에 대해 반드시 전면적으로 농촌세비개혁을 추진하라고 요구했다.

그후 개혁은 타이허현을 넘고 푸양지구를 넘어서 파죽지세처럼 안후이성 경내의 20여 개 현과 시로 퍼져나갔다.

이때의 중국에서 농촌세비개혁은 이미 사회 전체가 주목하고 있는 뜨거운 이슈였다. 개혁은 안후이, 허베이, 허난의 3개 성뿐만 아니라 후난, 구이저우(貴州), 산시(陝西), 간쑤 등 7개 성의 50여 개 현과 시에서 신속하게 퍼져가고 있었다.

바로 이때 푸젠성(福建省)위원회 사무실이 편집·출판한『성외동

태』(省外動態)는 문장으로 이런 상황에 환호를 보냈다. "농업세제의 개혁은 이미 '요원의 불길'과 같은 형세이다!"

35. 푸양阜陽 회의

안후이성 서북부와 허난성에 접해 있는 푸양지구는 중국에서 유명한 곡창지대이다. 또한 국무원에 등록된 중국 최초의 농촌개혁 시험구이기도 하다. 이 시험구는 일찍이 1986년에 당시 국무원 농촌발전연구센터 주임인 두룬성의 주도 아래 돤잉비(段應碧), 저우치런(周其仁), 천시원(陳錫文), 두잉, 루마이(盧邁) 등의 저명한 농업전문가들이 만든 것이다. 이번에 토지세제개혁을 추진한 궈양현 신싱진과 개혁의 제1호 현이라고 할 타이허현은 모두 이 푸양지구에 속한다. 따라서 1995년 4월 21일에서 25일까지 전국 농촌기층세비제도개혁경험 심포지엄이 푸양에서 열린 것도 당연한 일이었다.

심포지엄의 진행은 국가농촌개혁시험구사무실 주임 두잉이 맡았다.

심포지엄에는 중앙의 관계기관 외에 안후이성, 후난성, 구이저우성과 허난성 등의 대표를 포함해 총 80여 명이 참석했다. 참석자들은 타이허현의 시험구를 현장 시찰하고 구체적인 개혁방법과 성과에 대한 정보를 교환했으며, 개혁을 개선하기 위한 깊이 있는 토론도 진행했다.

각 지역은 저마다의 실제 상황에 따른 구체적인 방법을 고려하기 때문에 개혁의 조치가 완전히 같지는 않았다. 그러나 겉으로 보기에는 각기 달라 보여도 본질적으로는 같은 것이고, 허카이인이 이미 몇 마디로 요약했듯이 "세금과 비용은 통합하고, 현물로 징수하고, 재정을 결산하고, 세금과 비용을 정리한다"는 방식은 마찬가지였다.

요컨대 원칙과 목표가 대체로 일치한다는 전제 아래 각 지역이 농촌기층세비제도의 개혁에 유익한 시도를 해본 것이었다. 회의에 참석한 대표자들은 수많은 시도 중에서 안후이성 타이허현과 허베이성 정딩현 두 곳이 가장 대표적이라고 인정했다.

회의에 참석한 전문가들도 개혁에 대해 아주 높이 평가하면서 구체제에 대한 또 한 차례의 돌파이고, 실천 가능하며, 방향이 올바르고, 성과가 명확하다는 점을 인정했다.

회의에서 국무원 특구사무실 정책연구실 부주임 류푸위안(劉福垣)의 발언은 특히 주목을 끌었다. 그는 이번 회의는 주린(朱琳: 리펑 총리의 부인—옮긴이) 주임이 오라고 한 것이지만, 자신도 매우 흥미가 있어서 서둘러 왔으며, 동지들의 소개를 들어보니 이번 개혁은 이미 기본적으로 성공을 거두었고 상당히 중요한 의의가 있다, 그리고 장춘윈 부총리가 이번 개혁이 경제뿐만 아니라 정치적 의의도 있다고 말한 것은 상하 모두 이 문제에 관심이 많다는 것을 의미한다고 말했다.

국무원 특구사무실과 농촌세비개혁의 심포지엄은 별로 관계가 없는 듯이 보이는데 이렇게 회의에 참가했다는 것은 이 일이 이미 대표들의 예상을 넘어섰다는 뜻이다. 류푸위안은 부주의하게 주린 주임이 자신을 오게 했다는 말을 꺼내고 말았지만, 주린이 리펑 총리의 부인이라는 사실을 모르는 사람은 없었다. 그리고 리펑은 바로 일찍이 농촌이 '십일세'를 실행하는 데 대해 관심을 가진 중앙의 간부였다. 이 때문에 류푸위안의 참가와 발언은 상당한 무게를 차지하는 것이었다.

류푸위안은 이렇게 말했다. "이 개혁의 의의는 단지 농민부담 문제를 해결하는 데만 있는 것이 아닙니다. 그 핵심은 바로 국가와 집단과 농민의 관계를 바로잡는 것입니다. 우리의 제1차 개혁은 청부제를 기치로 한 것으로서 개혁의 대상은 정부, 인민공사 시절부터 계속되어 온 정사합일(政社合一)의 체제입니다. 정사합일의 체제는 중앙정부와 각급 정부가 농민을 대신해서 정책을 결정하고 농민의 생산, 유통, 소비, 분배의 4대 요소를 모두 중지시켰습니다. 우리의 농민 수입은 떨어지고 농업은 크게 정체되었습니다. 그런데 개혁으로 정사합일 체제에 돌파구를 열었고 사회공동체〔社區〕와 농민에게 일부 자주권을 주었습니다. 그러나 이 개혁은 결코 철저하지 않았고 유통과 분배의 문제는 근본적으로 해결되지 않았습니다. 오늘날 각급 정부는 모두 어떻게 농민부담을 해결할까, 어떻게 가혹한 잡세를 폐지할까, 어떻게 '돈을 달라, 쌀을 달라, 목숨도 달라'고만 하는 간부들의 모습을 바꿀 수 있을까를 논의하고 있습니다. 수많은 정부 문건도 어떤 비용은 징수해도 되고 어떤 비용은 안 되는지, 어떤 세금은 합리적이고 어떤 세금은 불합리한지, 얼마를 징수해야 될지 안 될지를 반복해서 지시하고 있습니다. 국무원의 전화회의에서도 이미 31개 항목의 비용에 대해 취소를 명령했습니다. 사실 분배 관계를 도무지 알 수 없는 상황에서는 무엇이 합리적이고 무엇이 불합리한지 결국 알 수 없는 일이고, 위아래 모두 알 수 없는 일입니다. 가령 출산계획 비용, 민병훈련 비용 등은 농업생산과는 전혀 무관한, 국가정책을 관철하는 데 필요한 행정성 비용으로서 원래 국가재정에서 끌어와야 하는 것인데도, 현실적으로는 모두 이것저것 다 농민이 떠맡아 부담하고 있습니다. 농민부담 문제를 근본적으로 해결하기 위해서는 진정으로 조세를 분명히 하고, 세금을 올바로 걷고, 비용을 폐지해야 할 것입니다. 그래야만 비로소 농촌의 분배문제를 제대로 바로잡았다고 할 수 있을 것입니다. 농민과 사회공동체의 관계는 말하자면 지조(地租)의 관계이고, 농민과 국가의 관계도 세금으로 조정되는 것입니다. 농민이 지조를 납부하고 세금을 납부하면 그 외의 어떠한 비용도 농민과는 무관한 것입니다!"

끝으로 류푸위안은 감개무량한 듯 이렇게 말했다. "우리가 이렇게 중대한 결심을 해서 이번 개혁을 하는 이상, 그 마음을 꾸준히 유지해 나가야 할 것입니다. 이 방법을 취하기로 한 후에는 어떠한 틈도 보이지 말고 설사 국무원의 압력이 내려온다 하더라도 시험구에서는 계속 해나가야 할 것입니다. 예를 들어 교육목표를 달성하는 데는 공공적립금에서 돈이 있으면 갖다 쓰고, 돈이 없으면 결코 농민에게 또다시 요구해서는 안 될 것입니다. 근본을 다스리는 것은 당연히 중앙의 각 부문부터, 중난하이부터 해야 할 것입니다. 우리가 개혁의 임무를 떠맡은 이상 우리에게 이 권력을 주어야 할 것입니다. 어떠한 방식이라도 농민에게 부담을 가중시키는 것에 대해서는 저항해야 합니다. 설사 농민이 모두 동의했다 하더라도 그런 것은 들을 필요가 없습니다."

류푸위안의 발언은 청중들로부터 열렬한 박수를 받았다.

한편 재정부 농재사 리추훙(李秋鴻)의 발언은 큰 파문을 일으켰고 많은 사람들의 거센 반대에 부닥쳐 회의장의 분위기를 긴장 속으로 몰아넣었다.

리추훙은 매우 겸허하게 이렇게 말했다. "이번 대회에 참가한 것은 나로서는 아주 좋은 학습 기회가 되었습니다. 세비제도개혁에 대해 나는 그다지 많이 생각해보지 않았습니다."

국가의 농업재정을 관할하는 처장으로서 '그다지 많이 생각해보지 않았습니다'라는 말은 듣는 사람을 곤혹스럽게 하는 것이었다. 그리고 '아주 좋은 학습 기회가 되었습니다'라고 하기보다는 차라리 이번 개혁의 보고를 하는 편이 더 나았을 것이다.

리추훙은 "이번 세비개혁의 목표는 무엇입니까?"라고 묻고는 스스로 대답하기를, "나는 몇 가지 주요 목적이 있다고 봅니다"라고 말했다. 그리고 별로 새롭지도 않고 과학적이지도 않은 네 가지 목적으로 요약한 후, 간부 특유의 말투로 이렇게 말했다. "나는 각 시험구가 이번 개혁을 설계할 때 이 네 가지 목적을 모두 고려에 넣었는지 아니면 몇 가지 목적만을 고려에 넣었는지 모르겠습니다. 몇 개의 방면으로 나누어서 말해보고 싶습니다."

이렇게 해서 리추훙의 겸허하지 않은 발언이 시작되었다.

"현재 농민부담의 총액은 아직 농민이 감당할 수 없는 정도는 아닙니다." 그의 말은 다분히 결론적인 말이었다.

리추훙의 말이 막 끝나자 구이저우성과 후난성 시험구의 대표는 귓속말로 소곤거렸다. 이 사람은 국가의 대기관인 농재사의 간부로서 너무 높은 자리에서 부유하게 살아온 것 아닌가? 도대체 어떻게 해야 감당할 수 없다는 것인가? 농민이 더 이상 부담을 감당할 수 없고, 간부와 인민의 관계가 심각하게 악화되어서 이러한 세비개혁으로 내몰리게 된 것 아닌가?

계속된 발언에서도 리추훙은 각지의 개혁 실험에 대해서 전반적으로 부정적이었다. "중국 농촌의 농가는 촌이나 향마다 각각의 수입 차가 매우 큽니다. 부담경감정책으로 중요한 기준이 되어야 할 것은 경제적 수입이지 다른 것이 아닙니다. 안후이성 타이허현에서 경지 1묘당 일률적으로 50킬로그램을 징수한다, 이런 정책은 수입이 많은 자는 많이 부담하고 적은 자는 적게 부담하는 분배 원칙과는 분명히 부합하지 않는 것입니다."

그의 이러한 견해는 많은 사람을 놀라게 했다.

리추훙이 말한 것은 하나의 이론문제라 할 것이었다. 사회주의의 분배 원칙에서 본다면 차별을 무시하고 균등히 부과해서는 안 될 것이다. 추호의 빈틈도 없이 각 향과 촌의 각 세대의 실제 수입에 따라 부담을 확정해야 할 것이다. 그러나 세상에 절대적 진리는 없는 것과 마찬가지로 절대적 공평도 있을 수 없는 것이다. 리추홍은 이러한 관점에서 타이허현의 농촌세비개혁을 비판하지만, 이것은 자신이 제시한 네 가지 개혁의 목표 중에서 '세비의 징수 비용을 경감한다'는 목적과도 모순을 일으키는 것이다. 그의 주장대로라면 타이허현에는 35만 3459세대의 농민이 있는데 각 호마다 실제 경제 수입에 따라 세비를 징수하려면 현위원회와 현정부가 얼마나 많은 사람을 조직해서 현지 조사를 해야 비로소 각 호의 실제 수입을 파악할 수 있을까? 또한 얼마나 많은 사람을 동원해야 비로소 이 방대한 세비 징수 공작을 수행할 수 있을까?

참으로 황당무계한 말이 아닌가?

사람들은 이 재정부 농재사의 젊은 처장의 발언에 주의를 기울이기 시작했다.

이어서 리추홍은 같은 이유로 특산세 문제에 대해 언급했다. "농업특산세에 대해서 세무 부문의 태도는 아주 명확한데 절대 균등 부담할 수 없다는 것입니다. 양곡증산을 유지하기 위해서는 작물에 따라 다른 수익의 격차를 조정하지 않으면 안 됩니다. 이것이 특산세를 설정한 목적인데, 만약 균등 부담한다면 징수의 의의도 사라지고 이 정책의 목표도 실현할 수 없게 될 것입니다."

리추홍의 말은 바로 장춘윈 부총리가 푸양을 시찰하러 왔을 때 재정부 부부장 리옌링을 비판하면서 지적한 것과 마찬가지로 이론일 뿐이며 실현 가능성은 없는 것이었다.

농촌 현장에서 참가한 많은 대표들은 이미 더 이상 앉아서 듣고만 있을 수 없었다. 어떤 사람은 참지 못해 일어서서 격한 어조로 비판하기 시작했다.

회의장의 분위기가 갑자기 소란해졌다.

1958년에 반포된 「농업세 조례」 중에 농업특산세가 있다는 것은 누구나 알고 있었다. 그러나 그때는 단지 농업세 중에 포함되기만 했을 뿐으로, 과세 범위도 농지 외의 산지 혹은 수면을 대상으로 해서 차엽, 과일, 임목, 산야의 특산품과 수산품에 대한 징수를 목적으로 하는 것이었다. 그 수입이 비교적 높았기 때문에 단독으로 농업특산세를 징수하는 것은 당연한 일이지만, 특산세를 징수하면 농업세는 거두지 않는 것이었다. 곡물을 경작하는 농지에는 종래 특산세는 붙지 않았는데 최근 몇 년 사이에 농지에도 특산세가 부과되게 된 것이다.

현재의 문제는 이러한 현실에서 벗어난 징수정책이 이미 농업특산세를 토지세와 인두세로 변질시켜버려 국민 수입을 재분배하는 기능을 일찌감치 상실하고 순수하게 일종의 합법적인 농민부담이 되었다는 데 있는 것이다. 특히 이렇게 농지에 특산세를 부과하는 것 자체가 중국의 광대한 농촌이 산업화를 추진하는 데 큰 장애가 되고 있다. 전통 농업지대에서 농업특산세는 산업구조조정을 하는 데 큰 적이고 농민이 소강사회(小康社會)로 가는 길을 가로막는 걸림돌인 것이다.

각지의 대표들은 농지에 부과된 특산세의 폐지를 요구할 뿐만 아니라 현재 농업세 정책도 농민의 부담을 가중시키고 있다고 지적했다. 왜냐하면 「농업세 조례」는 지금으로부터 30~40년 전인 1958년에 반포된 것이어서 현실 상황과는 심각하게 어긋나는 부분이 많았기 때문이다. 예를 들면, 과세 계산상의 생산량과 실제의 생산량, 명의상의 세율과 실제상의 세율, 과세 계산상의 토지 면적과 실제의 토지 면적 등등이 천차만별로 다른 현상이 나타난다. 따라서 생산량은 높은데 세율은 낮거나 반대로 생산량은 낮은데 세율은 높다거나, 명의상의 세율은 높은데 실제상의 세율은 낮거나 반대로 명의상의 세율은 낮은데 실제상의 세율은 높다거나, 세는 있는데 토지가 없거나 토지는 있는데 세가 없는 등의 명확히 불합리한 현상이 발생하고 있다. 게다가 국가에서 양곡을 수매하는 임무도 지역에 따라 너무 가볍거나 너무 무거워서, 실제로는 양곡생산 지역이 비생산 지역을 위해 납세하고, 빈곤지구가 부유지구를 위해 납세하는 것이나 마찬가지인 셈이 되었다. 이러한 여러 가지 폐단들은 모두 농민이 농업을 경영하려는 의욕을 심각하게 좌절시켰다.

이러한 사업을 담당하는 국가의 재정부 농재사의 관리로서 농업재정과 세무정책상의 문제를 해결하려고는 하지 않고, 오히려 지방에서 추진하는 귀중한 개혁 실험에 대해서 최소한의 열정도 없이 콩이야 팥이야 트집만 잡으려 했으니 회의장의 많은 사람들이 분노한 것은 당연한 일이었다.

참석자의 기억에 따르면, 리추훙이 가장 자신만만하게 말한 부분은 듣는 사람들에게도 가장 인상 깊게 남은 부분이었는데 바로 이런 내용이었다. "우리가 접수한 농민의 상방 안건을 보면 농업세의 비례가 과중해서 상방한 것은 한 건도 없습니다. 농민 상방은 모두 세금과 비용이 뒤섞여 있기 때문에 일어난 것입니다. 그래서 우리는 업무에 있어서 세금과 비용은 확실히 구분해야 한다고 주장하는 것입니다."

리추훙의 말은 확실한 근거가 있는 것 같았지만 오히려 사람들의 맹렬한 반박을 불러와서 회의는 더욱 고조되었다. 왜냐하면 이렇게 세금과 비용을 뒤섞어 놓은 것이 바로 국가재정이기 때문이다.

1985년에 개시한 향진을 위주로 하는 농촌의 학교 운영체제는 중국 농민부담을 초래한 가장 중요한 원인이다. 9억 명 인구의 광대한 중국 농촌에서 의무교육 비용을 농민의 지갑을 열어 충당했는데, 이래서야 무슨 '의무교육'이라 할 수 있다는 말인가?

국가재정에서 지출해야 할 돈은 내지 않고, 계획출산이며 민병훈 련이며 우대복지사업이며 향촌 도로 등 본래 정부에서 지출해야 할 비용도 모두 향촌 간부에게 강제로 떠맡김으로써 향촌 간부들이 집집마다 찾아다니며 농민에게 강제로 뜯어냈던 것이다. 지금 수도에서 온 농재사 관원은 지방의 사정은 알지도 못할 뿐만 아니라 오히려 자기 잘못은 인정치 않고 남에게 잘못을 전가하려고 했다. 이런 관료적인 태도가 농촌 대표들을 격노하게 만들었다.

개혁 실험의 제1선에서 온 대표는 특산세의 문제를 방치할 수 없어서 반박했다. "정책이 농지특산세를 '실제 상황에 근거해서 계산해 징수한다'고 규정하는 이상 사실에 근거해서 진실을 구해야 할 것이 아닙니까? 있으면 징수하고, 없으면 징수하지 않고, 얼마가 있으면 얼마를 징수하면 됩니다. 그런데 재정은 왜 매년 계속 지표를 하달하고 임무를 내려보내는 겁니까? 이것은 말 따로 행동 따로이니 사기를 치라는 것 아닙니까? 지방에서는 농촌 간부가 대신해서 잘못을 지고, 그 때문에 명예를 잃고 욕을 먹는데도 위에서는 지방에서 정책을 집행하지 않고 있다고만 말합니다. 도대체 어떻게 이럴 수가 있습니까?"

안후이성 귀양현의 대표도 구체적인 예를 들어 반론했다. 그의 말에 의하면, 귀양현에서는 에누리하지 않고 '실제 상황에 근거해서 계산해 징수한다'는 특산세 정책을 집행하기 위해 경황향(耿皇鄕)을 시험 지역으로 선택했고, 향정부의 재정소와 경영관리참(經營管理站)에서 19명을 파견해 집집마다 엄격히 규정대로 특산품의 생산에서 판매까지 전 과정을 추적했다. 전부 2개월 이상의 시간을 들여 자본과 수입을 면밀히 계산해 결국 4만여 위안의 농업특산세를 징수했다. 그러나 인원을 파견하는 데 들인 용품이며 인건비며 식사보조비 등의 지출을 더하니 이쪽도 4만여 위안에 달했다. 즉 징수한 금액에서 징수하는 데 들인 비용을 빼면 제로가 되는 것이다. 말하자면 현행제도와 방법으로 세금을 징수할 수는 없다는 것이다.

경황향의 예는 거짓말 같을 정도로 심한 경우이지만, 이런 시험은 실제에서 동떨어진 세제문제를 유감없이 폭로했다.

그런데 뜻밖에도 리추훙은 궈양현 대표의 이야기가 끝나자마자 필사적으로 반론에 나섰다.

타이허현 농업경영위원회 부주임 쩌우신화는 그때까지 냉정히 리추훙의 발언에 귀를 기울이며 이 재정 관료가 타이허현의 실험에 대해 마구 질책하는 것을 꾹 참고 듣고 있었다. 왜냐하면 상대방이 타이허현에 대해 거론하니 타이허현 실험지의 대표로서 즉각 반박하는 것도 당연했지만, 적어도 타이허인(太和人)의 관용과 도량을 보여주고 싶었기 때문이다. 그러나 궈양현 대표가 사례를 언급해 충분히 설명이 되었을 텐데도 상대방이 여전히 억지를 부리고 기세로 제압을 하려고 하자 그도 더 이상은 참을 수 없었다.

쩌우신화는 거의 찌를 듯이 리추훙의 코를 가리키며 분연히 말했다. "당신들은 실제 상황을 보지도 않고 사무실에서 앉아 허튼 생각만 하고 있어. 지금 사실이 이렇게 눈앞에 있는데도 죽어도 인정하지 못하겠다는 말인가!"

쩌우신화는 흥분한 나머지 목소리는 잠기고 뻗은 손가락은 부들부들 떨리고 있었다.

회의장 사방에서 분노와 질책의 소리가 일어났다.

사람들은 이미 알고 있었다. 얌전하고 먹물 냄새까지 풍기는 리추훙이 끝까지 주장을 굽히지 않는 이유는 그것이 국가재정부의 의견이기 때문이라는 사실을 말이다. 바로 이것이 리추훙 개인의 의견이 아니기 때문에 각지의 대표들은 사람들이 열심히 농촌세비개혁을 추진하고 있지만 앞날이 그렇게 낙관적이지만은 않다는 것을 감지했다.

세비개혁의 최초의 주창자로서 또 타이허현의 개혁 실험에도 직접 참여했던 허카이인은 개혁 중의 몇 가지 문제에 대해서도 자신의 의견을 분명히 밝혔다. 그 요지는 이런 것이다. 지금과 같은 시장경제의 조건하에서 각종 상품의 가격은 거의 모두 개방되었는데, 다만 양곡이라는 이 농산품의 대종만은 국가가 값을 정해 수매하고 있기 때문에 양곡은 상품이 될 수 없고 수익성은 날이 갈수록 떨어지고 있다. 의심할 여지 없이 이러한 수매제도는 폐지하고 양곡의 시장가격도 개방해야 한다. 그렇지 않으면 중국의 농업은 더 이상 발전할 길이 없다. 여기에는 조건이 필요하다. 우리가 세비개혁에서 징수방법을 공량제로써 수매제를 대체한 것은 바로 이 점을 고려했기 때문이다. 즉 첫째는 국가가 확실하게 양곡자원을 장악해서 공급을 보증하게 하기 위한 것이다. 둘째로는 농민에게는 습관이 있어서 공량을 납부하는 것이 농민에게 편리하기도 하고 투명도도 높기 때문이다. 셋째로 가장 중요하게는 세비개혁을 양곡 판매체제의 개혁과 연계할 수 있다는 것인데, 이것은 다음에 양곡 판매체제의 개혁을 추진하기 위한 준비가 되는 것이다. 양곡 판매체제의 개혁이 성공하고, 전면적으로 양곡시장과 가격을 개방하고, 유통망을 형성하고, 시장을 키워야 봉쇄적인 사회구조가 최종적으로 와해되고 중국 농촌은 비로소 희망이 있다고 말할 수 있을 것이다.

허카이인의 발언에는 이론적 색채가 농후했지만, 깊이 있는 내용을 알기 쉽게 표현하면서도 설득력이 강했기 때문에 회의장은 안정을 되찾기 시작했다. 차를 마시거나 좌석에서 움직이는 사람들도 다른 사람들에게 방해가 될까봐 신경을 쓰면서 조용히 움직였다.

이러한 분위기는 허카이인에게도 전달되어 스스로 기분이 고양되는 것을 느꼈다. 그는 계속해서 말했다. 사실 우리가 한 일은 단지 농업세비 징수방법의 개혁일 뿐, 실제적으로 의의가 있는 농촌세비제도의 개혁은 아니라고. 가령 지금 우리가 세비제도의 개혁을 한다고 하면 입법부에서 곧바로 와서 제지할지도 모른다. 궈양현 신싱진의 개혁이 현인민대표대회에서 취소 명령을 받은 것이 그 명백한 증거이다. 따라서 이 개혁에는 한계가 있고 불철저한 점도 있게 마련이며 목적도 징수방법을 규범화하는 데 치우친 것인데, 우선 농민의 부담을 가능한 한 경감하는 데 강조점을 둔다면 간단명료하고 이행하기 쉬워진다. 아직 완전히 공평하고 합리적이지는 않으며 부득이한 고충도 있지만, 그래도 과거의 자의적인 징수에 비하면 농민은 비교적 만족할 것이라는 내용이었다.

물론 허카이인은 아직 더 말하고 싶은 것이 있었다. 지금 하고 있는 이 세비 징수방법상의 개혁만도 살얼음판을 걸어가는 것처럼 곤란한 일이고 곧 중단될지도 모를 일이라고 말이다. 사실 진정한 세비개혁도 농촌개혁을 심화하는 하나의 돌파구일 뿐이며, 이로부터 어떻게 농촌의 정치체제상의 개혁을 해나가느냐가 관건인 것이다. 정치체제상의 낙후가 이미 중국 개혁개방의 진전에 심중한 영향을 끼치고 있다는 사실은 누구나 알고 있지만 회의상에서 누구도 그것을 말하는 사람은 없었다. 물론 말을 한다고 해도 하지 않은 것과 마찬가지일 테지만 말이다.

그래서 허카이인은 말을 바꾸어서 이렇게 말했다. "가령 중앙에서 정식으로 안후이성 농촌에 두 번째 심화개혁을 실험하도록 승인한다면, 우리는 안심하고 왕년에 청부제를 했던 힘을 내어서 농촌세비개혁을 심도 있게 추진할 수 있을 것입니다."

진행을 맡은 두잉이 회의를 마무리하면서 이런 말을 했다. "제가 전반적으로 느낀 것은 우리가 중국 농촌의 개혁과 발전에서 중요한 때에 중요한 문제를 토론했다는 것입니다. 왜 이렇게 말씀드리는가 하면, 현재 우리나라는 공업화와 고도성장의 단계에 있습니다. 이런 단계에서 농업과 농촌과 농민의 상황이 어떠한가는 우리나라의 현대화의 운명을 결정짓는 중요한 한 요소입니다. 이 2년간 '삼농'의 형세는 전체적으로는 좋은 방향으로 가고 있지만, 동시에 잠재해 있는 문제도 터져나오고 있고 어떤 문제는 매우 첨예한데, 이런 문제는 이번 심포지엄의 내용과 틀림없이 밀접하게 관련되어 있습니다."

36. 보고서가 최고 지도자층에 들어가다

두잉은 베이징에 돌아온 후 곧 인원을 조직해 전국 농촌기층세비제도 실험의 상황을 보고서로 요약해서 국무원에 제출하고 아울러 허카이인과 양원량 두 사람을 토론에 참가하도록 초청했다.

그 보고서에는 '농촌발전과 안정화에 관한 중요한 개혁 조치'라는 아주 선명한 제목이 붙어 있었다.

장춘원 부총리는 직접 푸양의 시험구에 간 적도 있지만 이 보고서를 본 후 아주 기뻐하며 즉시 지시를 내렸다. "이것은 농촌공작의 중대한 문제이다. 실험은 문제를 해결할 구상과 길을 찾아냈다. 해당 부문이 회의를 열어 교류 경험을 정리하고 금후의 의견을 제출하도록 입안하기 바람."

부총리의 지시에서 그가 이 세비개혁 공작에 대해 높이 평가하고 있으며, 제안도 매우 구체적이어서 결코 애매모호하게 보고서를 검토하거나 다른 사람에게 처리하도록 지시한 것이 아님을 알 수 있다. 그가 이 보고서에서 본 것은 농업세제의 개혁에 대한 내용뿐이었지만, 사실은 전체 농촌의 개혁을 심화하는 데 중대한 돌파구가 되리라는 것도 깊이 믿어 의심치 않았고 또한 기대하고 나아가 스스로 노력하기를 원했다.

농업부에서 올라온 이 보고서와 장춘원의 지시가 아직 경제정책을 주관하는 상무 부총리 주룽지에게 도달하기 전에, 주룽지는 신화사 기자 예빙난(葉氷男)이 쓴 '허베이성의 공량제 조정 시행 방안'이라는 기사를 읽고 있었다. 주룽지는 이러한 소식을 처음 접하고 조금 의아하게 생각하고는 당시의 재정부장 류중리(劉仲藜)와 부부장 샹화이청에게 기사를 읽어보라고 돌렸다. 동시에 국무원 비서장 허춘린(何春霖)에게 "이것이 도대체 무슨 일인지" 가서 알아보라고 지시했다.

우리는 처음 「허베이성 공량제 개혁의 기록」에서 주룽지의 이 지시를 보았을 때는 매우 의외라고 생각했다. 왜냐하면 농촌세비의 개혁은 제안에서 실험까지, 비밀 실험에서 공개 실험으로 전환해 7개 성의 50개 현에서 요원의 불길처럼 번질 때까지 이미 5년이 지났고, 큰 신문에서 작은 신문까지 이미 충분히 보도해 알려졌으며, 허베이성은 베이징에서 광범위한 심포지엄을 개최해 국무원의 수많은 관계 부문의 동지들도 모두 참가했는데 주룽지 부총리가 어떻게 이 일에 대해서 전혀 모를 수가 있다는 말인가?

나중에 곰곰이 생각해 보니 비로소 별로 이상한 일도 아니라는 것을 깨달았다. 허카이인의 개혁 구상을 담은 글이 『인민일보』의 「정황휘편」(情況彙編)에 실려서 리펑 총리의 관심을 끌고 중요한 담화가 발표되었지만, 그것은 1990년 봄의 일이었다. 주룽지는 그때 상하이에

(시장으로) 있었으니 여기에 대해서 전혀 몰랐던 것도 이상한 일이 아닐 터이다. 그 후 주룽지가 베이징에 와서 국무원의 경제정책을 주관하게 되었지만, 이때는 또 중국 경제가 침체의 늪에 빠졌을 때로, 공업생산은 하락하고 중앙재정은 긴축되어 그의 눈앞에는 전국에 누적된 '삼각채'(三角債)만 5,000억 위안이 넘었다. 이러한 위급한 국면을 되살리기 위해 온갖 수단을 동원해 빚을 청산하는 데 앞장섰고, 동시에 넘쳐나는 짝퉁과 저품질 상품의 추방운동을 전개했다.

1992년 덩샤오핑의 남순강화 후에 경제개발이 가속화되었는데, 당시 중국의 경제는 아직 "꼭 쥐면 죽어버리고 풀어주면 어지러운" 곤란한 상태에서 빠져나오지 못하고 있었다. 경제의 급성장은 사회혼란과 같이 왔고 개발 붐, 투자 붐, 부동산 투기 붐은 이미 주룽지의 영어 표현에 의하면 '크레이지'(crazy)한 정도였다. 과열 발전한 경제는 건국 이래 가장 심각한 인플레이션을 초래했다. 그래서 주룽지는 또 큰 칼을 휘둘러 경제와 법률에서 행정에 이르는 각종 조치를 운용해 그것들을 관할하에 두고, 아울러 스스로 중국인민은행장에 취임해 금융 질서를 정돈하는 데 힘을 기울였다.

주룽지에게는 도시경제를 파악할 만큼 농촌사업을 파악할 정력과 시간이 없었다. 다시 말해 그는 농촌의 상황에 대해서는 도시의 사업만큼 잘 알지 못했다. 1993년에 개최된 '전국 양곡수매 판매공작 화상회의'에서의 담화 중에 그는 양곡가격의 자유화 문제에 대해서 금융과 국영기업의 개혁만큼은 자신이 없다고 말했다. 그는 이렇게 말했다. "작년에 우리는 경험이 부족해 양곡가격을 너무 빨리 자유화했고 준비도 부족했다. 시장경제를 해본 적이 없었고 무서운 줄도 몰랐다. 그 결과 11월 이후 양곡가격이 폭등했지만 예정된 가격 조정을 순서대로 할 수가 없었고, 착수하기에는 너무 늦어버렸다."

그러나 주룽지는 중국의 농업을 중시했고 농민의 부담에 대해서는 더욱 자기 일처럼 생각했다. 1993년 5월 중순 후난성을 시찰하러 갔을 때, 주룽지는 개별 지구의 여름 양곡수매자금이 부족해 농민에게 백지 영수증을 발급했기 때문에 농민의 생활과 생산이 곤란한 것을 발견하고 극도로 분노했다. 그는 후난성의 주관 간부를 엄격히 질책하면서 하부 지구의 책임자에게 이렇게 말했다. "내 전화번호를 남겨놓겠소. 당신들이 언제 자금을 마련할지 그때가 되면 전화를 주시오. 그날이 언제 올지 끝까지 기다릴 거요!" 베이징에 돌아온 후 그는 문제의 심각성을 절감하고 직접 농업부에 지시해 『인민일보』에 농민부담을 정리하는 세 가지 문건을 발표하도록 했다. 문건의 내용은 징세의 항목과 범위를 공개할 것, 전년도의 농민 1인당 순수입의 5퍼센트를 초과해서 징수할 수 없도록 명문화할 것, 법령에 따르지 않는 경우는 법에 의거해 처벌한다는 것이었다.

주룽지가 국무원 비서장 허춘린에게 허베이성 공량제가 무슨 일인지 알아보라고 지시한 지 나흘이 지난 후, 재정부장 류중리는 주룽지의 지시문이 달린 신화사 기자 예빙난의 기사에 다음과 같이 지시해 부내 세정사(稅政司)로 내려보냈다. "세정사 담당으로 이 시안을 열람하고, 국무원 제3국과도 연락해야 할지 의논하고, 농세처에서도 사람을 파견해서 조사하기 바람."

류중리 부장이 작성한 이 지시는 이미 쓸모없는 것이 되어버렸다. 왜냐하면 시간상으로 보아 그는 주룽지의 지시를 보지 못했던 것이다. 다시 말해 그가 이 지시를 내려보내기 하루 전에 주룽지는 이미 장춘윈이 보낸 푸양 심포지엄의 관련 보고서를 받았기 때문이다.

주룽지는 이 보고서를 보고 허베이성 공량제 실험이 무슨 일인지 일체를 훤히 알게 되었다.

　장춘윈이 두잉의 보고서에 쓴 지시문은 각지의 농촌세비개혁 실험에 대해 아주 긍정적으로 "실험은 문제를 해결할 구상과 길을 찾아냈다"고 인정했고, 그가 한 제안도 "해당 부문이 회의를 열어 교류 경험을 정리하고 금후의 의견을 제출하도록 입안하기 바람"이라고 했듯이 매우 구체적이었다. 또한 장춘윈이 지시문에 "이것은 농촌공작의 중대한 문제이다"라고 강조했기 때문인지 주룽지도 장춘윈의 보고를 받은 후 처리하는 데 상당히 신중을 기했다. 주룽지는 '해당 부문이 회의를 열라'는 장춘윈의 제안은 회피하고 이 보고서를 비서장 허춘린에게 지시해 보냈다. 그런데 이 지시를 본 사람은 한 사람이 더 있었는데, 그는 국가세무국 국장 진런칭(金人慶)이었다. 지시 문건에는 "허춘린, 진런칭 동지가 열람하고 처리하기 바람. 이 일은 재정부와 세무총국과 종합 부문의 의견을 참고하기 바람"이라고 적혀 있었다.

　주룽지는 분명 구체적인 의견을 밝히지는 않고 다만 구체적인 분부를 내렸다. 그날 1995년 6월 9일 이미 요원의 불길이 되어 중국 각지로 퍼져간 농촌세비개혁이 그의 시야에 들어왔고, 그의 주목을 끌었다.

37. '제13호 문건'의 탄생

　1995년 6월부터 약 1년간 중국의 언론에서는 농촌세비개혁에 대해 보도하는 것이 하나의 유행처럼 되었다. 신문 매체로는 『중국개혁보』(中國改革報), 『중국기검감찰보』(中國紀檢監察報)에서 『중국경제시보』(中國經濟時報), 『경제일보』(經濟日報) 그리고 『인민일보』까지, 전문지로

는『내부참고』(內部參考),『학습연구참고』(學習研究參考)에서『국내동태청
양』(國內動態淸樣) 그리고『영도결책참고』(領導決策參考)까지 개혁을 칭
찬하는 보도가 그 수를 헤아릴 수 없을 정도였다.

1996년 가을 중국공산당 중앙정치국 위원 겸 국무원 부총리인 리
란칭(李嵐淸)이 허난성을 시찰하러 왔다. 일부 지역에서 교육비라는 명
목으로 농민에게 마구 징수한 비용이 반드시 교육용으로만 쓰이지 않
았다는 사실을 알고 그는 불안해졌다. 시찰하는 동안에 또 촌의 제류
금이나 향의 통주금을 징수하는 방법이 너무 자의적이고, 세수입이 직
접 말단 간부의 이익과 연결되어 있기 때문에 농촌의 부당한 징수는
아무리 금지해도 사라지지 않는 문젯거리가 되어버린 것을 알았다.
그래서 그는 징수방법부터 고쳐야 하는 것이 아닌가 생각하게 된 것
이다.

그런데 예상과 달리 시찰 도중에 리란칭은 어떤 농촌에서는 이미
세금과 비용을 통일하는 관리방법을 실행해 농민의 환영을 받았을 뿐
아니라 각 방면의 경비도 확보할 수 있었다는 말을 듣고 흥미를 느껴
직접 가보기로 했다. 그곳이 인근의 안후이성 푸양지구라는 말을 듣
고 그는 급히 일정을 변경해 푸양으로 갔다. 푸양에서 그는 지구위원
회 서기와 담당 직원의 보고를 듣고 좋은 방법이라고 생각했다. 보고
를 통해서 그는 전국정치협상회의의 고참 위원들도 푸양에 와서 조사
·연구한 사실을 알고 베이징에 돌아와서 사람을 시켜 그들의 조사 자
료를 가져오게 했다. 자료를 검토한 후 상당히 가치가 있다고 생각한
그는 자신의 의견을 첨부해 리펑 총리에게 보냈다. 동시에 주룽지, 쩌
우자화(鄒家華), 우방궈(吳邦國), 장춘원 등 부총리들에게도 보내 공동
으로 열람하게 했다.

실은 전국정치협상회의의 고참 동지들에게 농촌 현지 조사를 하

게 만든 사람은 바로 전 안후이성 성장, 전국정치협상위원회 경제위원회의 상무 부주임 왕위자오였다. 앞에서 언급했듯이 중국 농촌개혁의 서막이 극적으로 열렸을 때 왕위자오는 완리 휘하의 대장이었고 후에 중앙농촌정책연구실과 국무원 농촌발전연구센터의 부주임이 된 인물로, 말하자면 지난 1970년대 말에서 1980년대 초 중국 농촌개혁의 전 과정을 경험한 사람이다. 그리고 지금까지 중국의 삼농문제에 대해 지칠 줄 모르고 주목하고 있는 것이다.

1995년 4월부터 시작해서 전국정치협상회의 경제위원회에 소속되어 오랫동안 국가 지도기관에서 경제 업무에 종사해온 몇몇 부장들로 전문팀이 편성되었다. 이 팀은 농민의 부담경감을 주제로 왕위자오의 지도하에 안후이성과 허베이성 등지에서 진지하게 현지 조사를 진행했다. 베이징에 돌아온 후에는 농업부, 재정부, 국가통계국 등 관련 부문의 동지들과 좌담을 가졌다. 그리고 더 광범위하게 사회 각계의 의견을 파악하기 위해 그해 7월 전국정치협상회의 경제위원회는 쓰촨성 러산시(樂山市)에서 안후이, 허베이, 허난, 후난, 쓰촨, 구이저우, 지린, 광시(廣西) 등 여덟 개 성구(省區)의 관련 부문이 참가하는 '농민부담 경감문제 심포지엄'을 열었다. 심포지엄에서는 근년 여러 지방에서 추진하고 있는 농민부담 경감사업의 개혁 상황을 집중적으로 연구하면서 농민부담 문제를 근본적으로 해결하는 길을 모색했다.

연구팀 일행 여덟 명의 기분은 시찰 중에 무겁게 가라앉아 있었다. 조사를 통해 근년 각지에서 현실과 맞지 않는 목표달성 운동이 과다하게 벌어지고 현지의 당정 간부는 심각하게 통솔력을 잃고 있으며, 어떤 지방은 심지어 간부들이 멋대로 징수해 향촌을 유린함으로써 농민들이 말로 할 수 없을 정도의 고통에 시달리는 악질적인 사건도 일어나고 있는 것을 발견했기 때문이다. 특히 농민부담액의 증가 속도가 농민 수입률의 상승 속도를 훨씬 앞서고 있는데도 국가의 주요 양곡 공급원인 중국 중부의 대농업산지에서는 곡물과 면의 수매 임무가 과중한 탓에 농민의 실수입이 대폭 감소된 것을 발견했다. 또한 본래 농민의 부담을 경감하기 위해 '3제5통비'(三提五統費)를 전년도 농민 1인당 순수입의 5퍼센트 이내로 조정한다는 규정은 농촌의 빈부격차를 은폐할 뿐만 아니라 빈자의 재물을 빼앗아 부자를 돕는 부정적인 결과를 초래해 오히려 저수입 농가의 부담을 가중시키고 있는 실정도 목도했다.

이런 심각한 화제에 접할 때마다 연구팀 일행은 유달리 압박감을 느꼈다. 다만 안후이성 타이허현과 허베이성 정딩현에서 개혁이 실험 중인 것을 보고, 또 직접 개혁이 농민대중과 사회 각계로부터 폭넓게 환영받고 있다는 말을 듣고 비로소 약간의 위안을 느낄 수 있었다.

후에 국가의 관련 부서와 좌담을 나누고, 또 러산 회의에 대해 심도 있는 토론을 거쳐 왕위자오는 「농민부담 문제를 실질적으로 해결하기 위한 건의」라는 글을 직접 주관해 작성했다. 전국정치협상회의 경제위원회는 이를 위해 베이징에서 한 차례 확대회의를 열어 '건의'에 대해 진지하게 심의했다.

왕위자오는 '건의'에서 농민부담을 해결하는 가장 근본적인 길은 농촌경제를 발전시켜 농민 수입을 증대하고 농민의 부를 늘리는 것이라고 주장했다. 또 이렇게도 주장했다. 농민부담을 합리적인 범위 내에서 조절하기 위해서는 반드시 농업세의 징수관리제도를 근본적으로 개혁 개선해 농민부담이 증가하지 못하도록 원천 봉쇄해야 한다. 각종 조사에서 농민부담의 과중함은 정부가 제정한 발전 목표의 요구가 너무 지나치고 너무 성급한 것과 직접적 관계가 있다고 표명하고 있다.

따라서 문제 해결의 관건은 상부에 있다.

'건의'는 매우 구체적인 방법까지 제시하고 있다. 예를 들면, 신속히 농촌세비징수관리법을 제정해서 농촌세비 징수관리 기구를 정비하고 공안이나 민병대를 운용해서 세비를 징수하는 행위를 절대 허가하지 말라고 제안하고 있다. 또 기구를 간소화해 간부의 심사제도를 개혁하고, 현재 모든 경제기술협회의 기초 위에서 농민 자신의 조직을 세울 것을 고려하며, 정부와 농민의 관계를 소통해서 국가의 모든 정책 법령을 원활히 집행하고 농민의 합법적 권익을 진정으로 보호할 수 있도록 해야 한다는 등의 내용을 담고 있다.

중국공산당 중앙정치국 상무위원이자 전국정치협상회의 주석인 리루이환(李瑞環)은 농민부담을 경감하는 사업에 대해 줄곧 관심을 갖고 있다가 경제위원회 주임확대회의 심의회를 통과한 보고서를 보고 매우 기뻐했다. 그날 리루이환은 왕위자오를 만나 이렇게 말했다. "당신들이 제출한 건의에 전면 찬동하오. 만약 협상회의가 필요하다면 리펑 동지에게 참가하도록 요청하고 회의는 내가 진행하겠소." 리루이환은 또 '건의'를 당중앙 사무실과 국무원 사무실로 각각 보내라고 지시했다.

전국정치협상회의 경제위원회의 '건의'가 절차에 따라 발송된 후에도 부주임 왕위자오의 마음은 좀처럼 가라앉지 않았다. 그는 중앙의 간부 중에서 원자바오가 농촌을 가장 많이 돌아다녀 농촌사업에 대해 가장 잘 알고 있을 것이라는 생각이 들었다. 그래서 개인 명의로 직접 원자바오에게 '건의' 한 부를 보냈다.

물론 왕위자오는 이미 10일 전에 리란칭 부총리가 직접 '건의'를 리펑 총리와 몇몇 부총리에게 참고하라고 보여주었고, 리펑과 주룽지가 다시 재정부에 지시문을 적어 보낸 사실은 전혀 몰랐다. 또한 장춘원 부총리가 리란칭이 보내온 보고서를 읽은 후 이미 원자바오에게 전송했고 아울러 "원자바오 동지가 열람한 후 기초소조(起草小組)에서 검토하기 바람"이라는 의견을 표명한 사실도 알지 못했다. 당시 원자바오가 지도하던 기초소조는 마침 당중앙과 국무원을 위해 농민부담 경감과 관련해 중요한 문건을 작성하는 중이었다.

이렇게 해서 두 가지 '건의'가 원자바오에게 접수되었다. 원자바오는 장춘원과 견해가 일치했는데, 그는 이 '건의'가 지금 당중앙과 국무원에서 반포할 예정인 초안을 결정짓는 데 매우 중요한 가치가 있다고 생각했다. 본래는 정상대로라면 이 일은 원자바오가 이미 처리한 것이어서 왕위자오 개인 명의로 보내온 '건의'에 대해서는 다시 처리할 필요가 없었지만, 일처리에 빈틈이 없는 원자바오는 다시 붓을 들어서 '건의'에 지시를 첨가해 국무원 부비서장 류지민(劉濟民)과 농업부 부부장 완바오루이(萬寶瑞)에게 보냈다. 지시문은 이전의 것과 마찬가지로 글자마다 단정하게 쓰여 있고 심지어 구두점도 함부로 찍혀 있지 않아 원자바오의 근엄함과 성실함을 잘 보여준다.

지민, 바오루이 동지. 전국정치협상회의 경제위원회가 조사·연구를 토대로 작성한 이 건의는 농민부담 문제를 연구하고 해결하는 데 중요하게 참고할 만한 가치가 있습니다. 그중 많은 좋은 의견이 중앙에서 기초한 농민부담 경감문제에 관한 문건에 이미 흡수되어 있습니다. 또 몇 가지 방향성이 있는 개혁 조치도 적극 실험되고 있는 중입니다. 이러한 상황을 정치협상회의와 왕위자오 동지에게 알려주시오.

왕위자오가 집필한 '건의'가 당중앙 사무실과 국무원 사무실에 송부된 지 얼마 후, 중앙농촌공작지도소조사무실의 주도로 국가계획위원회와 국가체제계획위원회, 국가재정부, 국가농업부, 국가양식저비국(國家糧食儲備局), 중앙기율위원회 및 중앙텔레비전방송국이 참여하는 공동조사단이 결성되어 베이징에서 가장 가까운 허베이성으로 가서 농업세제개혁에 대한 특별 조사·연구를 진행했다. 중앙당학교의 연수에서 돌아온 성위원회 부서기 리빙량은 조사단원들을 접대해 허베이성에서 3년 이상 추진해온 개혁 상황을 보고하고 중앙텔레비전방송국과 인터뷰도 했다.

그 무렵 기쁜 소식이 안후이성의 광대한 농촌에서 조용히 흘러나오고 있었다. 그것은 바로 장쩌민 총서기가 파견한 비서가 농촌세비개혁을 가장 먼저 실험한 안후이성 타이허현에 도착했다는 소식이었다. 비서는 타이허현 곳곳을 방문해 진지하게 듣고 자세히 보고 공책에 기록을 했다고 한다. 비서가 떠날 때 타이허현위원회와 현정부의 간부가 시찰의 소감을 말해달라고 요청하자, 비서는 겸손하게 웃으면서 "내 임무는 그저 보고 듣고 돌아가서 보고하는 것 뿐입니다"라고 말했다고 한다.

1996년 12월 30일 당중앙과 국무원은 농민부담의 경감과 관련해 가장 유명한 문건인 '제13호 문건', 즉 「농민부담을 실질적으로 경감하는 사업에 관한 결정」을 하달했다. 이 '결정'은 구체적으로 '세 가지 감소'와 '다섯 가지 엄금' 그리고 '두 가지 강화'를 제시했다. '세 가지 감소'란 빈곤가정의 세비 부담을 감면하고, 향진기업의 부담을 경감하고, 향진기관과 인원의 지출을 삭감한다는 것이다. '다섯 가지 엄금'이란 농민에게 돈과 현물을 요구하는 목표달성 활동을 일체 엄금하고, 농촌에서 법률이 규정하는 외의 자금 모으기를 엄금하고, 농민에게 함부로 비용을 징수하거나 값을 올리거나 벌금을 부과하는 행위를 일체 엄금하고, 각종 할당 행위를 엄금하고, 전제적인 도구와 수단을 사용해서 농민에게 금전이나 현물을 수취하는 행위를 엄금한다는 것이다. 그리고 '두 가지 강화'란 지도력을 강화해 농민부담의 경감을 실행하는 데 당정이 함께 책임을 지고, 감독 검사를 강화하고 농민부담을 가중시키는 위법행위를 엄격히 조사 처리한다는 내용이다.

'결정'은 특히 다음과 같이 지적하고 있다. "농민부담을 근본적으로 해결하기 위해서는 반드시 개혁을 심화해야 한다. 몇몇 지방에서 추진하고 있는 새로운 분담방법과 양곡의 주산지대에서 추진하고 있는 세비개혁의 모색은 계속 실험해나가야 한다."

이것은 각지에서 추진되고 있는 농촌세비개혁 실험에 대해 당중앙과 국무원이 공식 문서로서 최초로 긍정적인 견해를 표명한 것이다.

'제13호 문건'이 하달된 지 14일째인 1997년 1월 13일에 열린 전국농촌공작회의에서 원자바오는 중앙을 대표해 농촌세비개혁 공작에 대해 중요한 담화를 발표했다. "근년에 양곡의 주산지대, 주로 안후이, 허베이 등 7개 성의 50개 현에서 농촌세비개혁이 추진되어 일정한 성과를 올리고 유익한 경험을 축적해왔습니다. 중앙에서는 이러한 개혁을 계속 실험해도 좋다고 생각합니다. 다만 현 시점에서 아직 전국적으로 확대 추진해서는 안 될 것입니다. 두 가지 점을 고려해야 하기 때문입니다. 즉 이 개혁이 심층의 체제문제와 연결되고, 중대한 개혁 방향과도 연결되어 있다는 것입니다. 개혁을 계속하려면 반드시 현행 양곡수매 판매체제와 농업세를 위주로 하는 재정과 세무체제의 개혁도 함께 고려해야 하는데, 이러한 일은 광범위하고 복잡해서 전면적인 설계 방안이 필요합니다. 실험사업은 지도 아래 추진해야 할 것이며 이미 실험이 승인된 지방은 진지하게 실험하고 결과를 잘 정리해주기 바랍니다."

원자바오는 각지의 세비개혁 실험이 유익한 경험을 축적했다고 긍정했을 뿐만 아니라 개혁이 심층적인 체제문제와 중대한 개혁 방향과 연결되어 있어서 전면적인 설계 방안이 필요하다는 점도 예리하게 지적했다.

원자바오의 담화는 높은 위치에 서서 민심을 진작하는 것이었다. 농촌세비개혁에 대한 그의 해석은 미래를 내다보는 깊은 통찰력을 보여준다.

38. 평가는 역사에 맡기고

1998년 3월 27일 제9기 전국인민대표대회에서 장쩌민 국가주석의 지명과 참석 대표의 선거로 주룽지가 국무원 총리에 임명되었다.

주룽지가 총리에 취임하고 나서 2개월이 지난 6월 6일, 주룽지가 서명해 국무원령으로 「양곡수매조례」가 발포 실시되었다.

4년 전인 1993년, 주룽지는 양곡수매제도를 문제 삼은 적이 있었는데, 이전에는 통지여서 그대로 따르지 않아도 근무 태도나 인식상의 문제에 불과했지만 이번에는 국무원령으로서 통지상의 많은 규정이 법률로 승격되어 집행하지 않으면 위법이 된다. 그리고 이번의 '조례'에는 또 특별히 엄격한 규정이 첨가되었다. 새로운 규정을 첨가한 목적은 농민의 생산의욕을 고취해 국가가 수매할 연간 5,000만 톤의 양곡수요를 확보하고 국가양곡 부문에도 유효한 보호를 하기 위해서이다. 물론 그 의의는 여기에 그치지 않는다. 왜냐하면 조례상에서, 농업세를 제외하고 양곡수매 시에는 "어떠한 조직과 개인의 위탁도 받아서는 안 되며, 어떠한 세금과 비용도 대신 납부해서는 안 된다"라고 명확히 규정하고 있기 때문이다. 여기서 가리키는 조직이란 분명히 각급 정부를 포함하며, 개인이란 당연히 당과 정부의 지도간부를 포함할 것이다. 새로운 '조례'는 틀림없이 '양곡수매 현장'에서 더욱더 심각해지는 편승징수 현상을 단호히 저지해 농민부담을 철저히 경감시키려고 한 것이었다.

이 '조례'를 제정하느라고 참으로 깊이 고심한 것은 틀림없겠지만, 이 조례는 한편으로는 객관적인 상황을 고려하지 않은 일방적인 것이었다. 왜냐하면 현재 농촌 말단의 세비 징수 상황은 상당히 복잡한데, 가령 조례에서 제시한 통주금이나 제류금 같은 것도 바로 과거에 국무원이 정식으로 문서를 보내 농민에게 징수하도록 요구한 것이고, 또 그중의 허다한 비용은 본래 국가재정에서 지출해야 할 것인데도 지출하지 않아서 농민의 부담이 되어버린 것이다. 지금 이 숱한 문제들에 대해서 회피하고 근본적으로 해결하지 않으면서 오히려 수매 현장에서 농업세 이외의 어떤 세비도 징수하지 말라고 향촌 간부들에게 엄격하게 규정한다는 것은 사실상 농촌의 기층정부와 촌급 조직을 극단으로 몰아세우는 셈이다. 규정을 지킨다고 해도 겉으로만 지키는 것처럼 하고 속으로는 위반하며 한사코 '조례'상의 규정을 집행하지 않을 것이다. 집행한다고 해도 하부에 더 많은 '소분대'나 '공작대' 또는 '돌격대' 등의 형식을 동원하거나 심지어는 사법적 수단으로 가가호호 방문해 강제로 징수하고 빼앗는 일이 벌어질 것이다.

더욱 심각한 것은 이 '조례'에서 명확히 말하는 대로 양곡수매는 국가의 양곡 관련 계통을 통하지 않으면 안 되고, 또 반드시 호별로 납부하고 호별로 결산하게 되어 있어서 자금이 봉쇄적으로 운용된다는 것이다. 이것은 각지에서 실험적으로 시행되고 있는 농촌세비개혁의 방식과 모순되는 것이다.

당시 허베이성에서는 공량제 개혁 실험을 성 전체로 확대하려고 했고, 그 책임자인 양원량은 의욕적으로 '허베이성 공량제 개혁 방안 심포지엄'을 개최하고 있었다. 「양곡수매조례」의 구체적인 규정을 알고 난 후 그는 몽둥이로 한 대 얻어맞은 것 같은 느낌이었다. 그는 5~6년 동안 세 사람의 성위원회 주요 간부가 중시하고 자신이 심혈을 기울여온 공량제 개혁이 중지될지도 모르며, 전국의 세비개혁 실험지역도 모두 곧 폐지될 처지에 놓였다는 생각이 들었다.

양원량은 안절부절못하면서 「양곡수매조례」를 반복해서 읽고 또 읽으면서 세비개혁에 유리한 자구를 찾으려고 했다. 물론 찾을 수 없었지만 그는 그래도 낙관적으로 생각했다. 왜냐하면 전체적으로 또 본질적으로 보건대, 공량제 개혁과 「양곡수매조례」는 모두 농민의 부담을 규정하고 국가에서 필요한 양곡자원을 확보하기 위한 것이므로 양자의 관계는 결코 상호 모순적인 것이 아니기 때문이다.

그래서 양원량은 밤을 새워 성위원회로 보내는 「공량제 개혁 실험은 계속 추진되어야 한다」라는 보고서를 썼다.

그러나 양원량처럼 세비개혁에 열정을 가진 사람 이외에는 그렇게 생각하지 않았다. 양원량이 보고서를 보낸 지 얼마 후 허베이성 정부 사무실 금융무역처(金融貿易處)도 성위원회와 성정부의 주요 간부들에게 보고서를 보냈는데, 양원량의 것과는 상반된 내용이었다. 그 보고서에서는 다음과 같이 쓰여 있었다. "공량제와 세비개혁의 방법은 「양곡수매조례」와는 부합하지 않고, 농업발전은행의 수매자금 운용에 장애가 된다. 이러한 상황에 대처하기 위해 우리 성은 국무원에서 반포한 「양곡수매조례」에 따라 집행할 것을 건의한다."

중국과 같은 이런 특수한 체제에서는 하급기관은 상급기관에, 모든 당원은 중앙에 반드시 복종해야 한다. 그러한 의미에서 정부의 명령은 막힘없이 잘 통할 것이다. 바로 이 때문에 허베이성의 주요 책임자는 중앙의 '조례'를 감히 집행하지 않을 수 없는 것이고, 그래서 막 추진하고 있던 공량제 개혁을 포기할 수밖에 없는 형편이었다.

허베이성 당위원회 부서기 자오진둬(趙金鐸)는 현급 종합개혁소조의 책임자도 겸임하고 있어서 공량제 개혁이 농촌에 가져온 새로운 분위기를 잘 알고 있는 터라 금융무역처에서 올라온 보고서를 접하고 심정이 매우 복잡했다. 바로 며칠 전에 그는 양원량이 기초한 「허베이성 공량제 개혁 방안 심포지엄 일정표」에 '동의'라고 서명했는데, 지금은 상반된 결정을 내려야 하기 때문이었다.

자오진둬는 그 후에 열린 어느 회의에서 이렇게 말한 적이 있다. "허베이성의 공량제 개혁은 장점이 참 많습니다. 그런데 농업세를 제외하고 어떠한 세비도 대납할 수 없다는 (조례의) 이 조항은 강한 구속력이 있습니다. '조례'는 법입니다. 집행에 있어서 에누리할 수가 없는 것입니다. 우리는 중앙과 일치하지 않으면 안 됩니다. 그러나 공량제 개혁을 중지하는 것이 이 개혁을 부정한다는 뜻은 아닙니다. 다만 그것이 '조례'와 저촉되는 바가 있다는 것뿐입니다."

이 회의에 참가한 양원량은 당위원회의 대표로서 발언한 자오진둬의 설명을 듣고 이해는 되었지만 더욱 납득이 가지 않는 것 같았다. 공량제 개혁이 그렇게 좋은 점이 많은 것이라면 왜 꼭 그것을 중지해야 한다는 말인가?

자오진둬와 마찬가지로 성위원회 서기도 같은 지시를 내렸다. "국무원의 조례에 따라 집행한다."

이어서 성장 예롄쑹(葉連松)도 "성 전역이 모두 국무원의 「양곡수매조례」에 따라 집행한다"라고 말하고 특별히 "즉시 성종합개혁사무실과 지방세, 양곡, 농업발전은행의 담당자를 소집하고, 공동으로 통지를 보내 법에 따라 집행하도록 한다"라는 지시를 내렸다.

예롄쑹이 지시를 내린 그날, 종합개혁사무실과 재정청, 양곡청, 농업발전은행 등 네 개 기관은 신속히 공동의 통지를 보내 각지에서 반드시 국무원의「양곡수매조례」를 충실히 집행할 것을 요구했다.

양원량은 초조해서 미칠 지경이었다. 네 개 기관이 공동으로 통지한 바로 그날, 그는 재차 허베이성위원회와 성정부에 서신을 보내 공량제 개혁을 계속 실험하는 문제에 대해 중앙에 긴급히 문의해달라고 요구했다.

공교롭게도 그때가 국가계획위원회의 조사팀이 허베이성에 하계 양곡수매 상황을 조사하러 왔다가 돌아가서 원자바오 부총리에게 결과를 보고했을 때였다. 원자바오는 보고서에 이렇게 지시문을 적었다. "'공량제' 문제는 세비개혁에 포함해서 계속 연구하기로 하고, 현재로서는「양곡수매조례」를 통일적으로 집행해야 할 것이다."

국가계획위원회 부주임 왕춘정(王春正)은 원자바오의 지시를 그날로 허베이성 성장 예롄쑹에게 전보로 보냈다.

원자바오의 지시는 분명히 이중의 의미를 담고 있었다. 국무원 부총리로서 그는 주룽지 총리가 서명 발의한 국무원령의 엄격성을 반드시 강조하고 충실히 조례를 집행하도록 요구할 필요가 있었다. 그러나 과거에 그는 이미 안후이, 허베이 등 7개 성의 50개 현에서 추진한 농촌세비개혁의 실험사업을 높이 평가했고, 그 태도는 여전히 변함없이 허베이성에서 추진한 공량제 개혁에 대해서도 충분히 긍정하고 있었다. 다시 자세히 파악해보면 원자바오가 양자를 표현하는 방식에 차이가 있다는 점을 발견할 수 있을 것이다. 즉「양곡수매조례」를 집행해야 할 것이다"라는 문구의 앞에 '현재로서는'이라는 말을 첨가한 것은 말하자면 시기를 한정한다는 의미이고, 세비개혁을 언급할 때는 "계속

연구"를 요구하고 있는 것이다. 따라서 원자바오의 주장은 당면한 '조례'를 집행하면서 더 심원한 의의를 가진 세비개혁의 실험과 모색에 영향을 주어서는 안 된다는 것으로 이해할 수 있는 것이다.

유감인 것은 성장 예렌쑹이 원자바오의 지시의 뜻을 충분히 이해하지 못하고 더 엄격한 지시를 내렸다는 사실이다. "원자바오 부총리의 지시를 진지하게 관철해 실행해야 한다. 수매를 전면적으로 실시해 세대별로 납부하고 결산한다. 향촌 간부가 양참(糧站)에서 통주금과 제류금을 징수하는 것을 불허한다. 기왕에 공량제를 실험한 현은 모두 「양곡수매조례」를 집행한다. 이러한 문제를 모두 확실히 실행하고, 간부가 이 명령에 따르지 않는 경우는 대표적인 사례를 찾아내 엄벌에 처한다."

허베이성 정부 사무실은 예렌쑹 성장의 지시에 따라 즉시 성 전역에 긴급통지를 발포했다.

이리하여 37개 현과 시에서 5년 동안이나 줄기차게 추진된 허베이성의 공량제 개혁은 하루아침에 조용히 사라지고 말았다.

이와 동시에 전국 7개 성의 60여 개 현과 시에서 전개되어온 세비개혁 실험도 거의 종지부를 찍게 되었다.

이 소식을 듣고 양원량은 마음이 타들어가는 것같이 초조해졌다.

양원량이 아무리 공량제 개혁이야말로 농민문제를 해결하는 근본 대책이므로 실험을 계속 추진할 필요가 있다고 생각한다 하더라도, 개혁은 결국 「양곡수매조례」의 반포로 중지되었다.

공량제 개혁이 중지되자 문제도 따라 생겼다. 어떤 사람들은 중지가 선언된 것을 완전히 부정된 것과 동일시하고 이 연구의 실질적 책임자인 양원량의 5년간의 고생을 완전히 헛고생으로 간주한 것이다.

유언비어가 퍼지기 시작하면서 이상한 시선이 양원량에게 쏟아졌고, 양원량은 순식간에 사면초가의 상황에 빠지고 말았다.

견디기 힘든 날들 속에서 양원량은 아무 일도 할 수가 없어 덩샤오핑의 남순강화만 읽고 또 읽었다. 그는 남순강화 속에서 해답을 찾아내려고 했다. 그는 농촌세비개혁은 계속되어야 한다고 굳게 믿고 있었다. 왜냐하면 개혁이 광대한 농민들의 충심 어린 지지를 받았기 때문이었다. 심지어 그는 이미 시장경제라는 돌아올 수 없는 길을 걷기 시작한 중국에서 양곡의 일괄 수매와 판매를 계속할 것이 아니라 점진적으로 양곡시장을 개방하는 것이 좋은 방책이라고 생각하고 있었다.

생각이 이에 미치자 그는 피가 끓어오르는 것 같았고 참을 수 없어서 붓을 들어 온갖 감회를 한 수의 시에 담았다. 그리고 도대체 이런 자신의 고뇌를 알아줄 사람이 누가 있을까 생각하니 허카이인 외에는 아무도 없을 것 같았다. 그러나 허카이인을 생각하니 그의 처지는 자신보다 더 괴로울 것 같아서 마음이 다시 걱정으로 가득 찼다. 그는 자신이 지은 시를 깨끗이 옮겨적어 허카이인에게 부쳤다.

당시 허카이인 역시 매우 괴로운 입장이었다. 10년 동안 농촌세비개혁을 위해 인생의 쓴맛 신맛과 세태의 변천을 두루 맛봐왔지만 그는 원망도 후회도 없이 덩샤오핑의 "논쟁은 하지 않는다, 해보는 것이 좋다, 과감하게 해보고 대담하게 하라"는 가르침을 내내 믿어왔다. 쉽지 않게 여기까지 와서 개혁이 7개 성 60여 개 현의 농민으로부터 환영을 받고 있는데, 이제 갑자기 연이어 좌절해버린 사실을 그로서는 받아들일 수가 없었다.

가장 견딜 수 없는 일은 세비개혁이 중지당하게 되자 그때까지 열심히 지지하고 웃는 얼굴로 맞아주었던 사람들이 갑자기 안면을 바꾸고 모르는 사람처럼 대하는 것이었다. 한편 지금까지 차갑게 방관하던 사람들은 여기저기서 자신들의 선견지명을 증명해대기 시작했다.

본래 반대 의견을 지지했던 사람들은 기다렸다는 듯이 허카이인을 비웃으며 끝판을 보려는 것처럼 온갖 악담을 퍼부어대기 시작했다. 즉 그의 개혁 구상은 완전히 허황되다는 둥, 그의 논문은 순 헛소리라는 둥, 국가의 양곡정책과 재정제도를 뒤죽박죽 헝클어놓는다는 둥, 그의 일체 행위는 모두 주제넘게 나선 것이고 공명을 위한 것이라는 둥 온통 헐뜯는 말들이었다. 이런 비난의 뒤를 이어 그가 글을 써도 아무도 서명해주지 않아서 성정부 사무실에서 인쇄할 수가 없게 되었다. 1987년 당시의 성장 왕위자오와 상무 부성장 멍푸린의 특별 조처로 허카이인은 그해 고급직 시험을 치러 다음 해에 '정고급'(正高級) 직급을 획득했는데, 이제 급여개혁을 할 때가 되었지만 아무도 그를 위해 나서주지 않아 여전히 과장급의 대우를 받고 있을 뿐이었다. 더욱 그가 납득할 수 없었던 것은 성정부 사무실이 간부 직원의 주택 할당에서 보여준 부당한 처사였다. 허카이인은 분명히 전 건물 내에서 두 번째 등급의 주택을 할당받을 권리가 있지만, 신참 청년 간부에게조차 정부 사무실의 새로운 주택을 할당해주면서도 허카이인은 원래의 행정관리국의 아주 불편한 오래된 집에서 계속 살도록 한 것이다.

이러한 정치, 경제, 사회 내지 생활상의 여러 가지 압력이 그를 온통 내리눌러 숨 막히게 만들었다.

허카이인의 아내 구셴신은 남편이 온종일 시름에 잠겨 있는 것을 보았다. 길을 걸을 때도 머리를 감싸쥐고 걸어서 무슨 사고라도 나지 않을까 또는 회합 등에서 옛날처럼 말하고 싶은 대로 다 말하면 어쩌나 걱정이었다. 그래서 그에게 담배를 피워보라고 권하기도 하고 술을 마셔보라고 권하기도 했다. 남들 말이 술은 시름을 달랠 수 있고 담배는 생각에 도움이 된다고 해서였다. 그녀는 남편이 힘든 날들을 평안하게 지내기를 바랐다.

"요 몇 년 동안 당신은 고급 농업기술자가 돼서 사람들이 기술을 가르쳐달라고 찾아오면 그것만 해주면 신경 안 쓰고 돈도 벌고 좋은 일도 할 수 있을 텐데, 왜 쓸데없이 신경 써가며 가시덤불을 뚫고 가려는 거예요? 이제 얘기해봤자 되지도 않으니 그만 말하고 개혁 같은 일로 그만 신경 쓰세요"라고 허카이인을 달랬다.

허카이인은 이 괴로운 나날을 견디기 위해 아내의 권유를 받아들여 술과 담배를 배우기 시작했다. 그래서 이제껏 술과 담배를 하지 않던 그가 니코틴 중독이 되고 매일 밤 술을 두 병씩 마셨다. 그 효과가 있었는지 그의 마음도 평정을 찾기 시작했다.

그런데 얼마 후 그의 마음은 다시 한 번 요동치기 시작했다. 안후이성에서 세비개혁이 완전히 끝난 것이 아니라는 사실을 발견한 것이었다. 이 사실을 알고 그의 마음은 다시 격동하기 시작했다.

원래 안후이성 성장 후이량위는 「양곡수매조례」가 하달된 후에 안후이성 인민정부의 명의로 국무원에 보고서를 보내, 안후이성 푸양지구는 국무원에 등록된 전국 최초의 농촌정책 시험구이니 농민부담 경감의 길을 모색하기 위해 농촌세비개혁을 계속 추진하게 해달라고 요구했던 것이다. 세비개혁과 국무원 '조례' 사이에 상충하는 문제를 해결하기 위해 안후이성의 시험구에서는 경지에 따라 현물을 징수하는 방법을 사람에 따라 현금을 징수하는 방법으로 조정하기로 결정했다.

후이량위가 극력 논쟁한 덕분에 전국 각지의 농촌세비개혁이 모두 중지되었을 때도 안후이성 푸양지구만은 독자의 길을 걸을 수가 있었고 세비개혁의 실험사업은 하루도 중지된 적이 없었다.

사람을 들뜨게 하는 기분 좋은 소식에 허카이인은 마음이 놓였는데, 더욱 고무적인 일은 이미 만 60세로 정년퇴직할 나이가 된 자신을 후이량위 성장이 성정부의 참사관으로 초빙한 것이었다. 이것은 신체만 건강하다면 70세까지도 할 수 있는 직책으로서 그에게 농촌개혁 연구를 계속할 10년간의 시간과 공간을 제공한 것이었다. 그는 흥분이 가라앉은 후 즉시 새로운 계획을 구상하기 시작해 현재의 양곡수매정책에 대해서 체계적인 연구를 해보기로 했다.

이 연구는 당시의 상황에서 매우 민감하고 또 위험한 일일 수도 있었지만 허카이인은 이미 결심했고 신변의 위험을 돌아보지 않았다.

허카이인은 일찍이 1993년 하계 수확기에 당시 국무원 부총리였던 주룽지가 하달한 「하계 양곡수매사업의 추진에 관한 통지」에 주목하고 있었다. '통지'에서는 양곡을 보호가격에 따라 수매하도록 요구했다. 그러나 농민의 이익을 보호하고 농민의 생산 증대와 수입 증대를 보증하기 위해서 취해진 이 조치는 오히려 1994년 1월 1일 국세와 지방세의 분리세제 실시로 인해 전국적으로 실시하기 어려워졌다. 왜냐하면 정책의 규정에는 중앙정부가 값을 매겨 수매를 하고 여기서 발생한 손해분은 지방재정에서 메꾼다고 되어 있기 때문이었다. 문제는 양곡의 주산지에서 급여조차 지불하기 어려운 형편인데 손해분을 메꿀 돈이 어디에서 나오느냐라는 것이다. 지방재정이 부족하면 통지의 요구는 무의미한 것이나 다름없다. 정책은 또한 국유양곡기업은 순가(順價: 합리적 이윤을 포함한 가격 ─옮긴이)로만 판매할 수 있다고 규정하고 있지만, 놀고먹는 사람을 그렇게 많이 안고 있는 중국의 양곡조직이 어떻게 순가로 판매해서 운영될 수 있겠는가? 또 정책에서 규정하는 보호가격이 '보호'하는 자금은 결코 직접 양곡을 판매하는 농민에게 가는 것이 아니라 상당 부분이 투기업자에게 넘어가고 있다. 농민대중의 입장에서 이 정책은 그림의 떡에 불과한 것이고, 농민에게 더 많이 생산하라고 하고는 양곡 부문에서 시장을 독점해 결과적으로 농민을 더욱 곤경에 빠트리는 셈이다. 수년래에 중국 농민의 평균수입의 증가 속도는 매년 떨어졌고 수입 증가율보다 부담액의 증가율이 더 높아지고 있다.

"이러한 상황은 중앙에서 지방까지 모두 다 알아야 하는 것인데, 모른다면 이상한 일이다!" 허카이인은 도무지 이해하기 어려웠다. 이처럼 명확히 불합리한 양곡수매정책은 과거에는 '통지'로 하달되었지만, 이번에는 법률적 효력을 가진 '조례'로 반포되었고, 이것은 그 정책을 불변의 진리로 바뀌게 하며 의심을 용납하지 않았다.

그러나 허카이인은 이 '조례'에 대해 의문을 표시했다. 허카이인은 「양곡수매조례」의 상당 부분이 국유양곡 부문의 이익을 보호하고 있고, 이 점에서 세비개혁과 '조례'는 모순된다고 보았다. 그렇지만 개혁의 실험이 잘못된 것이라고 보지는 않았다. 오히려 반대로 세비개혁이 국유양곡 부문의 기득권을 침해했기 때문에 양곡수매체제의 개혁을 추진하게 된 것이었다. 최근 몇 년 동안 농민대중은 국가가 양곡을 저가로 구매하는 것에 대해 이미 강력하게 반발해왔으며, 농민부담 해결을 모색하는 근본 대책인 세제개혁은 당연히 이러한 수매제도를 개혁의 중요한 대상으로 삼지 않으면 안 된다. 이러한 개혁의 실험은 추호도 의심할 바 없이 농민이 오랫동안 부담해온 음성적인 부담을 해결함과 동시에 양곡계통이 이익을 도모해온 중요한 루트를 차단하는 길이다. 오랫동안 중국의 국유양곡 부문은 정경불분(政經不分), 관상일체(官商一體)의 관리체제에서 도처에서 자금을 받고 위아래를 속여왔다. 수매할 때는 등급을 낮추어 값을 깎거나 이런저런 수수료를 붙이는 방법으로 농민에게 해를 입혔으며, 판매할 때는 여러 가지 경비를 부풀려 값을 올려 도시 주민에게 해를 입혔다. 또 대부금을 양곡수매자금으로 유용 횡령하거나, 수매하기로 한 양곡을 적게 구매하고 협의가격의 양곡을 많이 구입하는 데 이용하거나, 허위로 보고해 속여서 정책성 대부를 받기도 했다. 재무 결산에서는 '공정가격은 협의가격으로 바꾸고, 협의가격은 공정가격으로 바꾸는' 비열한 수법으로 국가보조금을 단계별로 사기쳐서 떼어먹기도 했다.

요컨대 이번 개혁에서 바뀌어야 할 것은 국유양곡 부문의 관상일체, 정경불분의 관리체제이다. 개혁은 "양곡기업은 자주경영을 하고, 손익을 자기부담하고, 스스로 발전하고, 스스로 위험을 부담하고, 국가의 행정 기능을 다시는 부담하지 않으며, 국가도 경영에 간섭하지 않는다"라고 규정함으로써, 양곡기업이 기능을 전환해 시장을 향해 나아가도록 압박하고 있다.

개혁이 이익의 재조정인 이상, 모든 부문의 모든 사람이 만족하게 할 수는 없다.

허카이인은 중국의 농촌개혁은 이론 면에서나 정책 면에서나 모두 미숙한 상황에서 출발했다고 생각했다. 최초의 개혁은 농촌 내부에서 진행된 상당히 독립적인 것이었다. 개혁의 주된 내용도 인민공사 체제를 폐지하고 세대별 청부경영을 실행하는 것이었다. 그리고 중국에는 수천 년의 세대별 경영의 역사가 있고 농민에게는 전통적 의식이 있어서 정부의 정책만 이를 승인한다면 농민은 집집마다 이를 실행할 수가 있었다.

그러나 이번에는 달랐다. 이번 개혁은 금융, 재정, 가격, 계획, 물자, 내외무역 등등 여러 영역에 깊이 미치고, 도시와 농촌 사이 그리고 여러 부문 사이에 심각하고 깊은 이익 관계를 조정할 필요가 생겨 전에 없이 복잡한 상황에 직면하게 된 것이다. 제2단계 개혁의 주된 내용은 경영 주체가 변력된 기초 위에서 현대 시장의 주체와 시장 관계를 건립하는 것이다. 문제는 어떻게 건립하느냐는 것인데, 우리의 역사는 이와 관련한 기억이 없고 농민이 알지 못하며 정부도 잘 알지 못하는 상황이다. 따라서 지금 당면한 문제는 대개 우리가 경험하지 못한 문제들이고 이전의 경험으로써는 이해할 수 없는 것들이다. 이러한 의미에서 만약 우리가 개혁의 정의를 옛것을 부수는 것이라고 한다면, 그렇다면 새로운 개혁은 창신(創新), 즉 조직의 창신과 제도의 창신이라 인정하고 시장의 운용을 위해 그 기초를 튼튼히 다져야 할 것이다.

중국에는 12억 명의 인구가 있는데 1인당 토지 면적은 겨우 1묘 정도밖에 안 되어 양곡과잉의 문제가 있을 수 없다. 선진국에서는 1인당 1,000킬로그램의 양곡도 판매하는 데 어려움이 없다고 하는데, 왜 중국은 1인당 400킬로그램에 양곡과잉이 되는가? 이 문제는 양곡의 생산, 분배, 유통과 소비 등의 방면에서 분석해야 할 뿐만 아니라 우리의 사상과 관념 및 양곡정책에서도 원인을 찾아야 할 것이다.

우리는 늘 "양곡은 특수한 상품으로 국가경제와 민생과 관련이 있다"라고 강조한다. 이것을 전제로 출발하면 왕왕 '정부의 통제 관리'를 받아야 한다는 결론이 나오고 양곡을 일종의 통제품으로 보게 된다. 그러나 동시에 양곡은 특수성이 있기는 하지만 필경은 하나의 상품으로 보아야 할 것이고, 따라서 시장에 의한 조절이 중요한 것이고 정부는 다만 어떻게 시장을 컨트롤하느냐가 문제인 것이다. 다시 말해 전국 통계로는 현재 농민 1인당 순수입의 68퍼센트가 농업 수입이고, 농업 수입 중에서 양곡생산이 52퍼센트를 차지한다. 지금 중국 농민에게 양곡생산의 수입은 매우 중요하며, 양곡생산 수입을 제고하기 위해서는 모든 연구들이 밝히는 바와 같이, 오직 좋은 품질에 좋은 가격을 매기는 것과 구조조정을 통해 산업화 경영을 하는 두 가지 길밖에 없다. 그런데 현재 수많은 정책은 현실적으로 이 두 가지 길을 틀어막고 있다. 현재의 양곡체제가 갖고 있는 이익의 분배구조를 손대지 않고서 농민의 수익을 제고한다는 것은 영원히 공염불에 불과하다.

허카이인은 며칠 동안 힘들여 생각하다가 단숨에 「양곡수매체제 문제를 철저히 해결하기 위해서는 반드시 농업, 재정, 가격, 세금, 비용을 연동한 종합적 개혁을 추진해야 한다」라는 묵직한 글을 써낸 다음, 재차 중앙에 진언하기로 결심했다.

거리낌 없이 직언하는 것은 본래 군자의 행위인 것이다!

몇 년간 세비개혁의 풍우를 거쳐온 허카이인은 마오쩌둥의 명언, "중국에서 하는 일은 서둘러서는 안 된다. 천천히 하라"는 말을 철저히 깨달았다.

허카이인은 왕년의 세대별 청부제 개혁을 할 때도 이런저런 시련을 겪지 않았던가 하고 곰곰이 생각해보았다.

제11기 3중전회가 중국 역사상 획기적인 의의를 가진 회의라는 것은 누구나 다 알고 있다. 그러나 바로 이 회의에서 '원칙적으로 통과'된 「당중앙의 농업 발전을 가속하는 약간의 문제에 관한 결정」(초안)은 '개인별 생산을 불허한다', '세대별 청부를 불허한다'고 분명히 규정했지만, 후에 중국 농촌의 위대한 변혁은 오히려 '개인별 생산'과 '세대별 청부'를 중대한 돌파구로 삼은 사실을 잊어서는 안 된다. 당시 회의의 취지가 전달되었을 때 펑양현 샤오강촌의 농민은 상심해서 이렇게 말했다. "기다리고 또 기다렸는데, 불허한다는 말 뿐인가!"

3중전회에서 '불허'(不許)했던 것이, 4중전회에서는 '불요'(不要)로 바뀌었다. '불요'는 '불허'에 비해서 많이 관대해진 것으로, 엄금했던 것이 권고 정도로 바뀌어 "이미 세대별 청부제를 하고 있는 세대에 대해서는 비평하지 않고, 투쟁하지 않고, 강제로 교정하지 않는" 것으로 변해버린 것이다. 다시 당중앙의 제31호 문건에서는 '불요'보다 더 완화되어 "심산 구역의 고립한 농가는 해도 좋다"라고까지 된 것이다. 다시 제75호 문건에 이르러서는 그 범위가 더 확대되어, "세 개의 의

존지구(양곡을 국가의 방출에 의존하고, 생활을 구휼금에 의존하고, 생산은 대부금에 의존하는 빈곤한 지구―옮긴이)는 해도 좋다"라고 했다.

제11기 3중전회가 열린 지 3년이 지난 후, 수많은 반복과 수십 번의 수정을 거쳐 만들어진 집단적 지혜의 결정체라 할 「전국농촌공작회의 기요(紀要)」가 드디어 중앙의 최고정책결정기구로 보내졌다. 우선 중앙서기처에서 토론하고 이어서 중앙정치국에서 연구하고 마지막에는 정치국 상임위원회의 통과를 거쳐, 1982년 1월 1일 이 '기요'를 그해의 제1호 문건으로 당 전체에 배포했다. 여기에는 세대별 청부제를 포함해 "현재 실행하는 각종 책임제는 모두 사회주의 집단경제의 생산책임제"이며, "그리고 어떤 형식을 따르든 민중이 변경을 요구하지 않으면 변경해서는 안 된다"라고 명확히 제시되어 있다.

이 중요한 문건의 기초를 맡은 두룬성은 세대별 청부제가 아주 힘들게 인정되었던 과정을 이야기하면서 다음과 같이 의미심장한 말을 한 적이 있다. "중국에서 하는 일은 천천히 해야 된다. 첫술에 배부를 생각을 하면 안 된다. 단숨에 목표에 도달하려는 생각은 통용되지 않는다. 이것이 중국의 특색이다."

그의 말대로 이것이 바로 중국의 특색인 것이다!

허카이인은 후에 양원량에게 보낸 편지에서 중국의 농촌개혁이 걸어온 저 우여곡절의 역정을 회고하면서 양원량이 보낸 시에 화답해 운을 맞춰 시 한 수를 지어 자신의 포부를 밝혔다.

허카이인은 양원량의 시에 드러난 호방한 기상을 좋아했는데, 특히 "성패 득실은 실천에 맡기고, 이폐(利弊) 시비는 민중에 묻는다"라는 두 구절이 절묘하다고 생각했다.

그렇다. 인민대중이 좋아할지 안 할지, 찬성할지 안 할지, 만족할지 안 할지, 이것이 우리의 모든 사업의 영원한 출발점이자 귀착점이어야 하는 것이다!

농업과 농촌의 문제에서 농민이 옹호하면 정책이 옳은 것이고, 농민이 반대하면 잘못된 것이다. 세상일이란 것이 어떤 것이 좋은 것인가? 절대다수의 인민이 환영하면 좋은 것이고, 그렇지 않다면 좋을 수 없는 것이다.

허카이인은 시와 함께 양원량에게 소식을 알렸다. 자신이 최근에 분석한 양곡수매체제와 종합개혁에 관한 글이 신화사를 통해 내부참고 형식으로 이미 중앙정치국과 국무원의 간부에게 발송되었다는 내용이었다.

허카이인이 청부제의 역사를 회고하고 또 안후이성에서 농촌세비개혁이 계속된다고 시와 함께 알려온 소식은 깊은 고뇌에 빠진 양원량을 흥분케 했다.

1998년 7월 8일 양원량은 격동하는 심정을 억누르지 못하고 직접 당중앙과 국무원에 농촌세비개혁을 계속 추진할 것을 요구하는 보고서를 보냈다.

39. 중국 농민의 복음

그해 9월 다시 전기가 찾아왔다.

9월 25일, 개혁개방 20주년이 되는 날 장쩌민 총서기는 안후이성 허페이에서 중국의 농업, 농촌과 농민문제에 대해 중요한 담화를 발표했다.

"실천을 존중하고 민중을 존중해야 합니다. 이것이 과거 20년간 우리가 농촌개혁을 지도해온 입각점이고 우리가 얻은 근본적 경험입니다. 또한 이후 우리가 추진할 농촌개혁과 농촌사업에서 반드시 따라야 할 원칙이기도 합니다. 농촌에서 나타나는 새로운 현상에 정확히 대처하고, 농민의 창조와 선택을 존중해야 합니다."

농촌개혁에 대해 장쩌민은 두 가지를 강조했다. 첫째로 실험을 장려하고 논쟁은 하지 않는 것이다. 둘째로 '세 가지의 유리한' 판단 기준을 견지하는 것이다.(세 가지 유리한 판단 기준이란 덩샤오핑이 자본주의 도입을 위해 주장한 이론에서 말한 것으로, 생산력의 향상, 국력의 향상, 인민의 생활수준 향상에 유리한가 여부를 정책 결정의 기준으로 삼는 것을 가리킨다―옮긴이) 개혁을 실천하는 동안에는 끊임없이 민중이 향상하도록 돕고, 지도를 행해 맞으면 계속하고 틀리면 개선하면 된다고 말했다.

장쩌민은 또한 앞으로 어느 시기에 중점을 두고 매진해야 할 중요한 사업으로 6대 과제를 제시했는데, 그중에서 특히 강조한 것은 "농촌세비제도를 개혁해서 농민부담을 경감하는 근본 방책을 모색하는 것"이었다.

이것은 농촌세비제도의 개혁에 대해 당의 총서기가 처음으로 명확하게 선도하고 격려한 것이었다.

장쩌민은 담화의 말미에 이렇게 강조했다. "농촌개혁을 심화하는 것이 대저작을 쓰는 작업과 같은 것이라면 나는 요약을 해본 것뿐입니다. 각 지방은 중앙의 지시에 따라 현장의 실제에서 출발해 계속 대담하게 모색하고 실천해나가기 바랍니다."

총서기의 담화는 한 줄기 강렬한 봄바람같이 안후이성에서 전국 각지로 불어나가 사람들 마음속의 의심과 안개를 날려버렸다.

이리하여 교착상태에 빠져 있던 농촌세비개혁은 갑자기 거대한 동력을 얻어 속도를 내게 되었다.

그로부터 1개월 후인 10월 27일, 재정부장 샹화이청과 농업부장 천야오방(陳耀邦) 그리고 중앙의 재정경제지도소조사무실 부주임 돤잉비(段應碧) 세 사람은 주룽지 총리에게 농촌세비개혁 문제로 서신을 보냈다. 그들은 서신에서 중국의 농촌세비개혁은 대개 계획, 논증, 실험의 세 단계로 구분할 수 있다고 제안하고, 각 단계별 구상과 실시 시간도 확정해두었다.

장쩌민 총서기가 농촌세비개혁에 대해 이미 충분히 명확하게 '중점을 두고 매진해야 할' 사업으로 제시한 이후, 수많은 지방에서 실험이 추진되었고 귀중한 경험을 많이 얻게 되었다. 그래서 주룽지는 세 사람이 제시한 순서대로 하는 방법이 마음에 들지 않았다. 주룽지는 그들이 제시한 자료에 명확한 지시를 내렸다.

"세 단계는 교차 진행할 수도 있으며 2000년까지 끝 필요는 없음. 우선 문건을 발행하고 각 성과 시는 구체적인 정황에 근거해 각자 개혁의 일정을 정해도 좋을 것임. 몇 개 성에서는 내년부터 실시할 수 있도록 노력하기 바람."

그 무렵 주룽지는 남부 지방에 시찰을 하러 갔는데 시찰 중에도 세비개혁을 늘 염두에 두고 있었다. 『광서일보』(廣西日報) 10월 30일자 보도에 의하면, 주룽지가 베이하이(北海)와 난닝(南寧)에서 한 담화에서는 다음과 같이 말했다고 한다. "농촌의 제류금과 통주금 등의 비용은 부패 원인의 하나이다. 어떤 지방에서는 각종 제류금과 통주금을 구실로 각종 명목의 비용을 징수하고 있다. 정부는 해마다 재정이 부족하다고 불만이지만 농민은 날마다 부담이 무겁다고 원망한다. 이 일은 늦출 수 없는 일이다. 충분히 조사·연구해서 신속히 해결하기 바란다."

또 이렇게도 말했다. "몇 년 전 나는 좋은 방법이 떠올라 수년간 생각해왔는데, 내 방법은 모든 합리적인 비용을 농업세의 범주에 넣고 촌 간부에게 '국가에서 지급하는 양곡'을 먹게 하는 것이다. 그 때문에 농업세가 약간 올라도 괜찮을 것이고 농민도 부담할 수 있을 것이다. 농업세 이외의 모든 비용은 일체 불법으로 하고, 세무 부문 외에 어떠한 조직이나 개인도 농민에게 비용을 징수하는 것을 불법으로 한다. 이렇게 하면 함부로 비용을 징수하는 자는 구실을 잃을 것이고, 농민이 거절할 때에도 더욱 당당해질 것이다. 이런 문제는 중앙과 지방이 생각과 인식을 통일하면 충분히 잘 할 수 있는 일이다. 이것은 농민에게도 좋고, 국가에도 좋고, 자의적인 비용의 징수를 제지해 간부와 민중 간의 관계를 좋게 하고, 부패를 근절하는 데에도 좋다. 허베이성의 수년간 시험은 이것이 좋다는 것을 증명하고 있다."

오래 지나지 않아 주룽지는 재차 샹화이청, 천야오방과 돤잉비 세 사람에게 다음과 같은 지시를 내렸다.

내가 수많은 성과 시의 간부들과 대화를 나눈 바에 따르면 이번 개혁의 시기는 이미 성숙되었고 오랜 시간을 끌 필요가 없음. 일은 물론 치밀하게 해야 하지만 반드시 중앙의 세부 규정 일체를 따르거나 획일적으로 시기를 정할 필요는 없음. 실제 어떤 성에서는 이미 실시한 지구도 있음. 지도소조와 사무실은 많을수록 일을 하지 못하므로, 어느 부문이 일을 할지 고려할 필요가 있음. 국무원에서는 이미 소집할 권리를 부여했음.

그해 12월 4일, 신화사 정보센터에서 출판한 『결책참고』 제47기의 「권위논단」 칼럼에 주룽지가 국무원 상무회의에서 다시 한 번 세비 개혁에 대해 말한 것을 보도했는데, 주룽지는 이렇게 말했다고 한다. "허베이성의 한 지역에서는 이미 몇 년간 공량제를 실행하고 있는데, 정리할 것은 정리해 농민에게 향 통주금이나 촌 제류금을 징수하지 않고 모두 농업세에 넣어서 징수해 아주 효과가 높다." 그해 연말 전국 경제공작회의에서 다시 향촌 비용의 농업세 개정에 대해 언급할 때도 주룽지는 분명히 이렇게 말했다. "향촌 비용을 세금으로 개정하는 것은 1999년에 시작할 것이다. 안후이성과 허베이성의 이번 개혁에서 시행해보니 효과가 아주 좋아서 계속하려고 한다."

1999년 3월 5일, 전국인민대표대회 제9기 제2차 회의가 베이징에서 열렸다. 주룽지 총리는 정부의 사업보고에서 엄숙히 승낙했다. "비용의 농업세 개정 방안을 서둘러 제정하고 이를 실행에 옮겨 농민부담 문제를 근본적으로 해결한다."

회의가 끝난 후 국무원 사무실이 발행한 1999년도 제6호 『참고문건』에 샹화이청, 천야오방, 돤잉비 세 사람이 공동으로 쓴 「농촌세비 개혁에 관한 중대정책문제 조사 보고」가 실렸다.

이 무렵 허베이성에서는 「양곡수매조례」의 반포로 인해 9개월 이상이나 연기된 '공량제 개혁 방안 심포지엄'이 드디어 스자장에서 성대하게 열리게 되었다. 회의에서 성위원회 부서기 자오진둬는 오랫동안 쉬지 않고 공량제 개혁에 종사해온 양원량의 노고를 깊이 치하했다. 그는 정감이 넘치는 목소리로 이렇게 말했다.

"원량 동지는 이 문제에 대해서 아주 집착했다고 말해도 좋을 것입니다. 개혁이 잘 되어갈 때나 곤란에 부닥칠 때나 그는 늘 용감하게 나아갔고 수많은 피땀을 쏟았습니다. 특히 「양곡수매조례」가 나온 후 그는 글 한 편을 썼는데 그 글에는 무게가 있었고, 내가 보기에는 상당한 설득력이 있었고 현실성도 있었습니다. 그래서 이 글을 주룽지 총리와 중앙의 재정경제지도소조사무실과 국무원 연구실에 각각 보냈던 것입니다.”

안후이성 정부 참사관 허카이인도 이 개혁의 최초의 창도자로서 초청을 받아 스자장에 가서 기조 보고를 발표했다. 그의 발표 제목은 「중국 농민의 복음―농업세비개혁은 농민의 부담을 줄이고 수입을 늘리고, 농촌 이익관계를 바로잡고, 농업생산을 발전시키는 효과적인 조치이다」였다. 허카이인의 발표는 큰 반향을 불러일으켰다.

1999년 5월 29일, 국무원 사무실은 농업부와 감찰부, 재정부, 국가계획위원회, 국무원 법제사무실이 공동으로 작성한 「1998년 농민부담문제 법률집행 검사상황에 대한 보고」를 전국에 배포하고, 각 성과 시에 “서둘러 농촌의 비용을 농업세로 개정하는 방안을 제정하고, 농민부담을 근본적으로 경감하는 효과적인 길을 적극 모색할 것”을 요구했다.

이렇게 되자 농촌세비개혁은 드디어 사회 각계가 주목하는 뜨거운 화제가 되었다. 각지에서 농민부담을 경감하는 세금개혁 방안이 적극적으로 모색되고 실시되어, 새로운 개혁의 물결이 중국 각지의 농촌에서 터져나오려고 했다.

이 무렵 신화사에서 발행하는 잡지 『반월담』은 전국 각지에서 눈부시게 전개된 농촌세비개혁의 모색 활동 중에서 가장 대표적인 '3대 모델'로 안후이성 타이허현의 '농촌세비 총액청부제' 모델과 허베이성 정딩현의 '공량제 모델' 그리고 후난성 우강시(武崗市)의 온갖 비용을 '농업공익사업 건설세'로 전환한 모델을 꼽았다.

11월 13일, 국무원 총리 주룽지는 중앙경제공작회의에서 “농촌세비제도의 개혁을 추진해야 합니다"라고 단호히 말하고, 추진 일정도 공개했다. "내년에 국가에서 우선 몇 개 성구(省區)를 정해 실험적으로 추진하고, 나머지 성구에서는 개별 현과 시에서 실험 추진해도 좋습니다. 후년에는 전국적으로 확대 추진하도록 노력합시다."

주룽지의 결심과 자신감은 컸다. 개혁을 시작했으면 폭풍과 같은 기세로 강력히 추진해나가는 것이 그의 시정의 특색이었다.

그러나 국무원에서 재정부장 샹화이칭 등으로 조직한 전문 지도 소조에 전권을 주어 「농촌세비개혁에 관한 의견」을 작성케 하고 그들이 기초한 실험 방안을 전국의 관련 성구에 발송했으나, 이 방안에는 각지에서 실험해 성공한 경험을 집중해서 반영하지 않았기 때문에 명백한 정책적 결함이 있었다. 이 방안대로 집행하면 농민의 부담을 경감할 수는 있겠지만, 지방재정에는 이를 보전할 수 없는 커다란 손실이 생기게 될 터였다. 그래서 이 방면의 전문가인 안후이성위원회 서기 후이량위만은 마음속에 계산이 서 있어서 자신이 있었지만, 나머지 성들은 모두 중도에서 발을 빼버렸다. 그나마 유일하게 실험을 견지하던 후이량위마저 발령을 받고 안후이성을 떠나 장쑤성위원회 서기로 전임하게 되자 농촌세비개혁은 갑자기 교착상태에 빠지고 말았다.

그러나 주룽지의 결심은 변함이 없었다. 1년 전 그가 재정부장 샹화이칭과 농업부장 천야오방, 중앙의 재정경제지도소조사무실 부주임 돤잉비에게 주었던 지시문에는 이렇게 적혀 있었다. "2000년까지 끌 필요는 없다"거나 "실제 몇몇 성의 몇몇 지구에서는 이미 실행하고 있다." 그리고 "개혁의 기운은 이미 성숙해 있으며 그렇게 오래 시간을 끌 필요는 없다"는 말이었다. 그 후 전국경제회의에서도 명확히 "향촌비용을 세금으로 개정하는 것은 1999년에 시작할 것이다"라고 제시했다. 분명히 그가 확정한 시간표는 거듭 지연되어 결국 "끌 필요가 없다"고 한 2000년까지 끌게 된 것을 알 수 있다.

마치 시위에 걸린 화살처럼 쏘지 않을 수 없게 된 개혁을 2000년에는 반드시 추진해야 한다는 것은 이제 흔들릴 수 없는 사실이 되었다.

이리하여 2000년 3월 2일, 중앙정부는 「농촌세비개혁 실험사업을 추진하는 것에 관한 통지」를 정식으로 발표하게 되었다.

후베이성 젠리현 치반향 당위원회 서기 리창펑이 국무원의 지도자에게 보내 전국을 진동시킨 「농민은 정말 괴롭고, 농촌은 정말 가난하고, 농업은 정말 위험하다」라는 호소문의 날짜도 같은 2000년 3월 2일이라는 사실에 우리는 주목했다.

같은 날짜의 통지와 호소문은 우연이라고는 하지만, 통지가 민의를 따른 것이고 시기적절한 것임을 보여준다.

'통지'는 이렇게 지적하고 있다. "중앙정부는 안후이성에서 성을 단위로 농촌세비개혁 실험을 추진한다. 기타 성과 자치구, 직할시는 실제 상황에 근거해 소수의 현과 시를 선택해 실험할 수 있고, 구체적인 실험사업은 성과 자치구, 직할시의 당위원회와 정부의 결정과 책임에 의하고, 실험 방안은 중앙에 보고하고 등록한다."

'통지'는 또 이렇게 요구하고 있다. "중앙정부와 국가기관의 각 부문은 솔선해 중앙정부의 농촌세비개혁에 관한 정신을 성실히 관철하고, 실험사업을 적극 지지하고 협력해야 한다. 개혁의 요구에 따르기 위해서 신속하게 공작의 방향과 방법과 관련 정책을 조정하고, 모든 것을 실제에 맞게 시작하고 역량에 맞춰 행하는 방침으로 추진하며, 애매모호한 것은 하지 말고, 늦출 수 있는 일은 늦춰서 하되, 절대로 농민의 이익을 희생하면서 사업을 추진해서는 안 된다."

안후이성을 세비개혁의 유일한 실험성으로 확정한 것은 당중앙과 국무원이 안후이성에 대해 최대의 신뢰와 지지를 보내고 있었기 때문인데, 물론 그 이상으로 안후이성이 솔선해서 세비개혁을 제안하고 7년간 대담하게 진행하고 모색해온 점을 높이 인정했기 때문이기도 하다.

그 무렵 제9기 전국인민대표대회 제3차 회의가 베이징에서 열렸는데, 안후이성 대표단이 정부의 사업보고를 심의하고 있을 때 주룽지 총리가 대표단을 찾아왔다.

주룽지는 솔직하게 말했다. "나는 줄곧 농업문제에 관심을 갖고 농민의 수입을 증대하고 부담을 경감하는 일에 대해 생각해왔습니다. 이것은 현재 최대의 정치문제입니다만 해결할 방법은 많지 않습니다. 부담을 줄이는 것밖에 없습니다. 이것은 단단히 결심이 필요한 일입니다. '비용을 농업세로 개정하는 것'은 하나의 공정입니다. 불합리한 비용이 너무 많습니다. 이삼백 가지나 된다고 하는데, 내가 보기에는 농업세 하나만 있으면 되고 나머지는 다 불법입니다. 농사를 짓는 것은 손해라는 말을 다시 듣게 할 수는 없습니다. 이 일은 이미 1년간 조사·연구를 했고 약간의 실험도 거쳤습니다. 그러나 지금 다른 성은 다 포기하고 안후이성만 중도에 물러나지 않았을 뿐이고, 안후이성의 경우도 후이량위 동지가 장쑤성으로 가버렸습니다."

주룽지는 신임 안후이성 서기 왕타이화(王太華)를 바라보며 물었다. "거기 타이허현에서는 할 겁니까, 안 할 겁니까?"

왕타이화는 이번 개혁의 의미를 아주 잘 알고 있었다. 따라야 할 경험이 없어서 어떤 상황도 벌어질 수 있고, 어떤 곤란도 발생할 수 있겠지만, 수억 명 농민들의 행복을 위해 그는 어떤 위험과 곤란이라도 무릅쓰고 나아가기로 했다. 수많은 말을 하고 싶었지만 오히려 미소를 띠면서 한 마디만 말했다. "합니다!"

주룽지는 기뻐서 고개를 끄덕이며 말했다. "이런 용기는 표창받을 만합니다!"

이어서 이렇게 말했다. "이 길은 고난스럽겠지만 또한 영광스럽기도 할 것입니다. 완리 동지가 왕년에 안후이성에서 청부제를 실시한 것은 새로운 역사를 연 일이었습니다. 오늘 농촌세비개혁의 의의는 청부제에 못지 않습니다. 우리는 반드시 이 일의 중대한 의의를 인식해야 합니다."

여기까지 말했을 때 주룽지의 심정은 매우 복잡한 것 같았다. 그는 진지하게 주위를 한번 둘러보고 흥분한 듯 이렇게 말했다. "나는 난링 사람입니다. 난링현은 내 본적지이고 나에게는 안후이의 피가 흐르고 있습니다. 안후이의 역사에는 과장된 '미명'(美名)이 있습니다. 물론 이런 것은 전국에 모두 있기는 하지만, 안후이가 좀 심한 편입니다. 나는 이번 세비개혁에서 밑에서 좀 과장하고 있는 것이 아닌지 걱정입니다. 지금 사람들은 모두 나를 두려워하지만, 안후이 사람들은 두려워하지 않습니다. 특히 난링 사람들은 그렇습니다. 1998년 내가 난링의 양참(糧站)에 시찰하러 갔을 때 그들은 나를 속이고 가지고 놀더군요. 지금은 다만 '비용을 농업세로 개정하는 것', 이 길 하나밖에 할 것이 없습니다. 만약 이번에 잘 안되면 나는 총리직을 그만둘 수밖에 없습니다."

주룽지는 감개무량한 듯이 말했다. "오랫동안 우리는 보고를 잘하는 간부들을 양성해왔습니다만, 이 간부들은 가난한 사람들을 찾아가 어려운 점을 묻거나, 조사·연구를 하지는 않았습니다. 지금 우리가 세비개혁을 하는 것은 바로 현실을 따지자는 것이고, 성과를 따지자는 것이고, 결점을 따지자는 것이고, 문제를 따지자는 것입니다. 나는 안후이성의 동지들이 진일보해서 지도자로서의 태도를 개선해 듣기 싫은 이야기를 잘 들어주기를 바랍니다. 이렇게 해야만 일을 잘 할 수 있을 것입니다."

마지막으로 주룽지는 이렇게 말했다. "왕타이화 동지는 나보다 젊고 내가 위험을 대신 부담하겠지만, 그래도 나는 손에 땀이 납니다. 왜냐하면 '비용을 농업세로 개정하는' 일은 대단히 어렵고 힘든 일이니까 말입니다. 나는 곧 내려갈 테니 임기 내에 결과를 보지 못하겠지만, 안후이성 전체가 상하 단결해서 용감하게 이 임무를 맡아주기 바랍니다."

그때 전국인민대표대회 기간에 당중앙정치국 상임위원회, 국가부주석 후진타오도 안후이성 대표단을 찾아왔다.

후진타오는 농촌세비개혁 시행을 잘 추진하겠다는 의견과 건의를 진지하게 청취한 후 고향에서 온 대표단에게 다정하게 말했다. "농촌세비개혁은 농민부담을 경감하는 근본적인 조치입니다. 도중에 적지 않은 곤란이 있겠지만, 안후이성은 시험구로서 정성으로 조직하고 성실하게 준비해서 한 걸음 한 걸음 추진해야 할 것입니다."

역사는 다시 한 번 안후이의 대지에 큰 임무를 주었던 것이다. 수억 명의 농민들이 오랫동안 고대했던 중국 농촌의 제2의 위대한 개혁이, 청부제의 발원지에서 새로운 세기가 시작될 무렵에 서막이 열린 것이다.

장화이(江淮)의 아들딸들은 또다시 시대의 앞으로 용감히 나섰다.

제10장

파제 破題

40. 지각한 '뉴스'

안후이성 역사상 일찍이 없었던 홍보 활동이 단기간 내에 벌어
졌다.

성위원회와 성정부가 성 전역의 1,300만 농가를 대상으로 「전성
농민에게 드리는 편지」를 배포하고, 35만 개의 촌과 촌민 조직에 「농
촌세비개혁의 전개에 관한 통지」를 부쳐서 당의 정책이 신속하게 모
든 세대로 전달되었다.

곧이어 성위원회는 각 부문에서 365명의 간부를 뽑아 85개 감독
조사대를 편성해 안후이성 전역에 파견했다. 그들은 안후이성 곳곳을
돌아다니며 농촌세비개혁의 의의와 정책을 설명하고 각지의 개혁 상
황을 감독했다.

안후이성을 단위로 하는 개혁 방안은 국무원 농촌세비개혁공작소조에 의해 확정된 것이다. 개혁 내용은 대략 네 가지로 요약할 수 있다. 즉, 세 가지의 폐지, 한 가지의 점진적 폐지, 두 가지의 조정, 그리고 한 가지의 개혁이다. 구체적으로 세 가지의 폐지는 농민의 전년도 평균수입에 비례해서 징수하던 향 통주금을 폐지하고, 농촌교육비 등 행정사업성 비용과 정부기금의 비용 징수를 폐지하고, 가축도살세를 폐지하는 것이다. 한 가지의 점진적 폐지는 3년 내에 노동공출제와 무보수 노동을 폐지하는 것을 말한다. 두 가지의 조정은 농업세를 조정하고, 농업특산세 정책을 조정하는 것이다. 한 가지의 개혁은 촌 제류금을 징수하고 사용하는 방법을 개혁하는 것이다.

개혁 방안을 한 마디로 요약하면 '비용을 세금으로 개정하는 것'이다.

원래의 '향 통주', 즉 향과 촌에서의 학교 운영을 위한 농촌교육사업비, 계획출산비, 복지비, 민병훈련비, 그리고 향촌도로건설비 등 향진에서 징수하던 5개 항목이 개혁 후에는 농업세에 편입되어 향 통주의 명목이 폐지되는 것이다. 또 원래의 '촌 제류', 즉 관리비, 공익금, 적립금 등 촌에서 징수하던 3개 항목이 개혁 후에는 적립금이 삭제되어 일이 있을 때마다 촌민이 협의하는 방식으로 조달하고, 관리비와 공익금은 모두 농업세에 부가되는 것으로 개정되었다.

농민들이 외우기 쉽도록 8개 문자로 된 '일정일부 일사일의'(一正一附 一事一議)라는 표어도 만들었다. '정'(正)은 농업세 본세, '부'(附)는 농업세의 부가세를 가리킨다. 부가세의 비율은 농업세 본세의 20퍼센트를 초과할 수 없다고 규정했다. 그리고 촌에서 착수하는 집단생산과 공익사업에 소요되는 자금은 일이 있을 때마다 협의하기로 하고(일사일의), 모두 촌민 대회에서 민주적으로 논의해 결정하며, 이러한 자금은 매년 1인당 15위안을 초과할 수 없다고 규정했다.

농민부담의 경감을 제1의 목표로 하는 개혁 방안은 이전에 행정사업비로 징수하던 '통주와 제류'의 대개의 항목을 세금에 포함해 비용을 농업세 혹은 농업부가세로 개정함으로써, 원래 일반적인 행정행위였던 것을 징세적인 성격을 갖게 했다. 이리하여 이에 의거하지 않은 비용 징수나 할당, 자금 조달은 합법성을 상실하고, 이 경우 농민의 불납은 더 이상 불법 또는 합법의 문제가 아닌 것이 되어 당당하게 납부를 거부할 수 있게 되었다. 게다가 이러한 전에 없는 홍보 활동과 전원 단결한 강력한 추진은 향촌 간부의 준법행정을 촉구했고, 농민부담 경감을 실행하기 위한 양호한 사회적 환경을 조성했다.

개혁 실험을 순조롭게 추진하기 위해서 안후이성 인민대표대회 상무위원회도 행동을 시작했다. 그들은 이전에 제정된 지방의 법규를 전면적으로 철저하게 정리했다. 그들은 개혁개방 이래 세비개혁의 정신과 어긋나거나 농민부담경감정책과 부합하지 않는 각종 규정을 수정하거나 아예 폐지했다.

안후이성의 농촌세비개혁 지도소조사무실, 농민부담 감독관리 지도소조사무실 그리고 농민관련사건사무실은 공동으로 「전성의 농민 친우에게 보내는 편지」를 발간했다. 이를 통해 농업세와 농업특산세, 농업세부가와 농업특산세부가 및 '일사일의'의 자금 조달과, 노동공출제와 무보수 노동의 개혁정책을 상세히 선전하고 아울러 농민의 행정성 비용에 관한 내용을 일일이 공시했다. 그리고 비용 징수를 허락하는 범위를 초중학교의 교육 비용, 계획출산 비용, 농기계 감리 비용, 혼인 등기와 가옥 건축 비용 등 10개 항목으로 한정하고, 항목당 비용도 구체적으로 규정했다. 예를 들면, 가옥 건축의 경우는 토지증명서의 작성비로 원가 5위안을 징수하는 것 외에 일체의 행정사업성 비용을 모두 폐지했다. 혼인 등기의 경우는 결혼증명서 작성비만 받기로 했는데, 평장본은 2위안, 정장본은 9위안으로 규정했다. 평장본을 사용할지 정장본을 사용할지는 본인이 선택하고 억지로 강요할 수 없으며, 이 외에 보증금이나 어떠한 비용도 징수할 수 없고 선물이나 선전 자료나 결혼사진 등을 강매할 수 없다고 규정했다.

「전성의 농민 친우에게 보내는 편지」 중에는 권위 있는 세 개 기관이 각각 고발을 접수하는 전화번호를 공개해 농민들이 안심할 수 있게 했다.

이러한 시혜의 정책은 말할 필요도 없이 수많은 농민의 열렬한 환영을 받았다. 농민들은 정책을 잘 이해했고, 자신들의 권리와 그 권리를 보호할 길을 알게 되었으며, 그래서 박수를 치고 좋아하면서 서로 소식을 알려주었다.

우리가 평양현 사오강촌에서 당시 청부제의 리더 중의 한 사람이었던 옌훙창을 취재했을 때, 그는 세비개혁이 농민에게 가져온 변화에 대해 흥분하면서 말했다. 그해 샤오강촌은 난관에 부닥쳐 봄에 파종한 뒤에 곧 한발을 겪었고, 추수 때는 물난리로 곡식 한 톨 못 건진 곳도 있었는데, 다행히 세비개혁이 실행된 덕분에 부담이 3분의 1 가까이 줄어들지 않았다면 당시 어떻게 살아갔을지 몰랐을 것이라는 말이었다.

일찍이 시범성이 되기 전에 후이량위가 안후이성의 성장으로 있을 때, 이미 푸양지구에서 개혁을 실험한 기초를 근거로 화이허강 일대 20여 개의 현과 시로 개혁의 범위가 확대되었다. 그 내용도 풍부해지고 농민부담의 경감 폭도 커졌는데 그중에서도 화이위안현(懷遠縣)의 개혁은 높은 평가를 받았다.

이전의 화이위안현에서는 26개 향진의 대부분에서 과중한 농민부담으로 인해 상방하는 일이 많았고, 1998년에는 289건이나 발생해 '안후이 제1의 상방 현'으로 불릴 정도였다. 그런데 1999년 현에서 개혁이 실험되자 농민부담으로 야기된 상방 사건은 다섯 건으로 줄어들었다. 이번의 개혁은 화이위안현으로서는 제2라운드의 개혁인 셈인데, 부담경감의 효과는 더욱 명백해졌다.

2000년 9월 21일 오전, 『남방주말』지의 기자가 화이위안현 바오지진(包集鎭) 린좡촌(林莊村)의 쑹좡촌민조(宋莊村民組)를 방문했다. 37세의 촌민 쑹자취안(宋家全)은 집 안마당에서 참깨를 채질하고 있었다. 그해 쑹좡촌은 평양현 샤오강촌과 마찬가지로 봄철의 가뭄과 가을철의 수해를 만나 수확이 작년보다 좋지 않았지만, 얼굴 가득 수염이 무성한 쑹자취안은 표정이 밝았다. 쑹씨 집안은 4인 가족으로 4.5묘의 토지를 경작하고 있었는데, 상반기에는 보리를 짓고 여름 수확 이후에는 2묘에 땅콩을, 2묘에 옥수수를 짓고 남은 틈이 있는 대로 면화씨와 참깨를 심었다. 보리는 1묘당 323킬로그램 전후로 총 1,300킬로그램 정도를 수확했는데, 50킬로그램에 53위안의 수매가격으로 1,378위안에 팔렸다. 2묘의 땅콩은 500킬로그램으로 약 1,000위안, 2묘의 옥수수는 550킬로그램으로 약 500위안에 팔렸다. 쑹씨의 순수입은 대략 2,320위안이었다.

6월 초에 쑹자취안이 받은 납세통지서에는 다음과 같은 내용이 명시되었다. 경지면적, 고정자산에 대한 세금, 세율과 금년의 양곡수매가격에 근거해서 계산된 세액은 농업세 본세가 178.87위안, 농업세부가가 35.77위안으로 합계 214.64위안이었다. 촌의 공익사업의 비용은 '일사일의' 규정에 의하면 15위안을 초과하지 않는다고 되어 있고, 이번 세비개혁의 '일정일부 일사일의'로 전부 포함되었지만 220위안에 미치지 못했다. 통주금이 폐지되고 농업특산세도 "중복 징수는 하지 않는다, 낮은 것을 취한다"는 원칙에 따라 징수했다. 쑹자취안은 이 외에 정책에 따라 세금이나 비용을 납부할 필요는 없었다. 그래서 그는 정해진 시기에 기분 좋게 양곡으로 세금을 완납할 수 있었다고 한다.

쑹자취안이 기자에게 말한 바에 따르면, 몇 년 전이었다면 진과촌에서는 무법천지의 이런 세금 저런 비용을 내야 했고, 자신도 600위안이나 내야 했다고 한다. 그런데 대다수의 명목은 듣지도 보지도 못한 것들이었는데 자신과 같은 일개 농민이 그것이 진짜 세금인지 아닌지 어떻게 알겠느냐면서 도대체 감당할 수 없는 일이라고 했다.

바오지진 진장 주싱녠(朱興年)도 기자의 인터뷰에 응해 말하기를 쑹씨네의 부담은 600위안에서 지금은 210~20위안으로 줄었을 뿐만 아니라 질적으로도 달라졌다고 했다. "전에 행정 수단을 써서 징수하는 것은 무질서했는데, 지금은 법적으로 세금을 받아서 농민이 쉽게 감독할 수 있고, 엉터리 징수를 하는 명목도 근거도 없어졌습니다. 충실하게 집행만 해서 근본적으로 농민들 부담을 경감할 수 있게 되었습니다."

2001년 섣달 한바탕 찬비가 내린 후, 우리도 바오지진에 가서 진장 주싱녠을 만났다. 그는 본현 메이차오향(梅橋鄕) 출신으로 민영학교의 교사를 6년간 지낸 후 1984년 25세 때 부진장이 되었다. 이후 네개 향진에서 17년간 지도자로 지내왔다. 우리가 그를 만났을 때 그는 편안히 사무실 소파에서 차를 마시면서 위에서 내려온 공문을 보고 있었다. 부담 경감에 관해 이야기를 나누며 세비개혁에 대해 묻자, 주싱녠은 신이 나서 이야기보따리를 풀어놓기 시작했다. 그는 곧 새해가 다가오는데 예전에는 이맘때가 되면 누가 이렇게 한가하게 사무실에 앉아 차를 마시고 있겠느냐면서, 연말이 다가올수록 집집마다 찾아다니면서 돈과 양곡을 내놓으라고 재촉하기 바빴다고 했다. 다리가 천근

만근 무겁도록 뛰어다녀도 농민부담과 관련된 사건은 계속 터지고, 어떤 때는 심지어 '양곡징수부대'를 고용해도 안 돼서 파출소에 부탁해서 악역을 맡을 수밖에 없었다고 했다. 지금은 상황이 좋아져서 간부도 편해지고 농민도 '양곡징수부대'가 떠들어대며 몰려와서 양곡이며 가구며 가축들을 끌고 가는 것을 걱정하지 않아도 된다고 한다. 농민들은 경작에 힘을 쓰고 간부들도 시간을 내서 농민을 위해 도움이 되는 일을 하고 있다고 한다.

우리가 갔던 날은 바오지진의 창펀진(常墳鎭)에서 전임되어 온 허윈(何雲)이 신임 당위원회 서기로 첫 출근하던 날이었다. 허윈과 주싱넨 두 사람은 우리에게 원자바오 부총리가 화이위안현을 시찰하러 왔던 때의 에피소드를 생생하게 들려주었다.

2000년 4월 12일, 중앙정부의 지시에 따라 안후이성 전역에서 세비개혁이 시작된 지 겨우 1개월이 지난 후, 원자바오가 먼길을 마다않고 온 까닭은 '안후이 제1의 상방 현'이라는 화이위안현에 와서 어떻게 되어가고 있는지 실정을 살펴보기 위해서였다. 원자바오가 갑자기 오기는 했지만, 지방의 당위원회와 정부는 그래도 주도면밀한 준비를 했다. 그날 오후 차가 징푸선(京浦線)의 중진(重鎭) 벙부(蚌埠)를 출발해 궈허(渦河)강 옆의 5차로를 지나 화이위안현 바오지진의 대로에 들어섰을 때였다. 바오지진에 다 온 듯하자 원자바오가 타고 있던 차는 일부러 뒤로 처지더니 갑자가 방향을 바꾸어 대로에서 빠져나가 준비가 전혀 되지 않은 페이허향(淝河鄕) 창후촌(常湖村)으로 향했다. 원자바오는 '기습 검사'를 통해 농촌세비개혁의 실상을 알아보려고 한 것이었다.

페이허향 창후촌에서 원자바오는 상세히 조사해 틀림없이 잘 되고 있는 것을 확인하고 나서야 비로소 대로로 돌아왔다. 그런데 뜻밖에도 차가 출발한 지 얼마 지나지 않아서 원자바오는 대로 옆에 농기계용의 좁은 도로가 있는 것을 발견하고는 다시 운전기사에게 방향을 바꾸라고 해서 차를 달려 이전에 『남방주말』의 기자가 취재했던 린촹촌 쑹촹촌민조로 들어갔다.

지방의 지질 부문에서 17년간 근무하면서 일년 내내 산과 들을 다니며 두 발바닥을 단련해온 덕인지, 혹은 부총리라는 고위직에 있으면서도 늘 현장 조사를 해온 덕인지 원자바오는 왕성한 정력으로 발바닥에서 바람소리가 나도록 잘 걸어다녔다. 원자바오는 린촹촌 입구에서 내려 빠른 걸음으로 마을에 접근해서는 마치 마을에 늘 찾아오는 손님처럼 촌민들과 정답게 인사를 나누며, 마음대로 멈춰 서서 노인들과 잡담을 나누거나 이 집 저 집 들어가서 직접 눈으로 사실을 확인하려고 했다.

원자바오를 동행했던 당시의 일을 회상하는 허원의 어조에는 존경하는 마음이 배어 있었다. 4월 13일 원자바오는 본래 창펀진을 시찰할 예정이었는데, 차가 왕촹(王莊)을 지나갈 때 원자바오가 차를 세우라고 외쳤다. 차가 서자 원자바오는 날아갈 듯이 빨리 달려갔다. 당시 허원은 아직 창펀진의 서기였는데 원자바오를 따라가느라고 뜻하지 않게 잔달음질을 하느라 온몸이 땀으로 흠뻑 젖었다는 것이다.

창펀진은 화이위안현에서는 비교적 부유한 향진이라고 할 만한데 원자바오는 왕촹촌에 들어가서 가난해 보이는 집을 찾고 가난한 옷차림의 사람을 골라서 조사를 했던 것이다. 진에서 사전에 준비했던 좌담회는 무산되었고, 왕촹의 촌민위원회에서 원자바오는 자신이 직접 진행하는 농민들의 좌담회를 열었다. 그는 농민들이 마음놓고 진실을 말하도록 했다.

현장 조사 결과는 원자바오를 매우 만족시켰다. 그는 농촌세비개

혁이 양곡의 주산지이고 상방으로 유명한 이곳의 농민부담을 확실히
경감했다고 확신했다.

성위원회 서기 왕타이화는 취재에 응해 이렇게 말했다. "농촌세
비개혁의 실험은 전반적으로 보아 비교적 순조롭다. 개혁은 우선 농민
에게 실질적으로 좋은 점을 가져왔다. 추산한 바로는 개혁 후 성 전역
의 농업세와 농업특산세 및 농업부가세의 합계는 36억 6100만 위안으
로 개혁 전에 비해 11억 6400만 위안이 감소했다. 게다가 가축도살세
와 농촌교육자금도 폐지되어 농민의 세비 부담은 16억 9000만 위안이
감소했고, 감소폭은 31퍼센트이다. 동시에 성정부는 농민에 대한 비용
징수, 자금 조달, 정부성 기금과 목표도달 항목 50종을 폐지해 자의적
인 징수는 기본적으로 저지되는 효과를 거두었다."

2000년 8월 5일 주말 저녁, 중앙텔레비전방송국은 황금시간대의
프로그램 '종합뉴스'에서 안후이성이 농촌세비개혁을 추진하고 있다
는 보도를 했다. 개혁의 제1보라고 하기에는 시간이 너무 지났고, "중
앙정부가 안후이성을 단위로 농촌세비개혁을 추진하기로 확정"한 시
점과도 이미 5개월하고도 3일이나 차이가 났다. 이것은 물론 중앙텔레
비전방송국이 실수한 것은 아니다. 다만 당중앙과 국무원이 이번 개혁
을 신중하게 보고 실효성에 중점을 두었다는 것을 표명하는 것일 뿐이
다. 뉴스가 된 것은 당시 여름의 수확기를 지나 안후이성의 농촌세비
개혁 공작의 효과가 분명히 나타났기 때문이었다.

41. 두 건의 '내부참고'

농민부담의 경감은 한편으로는 현과 향의 재정 결손이 크다는 것을 의미했다. 갑자기 커진 수입 결손을 어떻게 메꾸느냐가, 그들에게는 발등에 떨어진 불처럼 급히 해결해야 할 문제가 되었다.

가장 먼저 개혁을 추진한 타이허현을 예로 들면, 세비개혁이 확대된 2000년의 수입 결손은 9,732만 위안으로 약 1억 위안 가까이 감소한 것이다.

돈이 쓰기에 부족하면 재원을 개척하거나 절약하든가 해야 한다. 중앙과 성정부는 "농민부담 경감을 철저히 하고 반등하지 않도록 하라"고 재삼 지시를 내리고, 농민에게서 재원을 구하는 움직임을 봉쇄하는 데 주의를 기울였다. 먹을 밥이 부족할 때 가장 손쉬운 방법은 밥 먹는 사람의 수를 줄이는 것이다. 타이허현에서는 5년 전 개혁을 실험할 때 이미 한 차례 구조조정을 했지만 이번의 수입 결손은 어느 때보다도 컸다. 모든 정원 외 고용원을 정리할 수밖에 없었다. 그래서 향진 중에 모든 정원 초과 인원을 정리했는데, 평소에는 결심도 못하고 하지도 못할 일을 이번엔 선택의 여지없이 결단하게 된 것이었다.

그러나 이렇게 인원을 정리한 것만으로는 부족해 정원 내의 인원도 정리를 해야만 했다. 병을 이유로 또는 조기 퇴직을 권유해서 구조조정을 해야 했던 것이다. 물론 누가 퇴직하느냐는 문제는 개인의 사정이나 가정환경 등 고려해야 할 복잡한 요소가 있지만, 국록(國祿)을 먹어야 할 인원수를 가능한 한 축소해야 한다는 것은 이미 잠시도 늦출 수 없는 사실이었다.

인원수를 줄인 후에도 긴장된 상황이 계속되었다. 타이허현위원회와 현정부는 계속해서 "젓가락을 놓고, 차를 멈추고, 전기를 끈다"는 구호를 내세우고, 이에 맞는 '소형 승용차의 배차와 사용제도', '접대제도' 등 일련의 규칙을 설정했다. 가령 현의 6대 기관을 예로 들면, 향진 간부는 소형 승용차를 자전거로 바꾸고, 점심에는 일률적으로 구내식당에서 제공되는 밥을 먹고, 촌급의 경우에는 접대비를 폐지하고, 모든 자금은 급여 지급에 우선 쓰고, 급여 지급을 보증할 수 없는 상황에서는 기타 지출을 일체 중지했다.

그때까지 아무런 구속 없는 유쾌한 생활에 젖어 있던 향진 간부들이 이렇게 빡빡해진 일상에 불만을 품게 된 것도 당연한 일이었다. 농촌세비개혁에 대해 중앙과 성정부의 결심이 굳고 대다수의 지방에서 지시대로 명령을 따랐다 하더라도, 어떤 지방에서는 여전히 '나는 내 길을 가련다'거나 '위에 정책이 있으면 밑에 대책이 있다'는 식의 모습을 보이는 곳도 있었다.

그중에서도 가장 악질적이고 정치에 악영향을 준 경우라면 당연히 당산현(碭山縣) 청좡진(程莊鎭) 사건을 꼽아야 할 것이다.

당산현은 현 내에는 사실 산이라고는 없고 이웃 현 부근에 망당산(芒碭山)이 있는데, 진나라 말기에 유방이 곤경에 빠졌을 때 숨어 있던 곳으로 당산현이라는 이름도 여기에서 유래했을 것이다. 당산현은 안후이성 최북부의 황하고도(黃河故道: 황허강의 옛 수로가 있던 자리―옮긴이)에 위치하는데, 고래로 쑤리(酥梨)라는 배의 산지로 유명하다. 그러나 오랫동안 이 배를 생산해온 당산현 청좡진의 농민은 결코 부유하지 못했다. 농민부담이 계속 과중했기 때문이다. 1997년에서 1999년까지 3년간 청좡진 농민이 부담한 각종 세금과 비용은 전년도 순수입의 각각 11.99퍼센트, 11.41퍼센트, 13.24퍼센트였다. 이것은 중앙에서 규정한 5퍼센트 상한선과는 큰 차이가 있는 것이었다.

매년 달콤한 배를 수확하는 청짱진 사람들이 일년 내내 바삐 농사를 지어 얻는 것이라고는 쓸쓸함과 한심함밖에 없는 것 같았다.

2000년에 현에서 제정한 농촌세비개혁 실시 방안에 비추어 보면, 청짱진의 농민 1인당 부담액은 161.7위안이었다. 하지만 실제 집행에서는 중앙과 성정부의 액수 외의 농민부담을 엄금한다는 규정을 무시한 채 재원 확보에만 신경을 쓰고 개혁에 맞추어서 일하려는 노력은 전혀 할 생각이 없었으며, 일체 종래대로 지출에 따라 징수하는 방식으로 155만 600위안, 1인당 36.12위안을 증가해서 징수했다. 징수의 과정도 규정을 위반해 경지면적당 평균 부과를 하고, 공고도 하지 않고, 납세통지서도 발행하지 않고, 영수증도 발급하지 않는 등 제멋대로 하는 행태를 보였다.

다행히 안후이성의 개혁 실험의 투명도가 극히 높아 당의 일체의 방침과 정책이 모두 농민들이 직접 볼 수 있게 공개되어 있었고, 또 성위원회와 성정부가 발행한 「농민대중들에게 드리는 편지」가 집집마다 배포된 것은 물론 「농촌세비개혁의 확대에 관한 통지」도 도처에 발송되었기 때문에, 청짱진 당위원회와 정부의 구태의연한 방법이 상부의 정신과 불일치한다는 것이 명확해서 수많은 농민이 분분히 저항하기 시작했다.

청짱진의 당위원회 서기 팡자량(龐家良)도 호락호락한 인물은 아니었다. 그는 농민들이 진의 결정에 저항하는 것을 보고 상급기관에 저항해서 소란을 일으키는 것으로 간주하고는 본때를 보여주겠다고 결심했다. 그래서 스스로 제의해 진의 당위원회와 정부의 공동회의를 통해 '사상정치학교'(思想政治學校)라는 것을 개설하기로 하고, 기일에 맞추어 세비를 납부하지 않은 농민들을 이 학교에 모아서 '교육'을 시키기로 했다. 당서기 팡자량이 스스로 명예교장이 되고 진장 푸정융

(傳正勇)이 교장, 기타 당정의 간부들이 나누어 부교장을 맡았다.

진정부는 세비의 납부기한을 6월 말로 정했는데, 이는 배농사를 하는 농가로서는 바로 춘궁기에 해당하는 시기였다. 왜냐하면 쑤리는 8월 하순에야 출하가 가능한 배이고, 배를 팔지 않고서는 농민들에게 돈이 있을 수가 없기 때문이었다. 고리대로 돈을 빌리는 것도 대부분의 사람들에게는 감당할 수 없는 일이었다. 7월 말이 되자 세비를 완납하지 못한 세대의 명단이 촌 간부들에 의해서 작성되고, '사상정치학교'에서 차를 보내 미납자들을 강제로 연행했다. 사람들이 학교에 도착하자 우선 50위안에서 100위안까지 '차비'를 내게 한 다음, 사람마다 매일 20위안씩 식비와 숙박비를 내게 했다.

진정부가 개설한 '사상정치학교'에 들어간 이후부터 농민들은 인신의 자유를 바랄 수 없게 되었다. 당시는 마침 한여름이어서 집에 가만히 있어도 등에서 땀이 흘러내릴 만큼 무더운 날씨였는데, 학교에서는 농민들을 오리를 몰듯이 운동장으로 내몰아 뙤약볕을 쬐게 하는가 하면 원을 돌게 하고 늦으면 욕설을 퍼붓거나 심지어 체벌을 가하기도 했다. 사람들을 가장 참을 수 없게 했던 것은 전원을 모아놓고 부자 형제 간에 서로 뺨을 때리게 하는 것이었다. 뺨을 때릴 때는 소리가 나게 진짜로 때려야 하며 소리가 나지 않으면 횟수에 넣지 않았는데, 한 번에 30대를 때리도록 규정했다. 그렇게 골육상잔의 뺨 때리는 소리가 한바탕 시끄럽게 울려 퍼졌다.

때는 21세기를 맞이하고 있는데 이렇게 잔인무도하고 비인도적인 방법으로 세금을 징수하는 일이 자행되니, 이는 당연히 농민들의 격렬한 항쟁을 불러일으켰다. 한 사람이 외치자 곧 수백 명이 호응해 죽어도 뒤돌아보지 않겠다는 결의를 다진 상방 대오를 조직해 몇 대의 트랙터에 나누어 타고 400킬로미터 떨어진 성도 허페이로 향했다.

이 사건은 즉시 안후이성 당위원회와 정부를 경악하게 만들었다. 상임위원회 상무위원 겸 부성장인 장핑(張平)은 급히 차를 몰아 허페이에서 80~90킬로미터 떨어진 창펑현(長豊縣) 차오안(曹庵)에서 상방하는 사람들을 맞이했다. 그는 끈기 있게 사람들의 호소를 들었다. 장핑 본인은 당산현과 인접한 샤오현(蕭縣) 출신이어서 이 지역의 농민들을 잘 알고 있었다. 그는 황하고도의 근면 순박한 농민들이 막다른 길에까지 내몰리지 않고서야 절대로 이렇게 큰 소동을 벌일 리가 없으리라는 것을 잘 알고 있었다.

장핑은 간곡하게 말했다. "여러분들은 돌아가십시오. 허페이로 오시지는 마십시오. 내가 내일 사람을 청창진에 파견해서 조사하겠습니다." 그는 큰 소리로 사람들을 납득시키려고 말했다. "나를 믿으십시오. 이 일은 반드시 잘 처리하겠습니다."

다음 날 성농업위원회의 쉬웨이(許偉) 등 다섯 명이 허페이에서 당산현에 도착했다. 그들은 우선 현위원회 서기 마쥔(馬駿)을 방문해 상황을 물었다. 그런데 마쥔은 아주 멋대로 말했다. "그 지방 농민들이 열심히 생산은 안 하고 고발이나 할 줄 아는 겁니다."

쉬웨이는 그의 말을 듣고는 이 현위원회 서기가 너무 어려서 아직도 사태의 중요성을 이해하지 못한다는 것을 알고, "우리가 현장을 한번 봐야겠소"라고 말했다.

마쥔은 성에서 온 사람들이 현장에 가서 조사하겠다고 하자 완곡하게 말리려는 듯이 현장에 가는 것은 위험하다고 말했다. "이럴 때 현장에 가면 신변의 안전을 확보할 수 없을 것입니다."

쉬웨이는 물론 믿지 않았다. 그의 경험에 의하면 민중은 이야기를 들어주고 그들의 의견을 존중해주기만 하면 대다수는 설득할 수 있는 것이다. 반대로 문제를 회피하려고만 하고 더구나 민중을 적대시하려고 들면 일을 망치지 않을 수 없게 된다.

쉬웨이 등은 현성에 머무르지 않고 즉시 청창진을 향해 출발했다.

청창진의 농민들은 성정부의 사람들이 정말로 온 것을 보고 성정부의 간부는 정말 다르구나, 약속을 지키는 사람들이라고 확신하고는 장터에 사람들이 모이듯이 분분히 맞이하러 나왔다. 사람들은 일제히 무릎을 꿇고 땅에 엎드렸고 하나같이 감격해 눈물을 흘리고 있었다.

쉬웨이는 당황해하며 사람들에게 일어나라고 하면서 스스로 목이 메어 이렇게 말했다. "나는 성위원회와 성정부로부터 위임을 받고 여러분의 의견을 들으러 왔습니다."

성위원회 서기 왕타이화는 성농업경제위원회의 보고를 통해 당산현 농민의 집단 상방의 진상을 알고 분개하며 말했다. "농민대중을 이렇게 대우하고도 공산당이라 할 수 있는가? 이런 당원을 어떻게 해야 하나?"

그는 당장 당산현으로 달려가서 직접 '청창진 사건'을 처리하려고 했다.

곧 중국공산당 안후이성 기율검사위원회, 안후이성 감찰청이 사건의 조사 처리에 대한 정황을 성 전체에 통보했다. 통보의 내용은 다음과 같은 것이었다. 당산현 청창진은 당중앙의 농촌세비개혁정책을 엄중히 위배하고 성위원회와 성정부의 거듭된 명령을 무시하고 함부로 농민부담을 가중했다. 특히 '사상정치학교'를 개설해 민중을 감금 체벌하는 등 민중의 이익을 극도로 침해하고, 민중의 인신 자유를 침범하고, 당과 정부의 이미지를 손상하고, 당과 민중, 간부와 민중과의 관계를 파괴하고 정치에 악영향을 끼쳤다. 이렇게 제멋대로 위에 정책이 있으면 밑에는 대책이 있다는 식으로 정치 기율을 엄중히 위반하고, 당의 원칙을 무시하고, 당의 종지를 등지고, 엄중한 결과를 초래한 행위는 결코 내버려둘 수 없으며 엄격히 처리해야 할 것이다. 검토해 다음과 같이 결정한다. 청챵진 당위원회 서기 팡자량은 당적을 제명한 다. 진장 푸정융은 직무를 해임하고, 당적 제명은 1년간 관찰 후 결정 한다. 당위원회 부서기 왕파저우(王法洲)의 당내 직무를 해임한다. 부 진장 멍판창(孟凡昌)과 왕옌(王岩)은 행정과실 기록의 처분을 내린다. 지도 책임이 있는 현위원회 서기 마쿼과 현장 선창(沈强)은 각각 엄중 히 경고하고 행정과실 기록의 처분을 내린다.

'청챵진 사건'과 그 후의 엄중한 조사와 처분은 당시 안후이성의 광대한 농촌에 엄청난 충격을 주었고, 재정 결손을 메꾸려고 온갖 수 단을 마다하지 않던 향촌 간부들에게 큰 경종을 울렸다.

실은 당산현의 이러한 반면교사와 같은 사건은 안후이성에서 농 촌세비개혁을 추진하던 첫해에 결코 이 한 건만 일어난 것이 아니었 다. 왕타이화 서기는 인터뷰를 하면서 이러한 문제를 회피하지 않고 말해주었다. 그는 특히 감독 체계가 정비되지 않아서 지방에서는 향촌 간부들이 집집마다 방문해 곡물이나 물건을 약탈하는 행위가 여전히 발생한다고 말했다. 구체적인 예로 든 것이 안후이성 동부 라이안현 (來安縣) 광다향(廣大鄉)의 경우였다.

라이안현도 비교적 일찍 세비개혁을 실험한 지역 중의 하나여서 각종 정책 법규의 홍보가 현지에 하달되지 않았을 리는 없을 테지만, 그해 광다향의 책임자가 하계 농촌세비의 징수사업에서 이용한 방법 은 종래의 방법이었다. 그들은 향 전역의 양급 간부들 회의에서 공개 적으로 이렇게 교육했다. "돈이 있는데 지불하지 않거나, 양곡이 있는 데 납부하지 않는 까다로운 농가, 반항적인 농가, 문제가 있는 농가에 대해서는 필요할 때는 강제 조치를 취할 수밖에 없다!"

향의 지도자가 회의에서 이렇게 말을 하니 촌의 간부들도 대담해졌다.

광다향의 류춘궈(劉春國)는 원래 성실한 농민으로, 이전에는 매년 기일에 맞춰 성실히 세비를 납부했고 세비가 감당할 수 없을 정도로 과중해도 불평 한마디 하지 않았다. 그런데 마침 성에서 세비개혁사업이 시작된 그해에 재해를 입어 납부할 현금을 마련할 수 없었다. 이것을 촌의 간부는 세비개혁에 대한 반항이라고 생각하고, 돈이 있어도 내지 않는 '까다로운 농가, 반항적인 농가, 문제가 있는 농가' 부류에 속하는 것으로 간주해 사나운 징수 요원들을 데리고 강제집행에 들어간 것이다. 류춘궈는 울화를 참지 못하고 농약을 마시고 자살했다.

세비개혁은 결국 여러 방면의 이익에 절실한 영향을 끼치는 것인데, 이러한 이익은 장기간에 걸쳐 형성되었을 뿐만 아니라 각종 권력과 밀접히 연계되어 있기 때문에 개혁의 임무는 힘들고 막중한 일이다. 조금만 주의를 게을리하면 각지에서 어떤 수단과 방법을 동원해 농민부담의 증가로 바뀌어버릴지 알 수가 없는 것이다.

이러한 상황을 거울삼아, 성위원회 서기 왕타이화는 이런저런 회의에서 늘 강조하기를, 성의 각지에 농민부담을 감독 관리하는 기구를 완비하도록 요구했다. 즉 대중과 법률 그리고 여론 등 여러 방면의 감독 기능을 발휘해 농민의 상방을 소통하는 길을 만들고, 전 방위적으로 농민부담을 감독하는 체계를 신속히 형성함으로써 농민부담을 엄격히 조절할 수 있도록 하자는 것이었다. 이렇게 함으로써 비로소 장기적인 안정을 유지할 수 있다고 말했다.

페이둥현(肥東縣) 룽탕향(龍塘鄉)의 싼칭촌(三淸村)에서 발생한 사건을 보면 왕타이화가 말한 의미를 잘 알 수 있을 것이다.

어느 날 안후이성 최대의 발행 부수를 자랑하는 『신안만보』(新安

晚報)의 편집부는 싼칭촌에서 전체 촌민의 명의로 보내온 한 통의 편지를 받았다. 편지의 내용은 다음과 같았다. "당중앙과 국무원이 우리 성에서 농촌세비개혁을 추진하고 있는데, 그 목적이 농민부담을 경감하는 것이어서 우리는 마음속으로 감사하고 지지하고 있습니다. 그러나 이곳에서 실제 집행하고 있는 세비개혁정책은 현실과 맞지 않습니다. '과세기준 평균생산고'가 1묘당 1,043킬로그램으로 산정되어 있는데, 발부된 납세통지서에는 규정상 공시되어야 할 '과세기준 평균생산고'와 '세율', '농업세 부가율' 등 수많은 항목들이 모두 공란으로 되어 있고, 우리가 납부해야 할 액수만 적혀 있을 뿐입니다. 만약 1묘당 1,043킬로그램의 생산으로 세금 계산을 한다면 우리 농민의 부담은 경감되기는커녕 작년에 비해 훨씬 높아져 생활하기가 더욱더 어려워질 것입니다."

신문사에서는 농민의 편지를 대단히 심각한 문제라고 판단하고 즉각 스서우친(史守琴) 기자를 현지에 파견해 사실을 확인하게 했다.

스서우친은 베테랑 기자는 아니었지만, 젊은 기자 중에서는 뛰어난 재능을 발휘했다. 여성이지만 남자들에게 지지 않으려 하고, 정의감이 강해 곧은 소리도 잘하고 강자에게 강해서 별명이 '스대협'(史大俠)이라고 불릴 정도였다.

이번에 신문사에서 그녀를 페이둥향에 파견한 것은 이유가 있었다. 이전에 페이둥향 루커우향(路口鄕)의 어느 촌에서도 농민부담 문제로 상방한 일이 있어 스서우친을 파견해 현장 조사를 시켰는데, 당시 '반 사발의 도랑물' 에피소드의 주인공이 그녀였기 때문이다. 그날 그녀는 바쁘게 출발하느라 입고 있던 일본에서 막 가져온 꽃무늬 원피스를 갈아입지도 못하고 취재 현장으로 떠났다. 그 촌에 도착해서 밭에 있는 농민들에게 자신이 온 이유를 설명하다가 농민들이 하나같이 눈을 둥그렇게 뜨고는 자기를 유심히 쳐다보는 것을 발견했다. 그녀는 비로소 자기가 입고 있는 옷이 취재에 방해가 된다는 것을 알아차렸다. 그래서 촌민들이 신문사에 보낸 편지를 꺼내들고 좀 더 설명을 하려는 차에 갑자기 스무 살을 갓 넘어 보이는 청년이 나서더니 옆에 있던 푸른색 사발을 주워들고 밭도랑에서 도랑물을 반 사발 가량 떠 가지고 와서는 "당신들이 '관끼리 서로 비호하는' 일은 하지 않는다고 하는데 그걸 우리가 어떻게 믿어요? 이렇게 합시다. 물이 더럽다고 개의치 않고 두 모금만 마시면 당신이 우리를 위해 진실을 말하는 사람이라고 믿어주겠소"라고 말하는 것이었다.

스서우친은 순간 주저했다. 마시자니 그 물을 보기만 해도 속이 니글니글하고, 마시지 않으면 상대방이 자신을 신뢰하지 않을 것이다. 상대방의 저런 무리한 말을 들을 필요는 없지만 그녀는 결국 결심하고 사발을 받아들고는 눈도 깜빡하지 않은 채 목을 치켜들고 마셔버렸다. 다 마셔버리려는 순간 누군가 사발을 가로채갔는데, 그 청년은 부끄러운 기색을 하고 서 있었고 현장에 있던 농민들의 표정도 변해 있었다.

당시 취재가 끝난 후 촌의 농민 전원이 그녀를 전송했다. 그중에는 어디까지고 계속 따라오며 전송하는 농민도 있었다.

후에 스서우친이 보도한 기사로 촌민문제가 해결되자, 감사를 표시하기 위해 일흔 살이 넘은 촌의 노교사가 그해 드물게 내린 대설을 무릅쓰고 신문사에 4미터나 되는 대련(對聯)을 쓴 족자를 보내왔다. 대련의 내용은 '철견(鐵肩)으로 도의(道義)를 짊어지고, 묘수(妙手)로는 문장을 쓰네'라는 것이었다.

그때 이후로 스서우친은 "당의 기치 아래 진심진력으로 사람들을 위해 말하자"라는 신념을 굳혔다.

룽탕향 쌴칭촌에서 온 편지를 읽고 나서 그녀는 무거운 마음으로 현지로 향했다. 현지 조사를 한 후 그녀는 더욱 마음이 불안해졌다. 조사해보니 촌민들은 중앙정부의 세비개혁정책에 결코 이의가 없었고, 성정부가 확정한 농업세율과 농업세 부가율에 대해서도 별다른 이견이 없었다. 다만 룽탕향이 산정한 '과세기준 평균생산고'인 1묘당 1,043킬로그램에 대해서는 극히 불만이었다. 이것은 법을 왜곡해 농민 부담을 가중시키는 처사라고 생각하는 것이었다. 1묘당 생산고가 높이 산정될수록 농민이 규정 세율에 따라 납부해야 할 세금도 많아지는데, 이것은 이미 농민들이 감당할 수 없는 수준에 이른 것이었다.

촌민 딩유파(丁有發)가 과거에 납부한 징수 카드와 올해의 납세통지서를 가져와서 스서우친에게 보여주었다. 딩유파는 2인 가족에 2묘도 안 되는 토지를 경작하고 있었는데, 작년에 납부한 금액은 161.48위안인 데 비해 금년 세비개혁의 결과 납부해야 할 금액은 221.59위안이었다. 세비개혁의 목적은 농민의 부담을 경감하고자 하는 것인데 오히려 부담을 가중시킨 것이다!

같은 촌민 양상루(楊尙祿)는 자신이 1년간 경작한 수지 명세서를 스서우친 기자에게 보여주었다. 그의 집은 4인 가족으로 3.3묘의 토지를 경작하는데, 볍씨 구입에 67.5위안, 농약 구입에 20위안, 화학비료 구입에 190위안, 전기관개양수펌프 비용에 140위안, 두 차례 남의 소를 빌려 밭을 가는 데 500위안, 탈곡에 80위안 등 총비용이 997.5위안으로 근 1,000위안이었다. 즉 1묘당 생산고는 불과 500~600킬로그램, 한 계절에 총 1,815킬로그램인데 금년 양곡센터에서 1킬로그램당 0.82위안의 수매가격이면 수입은 1,669.8위안 정도이다. 채소를 200킬로그램 정도 수확해서 400위안 정도 추가되는 수입을 합쳐도, 여기에서 지출을 빼고 또 356.25위안의 농업세와 수도료와 피스항(溿史杭) 프로젝트(피스항 프로젝트는 1958년부터 시작된 피허강溿河, 스허강史河, 항부허강杭埠河을 연결하는 관개수리개발사업 — 옮긴이)의 대출금을 제하고 나면 겨우 716.05위안이 남을 뿐이다.

여기까지 계산하고 양상루는 씁쓸하게 웃으며 말했다. "이것으로 징수가 끝난 것이 아닙니다. 며칠 전 사회계에서 또 돈을 달라고 왔는데 도랑청소비가 122위안, 어디에 건설하는지 모르지만 전기관개펌프장을 건설한다고 68.85위안, 배수비로 36.98위안, 차오호(巢湖)의 치수비로 22.95위안, 향촌도로비로 50.4위안 등 모두 합쳐 301.18위안이나 됩니다. 이 돈들은 지불하지 않았습니다. 나는 회계원에게 납부 항목을 적어달라고 요구했죠. 이렇게 고발하려고 말입니다."

스서우친은 페이둥현 룽탕향 싼칭촌에서 발생한 농민부담의 상방 문제는 그냥 폭로할 것이 아니라 내부참고 자료로 논문으로 써내는 것이 더 좋지 않을까 생각했다.

그래서 2000년 12월 21일, 스서우친은 ''과세기준 평균생산고'는 어째서 신기록을 세웠는가?'라는 제목으로 싼칭촌 전체 촌민이 신문사에 보낸 편지와 자신의 '조사부기'(調査附記)를 묶어서 「신안내부참고」(新安內部參考)를 편집해 안후이성 당상임위원회, 성인민대표 주임과 부주임, 성정부 성장과 부성장, 정치협상회의 주석과 부주석에게 보내고 동시에 허페이시위원회 서기와 시장 및 성과 시의 세비개혁사무실에도 복사본을 보냈다.

'스대협'이 이렇게 심혈을 기울인 결과 싼칭촌 농민의 '과세기준 평균생산고'는 1묘당 1,043킬로그램에서 실질적으로 790킬로그램으로 내려갔다. 「내부참고」가 나온 후 부성장 장펑은 전문회의를 열어 안후이성의 실제 상황에 근거해서 성 전체의 농업세 징수사업에 대해 최종적으로 상한선을 확정했다. 이렇게 해서 '과세기준 평균생산고'는 1묘당 800킬로그램을 초과할 수 없게 되었다. 상한선이 설정됨으로써 안후이성 전역에 걸쳐 룽탕향처럼 수법을 바꾸어 농민부담을 가중하는 현상은 근절되었다.

석간신문에 의한 여론의 환기로 인해, 성위원회와 성정부는 지방 말단의 향진과 촌급 조직이 직면하고 있는 새로운 정황과 새로운 문제를 중시하게 되어 개혁 실험의 속도를 높였을 뿐만 아니라, '과세기준 평균생산고' 문제에 대해서도 성 전체의 4,000만 명 농민이 근본적으로 이익을 볼 수 있도록 보증했다. 이러한 소식이 룽탕향 싼칭촌에 전해지자 촌민들은 모두 기뻐해 마지않았다. 양상루는 촌민들의 부탁을 받고 폭죽을 잔뜩 사가지고 와서 신문사 입구에서 폭죽을 터뜨려 그들의 기쁨과 감격을 표현하려고 했다. 그러나 우선 '스대협'이 감사하고 싶으면 당의 정책에 감사하라고 하면서 이를 받아들이지 않았고, 또 허페이시에서는 오래전부터 폭죽 쏘는 것이 금지되어 있었기 때문에 이 일은 성사되지 않았다.

42. 난지향南極鄉 농민의 눈물

세비개혁이 점점 사람들의 마음을 파고들면서 각지에서는 끊임없이 반동적인 일도 일어나고 있었는데, 강남에서 가장 부유한 닝궈시(寧國市)에서 오히려 충격적인 뉴스가 흘러나왔다. 난지향의 호두 생산 농가 38세대가 향정부를 법원에 고소했다는 소식이었다.

더 상세한 정보에 따르면, 향정부를 고소하려고 한 것은 38세대가 아니라 정확하게 말하면 318세대라고 했다. 그리고 농민들은 향정부만 고소한 것이 아니라 닝궈시 재정국과 임업국도 고소했으며, 또한 자기 지방의 법원에서 재판이 공정하게 진행되지 못할까 염려해서 쉬안청(宣城)지구의 중급인민법원에 소장을 제출했다고 한다. 법원에서는 난지향 농민이 농촌세비개혁의 실험기간 중에 향정부가 세비 징수를 위법으로 강행하는 것을 기소한 것은 안후이성 최초의 사례로서 원고인 수가 많고 영향도 클 것을 고려해서 규정대로 수리했다. 다만 이렇게 많은 농민들이 닝궈시 난지향에서 쉬안저우(宣州) 시내까지 나오려면 비용도 많이 들고 또 한 건의 소송에 그렇게 많은 사람들이 한꺼번에 법정에 나올 필요도 없는 점을 고려해서 일부를 추천해서 대표로 나와도 좋다고 했다. 그래서 대표를 뽑아서 38세대가 나오게 된 것인데, 이것도 농민의 부담을 경감하자는 고려에서 나온 조치였던 셈이다.

인민법원이 법으로 농촌세비개혁을 보장했다는 것이 이번 사건이 갖는 최대의 뉴스였다.

사정은 특수하지만 안건 자체는 결코 복잡한 것이 아니었다. 원래 1998년 11월 중순 닝궈시 정부는 농업특산세의 징수사업을 추진하기 위해 호두 산지인 난지향에 전문팀을 조직해 난지향 전체를 대상으로 세원(稅源)을 전면 조사했다. 그런데 조사는 조사로만 끝나고 농업특산세의 징수계획상의 숫자는 상명하달식으로 내려와서 닝궈시는 여전히 지난해와 똑같이 징수 임무를 향에 하달했다. 그런데 이 숫자는 전면 조사의 결론과는 많이 차이가 났다. 말하자면 전면 조사 때의 상황대로 징수하면 난지향은 하달된 징수 임무를 달성하지 못하게 되는 것이다. 그래서 향정부는 과거에 했던 방식대로 세금에 맞추어서 생산량을 정해 각 촌에 임무를 하달하고, 각 촌에서는 관례대로 처리해 각 농가에 할당한 것이다.

매년 난지향 정부는 이렇게 해왔기에 아무런 부당함도 느끼지 못했다. 호두를 생산하는 농민은 이렇게 납부해온 데 대해서 불만이었지만 어쩔 수 없기 때문에 참을 수밖에 없었다. 그런데 이제는 농촌세비 개혁정책이 이미 농민에게도 스며들고 있어서 상황이 조금 달라진 것이다.

실제 생산량에 의거하지 않은 과세는 우선 세비개혁정책을 위반한 것이었고, 더구나 납세통지서를 읽어보니 호두 농업특산세의 징수표에 '육림기금(育林基金)을 포함한다'라고 쓰여 있었다. 이것은 세금과 비용을 혼합해서 징수하는 '편승 징수'인 것이다. 또 어떤 것은 농업세와 농업특산세를 중복해서 징수하는 경우도 있어 순 엉터리의 불법 징수인 것이다.

농민들은 화가 나서 욕을 퍼부었다. "당의 좋은 정책이 이런 못된 놈들 때문에 전부 엉망이 되었구먼!"

향정부가 발포한 「농업특산품 과세 생산량 산정통지서」에는 분명히 산정된 액수에 이의가 있는 농가는 30일 안에 징수기관에 서면으로 재심을 신청할 수 있으며, 징수기관은 규정된 절차에 따라 재심하고 그 결과에 의거해 사실대로 징수한다고 쓰여 있었다. 지금 난지향의 농민들은 '규정된 절차에 따라' 향정부에 이의를 제기한 것이다.

맨 처음 책상을 치고 일어난 것은 난지촌(南極村)의 샤훙촌민조(下洪村民組)에 속한 36세의 농민 우선톈(吳深田)이었다. 먼저 그가 재심 신청서를 쓰자 20여 명의 촌민들이 뒤를 이어 서명을 했다. 그러나 그들이 서면 보고서를 향의 간부인 청구이핑(程桂萍)과 탕청취안(唐承權)에게 제출하자 그들은 접수를 거부했다. 이 일은 샤훙촌민조의 모든 농가를 분노하게 만들었다. 농민들은 곧 각 농가에 하달된 산정통지서를 모두 향정부에 돌려보냈다.

이어서 연합촌의 모든 농가도 산정통지서를 돌려보냈다.

사태는 아주 빨리 확대되어 갔다. 관링촌(關嶺村)의 리우촌민조(栗

塢村民組)의 26명의 촌민들도 향정부에 「농업특산세를 사실적으로 징수할 것을 요구하는 신청서」를 제출했고, 또 얼마 후에 72명의 관링촌 촌민들이 재차 신청서를 썼다.

당시 난지향의 농민들은 이미 감정이 격앙되어 호두 생산량의 조사에 대한 서면 보고를 강력하게 요구했고, 또한 향정부가 호두 생산량을 새로 조사해 지표를 강제 하달해서 촌민에게 과중한 부담을 주는 일이 없도록 하라고 요구했다.

그러나 향정부는 어떤 신청서에도 함흥차사식이어서 호두의 실제 생산량을 다시 조사하려고도 하지 않았고 어떤 설명도 하려고 하지 않았다. 이리하여 간부와 농민 사이의 갈등은 더욱 악화되었다.

그런데 난지향 정부는 농민과 관계가 악화되는 것을 결코 두려워하지 않았다. 많은 농가들이 호두를 채취하기 시작해서 아직 매출하기 전일 때를 기다려 향정부는 행동을 개시했다. 중앙에서는 누차 전제적인 수단과 도구를 이용해서 농민에게 돈과 현물을 징수하는 것을 엄금했지만, 향정부는 여전히 사법기관을 개입시킨 징수공작팀을 조직해 징수를 강행했다. 또한 기한을 정해놓고 하루를 넘기면 호두의 과세가격을 500그램당 8위안에서 13위안으로 인상했다. 징수할 때에도 제때에 현금을 완납하지 못하거나 생산량과 가격의 표시에 대해 불만을 나타낸 농민에 대해서는 즉시 집에 뛰어들어가 곡물이나 물건을 압류해서 세금 대신으로 채웠다. 조금이라도 반항적인 태도를 보이면 그 자리에서 체포해 연행했다.

난지향 정부의 이러한 권력을 남용한 불법행위에 대해 수많은 촌민들은 시 또는 지구에 상방해 상급기관이 개입하도록 하거나, 지구나 성의 신문사 심지어는 중앙텔레비전방송국의 '초점방담' 프로그램에 연락해 기자가 와서 폭로하도록 하는 방법도 생각해보았다. 그러나 냉정히 분석해보니 이런 생각이 들었다. 이번 농촌세비개혁의 실험은 중앙정부가 직접 추진하는 것이고, 당중앙이 농민을 후원하며 국가가 또 저렇게 많은 관련 규정도 제정한 만큼, 백성이 관리를 고소하는 데 법적 근거가 있으니 설마 난지향의 대장부들이 '추쥐'(秋菊: 장이머우 감독의 영화 「추쥐의 소송」(귀주이야기)의 여주인공 이름. 남편을 위해 이장을 고소하는 순박하고 용감한 촌부의 역할을 한다―옮긴이)만 못하겠는가? 추쥐처럼 흉내 내서 소송을 해본들 또 어떠랴? "법 앞에 사람은 평등하다"고 하지 않는가? 우리도 이 말이 사실인지 아닌지 한번 해보자!

최초로 나선 것은 난지촌(南極村)의 허훙촌민조(河洪村民組)에 속한 46세의 열혈남아 우윈링(吳雲凌)이었다. 그는 호두로 세금을 채워내야 했고 아내도 향정부에 연행되었었다. 우윈링이 나서자 눈덩이를 굴리는 것처럼 너도나도 나서더니 381명의 농민들이 난지향 정부와 법정에서 싸우게 된 것이다.

농민들이 법률을 무기로 자신의 합법적 권익을 확보하는 방법을 깨달은 것은 어쨌든 중국 농민의 엄청난 진보이다. 물론 쉬안청지구법원이 신속히 이 안건을 수리한 것도 똑같이 칭찬해야 할 일이다. 지구법원장 류순다오(劉順道)는 이 소송을 중시하고, 몇 번이나 보고를 청취했을 뿐만 아니라 부원장 왕위차이(吳玉才)와 행정법원 부원장 천웨이둥(陳衛東)을 신속히 닝궈시 난지향에 파견해서 조정을 시도했다. 그러나 조정이 성과가 없었기 때문에 법률에 따라 원고에게 기소장의 내용과 기소 증거를 보충할 것을 요구하고 동시에 피고인 난지향 정부에게는 답변서 제출을 요구했다.

난지향 정부는 답변서에서 사법기관이 징수공작팀에 관여한 일은 언급하지 않고, 향의 재정소가 농업특산세를 징수한 행정행위는 법률규정에 부합한다고 답변했다. 촌민에게 발급한 납세영수증은 재정청에서 일괄 인쇄한 것으로 '난지향 인민정부 전용인'(南極鄕人民政府專用印)이 찍혀 있고 징수한 세금은 재정금고에 들어가 있기 때문에 이것은 불법 징수 행위라고 할 수 없다는 것이다. 한편 중앙의 세비개혁정책에 대해서는 언급을 회피하고, 과거 닝궈시 정부가 재정부와 임업부에 공문을 하달해 농업특산세와 육림기금을 대신 징수하고 아울러 한 장의 표에 징수하는 방법을 취하라고 요구했다면서, 따라서 향 재정소가 농업특산세를 징수할 때 육림기금을 대신 징수하는 행위는 직권을 넘어서는 것이 아니며 '편승 징수'도 아니라고 답변했다. 다만 인정한 것은 "징수 과정에서 부족하거나 잘못된 부분이 생기는 것은 어쩔 수 없는데 응당 인민의 감독을 받아들여 적시에 개선해나가도록 하겠다"라고 한 것뿐이고, 그러면서도 "소수의 납세 저항자에 대해서 강제 조치를 채택하는 것은 합법적이다"라고 답변했다.

'문방사보'(文房四寶) 중의 선지(宣紙)라는 질이 좋은 종이 생산지로 유명한 쉬안청의 지구법원에서 우리는 본건의 책임자인 천웨이둥 부법원장을 인터뷰했다. 그는 이렇게 말했다. "이러한 행정소송 안건을 처리할 때는 법관은 전국인민대표대회가 가결한 관련 법률뿐만 아니라 국가의 관련 부문과 지방정부에서 제정한 행정법규도 숙지해야 합니다. 특히 이 안건을 보면, 중앙에서 안후이성을 세비개혁의 실험성으로 지정하고 있는데, 이 경우 세비개혁정책에도 숙달할 필요가 있습니다" 요컨대 그는 법에 의해 농촌세비개혁을 보호하는 것은 인민법관으로서 물러설 수 없는 역사적 사명이라고 생각한 것이다.

우리가 쉬안청에 도착했을 때 판결 공판이 막 시작되어 천웨이둥이 판결문을 읽고 있었다. "증거의 검증과 증인 심문을 거쳐 합의법정은 최종적으로 다음과 같이 판단한다. 피고 난지향 인민정부가 제출한 난지향 호두 생산량의 통계를 증명하는 관련 자료는 일반 연도의 통계 숫자 또는 예측 생산량을 증명하는 것에 불과하며, 호두의 실제 생산량을 조사한 자료 근거로 삼을 수 없다. 따라서 원고의 질의는 이유가 성립하며 신용할 수 있다. 피고는 원고가 진술한 기본적 사실에 대해 반증을 제시하지 못했으며 다만 관련 문제에 반박만 제기했을 뿐인데 그 이유도 타당하지 않다."

우리는 지구법원에서 백성이 관리를 고소하는 행정소송을 재판하는 데 외부에서 여러 가지 압력이 오지 않았는지 매우 알고 싶었다. 천웨이둥은 이렇게 말했다. "처음에는 우리도 그런 걱정을 했지만, 지구위원회 서기 장쉐핑(張學平)과 정법(政法) 임무를 담당하는 부전원(副專員) 팡닝(方寧)이 모두 향정부가 불법징수 안건을 법원에서 수리한 것을 적극 지지하고, 법원에서 반드시 방해를 배제하고 실시 중인 농촌 세비개혁을 법으로 보장하도록 명확히 요구했습니다. 서기와 전원(專員)이 중간에서 특별히 힘써서 닝궈시위원회와 시정부에 법원의 판결을 조용히 받아들이라고 요구했기 때문에 방해는 그다지 없었습니다."

판결 공판이 있던 그날은 초여름의 큰비가 내리던 날이었다. 난지향의 오륙백 명의 농민들은 아홉 대의 버스에 나눠 타고 폭우를 뚫고 쉬안청에 도착했다. 천웨이둥 재판장은 이렇게 많은 사람들을 모두 법정에 입장시켰다가는 무슨 일이 벌어질지도 모르겠다는 생각에 황망히 그들 앞에 나서서 말했다. "여러분이 자신의 합법적인 권익을 법으로 지키겠다는 것은 아주 좋습니다. 여러분이 높은 법의식을 가지고 있다는 표시입니다. 따라서 오늘 법정에 입정할 분과 입정하지 못할 분 모두 오늘날 농민의 훌륭한 소질을 충분히 발휘하고 모범적으로 법정의 기율을 준수해주시기를 바랍니다." 천웨이둥의 설득력 있는 말에 빗속에 서 있던 농민들은 일시에 질서가 정연해졌다. 그중에 한 사람이 갑자기 뛰어나와 그에게 무언가를 건네려고 했는데, 그것도 즉시 사람들의 제지를 받았다. 이 광경을 보고 천웨이둥은 뭐라 말할 수 없는 감동을 받았다.

　천웨이둥 재판장은 24쪽이나 되는 긴 판결문을 읽다가 방청석에 서 있는 농민 대표들을 잠깐 바라보았는데 전원 꼼짝도 하지 않고 서 있었다. 귓속말하는 사람도 없었고 아무 기척도 없이 기침소리 하나 내지 않고 서 있었다.

　세상을 놀라게 한 닝궈시 난지향의 백성이 관을 고발한 소송은 백성의 승리로 끝이 났다. 쉬안청지구 중급인민법원은 난지향 인민정부가 새로 산정해서 징세하라는 구체적인 행정행위를 판결했다. 그리고 강제징수 행위는 위법이고, 규정에 의거하지 않는 육림기금의 징수도 역시 위법이며, 본 안건의 재판 비용은 모두 난지향 인민정부가 부담하라고 판결을 선고했다.

　판결 선고가 끝나자 난지향 부향장 저우샤오핑(周小平)은 이미 눈물이 그렁그렁 고였다. 그는 아무래도 억울했고 당혹감을 느꼈다. 왜냐하면 이후 난지향은 예전처럼 규정대로 농업특산세를 "현실 상황에 근거해서 징수할" 수 없게 되었고, 어떤 임무는 원래 상부에서 할당해 내려온 것이기 때문이었다. 농민 대표들도 얼굴 가득 눈물을 흘렸다. 그들은 억울했고, 분노했다. 이제 법정에서 나와서 내리는 빗속에 새까맣게 서 있는 한 덩어리의 농민들과 합류했을 때 그들의 뺨 위에 흘러내리는 것이 빗물인지 눈물인지 알 수 없었다. 그들은 법률이라는 무기를 이용해서 향정부가 멋대로 세비를 징수하는 것을 막아내는 데 성공한 사람들이었다.

43. 천하제일의 난제

곰곰이 생각해보면 세대별 경영청부를 실행한 '전면청부제' 이후 중국 농촌의 개혁은 계속되어왔다. 다만 대개 찔끔찔끔 단속적으로 일을 진행하고, 부족한 인원으로 일을 처리해서 근본적인 문제에 대해서는 전혀 손을 대지 못했다. 이번의 세비개혁은 이와는 달리 중장기적으로 잠재해 있던 여러 가지 문제들을 차례로 부각해 전체적으로 해결하는 데 좋은 계기를 제공했다.

적어도 향진 체제상 존재하는 여러 가지 폐단이 전에 없이 표면화되었다.

우선 이 체제 아래에서 향진 조직은 해서는 안 될 일을 수없이 해온 것이 드러났다. 그들은 늘 실제 능력을 넘어서 공공시설의 건설을 추진했고, 과다하게 농민의 시장 활동에 관여했다. 한편 정부의 기능에도 변화가 생겨 표면상 안배해야 했다.

다음에 드러난 것은 향진 체제에서 불필요한 사람들을 많이 부양해왔다는 사실이다. 향진정부도 그렇고 촌급정부도 마찬가지이다. 따라서 인원 정리는 이미 회피할 수 없는 문제가 되었다.

그 다음에는 공금을 낭비하는 문제이다. 우선 촌의 경우를 보면, 다른 것은 차치하고 매년 위에서의 요구로 구독하는 신문잡지의 비용만으로도 촌위원회 하나의 운영비 전부를 소진할 정도이다. 그래서 농민의 호주머니를 털지 않으면 아무 일도 할 수 없게 되어버린다. 그런데 이런 신문잡지는 대개 농사와는 무관해서 결국에는 폐지로 처리되기 마련이다. 다음으로 향진의 경우를 보면, 안후이성 서우진(壽鎭)의 부채는 1,100만 위안이 넘었는데 이번의 세비개혁으로 접대관리제도를 엄격히 해 13만 위안을 절감했고, 전화관리제도를 엄격히 해 3만 위안을, 자동차사용제도를 개선해 14만 위안을, 전기 사용의 합리화로 11만 위안을 각각 절감했다. 만약 3년 이내에 인프라 정비를 위한 지출이 없다면 매년 지출의 절약만으로 100만 위안 이상의 적자 감소가 가능한 것이다.

개혁 전에는 몰랐지만 개혁을 시행해보니 놀라운 일이 일어난 것이다. 그중에서 가장 두드러지고 긴급한 것은 역시 기구의 거대화와 인원의 비대화였다. 이 문제를 어떻게 해결하느냐가 가장 어려운 문제였다.

안후이성 상무 부성장 장핑은 전성향진기구개혁현장회의에서 이렇게 말했다. "어떤 나라를 둘러보아도, 어느 시대를 돌아보아도 이렇게 국록을 먹는 공무원이 많은 나라는 없을 것이다. 우리가 이렇게 많은 사람을 먹여 살릴 수 있다고 생각하는가? 먹여 살릴 수 없다면 결국에는 농민에게서 재물을 걷어내고 고혈을 쥐어짤 수밖에 없다. 물론 현재 모두 이렇다는 것은 아니다. 그러나 이 상황을 그냥 내버려둔다면 이런 추세를 피하기 어렵게 될 것이다."

또한 농민의 불합리한 부담도 간단한 문제가 아니라는 점을 살펴보아야 한다. 만일 그것이 불합리하다고 한다면, 이는 불합리한 현행 정치와 경제체제가 원인을 조성한 것이기도 하다. 따라서 현재의 개혁을 종합적이고 총체적으로 추진하지 않는다면 필연적으로 실패하게 될 것이다. 그러나 이렇게 중대한 농촌세비개혁의 지도소조는 국무원의 종합관리 부문이 아니라 재정부에 설치되어 있고, 개혁 방안 또한 재정부와 재경부, 농업부 세 부서가 중심이 되어 제정하고 있는데, 그들은 능력도 없고 자신의 부문 외의 사정까지 주도면밀하게 고려하지도 못한다. 예를 들면, 개혁 방안은 농촌교육사업비 부가와 교육자금 조달을 폐지했지만 이를 보충하는 재정은 투입하지 않았던 것이다. 이렇게 해서 부분적으로 농민의 부담은 경감되었지만 오히려 농촌의 의무교육은 공전의 위기에 빠져버렸다. 이렇듯 개혁 방안은 각지의 개혁 실험에서 얻은 경험을 거의 살리지 못했고, 여전히 누구에게도 징수의 근거를 댈 수 없는 농업특산세를 온존시켜 향촌 간부가 멋대로 징수하도록 조장하고 있다. 동시에 본래 '촌 제류금'에 속했던 적립금을 '농업세 부가'에서 삭제했는데, 이것은 마치 농민의 부담을 없애준 것 같지만 여전히 농민의 부담으로 되어 있을 뿐만 아니라 이러한 '일사일의'는 이후에 자의적인 징수를 위한 화근이 될 가능성이 아주 크다. 특히 세비개혁으로 확실히 농민의 부담은 경감했지만 동시에 향진의 정상적인 운영과 촌급 조직의 건설은 전에 없던 충격을 받았다. 성 전체로 보자면 세비개혁 후 향진의 수입은 3할 이상 줄고 촌급의 수입은 7~8할이나 줄어서 수지 면에서 손실이 큰 탓에 정상적인 사업을 추진하기 곤란해졌고, 농촌의 각종 사업도 심각한 제약을 받게 되었다. 이러한 문제를 해결하지 않는다면 중앙의 정책은 그림의 떡이 될 것이고, 개혁의 목표는 달성할 수 없게 될 것이다. 이 문제를 해결하기 위해 가장 현실적이면서도 가장 곤란한 방법은 기구를 정리하고, 인원을 재배치하고, 지출을 삭감하고, 부담을 경감하는 것이다.

이 '천하제일의 난제'에 대담하게 도전해 자랑스러운 성과를 올린 것이 바로 안후이성의 우허현(五河縣)이다.

그 험난한 길로 솔선해서 나선 사람은 당시 우허현위원회 서기 주융(朱勇)이었다. 그는 서부 미사일기지에서 전역한 퇴역 군인이었다. 네이멍구자치구의 바단지린 사막과 신장웨이우얼자치구의 타클라마칸 사막의 모래바람을 헤쳐온 그였기에 어떠한 난관도 그를 굴복시킬 수는 없는 것 같았다.

주융은 사람들을 움직여 이러한 중대한 개혁을 수행하기 위해서는 우선 지도자 그룹의 카리스마가 필요하다고 생각했다. 주융은 이렇게 말했다. "개혁하기 위해서는 우선 자신부터 변해야 한다."

우허현도 화이허강 일대에서는 비교적 일찍 개혁이 실험된 현의 하나였다. 그때의 실험으로 향진의 부재 직원이나 임시고용 직원을 2,354명이나 정리해고했다. 작지 않은 일이었지만 세밀하게 일을 추진해서 상방이나 소란을 벌이는 등의 시끄러운 일은 발생하지 않았다. 2000년 4월이 되어 안후이성이 세비개혁 실험을 성 전체로 확대했을 때, 주융은 똑똑히 보고 있었다. 만약 세비개혁을 단순히 세비 징수 방법의 변경으로만 이해하고 현 전체의 인원과 사업, 경비, 기구를 감축하지 않는다면 향촌 양급의 정상적인 사업은 장차 유지하기 어려울 뿐만 아니라 중앙 부서의 이번 실험도 한번 요란하게 지나간 다음에는 다시 옛날 상태로 돌아가고 말 것이다. 그러나 기구를 정리하고 인원을 감축하는 일은 직면해야 할 문제가 매우 많고 곤란도 클 것이기 때문에 반드시 제대로 해야 되는 것이다. 실행 가능한 방법을 가지고 해야 하며 불퇴전의 각오와 용기가 필요하다. 그렇지 않으면 '조롱박을 누르니 바가지가 뜬다'는 속담처럼 이쪽을 진정시키니 저쪽이 문제가 되어 원만하게 일을 해결하기 어려웠던 상황은 이미 여러 번 겪어온 바였다.

신중국의 역사를 돌아보면 향진의 기구만도 이미 수차례 정리를 했지만 결과는 늘 대대적인 선전으로 시작했다가 용두사미로 끝나고 말아서 결국 '정리―팽창―재정리―재팽창'의 악순환에 빠지고 말았고, 심지어는 정리할수록 더 팽창한다는 이상한 현상을 벗어나지 못하고 있다. 그 원인을 분석하면 여러 가지가 있겠지만 주된 원인은 역시 농민에게 임의로 징수할 틈을 꽉 틀어막지 않았다는 데 있을 것이다. 현재 중앙과 성정부는 중대한 결심을 해서 '비용 혁명'을 하고 있는 것인데, 남은 문제는 아래 각급의 당위원회와 정부가 자기희생을 할 각오를 하고 스스로 문제를 근본적으로 해결할 수 있겠느냐는 것이다.

우허현의 6대 기관의 설명회에서 주융은 외지 사투리가 강한 말투로 이렇게 말했다. "이번엔 우리가 좀 제대로 합시다. 설렁설렁 하는 건 안 됩니다. 오래 못 갑니다!"

물론 그 방법은 사무실에 앉아서 생각해서 나오는 것이 아니고, 과거의 경험도 늘 믿을 수 있는 것은 아니다. 유일한 방법은 철저히 현실 속으로, 민중 속으로 들어가는 데서 나온다. 바로 마오쩌둥이 "배 맛은 직접 먹어봐야 안다"고 한 것처럼 말이다.

큰일을 하는 데는 용기가 필요하고 아울러 치밀한 계획과 준비가 수반되어야 한다. 이를 위해 현위원회는 우선 대대적으로 '백촌(百村) 방문, 백일 생활, 백호(百戶) 탐방'이라는 운동을 벌여 현과 향의 간부 1,000명을 농촌에 파견하기로 했다. 그렇게 해서 왕년에 토지개혁을 했을 때의 정서를 끌어와, 농민들과 같이 먹고 같이 자고 같이 노동하면서 현장 조사를 성실히 하고, 절실하게 사회 상황과 민심을 파악하고, 심화개혁 과정에서 출현 가능한 모순과 문제점을 분석해서 개혁적인 사고방식을 구체적인 실천방법과 최대한 조화시키려고 한 것이다.

만전을 기하기 위해 현위원회 서기 주융과 현장 장지이(張繼義) 그리고 6대 기관의 책임자가 솔선수범해 제일선으로 내려갔다. 현 전역의 21개 향진, 20개 현급 간부가 맡은 지역을 책임져서 임무가 완성될 때까지 현장에서 떠나지 않는다는 각오로 작업에 임했다.

먼저의 실험에서 얻은 최대의 경험은 원래 결심했던 그대로 6대 기관이 결속하는 것이다. 지도 그룹의 정신 상태는 이런 일의 성패를 결정한다. 그래서 주용은 이렇게 강조했다. "기구를 감축하고 인원을 정리할 때 현급, 과장, 국장급의 간부는 특히 친척이나 친구를 후대하거나, 아는 사람을 봐주거나, 인정을 봐주거나 해서는 안 된다. 반드시 '같은 잣대로 철저히 재고 이를 위반하는 사람은 반드시 처벌'하기로 한다. 결코 예외를 두지 않을 것이다."

우허현의 실험은 2000년 9월 1일부터 시작되어 9월 30일에는 전면적으로 추진되었고 10월 20일에 모두 완료되었다. 이 50일 동안 우허현은 후에 안후이성 전역에 영향을 끼치게 되는 '3병3개'(三幷三改)를 성공적으로 전개했다. '3병'(三幷)이란 촌의 합병, 학교의 합병, 행정단위의 합병을 가리키고, '3개'(三改)는 향진 기구의 개혁, 교육체제의 개혁, 인사제도의 개혁을 가리킨다.

우선 학교의 병합은 '지역 사정에 맞게 대책을 세우고, 근거리에 맞추어 입학하고, 한곳에 집중하고, 실효를 추구한다'는 원칙에 따라서 본래 453개교가 있었던 우허현의 초중학교는 195개교가 폐교되고 나머지는 합병해서 240개교가 되었다. 절반에 가까운 45퍼센트가 감소된 것이다. 재직 교사 175명은 재배치되었는데, 교사와 학생 간의 비율 및 교사의 역량에 따른 배치가 보다 합리적으로 이루어졌다.

학교의 합병과 동시에 진행된 것이 촌의 합병이다. 민의를 충분히 존중한다는 전제하에 규모와 관리의 합리성에 중점을 두고 큰 촌과 작은 촌, 강촌과 약촌, 안정된 촌과 어지러운 촌을 합병해, 전체 438개의 촌 중에서 49퍼센트에 해당하는 213개 촌이 줄어든 225개의 촌으로 정리했다.

사업단위도 256개 가운데 52퍼센트에 해당하는 132개가 폐지되어 124개로 축소되었다. 인원수로는 1,292명 가운데 524명을 정리해 41퍼센트가 감축된 768명으로 줄어들었다. 이 가운데 현에서 급료를 전액 지급하는 인원은 982명이었는데, 47퍼센트에 해당하는 462명이 감축되고 520명으로 정리되었다.

우허현 당위원회는 여러 차례 시도한 향진 기구의 개혁이 실패로 끝난 원인은 상당 부분이 기구를 단순히 합병하거나 폐지하는 데만 그치고 직능의 전환이나 기능의 분업은 별로 고려하지 않았기 때문이라는 점을 잘 알고 있었다. 솔직히 말하면 형식만 존중했을 뿐이지 자신의 내부에 존재하는 이권층의 개혁에는 손을 대지 못했던 것이다. 물론 당시에는 시장경제의 수요에 적응하는 행정관리체제를 건립할 생각 등은 할 수가 없었다. '3병3개' 이후에 직능이 유사하거나 업무가 중복되거나 단일 임무로 조직된 기관, 예를 들면 농업기술확장센터, 목축수산센터, 수리건설관리센터, 임업센터, 농업기계관리센터 등은 모두 합병해 농업기술서비스센터로 재편되었다. 또 토지관리소와 촌진(村鎭) 건설기획센터도 합병해 토지촌진건설센터가 되었고, 법률서비스센터와 노동서비스센터도 사회중개기구로 개편되었다. 계획출산서비스센터와 문화라디오텔레비전센터 두 곳 외에는 합병과 폐지, 전환을 통해 향진에 원래 열서너 곳이던 센터가 다섯 곳으로 줄어들었다. 물론 기구와 인원을 감축 정리함과 동시에 시장경제의 수요에 적응하고 정부 직능의 개선을 위해 각 향진은 모두 경제개발서비스센터를 증설했다. 행정기관이 있는 진에서는 특별히 지역사회서비스센터를 증설했다. 당정 기구의 설치에서도 향진은 원래 모든 부문을 다 갖춰 세밀하게 분업하고 있던 10여 개의 내부 기구를 대폭 정비해 통합했다. 즉 행정기관 소재지인 진과 3개의 중심 건제진(建制鎭)에 당정사무실과 경제발전사무실 그리고 사회업무사무실(겸 계획출산사무실)을 설치하는 것 외에 나머지 16개 향진에는 당정사무실(겸 계획출산사무실)과 경제발전사무실만 두고 사무실 주임과 부주임도 대부분 당정기관의 성원이 겸직하기로 했다. 이렇게 해서 최대한 간부의 보직 수를 줄인 것이다.

'3병3개'의 가장 큰 특징은 우허현의 향진기관이 '무엇이든 다 갖추고' 있지 않게 되었다는 것이다.

향진 기구의 개혁이 순리적으로 진행되어 우허현의 향진 관리가 제도화되고 표준화되었기 때문에 농촌의 말단 간부는 더욱 위기의식과 긴장감을 느끼게 되었다.

한마디로 하면 압력을 새로 가해서 활력을 새로 내고, 생산력도 새롭게 올린다는 것이다.

누군가는 "이렇게 근골을 손상시키면 저변에서 당의 지도력이 약화된다"라고 말했지만, 주융은 오히려 "백성의 원망이 줄어들어야 비로소 진정으로 당의 지도력이 강화된다"라고 말했다.

12월 9일, 연말이 가까워질 무렵 성위원회 서기 왕타이화가 우허현을 시찰했다. 왕타이화는 현정부의 4대 기관의 주요 간부들과 좌담회를 갖고 허심탄회하게 어떻게 하면 농촌세비사업을 더 심화할 수 있을지 논의했다.

그는 아주 구체적으로 말했다. 향진에서 인원 감축된 사람의 일자리에 대해 간부들의 주의를 일깨웠는데, 첫째는 3년간 일자리가 정해질 때까지는 급여를 지급해야 한다는 것과 둘째는 기업에 취직된 후 양로보험을 실시할 때는 정부기관에서 공무원으로 일한 기간도 계산에 넣어야 한다는 것이었다.

학교의 합병에 대해 왕타이화는 이렇게 말했다. "이제 시작했을 뿐으로 수량상, 표면상 폐지하고 병합했지만 아직 개선해야 할 일이 많다. 앞으로 농촌에서는 초등학교와 중학교 모두 표준적이고 합리적인 학교 운영을 강화하고 또한 교사들의 경쟁을 통한 승격을 실시해 부단히 교학의 질을 높여야 할 것이다. 현재 농촌 학생의 1년간 학비는 농지 몇 묘를 경작하거나 돼지 한 마리를 키우는 비용에 맞먹는다. 학비를 높이는 주요 원인은 보충 교재가 너무 많은 데 있다. 옛날에는 보충 교재도 없고 일제고사도 없었지만 대학교를 많이 보내지 않았는가? 학교 부담을 줄이고 학생 부담을 줄이는 것은 학생의 책가방을 줄이는 것과 같은 구체적인 일에서부터 시작해야 한다. 동시에 학생에게서 영화감상비나 영재교육비 등 이런저런 명목의 돈을 거두는 일을 금지해야 한다."

또 이렇게 말했다. "세비개혁으로 농민의 부담이 줄어들었으니 모든 촌의 당서기를 우리 예산으로 고용하는 것이 어떨까? 한번 생각해보기 바란다. 기구의 개혁 중에 비교적 우수한 인재 또는 새로 배속된 대학생이라도 내가 보기에는 촌의 당서기에 임용해도 좋을 것 같다. 만약 촌 서기를 잘 해낸다면 이후 향이나 현에서 일을 해도 결코 문제가 없을 것이다. 촌급 집단경제가 일보 발전하는 데 가장 중요한 문제는 산업구조를 조정하고 농민의 수입을 증대하는 것인데, 이 동지들이 본촌 출신이 아니라면 무엇에 얽매이지 않고 전심으로 사업에 집중할 수 있을 것이다. 물론 파견할 때는 임기제를 실시하고 근무평정을 진행해야 할 것이다. 근무평정 목표를 달성하면 다른 자리로 옮아갈 수 있는 자격이 생긴다. 그리고 그가 옮아간 뒤의 빈 자리는 새로운 청년 간부가 일을 맡도록 한다. 기층 조직을 건설하기 위해서도, 농촌의 발전과 안정을 위해서도 또 간부를 단련하기 위해서도 이렇게 하는 것이 필요하다."

왕타이화는 또 향진 기구를 개혁한 후의 직능 전환에 대해서는 '세 가지의 통일'과 '세 가지의 위주'에 중점을 두어야 한다고 말했다.

"과거에는 위에 대해서만 책임을 졌는데, 지금은 위에도 아래에도 통일해서 책임을 질 뿐만 아니라 아래에 책임지는 것을 위주로 한다. 과거에는 행정명령에만 의거했는데 지금은 행정명령뿐만 아니라 법률이며 민주며 교육의 방법에 의거하고 또한 법률적 수단과 민주적 수단, 교육적 수단을 위주로 일을 해야 한다. 과거에는 임무를 완수한다는 것은 계획출산이나 재정세수 등의 임무를 완수하는 것만 포함했는데, 지금은 임무 완수와 서비스 제공을 통일하는 것으로 바뀌었을 뿐만 아니라 서비스를 위주로 한다."

왕타이화는 이상의 '세 가지 대표'적 생각 가운데 가장 중요한 것은 최대 다수인 인민대중의 근본적 이익을 대표해야 한다는 것이라고 말했다.

왕타이화가 우허현을 시찰하고 성으로 돌아간 지 얼마 후에 성위원회는 각 시와 현에서 3,000명의 우수한 청년 간부를 선발해 빈곤촌과 낙후촌의 당지부 서기로 임명해 당의 기층 조직 건설을 강화했다. 또 뒤이어 성위원회는 다시 성, 시, 현 3급의 당정기관과 사업단위에서 우수한 간부 1만 명을 선발해 경제가 상대적으로 낙후하고 기층 조직이 상대적으로 빈약한 1만 개의 행정촌에 주재하도록 하고, 촌의 서비스가 공개적이고 민주적으로 관리되도록 각종 규칙과 제도를 정비하고 촌 당지부의 지도하에 촌민 자치 시스템을 개선했다. 물론 더 중요한 것은 시장의 법칙을 따르고 민중의 의사를 존중하면서 농민이 신속히 농업구조의 전략적 조정을 추진할 수 있도록 돕는 것이었다.

안후이성 각지에서 전개된 농업구조의 조정, 농촌경제의 발전, 농민 수입의 증대사업은 농촌세비개혁과 거의 동시에 진행되었다.

44. 제1호 의안議案

안후이성 전역에서 개혁이 실험된 첫해, 화이베이평원의 당산현 천좡진(陳莊鎭)이나 장난산구(江南山區)의 닝궈시 난지향에서 여전히 "위에 정책이 있으면 밑에는 대책이 있다"는 식으로 반항을 계속하고, 양쯔강과 화이허강 사이에 있는 페이둥현 룽탕향과 라이안현 광다향도 옛날대로 내 길을 내가 가련다는 식을 고집해 인명을 손상하는 사태까지 벌어졌지만, 성 전체의 상황은 적극적이었다. 세비개혁은 농민 부담을 감소시켜 농민에게 실리를 가져왔을 뿐만 아니라 향진의 세금 징수 관리체제의 개혁을 추진하고 간부와 인민의 관계를 개선했으며, 농촌 말단에서 민주정치의 건설을 촉진하고 농촌사회의 안정화를 촉진했다. 한마디로 시작은 만족스러웠다.

이렇게 시작이 만족스러웠던 때문인지 2000년 12월 13일 재정부장 샹화이청이 베이징에서 이러한 담화를 발표했다. "내년에는 전국적으로 농촌세비개혁의 속도를 높여 중앙재정에서도 매년 200억 위안을 지방에 지급해서 개혁을 지원하도록 하겠다."

이어서 2001년 2월 15일에는 신화망(新華網)이 '중국 농촌세비개혁의 전면 전개'라는 관련 뉴스를 보도했다. "2000년 3월 중국 정부는 먼저 안후이성에서 세비개혁 실험사업을 시작했고, 금년에 전국으로 확대하며, 2002년에는 기본적으로 완수하겠다고 결정했다."

이것은 매스컴이 최초로 공개적으로 밝힌 중국 농촌세비개혁의 일정표이다. 이 일정표에는 실험에서 전국 확대, 그리고 기본적 완수까지 한 단계에 각각 1년밖에 걸리지 않아 전체사업이 총 3년을 초과하지 않는다. 다시 말해 토지개혁과 '청부제'의 뒤를 이어 중국 농촌의 제3의 위대한 개혁인 농촌세비개혁이 현 정부의 임기 내에 대성공을 거둘 목표로 주어진 것이다.

이 소식을 접한 적지 않은 지식인들은 비현실적이고 불가능한 이야기라고 깊은 회의를 표시했다. 왜냐하면 이 개혁은 이미 근본적인 체제문제에 닿아 있고 중대한 개혁의 방향에 걸려 있으며, 개혁이 깊이 진행될수록 숱한 문제가 드러날 테고, 거기에는 우리가 알지 못했던 생소한 것들이 많아서 인식을 새로이 할 필요가 있기 때문이다. 새로 부각된 문제들의 해결방법을 찾는 데는 시간이 필요하다. 이 위대한 개혁은 겨우 시작되었을 뿐인데 지금 2002년에 '기본적으로 완수'한다고 선포하니 어쨌든 너무 경솔하다고 생각되기도 하고 납득이 가지 않는 것이다.

신화망의 보도는 뜬구름 잡는 이야기가 아닌 것은 분명했다. 신화망에서 뉴스를 보도하고 나서 곧 전국농촌세비개혁실험사업회의가 안후이성의 수도인 허페이에서 성대하게 열렸던 것이다.

농촌세비개혁은 이미 당중앙과 국무원이 삼농문제를 해결하기 위해 채택한 중대 조치이고, 또한 각 성의 농촌개혁과 발전과 안정화의 대국에 관련된 일이었기 때문에 확대 실험된 20개 성의 성위원회 서기와 성장, 국무원의 관련 부서 국장들이 거의 모두 중국 중부의 이 도시에 모였다.

통계에 의하면, 허페이에서 열린 이 회의에는 중앙정부의 성급(省級) 간부만 48명이 참가했다고 한다. 안후이성 역사상 가장 격이 높은 회의였을 뿐만 아니라 근년에 열린 농촌개혁에 관련된 회의 중에서도 가장 격이 높은 전국회의였다.

회의에서 국무원은 농촌세비개혁사업을 전면적으로 안배했다.

만약 두 건의 충격적인 사건이 일어나지 않았더라면 허페이 회의의 정신은 아마도 매우 빨리 전국적인 범위로 실행되었을지도 모른다. 그렇다면 신화망이 보도한 것처럼 중앙의 안배에 의해 안후이성에서 우선 실험된 농촌세비개혁은 정말 최단시간 내에 전국적으로 확대될 가능성도 있었다.

그러나 허페이 회의 후에 개최된 전국인민대표대회에 제출된 의안과 전국정치협상회의에 제출된 안건이 중국 농촌세비개혁의 과정을 바꿔버리고 말았다.

허페이 회의가 막 끝날 무렵 제9기 전국인민대표대회 제4차 회의와 제10기 전국정치협상회의 제4차 회의가 잇달아 베이징에서 개막되었다. 주룽지 총리는 국무원을 대표해 「국민경제와 사회발전에 관한 제10차 5개년 계획 보고」를 발표했다. 보고서는 제10차 5개년 계획 기간에 농촌에 관한 기본정책을 전면적으로 관철하고, 농업의 기본적 지위를 강화하고 농민 수입을 증대하는 것을 경제정책의 우선 임무로 하겠다고 강조하고 있다.

그런데 회의에 참가한 대표들은 주룽지의 사업보고를 듣고 격려보다는 불안감을 더 많이 느꼈다. 왜냐하면 농업의 기본적 지위를 강화하겠다는 이러한 '상식적'인 이야기는 회의 때마다 나온 것이고 몇 년이나 해온 말이지만, 오늘에 이르도록 '삼농문제'는 여전히 중국 최대의 문세이기 때문이다. 1980년대 중반 이후 농민부담 문제가 날이 갈수록 심각해지자, 1990년 2월 국무원은 「농민부담의 실질적 경감에 관한 통지」를 발표했고, 같은 해 9월에 당중앙과 국무원은 다시 자의적인 징수와 각종 할당을 단호히 금지한다는 결정을 발표했다. 이후 거의 매년 이와 같은 통지나 결정이 하달되었지만, 오늘에 이르기까지 농민부담은 주먹을 불끈 쥐고 탄식하게 만드는 문제로 남아 있는 것이다.

푸젠성 대표 라오쭤쉰(饒作勛)은 지금 농민들이 가장 걱정하는 것은 불안정한 정책이고, 가장 두려워하는 것은 과중한 부담이라고 솔직히 말했다. 쓰촨성 대표 차오칭쩌(曹慶澤)는 주룽지의 보고에는 농민 수입 증대를 위한 수많은 계획이 제시되어 있지만, 난국을 타개할 수 있는 제대로 된 조치는 거의 없다고 거리낌없이 지적했다.

제9기 인민대표대회 제4차 회의와 전후해서 열린 제10기 전국정치협상회의 제4차 회의에서는 모두 10명의 위원이 발언했는데, 그중 절반은 농업과 농촌 그리고 농민문제에 대한 것이었다.

두 회의 기간 중에 덴마크의 한 기자는 심지어 회의에 참석한 노동·사회보장부 부장 장쭤지(張左己)에게 농민은 버려두고 도시민만을 위한 노동·사회보장부냐고 반문하기도 했다.

회의 중에 열린 기자회견에서 주룽지는 내외신 기자가 관심을 가진 농촌세비개혁에 대해 상세한 데이터를 발표했다. "우리는 현재 농민으로부터 300억 위안의 농업세, 600억 위안의 향 통주금과 촌 제류금에 자의적으로 징수하는 것까지 합쳐 대략 1년에 1,200억 위안을 수취합니다. 어쩌면 더 많을 것입니다. 이번 제1차 세비개혁은 현재 수취하는 농업세를 500억 위안, 즉 5퍼센트에서 8.4퍼센트로 올리고 기타 향 통주금과 촌 제류금 그리고 자의적 징수비는 모두 삭감하는 것입니다. 물론 농민의 부담이 줄어드는 만큼 지방재정에 결손이 생깁니다. 이 결손은 막대해서 중앙재정에서 200~300억 위안을 끌어와서 재정이 곤란한 성이나 지구, 시의 농촌에 보충할 예정입니다. 그래도 결손은 상당한 액수에 달합니다."

만약 9억 명 농민의 부담을 경감하면 지방재정의 결손은 도대체 얼마나 큰 것일까?

농민부담은 정말 1년에 겨우 1,200억 위안에 불과한가? "어쩌면 더 많을 것입니다"라고 했지만 얼마나 더 많다는 것인가? 주룽지는 전혀 구체적인 설명을 하지 않았다.

농촌세비개혁이 성공하느냐 못 하느냐, 농민의 부담을 진정으로 경감할 수 있느냐 없느냐의 관건은 틀림없이 수지결산을 분명히 하는 데 있다. 이렇게 중요한 사실이 애매모호해서는 안 되는 것이다. 명확하게 계산이 되어 있어야 각 방면의 개혁이 파악되는 것이다.

『총리에게 진실을 말한다』라는 책의 저자인 리창핑은 이에 대해 구체적인 조사를 거쳐 아주 솔직하게 밝혔다. "중국 농민의 부담은 1,000억 위안 정도에 머무르지 않는다. 적어도 4,000억 위안 이상이다!"

리창핑은 이렇게 분류해 계산하고 있다. 전국 현, 향, 촌이 안고 있는 부채가 6,000억 위안으로 매년 지출해야 하는 이자만 적어도 800억 위안이고, 전국 농촌의 의무교육에 종사하는 700만 명의 교사에게 지불하는 급여가 800억 위안이며, 매년 교실수리비와 기자재설비비 및 교육 부채 비용이 500억 위안이다. 전국 현과 향의 당위원회와 정부 및 각 관련기관의 간부 수가 1,900만여 명이고, 촌과 조(組) 단위의 간부가 2,300만여 명으로 이들의 급여만으로 매년 2,500억 위안이 필요하다. 이상 세 항목으로 매년 최저 지출액이 4,600억 위안이 넘는다.

이 외에도 전국 약 3,000개 현에는 대략 3만 개의 과(科)나 국(局), 약 5만 개의 향진, 70만 개의 향진 소속 부문을 운영해야 할 비용과 400만 개의 자연촌에서 생활하는 농민의 공공용품 비용으로 매년 적어도 3,000억 위안이 소요된다.

요컨대 현 이하의 각 항목의 지출 중 70~80퍼센트는 모두 농민이 부담하는 것이다. 농민의 주머니가 곧 현향(縣鄕)의 재정인 것이다. 만약 현재의 농민부담정책에 따르면 농민의 매년 실제 부담액은

4,000억~5,000억 위안에 달한다.

농민의 실제 부담이 이토록 큰 것이야말로 중앙에서 누차 농민부담을 줄이라고 명령을 내려도 줄어들지 않는 원인이었던 것이다. 주룽지 총리가 리창핑의 편지에 첨가한 다음과 같은 코멘트도 이를 증명하고 있다. "우리는 종종 일부 좋은 상황만 보고 이것을 전체적인 상황으로 보는 경향이 있다. 또 밑에서 올라오는 좋은 보고에 미혹되어 문제의 심각성을 못 보기도 한다."

이러한 문제에 대해서 가장 발언권이 있었던 것은 역시 안후이성 대표였다. 안후이성에서 세비개혁이 시작된 후 1년간 성위원회와 성정부는 묵묵히 겹겹이 쌓인 곤란을 극복하느라 온힘을 다했다고 할 만했지만, 그래도 역부족인 감이 있었다. 개혁 실험 후 향, 진, 촌은 경비를 마련하느라 곤란에 빠져 기관 정리, 인원 감축, 효율 증대와 지출 감소 등으로 해결의 길을 찾는 데 힘썼다. 그러나 세비개혁이 원래의 교육부가비와 교육자금 조달을 폐지해버려 여기에서 오는 재정 손실이 막대했기 때문에 교사의 급여도 줄 수 없고, 상당수의 농촌 학교들을 운영할 수 없게 되었다. 만약 안후이성이 이러한 의무교육과 관련한 문제를 제때 호소해서 효과적인 해결책을 구하지 않는다면, 중앙에서 세비개혁정책을 전국적으로 확대하고 난 뒤에 농촌의 의무교육이 받을 충격과 손실은 측량할 수 없을 것이다.

따라서 안후이성의 인민대표는 책임감을 갖고 이 안건을 하나의 의안으로 대회에 제출한 것이다.

이리하여 이번 전국인민대표대회에서 안후이성 대표단은 1년간 농촌세비개혁의 성과와 폐해를 착실히 정리해, 기초교육 투자의 증대를 내용으로 하는 '의무교육투자법'을 신속히 제정하도록 촉구하는 의안을 제출했다.

이 의안은 각 성 대표단 사이에서 강렬한 반향을 불러 일으켜 순식간에 열띤 화제가 되었고, 이번 대회의 '제1호 의안'으로 자리 잡게 되었다.

이 의안을 발의한 사람은 안후이성의 여성 대표인 교육청 부청장 후핑핑(胡平平)이었다.

후핑핑은 하루아침에 회의에서 가장 주목을 받는 뉴스의 인물이 되었다. 후핑핑은 이미 두 차례 전국인민대표를 지낸 터라 인민대표는 인민을 위해 발언해야 한다고 자각하고 있었다. 그녀가 이런 의안을 제출해야겠다고 생각한 것은 교육청 부청장이기 때문이기도 하지만, 자신이 교사 출신이기 때문이기도 했다. 더구나 안후이성은 농업대성으로 농촌교육의 발전, 특히 향촌 교사의 생활과 근무 환경은 그녀가 특히 관심을 기울이는 사항이었다.

치밀한 조사를 통해 후핑핑은 안후이성이 농촌세비개혁을 하기 전에는 의무교육 경비의 재원이 주로 세 가지였다는 것을 파악했다. 첫째는 향진의 재정지출금, 둘째는 농민에게 징수하는 '3제5통' 중의 한 항목인 교육부가비, 셋째는 역시 농민에게 징수하는 교육자금이었다. 1994년 이전에는 각지의 농촌에서 기본적으로 교사의 급여가 밀린 적이 없었는데, 1994년 국세와 지방세를 분리하자 지방의 재정이 삭감되어 농촌의 의무교육 비용은 주로 농민에게서 수취하는 교육부가비와 교육자금에 의지하게 되었다. 그래도 매년 부족한 교사들의 급여 3억 위안은 은행의 대출로 충당했다. 이 부채만으로도 2000년에는 누적액이 17억 위안에 달했다. 그런데 세비개혁을 실시한 후에는 교육부가비와 교육자금의 징수도 전면 폐지되어 개혁 후의 농촌 의무교육 경비는 향진의 재정 예산에서 안배하게 되었다. 그러나 향진의 재정은 원래 내년도 재정을 앞당겨 쓸 정도로 빈곤한 실정이기 때문에 여기서 의무교육경비를 끌어내기는 불가능한 일이었다. 성교육청이 조사한 바로는 2000년도 안후이성 전체 향진의 가용 재정은 겨우 46억 위안인데, 향진이 지급해야 할 급여 대상자 66만 명의 급여 총액은 49억 5000여만 위안이어서 근본적으로 교육에 투입할 돈이 없는 상황이었다. 더구나 세비개혁으로 인한 교육부가비와 교육자금의 폐지로 인한 결손액이 매년 11억 위안에 달한다. 규정에 의하면 농촌 초중학교의 교사 재건축에는 매년 3억 위안이 필요하다. 이 돈을 전에는 농민에게 손을 내밀어 해결했지만 지금은 농민에게서 징수할 수가 없게 된 것이다. 이러한 부족분을 합하면 안후이성 농촌 전체에서 부족한 의무교육 비용은 너무나도 큰 액수가 된다.

상황은 매우 심각해졌다. 세비개혁을 가장 일찍 했던 푸양지구의 경우, 2001년 봄까지 교사에게 지불하지 못한 급여 액수가 이미 6억 1727만 위안에 달했다. 지구 전체가 평균적으로 10개월 동안 교사에게 급여를 지급하지 못했으며 세비개혁 이후 한 차례도 교사의 급여를 지급하지 못한 곳도 있었다.

안후이성 전체 농촌에서 의무교육을 실시하면서 지급하지 못한 교사의 급여, 은행 채무, 교육구조의 조정 비용 및 교사 재건축 비용 등의 누적 총액은 60억 위안에 달했다.

이런 일들로 후핑펑의 마음은 불타는 듯 초조해졌다. 이 엄청난 결손을 어떻게 할 것인가? 두 가지 방법 밖에는 없는 것 같았다. 학교의 40퍼센트를 폐교하든가 아니면 이대로 부채를 계속 끌어안고 가든가.

농민들은 이런 상황을 보고 초조해지고 침울해져서 말했다. "부담은 줄었지만, 선생들은 굶고, 애들을 망치고 있다."

농촌의 교사들은 아무리 생각해도 이해할 수 없었다. 국가는 향진에서 멋대로 징수하는 것을 금지해놓고서, 우선 이 방대한 지출이 나올 곳을 확보하라고 하는 것이다. 이것은 납득하기 어려운 논법이다. 도시의 의무교육경비의 재원은 어디에서 나오고 있는가? 어느 도시에서 시민에게 의무교육비를 징수하고 있는가? 농민이 이미 농업세와 농업특산세를 납부한 이상 마땅히 도시의 시민과 똑같이 납세자이다. 중앙정부의 재정지출은 공공재정의 원칙에 따라 전 국민의 이익을 고려해야 할 것이며, '도시와 농촌의 분리, 일국양책'이어서는 안 될 것이다. 더구나 근본적으로 의무교육은 본래 정부의 재정으로 지원하는 것이 아닌가? 그렇지 않다면 무슨 의무교육인가?

문제의 응어리는 세비개혁에 있는 것이 아니라 세비개혁사업이 전개되면서 장기간 농민부담에 의해 은폐되어왔던 근본적이고 체제적인 문제가 드러났다는 데 있었다. 즉 중앙과 지방이 재정권과 행정권에서 심각하게 이탈해서, 지방은 재정수입이 적은데도 책임질 일은 지나치게 많아졌다는 사실이다.

국무원 발전연구센터의 한 조사에서도 이 문제의 심각성을 이렇게 설명하고 있다. "현재 중국 의무교육의 지출 가운데 78퍼센트는 향진이 부담하는데 거의 대부분이 농민의 지출에서 나온 것이고, 9퍼센트를 현이 부담한다. 전체적으로 보면 현과 향 양급의 부담률은 87퍼센트, 성과 시(지구)는 11퍼센트, 중앙의 부담률은 겨우 2퍼센트 정도이다."

어떻게 보더라도 이러한 정책은 극히 불합리하고 부조리하다.

세계의 거의 모든 공업국가가 교육을 생산 발전의 중요한 요소이자 민족을 흥기시키는 강대한 동력으로 생각하고 있다. 전 세계의 교육경비는 공공자금의 지출 가운데 대개 군사비 다음가는 제2위를 차지하고 있다. 지구상 공업국가의 인구는 총인구의 3분의 1을 차지하고 있는데, 그 교육경비는 개발도상국가의 10배 이상이다. 그런데 중국의 인구는 세계 인구의 5분의 1이 넘지만 교육경비는 겨우 30분의 1을 차지하고 있을 뿐이다. 이것은 이해하기 어려운 일이다.

스포츠 경기에서 금메달을 따기 위해서는 그렇게 막대한 힘을 쏟아부으면서도 교육, 특히 국가의 앞날과 운명이 걸려 있는 이 중대한 의무교육에 대해서는 오랫동안 보고도 못 본 체해왔다. 이것도 아무리 생각해도 알 수 없는 일이다.

건국 후 50년이 지나 신중국이 수립된 뒤에 태어난 아이들도 이미 장년이 되었지만, 중국의 농민 중에 최소한의 문화교육도 받지 못한 농민의 수는 천만 단위에 그치지 않을 것이다. 또한 문맹자도 그만큼 많이 있다. 보양(柏楊)은 말했다. "삼류 국민은 결코 일류 정부를 만들 수 없다." 씁쓸한 말이지만, 오늘날 경제와 문화가 여전히 이렇게 낙후한 중국의 광대한 농촌 앞에서 우리가 사실을 회피하고 인정하지 않는다면 교육에서 우리는 분명히 실패하게 될 것이다.

중앙정부가 재정경제의 중앙집권을 실행한 원래 뜻은 재력을 집중해서 큰일을 하기 위해서일 텐데 9억 명 농민의 의무교육은 작은 일이란 말인가?

농촌 의무교육의 자금 투입을 증대하고 속히 '의무교육투자법'을 제정하는 일은 농촌세비개혁을 추진하기 위해 실질적으로 필요할 뿐만 아니라 「중국 교육개혁과 발전 개요」를 철저히 실행하기 위해서도 절실히 필요하다고 말해야 한다. 당중앙과 국무원은 일찍이 1993년에 「중국 교육개혁과 발전 개요」를 반포해 교육경비의 지출을 20세기 말까지 4퍼센트로 끌어올리겠다고 명확히 규정했다. 그러나 세기말인 1999년이 되어도 1.21퍼센트가 부족한 2.79퍼센트를 실현했을 뿐이다. 2000년 중국 국민총생산은 8조 9404억 위안, 재정수입은 1조 3380억 위안인데 「개요」에서 규정한 20세기 말까지 4퍼센트로 끌어올리겠다고 한 목표대로라면 교육경비는 1,100억 위안 이상으로 증가해야 한다.

만약 중앙정부가 규정한 대로 1,100억 위안을 지출하면 중국의 농촌 의무교육 내지 농촌세비개혁의 수많은 문제는 단숨에 해결될 것이다.

농촌 의무교육의 예산을 증대하라고 요구하는 것은 농민에게 인심을 쓰라거나 자비를 베풀라는 것이 결코 아니다. 1956년에서 1980년까지 국가는 공산품과 농산품의 가격차를 통해서 농민으로부터 1조 위안을 무상으로 가져갔다. 더욱이 개혁개방 이래 시장가격보다 낮은 저가의 양곡수매제를 통해 농민에게서 더 많은 것을 가져갔다. 우리는 이미 그들에게 너무 많은 빚을 너무 오래도록 지고 있다. 더 이상 이렇게 계속할 수는 없는 것이다.

후핑핑이 기필코 써내려고 한 이 의안의 견해는 곧 안후이성의 당위원회와 정부, 인민대표 그리고 정치협상회의 등 4대 기관 지도자들로부터 높이 평가되었다. 최후에 성정부에서 이것을 안후이성 대표단의 의안으로서 이번 대회에 제출하기로 결정했다.

제1호 의안의 제출은 대표들의 강렬한 반향을 일으켰고 전국농촌세비개혁실험사업회의에 출석한 20개 성 간부들의 주목을 받았다. 그들도 비용을 상세히 계산해보고 보고서를 제출해서 개혁 실험 중에 지출에 필요한 자금을 이전할 수 있도록 중앙에 요구했다. 어떤 성은 의무교육과 기구개혁에서 실제로 곤란한 부분만 해결해달라고 요구하면서 보조금 105억 위안을 신청했다. 다른 성의 요구도 합치면 적게 잡아도 1,000억 위안은 될 것이다.

개혁이 이렇게 많은 결손을 내리라고는 주룽지 총리도 미처 생각하지 못한 바였다. 중앙재정도 그렇게 많은 금액을 한 번에 지출하는 것은 불가능했다.

그렇다. 새털도 쌓이면 배를 가라앉히고, 작은 일이라도 간과하면 중대한 결과를 초래할 수 있는 것이다.

중국 농촌의 문제는 오랫동안 누적된 결과이고, 국민경제와 사회발전의 수많은 모순의 집약이다. 문제가 너무 많으면서도 너무 복잡했다.

농민부담을 경감하는 것이 농촌세비개혁의 제1의 목표라는 것은 추호의 의문도 없다. 그러나 농민부담의 원인을 캐어보니 그 원인이 극히 복잡했다. 기구가 방대하고 쓸데없는 인원이 많다는 원인, 예산 부족으로 기초가 빈약하다는 원인, 대우가 불공평하다는 원인, 관리 감독이 되지 않아 부패가 만연하다는 원인, 사회와 경제에 근본적으로 존재하는 허다한 원인이 있고, 물론 농민 자신의 원인도 있다.

덩샤오핑 동지는 이렇게 말했다. "중국의 경제에 문제가 생긴다고 한다면 아마 농업에서 나올 것이다. 왜냐하면 중국의 농업과 농촌 그리고 농민문제는 가장 홀시되기 쉬운 문제이기 때문이다. 우리가 본격적으로 해결하려고 생각할 때는 이미 커다란 문제가 되어 있을 것이다."

2001년 4월, 전국인민대표대회와 전국정치협상회의가 폐막되고 나서 곧이어 해외 언론 매체들이 중국 농촌세비개혁이 유산됐다는 보도를 연이어 내기 시작했다.

물론 이것은 근거 없는 것이었다. "농촌세비개혁을 반드시 성공시킨다"는 중국 정부의 결심은 확고부동했다. 중국의 농촌세비개혁은 유산되지도 않았고 유산될 수도 없었다. 다만 신화망에서 보도했던 것과 같은 개혁의 일정표를 다시 볼 수 없을 뿐이다. 중앙에서는 안후이성에서 계속 농촌세비개혁의 연구를 모색하고, 다른 성과 지구에서 확대 실험하는 것은 잠정적으로 보류한다는 새로운 결정을 내렸다.

이러한 조정은 허페이 회의의 안배와는 큰 차이가 있는데, 이러한 변화는 겨우 2개월 사이에 생긴 것이다. 그러나 이것은 확실하고도 지극히 책임을 지는 태도이고, 아주 냉정하고 현명한 결정이라고 할 수 있다.

미국의 『월스트리트 저널』이 중국 농촌세비개혁이 좌절하고 유산되었다고 보도하고 있을 때, 중국의 중앙텔레비전방송은 주룽지 총리가 안후이성의 농촌을 시찰하는 모습을 보도하면서 총리가 안후이성의 간부와 인민들에게 농촌세비개혁 중에 나타난 새로운 문제를 해결하도록 격려했다는 소식과 이 개혁을 단호히 더 전면적으로 추진할 것을 밝혔다는 소식을 전하고 있었다.

45. 안후이성에 희망을 부치다

우리는 취재 중에 안후이성에서 세비개혁이 전면 추진된 지 1년 후인 2001년에 주룽지 총리가 세 차례 안후이성을 방문했다는 사실을 알게 되었다. 그해 2월 중순 전국농촌세비개혁실험사업회의 기간에 총리는 허페이 주변의 농촌을 시찰했다. 그리고 5월 1일 노동절의 장기 연휴를 이용해 부유해진 많은 중국인들이 가족관광에 나섰을 때, 총리는 안후이성의 농촌을 찾았다. 주룽지는 두 번의 방문에서 약속을 철저히 지켰다. 사진을 찍지 않고, 휘호를 쓰지 않고, 연회를 하지 않고, 간소하게 맞이하고, 심지어 뉴스에 내지 않는 것도 지켰던 것이다.

두 번의 방문에서 안후이성위원회와 성정부는 이전과 같이 고심해서 준비도 하지 않았고 더구나 '하이라이트 지점'을 찍거나 조작해서 총리에게 보여주는 보고를 하지 않았다. 시찰에 안배한 지방은 가장 좋은 곳도 가장 나쁜 곳도 아니었기 때문에 일반적으로 지역의 대표성을 띠는 곳이었다.

그해 7월 8일 주룽지가 세 번째로 안후이성을 방문했을 때에는 교육부와 재정부, 농업부 등 10여 개 관련 부문의 책임자를 대동하고 안후이성위원회 서기 왕타이화와 성장 쉬중린(許仲林)의 배행하에 차를 타고 중국 농촌세비개혁의 발상지인 푸양지구로 향했다. 이때의 푸양지구는 이미 푸양시로 승격한 뒤였다. 그들은 30여 년의 역사를 가진 푸양시 잉상현 스바리푸향(十八里鋪鄕)의 쑹양(宋洋)소학교를 방문해서 세비개혁 이후의 의무교육의 현재 상황을 중점적으로 시찰했다.

교실 안에 의자는 없고 낡은 책상만 수십 개 남아 있는 것을 보고 주룽지는 교장 왕웨이(王偉)에게 "왜 의자는 없습니까?"라고 물었다.

왕웨이가 설명했다. "경비를 절감하기 위해 의자는 모두 학생들이 들고 옵니다. 지금은 방학이라서 학생들이 의자를 집으로 갖고 갔습니다."

낡은 책상들은 옻칠이 다 벗겨지고 서랍도 없었으며, 책을 놓아두기 위해서 끈들이 얼기설기 묶여져 있었다.

"이 책상들은 얼마나 오래된 겁니까?"

"20년입니다."

"20년간 한 번도 갈아주지 않았습니까?"

"네."

주룽지는 무심코 손을 뻗어 앞에 있는 책상을 만져보았다. 이 순간 기자가 카메라 셔터를 눌렀다.

나중에 『안휘일보』(安徽日報)에 실린 이 사진을 보면 낡은 교실 안에 교단은 보이지 않고 낡은 책상 뒤에 서 있는 왕웨이 교장이 주룽지의 질문에 답하고 있다. 두 손을 책상에 대고 있는 왕타이화 서기의 심각한 표정이 보이고, 번화한 대(大) 상하이에서 온 교육부장 천즈리(陳立)는 불안한 눈빛을 보이고 있으며, 중앙재정을 지방 지출로 돌려 세비개혁을 지원하자고 주장하는 재정부장 샹화이청의 얼굴에서도 복잡한 표정이 엿보인다.

"이 학교의 상황은 현 내에서 어느 정도 수준입니까?"

"중간입니다."

주룽지는 한참 동안 침묵하다가 옻칠이 벗겨진 책상을 만지면서 한탄하며 말했다. "참으로 어렵구나!"

그날 오후 주룽지는 쌍양소학교에서 농촌 기초교육에 관한 좌담회를 열고 부근 향진의 간부와 중소학교 교사들에게 의무교육에 관한 의견과 건의를 청취했다.

회의를 진행한 성위원회 서기 왕타이화가 인사말을 했다. "총리께서는 세비개혁이 농촌 의무교육에 영향이 없었는지 매우 관심이 많습니다. 오늘 여러분들이 하고 싶은 말을 거리낌없이 하시되 진실을 말해주십시오. 잘못 말씀하셔도 좋습니다. 다만 거짓은 말씀하지 마십시오."

왕타이화의 인사말은 좌중의 간부와 교사들에게는 다소 뜻밖이었다. 왜냐하면 과거에는 시의 간부가 시찰을 나올 때마다 현과 향에서는 항상 "성과만을 말하시오"라거나 "문제점을 말해서는 안 됩니다, 마음대로 말해서는 안 됩니다"라고 사전에 통지를 했는데, 오늘은 국무원 총리가 왔는데도 성위원회 서기는 오히려 자유롭게 진실만을 말해달라고 하니 감격해서 눈물을 흘리는 사람들도 있었다.

잉상현 장커우진(江口鎭) 당위원회 서기 리징예(李敬業)가 첫 발언을 했다. 그는 세비개혁을 마음속으로 옹호하면서 농민의 부담이 줄어들고 당과 인민의 관계가 개선되고 농촌의 모든 사업이 더 발전하기를 희망했다고 했다. 그러나 개혁 후에 진과 촌 양급의 정상적인 운영에 오히려 문제가 생겨 기회를 봐서 의견을 올리고 싶었는데, 총리께서 직접 올 줄은 생각지 못했고 또 왕타이화 서기가 이렇게 간절히 말씀하시니 자신도 솔직히 말하겠다고 했다.

리징예는 이렇게 말했다. "우리 지방은 궁벽한 곳에 위치해 있어 경제발전도 상대적으로 낙후되어 있습니다. 재정 부족으로 교사의 급여를 예전부터 다달이 줄 수 없는 형편이었는데, 세비개혁 후에는 더 곤란해져서 작년 7월부터 금년 6월까지 교사에게 주는 수당 72만 위안을 지급하지 못하고 있습니다."

주룽지는 진지하게 듣고 있다가 옆에 있던 쑹양소학교 교장 왕웨이에게 물었다. "당신 학교에서도 지급하지 못하고 있습니까?"

"1998년과 1999년에는 2개월씩 지급하지 못했고, 2000년에는 4개월분의 급여를 지급하지 못했으며, 올해 상반기는 다 지급했습니다."

"과거 8개월분은 지급했습니까?"

"못했습니다. 보류하고 있습니다."

주룽지는 왕웨이를 바라보며 물었다. "교사들의 월급은 얼마나 됩니까?"

"최고가 600위안(현재 환율로 약 11만 1000원—옮긴이), 적으면 300위안입니다."

"다른 수당은 없습니까?"

왕웨이는 솔직하게 말했다. "없습니다."

향 간부 한 사람이 왕웨이의 말을 받아서 황망하게 변명을 했다. "교사 중에는 청부 토지가 있어서 수입을 좀 올릴 수도 있습니다."

주룽지가 듣고는 싸늘하게 말했다. "청부 토지가 있다고 해서 교사의 월급을 미룰 수는 없지요."

말참견을 했던 향 간부는 창피한 나머지 안색이 변했다.

이어서 스바리푸향의 당위원회 서기 뤄스쉬안(羅士宣)이 발언했다. 그는 현재 농촌 중소학교가 당면한 네 가지 문제에 대해서 말했다. 첫째, 낡은 건물의 재건축이 곤란하고, 둘째, 학교 배치 조정자금이 크게 부족하며, 셋째, 교사 급여가 제때 충분하게 지급되지 않고, 넷째, 문맹 일소와 9년제 의무교육이라는 두 가지의 기본을 달성하지 못하고 있는 곳이 많다는 내용이었다.

주룽지는 발언을 들으면서 생각하더니 갑자기 옆에 있던 샤차오진(夏橋鎭)소학교 교장 장융지(張勇計)에게 물었다. "학교는 학생들에게 비용을 어떻게 거두고 있습니까?"

"1학년과 2학년은 매학기 140위안을 내고, 3학년과 4학년, 5학년은 160위안을 냅니다."

주룽지는 계속 물었다. "거둔 돈의 내용은?"

"5학년생의 경우를 예로 들면, 잡비가 50위안, 교과서 값이 49위안, 숙제집이 10위안입니다."

"다른 것은 없습니까?"

"진에 40위안을 납부하고 있습니다."

"왜 진에 납부합니까?" 주룽지가 몸을 움직이며 말했다. "진장이 여기 있나요?"

샤차오진 진장이 자리에 없다고 하자 주룽지는 장커우진 당서기 리징예에게 물었다. "당신 진에서도 내고 있습니까?"

리징예가 말했다. "35위안을 내고 있습니다."

"왜 이런 돈을 거둡니까?"

"주로 교사들의 급여에 쓰이고 있습니다."

주룽지가 다시 왕웨이 교장을 향해 물었다. "당신 학교도 진에 돈을 냅니까?"

"아닙니다. 다만 징수한 돈의 일부를 교사의 급여에 보충하고 있습니다."

"다른 학교는 어떻습니까?" 주룽지는 철저하게 추궁할 작정이었다.

류스푸진(六十鋪鎭)소학교 교장 천나이핑(陳乃平)이 말했다. "우리는 일부는 진에 내고 일부는 남겨 둡니다."

향진의 간부와 중소학교 교장들과 좌담을 통해 주룽지는 많은 중소학교에서 비용을 징수하고 있고, 그것이 국무원이 규정한 농촌 의무교육 징수 표준에서 크게 벗어난다는 사실을 알게 되었다. 그는 잠시 망설이다가 말했다. "여러분 감사합니다. 진실을 알게 되었습니다."

이때 스바리푸향중학교의 교사 우둬순(吳多順)이 발언했다. "저는 1992년 사범학교를 졸업했습니다. 현재 월급은 겨우 465위안(약 8만 6000원—옮긴이)입니다. 이것은 현의 중학교 교사 월급의 절반밖에 안 되고, 시의 중소학교에 비하면 더 낮습니다."

잉상현 교육위원회 주임 타오쥔즈(陶俊之)가 이어서 말했다. "일반적으로 농촌 중소학교의 교사의 질은 높지 않고 연령도 높습니다. 교과에 따라서는 교사가 부족해서 최근 20년간 본과를 졸업한 외국어 교사를 한 사람도 배치받지 못한 곳도 있습니다."

주룽지는 사람들의 발언을 줄곧 진지하게 듣고 있었다. 좌담회를 마무리할 때 그는 감개무량한 듯이 이렇게 말했다. "보아하니 농촌의 기초교육 특히 의무교육은 아직 많은 문제가 있는 것 같습니다. 농민부담을 경감할 수 있느냐 없느냐, 의무교육에 필요한 예산을 확보할 수 있느냐 없느냐가 세비개혁의 성공 여부를 판단할 시금석이 될 것입니다. 이 문제는 우리가 더 연구해서 다른 방법을 생각해야 할 것입니다. 절대로 농민에게서 얻어낼 생각은 하지 말아야 할 것입니다. 안후이의 동지 여러분도 새로운 답을 찾아내기를 바랍니다."

베이징으로 돌아갈 때 이미 승차한 주룽지는 갑자기 차창 밖으로 몸을 내밀고는 작지만 단호한 어조로 이렇게 말했다. "여러분, 나에게 진실을 말해주어서 감사합니다. 이전에는 몰랐던 상황을 많이 알게 되었습니다. 여러분을 괴롭게 해서 정말 미안합니다. 돌아가서 반드시 방법을 마련하겠습니다."

그 자리에 있던 사람들은 모두 감격해 박수를 치고 눈물을 훔치며 총리를 환송했다.

그 후 주룽지는 안후이성의 루장현(廬江縣) 신두향(新渡鄕)도 방문해 농민들과 좌담회를 가졌고, 다시 허페이에 돌아와 안후이성위원회와 성정부의 보고를 청취했다.

보고회의 석상에서 주룽지는 우선 안후이성 각급 당위원회와 정부가 중앙의 방침을 확고히 관철해서 농촌세비정책의 실험에서 남보다 앞서 어려움을 무릅쓰고 전진하는 정신으로 좋은 성과를 거둔 데 대해 높이 평가했다. 동시에 다음과 같은 점을 지적했다. 농촌세비개혁은 심각한 사회변혁이다. 게다가 그 변혁이 현재 시장의 곡물가격이 계속 하강하고, 농민의 수입을 증대할 경로가 많지 않으며, 향진의 재정이 곤란한 상황에서 진행되고 있기 때문에 많은 난관을 해결해야 할 필요가 있다. 농촌세비개혁은 국가재정의 지원이 불가결하므로 개혁을 전면적으로 추진하기 위해서는 국가재정이 이를 감당할 수 있는지 고려해야 한다. 안후이성 등의 농촌세비개혁의 실험 상황을 보면 개혁 과정에서 개혁의 성과를 공고히 해서 농민에게 부담이 전가되는 것을 현실적으로 방지하는 것이 더욱 중요한데, 이것은 농촌 각급의 당정 간부들의 소질을 제고하고 근무 태도를 바꾸는 것과 밀접한 관련이 있다. 만약 안후이성이 세비개혁에서 농민부담을 경감하고, 의무교육 등 각종 사업의 건전한 발전을 보증하며, 수많은 간부들이 청렴한 위민봉사의 자세를 배양할 수 있다면, 이것은 중국 개혁의 역사상 새로운 기여를 하는 것이다.

마지막으로 주룽지는 이렇게 말했다. "중앙은 안후이성에 희망을 걸고 있다. 농촌의 이번 개혁은 안후이성에서 실험해 확실한 성과를 내고 경험을 정리한 다음에야 비로소 전국으로 추진할 수 있다고 결정했다. 그렇지 않다면 무모하게 확대하는 것은 큰 모험이 될 수가 있다. 서두르다가는 실패하기 십상이다."

그해 10월, 안후이성 기초교육공작회의가 성도에서 열렸고, 회의에서 전국기초교육공작회의의 정신이 전달되었다. 그것은 바로 "이제부터 의무교육은 급을 나누어 책임지고 관리하되 현을 위주로 한다"는 방침이었다. 그리고 농촌 중소학교 교사의 급여는 향진에서 현으로 이관해서 관리한다고 규정했다.

안후이성에서 농촌세비개혁을 계속 추진하도록 지원하기 위해 중앙재정은 2000년 안후이성에 11억 위안의 자금을 지급했고, 2002년에는 17억 위안으로 증가했다.

정부가 지급한 이 돈은 개혁을 전면적으로 추진하느라 심각한 재정 부족을 드러낸 안후이성의 입장에서는 계란으로 바위치기였지만, 이렇게 '응급 수혈'로 개혁을 하는 것은 중앙정부가 애초에 이 개혁을 추진하면서 가졌던 처음의 바람도 결코 아니었다.

중앙에서는 원래 농촌세비를 합병하고 불투명한 비용을 투명한 세금으로 전환하는 방법을 통해 지방 지출의 총액을 조절함으로써 농민부담을 경감하려고 했다. 또한 현과 향, 특히 향정부를 압박해 기구와 인원을 구조조정하려고 했다. 그러나 농업전문가가 지적한 바와 같이 농촌세비개혁이 전면적으로 추진되어 개혁의 대상자가 개혁의 집행자 역할을 하게 되면서 강제통치 체제의 폐단이 남김없이 드러났다. 다시 말해 중앙과 지방과 농민이 연대해 각자의 이익을 최대화하는 것이 아니라 저마다 자신만의 이익을 최대화하려는 것이다. 그중에서 가장 약세인 것은 당연히 농민이었다.

중앙과 지방의 재정권과 행정권이 심각하게 분리되어 고쳐지지 않고 현의 재정이 여전히 곤궁한 상황에서 농촌 의무교육의 막대한 경비를 향진에서 현의 재정으로 이관하는 것만으로 문제를 해결할 수 있겠는가?

실제로 안후이성의 어느 지방공무원이 흘린 정보에 의하면, 어떤 지구에서는 이미 촌의 지출에 있어서 '일사일의'(일 있을 때마다 인민대회에서 심의하고 부담을 결정하는 것—옮긴이) 범위가 확대되고 기준이 완화되는 정황이 출현하고 있다고 한다. 또 어떤 지방에서는 심지어 향정부와 촌위원회가 공공 재물을 경매에 붙여 재정 결손을 보충하는 것을 묵인하기도 하며, 공공 재물의 범위에 대해서 농민은 전혀 발언권이 없어서 자기 땅에 심은 나무조차 촌정부에 돈을 주고 사와야 하는 일도 벌어진다고 한다. 또한 공공연하게 새로 농민에게 자금을 조달하는 현상도 다시 벌어진다는 것이다.

원래 있던 모순이 전혀 해결되지 않고 있는데 새로운 문제가 수면에 떠오르고 있는 상황이다. 만약 이 모든 것을 농촌 간부의 소질과 태도 탓으로 돌린다면, 이것은 분명히 중간에 있는 수많은 절대다수의 사람들에 대해 공평함을 잃은 태도이다.

제11장

길을 찾아서

46. 시장은 눈물을 믿지 않는다

허카이인은 중앙정부에 제출한 「조사 보고」에서 기탄없이 지적했다. "이번 세비개혁의 최대 결점은 수입을 증대하는 시스템을 수립하지 않은 것이다."

안후이성에서 개혁을 실험할 때는 분명히 농업의 지원 증대, 농업의 산업화 경영, 경제구조의 조정, 농업의 과학화, 농업의 시장경쟁력 강화에 주의를 기울였다. 요컨대 농민의 증산과 수입 증대와 풍요를 위해 갖가지 방법을 동원했던 것이다.

그들은 "발전이야말로 불변의 법칙이다"라는 덩샤오핑 동지의 말을 잊지 않았다. 물론 이러한 발전은 지속성이 있는 발전이어야 한다.

농업구조의 조정이 농민에게 가져온 효과는 부인할 수 없는 것이었다. 우리가 이 주제를 다루기 시작했을 때는 허페이시의 세 현에 속하는 수박 농가들이 수박 이야기만 꺼내도 안색이 변할 무렵이었다. 1년 전 허페이시의 시장에 나온 과일들은 모두 좋은 가격에 팔렸다. 그러자 시장의 법칙을 알려고 하지 않고 지금도 전통 농업의 속박에서 벗어나려 하지 않는 농가들이 맹목적으로 과일 농사에 뛰어들어 1년간 허페이지구의 과일 밭이 18만 묘로 늘어났고 총생산량은 27만 톤이나 되었다. 그런데 허페이 시민이 매일 소비하는 수박은 겨우 1,500톤에 불과하다. 수박의 품종은 보통 품질이고 생산량이 너무 많은 데다가 출하 시기도 집중되는 바람에 몇 달 동안 애써서 지은 농사지만 헐값에 내놓아도 팔리지 않게 된 것이다. 그래서 수박 한 통이 생수 반 병 값도 안 되는 기이한 현상이 벌어졌다. 수박 농가는 상심의 눈물을 흘렸다.

수박 농가의 손실을 최대한 줄여보려고 허페이시의 신문과 방송은 시민들에게 수박을 많이 사먹으라고 선전하고, 허페이시 정부도 비상 결정을 내렸다. 수박을 대량으로 운송할 때는 리어카며 트랙터며 각종 차량이 시로 진입하는 것을 허용하고, 교통경찰도 '위반 딱지를 떼지 않고, 벌금을 물리지 않고, 계속 파란불을 켜서 지나가게' 특별 조치를 취한 것이다.

전국적으로도 문명도시의 선두에 섰던 도시, 주룽지도 "그곳의 환경은 아주 좋다. 공기는 맑고, 환경은 깨끗하다"고 칭찬했던 허페이가 갑자기 엉망진창이 되었다. 먼지를 뒤집어쓴 채 수박을 나르는 각종 차량이 도시 한복판을 마구 내달리고 있었던 것이다.

수박을 먹어주자, 농민이 불쌍하니 값은 깎지 말아주자, 심지어는 도시의 정상적인 질서를 아낌없이 희생해 농민들에게 편의를 제공하자는 등의 의로운 행동과 시민의 자발적인 자선 행위는 모두 충분히 감동적이고, 이러한 동정심은 당연히 제창되어야 할 것이며, 어려울 때 농민형제를 도와주는 것도 당연한 일일 것이다. 문제는 시민은 눈물을 믿지만, 시장은 눈물을 믿지 않는다는 것이다. 자선심으로 제품을 지탱할 수는 없거니와 도덕심으로 상거래를 부흥시킬 수는 없는 것이다. 시장의 문제는 결국 시장의 수단으로 해결해야 하는 것이다.

수박 농가들이 수박을 판매하지 못해 수심에 잠겨 있을 때, 과학적인 농법을 연구하던 교외의 싼스강향(三十崗鄕)에서 생산한 '징신(京欣) 제1호'와 '짜오춘훙위'(早春紅玉) 그리고 '샤오란'(小蘭) 등 고급 수박이 시장에 출하되어 날개 달린 듯이 팔려나가고 있었다. 값은 수직상승해 1킬로그램에 2위안이라는 높은 가격에도 거래되었고 명품이 되어 도시의 대형 슈퍼마켓에도 진입했다.

같은 수박이 하나는 참담한 실패를 하고 하나는 앞다투어 구매하는 물건이 된 것이다. 이렇게 2001년 7월 허페이에서 강렬한 대조를 이루는 광경이 전개되었다.

마오쩌둥은 말했다. "궁하면 변화를 생각하게 된다고 하지만, 사실 변화를 생각하는 것은 일부의 '선각자'뿐이다."

싼스강향은 양쯔강과 화이허강의 분수령에 위치한, 언덕과 평지가 교차하는 허페이시 교외의 궁벽한 농촌마을이다. 향정부는 연구기관과 협력해 고급 수박을 산출하고 상표등록을 했다. 생산 품종도 확대해 신선한 딸기, 과일, 야채 및 호박과 옥수수 등을 재배하고 모두 국가공상행정관리국에서 승인한 상표등록을 받았다.

한 지방의 농산품이 법적 보호를 받는 명품 브랜드가 된 것은 안후이성 아니 전국적으로도 하나의 뉴스였다.

페이시현 쯔펑산(紫篷山) 아래에 있는 눙싱진(農興鎭)은 농촌세비개혁 실험지 중에서도 농업구조의 조정으로 농촌에 큰 변화가 있었던

진이다. 여기서 우리는 진장 차이자더(蔡家德)와 사업지도를 맡은 농업 사무실 주임 류다산(劉大山)을 인터뷰했다.

차이자더 진장은 이렇게 말했다. "눙싱진의 눙싱(農興)이라는 이름은 사람 마음을 고무시키지만 오랫동안 그것은 농민의 꿈에 불과했다. 진 전체의 5분의 2가 산지로 크고 작은 산이 94개나 있으며, 농업 생산의 조건은 매우 낙후되어 기본적으로 비가 와야 농사가 된다. 24개 행정촌이 있는데 그중 절반에서 사람과 땅과 가축이 모두 물이 부족해 곤란을 겪고 있다. 농업을 구조조정하지 않으면 곤경을 벗어날 날이 없을 것이다. 진의 지도기관에서 반복해서 조사·연구를 한 끝에 발전 방안을 제시했다. 즉 '수전(水田)을 줄이고 한전(旱田)을 늘릴 것, 양곡생산은 줄이고 상품작물을 늘릴 것, 보통품은 줄이고 고품질을 늘릴 것, 단일품종은 줄이고 혼합품종을 늘릴 것, 또한 재배의 질을 높일 것, 양식업을 강화할 것, 과실업을 확대할 것, 가공업을 육성할 것' 등이다."

류다산은 현재의 눙싱인(農興人)에 대해서 흥미롭게 이야기해주었다. 촌 사람들의 도움을 얻어 과거에는 생각도 하지 못했던 여러 가지 발상을 동원해 겨자, 고사리, 쇠비름, 비름, 엔다이브, 그리고 오리, 산토끼, 꿩 등 다종다양한 야생 상품을 생산했다고 한다.

눙싱진 상탕촌(上塘村)에서 우리는 묘목 전문 농가인 위청옌(余成宴)의 집을 방문했다. 그는 1945년생으로 57세였다. 그가 청부한 토지는 산언덕에 있었는데 태반이 물을 사용할 수 없는 곳이어서 과거에는 면화나 땅콩을 심거나 고구마를 가꾸어 생계를 꾸리는 것이 전부였다. 그러나 하나의 품종으로 산출량이 기껏 오륙백 근에 불과해 생활하는 것이 빡빡했다. 그런데 몇 년 전부터 진정부의 권유로 조금씩 화훼 묘목을 심기 시작했다. 처음에는 족제비 장가가듯이 영세한 규모로 시작

중국 농민 르포

했는데 세비개혁 이후 현위원회와 정부가 눙싱진을 비롯해 상파이(上派), 타오화(桃花), 산난(山南)과 스수진(柿樹鎭) 등을 선택해 집중적으로 원예 묘목 재배를 발전시켰다. 시에서도 특별히 농업대학 교수들을 초청해 농민들에게 무료로 연수를 시켰다. 위청옌은 이에 마음을 먹고 아예 청부토지 전체에 원예 묘목을 심기로 했다. 그 결과 불과 1~2년 만에 궤도에 올라섰다. 인생의 절반을 면화와 땅콩과 고구마를 심고 살아온 농민이 이제는 원근에 유명한 '묘목의 달인'이 되었다. 그는 온 산야에 녹색의 빛으로 반짝이는 나무를 가리키며 자랑스레 말했다. "저쪽에 녹나무 1만 5000그루가 있습니다. 시장에서 아주 인기가 좋습니다. 녹나무 한 그루를 심으면 파리나 모기가 없습니다. 한 그루에 20위안 이상 하니까 1만 5000그루면 30만~40만 위안을 버는 건 어렵지 않습니다. 녹나무 저쪽에 있는 건 감탕나무인데, 이것도 2,000그루는 됩니다." 그리고 몸을 돌려 이번에는 햇볕 아래 색깔이 울긋불긋 선명한 곳을 가리키며 말했다. "보시죠, 저것은 백일홍 5,000그루이고, 옆에 있는 것이 오구나무 3,000그루입니다. 지금 10여 묘를 경영하고 있는데, 다른 사람이 토지와 노동력을 대고 나는 자금과 기술을 제공합니다. 도시 사람 말로 하면 우리의 이 '파이'는 점점 커져가는데 사실 현 전체로 본다면 최대 규모는 아닙니다."

우리를 데리고 안내하는 사이에도 그의 허리춤에 있는 휴대폰은 계속 울려댔다. 그에게 재배방법을 가르쳐 달라거나 비즈니스 관계의 전화였는데 매우 득의양양한 모습이었다.

양곡가격이 갈수록 떨어지고 있고, 곡물생산에만 의지하는 것으로는 농민을 풍요롭게 할 수 없는 지금, 농민들이 재배구조의 조정을 갈망하는 심정은 절박하다. 그러나 농민들은 수많은 제약을 받고 있는 데다가 외부 세계를 잘 알지 못하고, 더구나 시장의 수요를 예측할 수 없어서 대다수의 농민들은 여전히 속수무책이다. 이럴 때 그들을 안내해 산업구조를 조정하도록 선도할 '리더 양'이 필요한 것이다. 바로 이렇게 시장경제의 브레인이 있고, 과학적으로 영농을 하는 '달인'이 있어야 비로소 수많은 지구에서 제각기 자기 능력을 발휘하는 장면이 나타나는 것이다.

만약 직접 우리 눈으로 보지 않았다면 믿기 어려웠을 일도 있었는데, 바로 페이시현 칭핑향(淸平鄕) 신링촌(神靈村)의 대농가 우정창(吳正倉)의 경우였다. 중국농업과학원식물소에서 수입한 런찬궈(人參果: 남아메리카 원산의 감자 비슷하게 생긴 가지과 식물로 멜론과 비슷한 속살과 향이 난다. 고려인삼과는 무관하다―옮긴이)로 그는 1묘당 16만 위안의 수입을 올리는 놀랄 만한 기록을 세웠던 것이다.

우정창은 보통 농촌 청년과는 달리 머리 쓰기를 좋아했다. 고등학교를 졸업한 뒤 농촌으로 돌아와 포도 재배를 시작했고, 나중에는 남쪽 선전(深圳)으로 일하러 가기도 했다. 일하는 틈틈이 농업으로 돈을 벌 수 있는 길을 모색했고, 시장의 시세를 이해하기 위해 뜻밖에도 고생해서 모아둔 금쪽 같은 돈으로 홍콩에도 한 번 다녀왔다. 다시 고향에 돌아온 그는 다른 사람들과 다른 경영 마인드를 가지고 있었다. 그는 지금처럼 옛날 방식대로 농사만 짓다가는 잘해 봐야 배부르게 먹을 수는 있겠지만, 풍요로운 사회를 건설하려면 과학적인 영농과 시장경제를 연구하지 않고서는 안 된다는 사실을 깨달았다. 그래서 눈에 들어온 것이 런찬궈였던 것이다.

우정창은 과실을 수확한 후에 판매를 서두르지 않고 냉장고에 저장해두고 몇 개를 골라 안후이 대학 생명과학원에 검사를 의뢰했다. 검사 결과는 예상 외로 좋았다. 원래 런찬궈는 생긴 모양이 매혹적일 뿐 아니라 비타민 성분이 풍부해서 면역력을 높여주고 항암 효과까지 갖추고 있었다. 그래서 그는 런찬궈에 '속세의 선과(仙果)'라는 별칭을 붙이는 한편 손오공(孫悟空)이 런찬궈를 떠받들고 있는 모습을 포장 박스에 디자인하도록 주문했다. 또 박스 안을 세련된 손수건이나 비단으로 장식했다. 이렇게 그는 런찬궈를 소설『서유기』에 나오는 손오공이 선과를 훔쳐 먹는 고사와 연계해 진기한 물건으로 만들었던 것이다. 그 후 그는 이 과일을 선전의 중국국제첨단기술성과회(高交會)와 홍콩의 기업에 보내 1킬로그램에 200위안의 고가에 팔아서 유명한 과일로 만들었다.

이상 몇 가지 일을 잘 처리한 다음 우정창은 예정한 계획대로 인재시장으로 발을 옮겨 경영을 이해하는 몇 명의 대학생을 채용하고 '선물 시장'을 우선 타깃으로 홍보 판매를 추진했다. 여러 번 포장을 거친 런찬궈가 허페이의 시장에 모습을 드러내자 즉시 엄청난 반응을 일으켰다. 우정창은 2묘 정도의 땅에서 수확된 5,000킬로그램의 런찬궈로 바로 40만 위안(한화로 약 8,000만 원—옮긴이)이 넘는 큰돈을 벌어들였고, 매스컴에서는 '밭에서 인공위성을 쏘았다!'고 보도했다.

그런데 벼락부자가 된 우정창은 냉정히 앞을 내다보고 있었다. 그는 이렇게 말했다. "이러한 가격은 매우 비정상적인 겁니다. 각지의 농민들이 따라서 재배하기 시작했기 때문에 아마 가격은 신속히 내려갈 겁니다. 그래도 킬로그램당 4~5위안까지 내려가도 묘당 수입이 어쨌든 1만 위안은 될 테니 옛날에 농사짓던 것보다는 훨씬 낫지요."

우정창이 예측한 대로 페이둥현 제지향(解集鄕) 칸지촌(闞集村)의 농민은 런찬궈를 보물로 생각하고 대규모 재배를 시작했다. 2년 후에 런찬궈는 허페이의 시장에서도 형세가 낙관적이지 않게 되었다. 왜냐하면 공급 과잉이 되었고 또 과일은 오래 놔둘 수 없는 물건이어서 가격이 시세에 따라 변동할 수밖에 없었다. 운이 좋을 때는 킬로그램당 50위안의 고가로 팔릴 때도 있었지만, 그 후에는 또 제값을 못 받고 킬로그램당 2위안에 팔려도 좋다고 할 정도까지 되었다. 그 후 전국 13개 성에서 다투듯이 런찬궈를 재배하게 되어 시장가격은 폭락하고 어떤 지방에서는 저가 경쟁까지 벌어지기도 했다.

런찬궈의 가격 폭락은 우정창의 예상을 크게 벗어났다. "묘당 수입이 어쨌든 1만 위안은 될 테니"라고 기대했던 희망은 이루어지지 못했던 것이다. 그와 일부 농민은 일찍 런찬궈를 재배해 풍요를 이루었지만, 기술의 신속한 확대에 따라 런찬궈는 최후에는 수많은 농민의 '상심과'(傷心果)로 변해버렸다.

농업기술의 확대 과정은 농민의 수입 감소의 과정이 되었다. 과학적인 영농이 반드시 농민의 수입을 증가시키지는 않는다는 말은 이상하게 들리기도 하겠지만, 시장경제의 법칙은 이렇게 심오하고 그 속은 변증법으로 충만해 있다.

이렇게 해서 사람들은 차츰 인식하게 되었다. 구조조정을 해서 곡물 경작면적을 적당히 줄인다는 것은 결코 과거의 양곡생산이 잘못되었다는 의미가 아니다. 구조조정이라는 것도 단순히 양곡생산과 경제작물의 비례를 조정해 무엇을 많이 재배하고 무엇을 적게 재배하는 것을 의미하는 것도 아니다. 농산품의 품종과 품질을 조정한다는 의미도 아니다. 구조조정이란 바로 과거의 획일적인 구조를 추종하는 상황을 개혁해 지역 별로 비교 우위를 발휘하게 하자는 것이다.

허페이시는 농촌세비개혁을 실시한 지 2년째 되는 해에 시의 재정에서 5,000만 위안을 '농업지원자금'으로 삼아 근교 현의 농민을 적극 지도해 농업구조조정을 추진했다. 허페이시의 간부들은 허페이시가 농산물 집산지의 중심에 위치해 있다는 점을 잘 알고 있었다. 허페이시는 본성의 다른 지구와 외성의 시, 그리고 국내외의 농산물 시장과 광범하고 밀접한 전 방위적인 무역, 물류, 정보상의 교류를 하고 있었다. 이러한 지리적인 우위를 토대로 허페이시는 근교의 현에 5대 농산품 기지를 육성했다. 즉 3만 묘의 딸기, 2만 묘의 버섯, 5만 묘의 역계절(逆季節) 수박, 10만 묘의 방울토마토·채색고추·양상추와 개량 완두콩 등의 특색작물 기지, 1만 묘의 홍색 마름, 1만 묘의 골풀, 2만 묘의 연(蓮), 2만 묘의 올방개 등 수생작물 기지, 5만 묘의 흑땅콩, 5만 묘의 흑고구마, 5만 묘의 검정콩 등 흑색작물 기지, 5만 묘의 설대추(雪棗)·왕대추·수밀도와 고급 포도 등의 과일 기지 그리고 4만 묘의 화훼묘목 기지가 그것이다.

허페이시의 이 굉장한 규모의 농업 구조조정은 대단한 솜씨라고 할 만하다.

다볘산구(大別山區)의 진자이현은 군인을 많이 배출해서 '장군현'(將軍縣)으로 유명하지만, 또한 빈곤현으로도 유명했다. 최근 2년간 이곳에서는 뽕과 왕밤의 재배에 힘을 기울여 옛날 해방구의 농민들은 빈곤에서 탈출하기 시작했다. 당투현(當涂縣)의 농민은 수전과 못을 이용해 게를 양식하기 시작했고, 점차 규모를 늘려가 순조롭게 발전하고 있다. 궈양, 멍청, 리신의 세 현은 축우사업에 힘을 쏟아 전국에서 유명한 '소의 황금 삼각지대'를 이루고 있다. 신의(神醫) 화타의 고향인 보저우시는 한약재 재배에 심혈을 기울여 국내외에 이름을 떨치고 있다.

한편 곡물생산으로 백만장자가 된 사람도 있다. 평양현 황완향(黃灣鄉)의 허우천촌(後陳村)에서 우리는 성위원회 서기 왕광위(王光宇)의 소개로 '천백만'(陳百萬)이라는 별명이 붙은 천싱한(陳興漢)을 만났다. 천싱한은 농민이라면 농사를 지어야지 농사를 짓지 않고 어떻게 농민이라고 할 수 있느냐는 생각을 가진 사람이었다. 그는 황완향의 화이허 강변에서 인근 농민의 경지 1,200묘를 청부해서 경작하고 있는데, 농업기계화를 실현하기 위해 로터리식 경운기와 파종기, 콤바인 수확기, 슈퍼 트랙터 및 소형 트랙터와 농업용 차량 등을 차례차례 구입했다. 또한 제방을 쌓고 배수 관개시설을 만들어 여름과 가을의 가뭄과 수재에 대비해 수확을 확보했다. 풍년이 들었을 때는 600톤의 쌀과 340톤의 밀을 수확해 추저우시위원회와 시정부로부터 '농사 장원(壯元)'이라는 표창을 받았다.

"누가 곡물로는 부자가 될 수 없다고 말했습니까?" 천싱한은 자기 집 2층을 가리키며 자랑스레 말했다. "곡물로 부자가 된 것은 나만이 아닙니다. 이 일대의 사람들 모두 부자가 되었습니다. 나는 우리 집 2층에서 28개국의 손님을 접대했습니다. 주룽지 총리도 손님으로 온 적이 있어요."

확실히 그는 아주 전형적인 사람이었다. 가난한 집안 출신으로 여섯 살 때부터 구걸을 시작해서 1949년에야 비로소 해방되었다고 한다. 그런데 그는 고급농업생산합작사(高級社) 주임이 된 이후 20여 년간 1957년과 1960년, 1973년, 1980년에 걸쳐 네 차례나 당적을 제명당했다. 1957년에는 황무지를 개간해 무를 심고 생산한 무를 전부 사람들과 나눠 먹었는데 반우파 운동의 시절이던 당시에 위에서는 오히려 '자본주의를 한다'는 이유로 당적을 제명했다. 1960년에는 굶주리는 사람들을 도와주려고 그들을 모아서 광주리와 방석을 만드는 일을 했는데, 향정부는 그를 투기 모리배로 보고 방금 회복한 당적을 다시 박탈해버렸다. 1973년에는 인민공사의 방침에 대해 몇 마디 귀에 거슬리는 말을 했다는 이유로 당적을 제명당한 것은 물론이고 1년 3개월 동안 감옥살이를 해야 했다. 1980년에는 '청부제'를 시행한다고 해서 이제 자유롭게 뭘 해도 되겠구나 생각한 그는 주변의 쓰현(泗縣)과 쓰훙

현(泗洪縣), 우허현, 펑양현 등 안후이성과 장쑤성의 4개 현의 노동자를 크게 조직했는데, 뜻밖에도 이것이 당시의 정책에 저촉되었다. 카를 마르크스(Karl Marx)가 노동자 8명 이상을 고용하면 자본가라고 말했기 때문이라는 것인데, 그는 200명이 넘는 사람들을 고용했던 것이다. 향정부는 이 문제를 중대하다고 보고 다시 그의 당적을 제명해 버렸다.

네 번이나 제명당한 천싱한을 보고 동네 사람들은 농담을 해댔다. "덩샤오핑도 세 번밖에 안 당했는데 자네는 네 번이나 당했어!"

천싱한은 빙그레 웃을 뿐이었다. 그의 인생은 이렇게 풍파가 많았지만 한번 먹은 마음은 변치 않았다. 다시 당적을 회복해 허우천촌 당서기의 직책에 돌아오자 자신을 돌보지 않고 사람들을 이끌고 부자가 되는 길로 달려갔던 것이다.

우리는 2001년 3월 11일 햇살이 밝게 비치는 오전에 허우천촌을 방문했다. 당시 그는 넓은 경지를 청부해서 경작하는 외에도 하루 50톤의 정미를 생산하는 공장과 1년에 붉은 벽돌 150만 개를 생산하는 가마 공장을 짓고 있었고, 또 소와 양 1,000마리와 가금 10만 마리를 사육할 계획을 갖고 있었다. 소와 양과 가금이 많으면 농가는 비료 걱정은 안 해도 된다. 그렇게 양곡을 땅에서 수확하고 수확한 양곡을 잘 가공하면, 농업생산은 선순환을 이루고 농가의 생활은 편안해질 것이다.

네 번이나 당적을 박탈당한 천싱한이 들려준 그의 이야기는 마치 중국 농민이 50여 년간 싸워온 투쟁의 역사를 듣는 것 같아서 만감이 교차하는 기분이었다.

전국의 모범 노동자인 천싱한을 통해 우리는 현재 당이 추진하는 부민(富民)정책이 의심할 여지없이 인심에 파고들었고, 인심을 장악하고 있다는 것을 깨달았다.

물론 현재 안후이성의 광대한 농촌이 세비개혁을 실험했지만 중국의 다른 농촌과 마찬가지로 수입이 감소할 요소는 많은 데 비해 증대할 요소는 적고 뚜렷이 수입을 증대시킬 조치도 별로 없다.

구조조정에 대해 말하자면, 조정이 필요한 것은 농업 내부의 구조가 아니다. 소도시 건설, 의무교육, 지방기업, 농업 이외의 산업, 노동력의 구조, 자금, 금융과 경영 방식 등등의 조정이 필요한 것이다. 특히 오랫동안 도시와 농촌이 단절, 대립, 분리되어 있는 불평등한 국면을 근본적으로 해결할 필요가 있다. 중국은 우선 제도 혁명을 해서 농민을 해방시키고 농민을 이동시키고 농민을 감소시켜, 더 많은 중국 농민에게 도시 주민이 될 수 있다는 희망을 갖게 할 필요가 있다. 그리고 최종적으로는 대대로 살아온 폐쇄적인 전야(田野)에 이별을 고하고 도시화의 물결에 융합되도록 해야 한다.

그러기 위해 가야 할 길은 아직도 너무 멀다.

47. 번영과 풍요의 그늘

농업생산으로 유명한 안후이성은 노동력이 풍부하기로도 유명하다. 중앙이 안후이성에서 농촌세비개혁을 시작하기로 안배한 2000년도에 안후이성의 잉여노동력은 1,000만 명을 초과해 농업노동력 총수의 40퍼센트를 차지했다. 농촌산업 구조조정이 추진되면 이 비율은 더 확대될 것이다.

어떻게 농업노동력 자원을 개발하고, 어떻게 잉여노동력을 이동시키느냐 하는 문제는 농민부담의 경감을 위해서뿐만 아니라 농업 현대화를 위한 것이기도 하기 때문에 중국 현대화를 위한 전략적인 문제와도 연관된다. 왜냐하면 중국의 현대화 과정에서 농민을 포기하고 갈 수는 없으며 농민의 현대화 없이는 중국의 현대화도 없기 때문이다.

적자를 내는 경영 방식과 농업의 효율성을 저하시키는 농민부담, 그리고 농가 1호당 차지하는 경지도 영세한 영농 방식은 농민에 대한 흡인력을 상실할 수 밖에 없다. 도시와 농촌 간의 거대한 격차는 수많은 농민들로 하여금 조상 대대로 생명처럼 여겨온 토지를 부담으로 여기게 만들었고, 놀랄 만한 수의 농민들이 고향을 떠나 각종 인위적 철벽을 뚫고 도시로 밀고 들어왔다.

도시로 진입했지만 절대다수는 도시의 구석에서 기생할 뿐이었다. 도시 주민이 누리고 있는 최저생활보장제도와 의료보험, 주택수당 그리고 각종 사회복지의 네트워크 속에 들어갈 수는 없었다. 뛰어넘을 수 없는 호적제도가 그들을 다만 도시의 철새로 운명 지어버렸다.

국가통계국의 통계에 의하면, 중국의 유동 인구는 이미 1억 2000만 명을 넘어서고 있다. 그중 쓰촨, 안후이, 후난, 장시, 허난, 후베이 6개 성에서 흘러나온 인구가 59.3퍼센트로 전체의 절반이 넘는다. 안후이성에서 나온 인구는 2위를 차지한다.

안후이성에는 2,700만여 명의 농업노동력이 있는데 그중 700만 명이 외지에 나가서 일을 하고 있다. 700만 명의 농민공(農民工)이 일하는 도시는 상하이가 125만 명으로 가장 많은데, 상하이 외래 농민공의 3분의 1을 차지한다. 그런데 이 숫자는 정부측의 통계일 뿐 실제로는 더 많은 수가 이미 상하이에 뿌리를 내리고 처자와 함께 거주하고 있다. 실제로 상하이에 거주하는 안후이성의 농민공은 200만 명을 훨씬 넘을 것이다.

중국 동부의 대도시 중에서 농민공을 받아들일 수 있는 곳이라면 어디서나 안후이성 출신을 발견할 수 있다.

안후이성 출신의 농민공 700만 명이 외지에서 창출한 총생산은 연간 1인당 5만 위안으로 계산하면 총 3,000억 위안인데, 이는 안후이성의 1년 총생산에 해당한다. 말하자면 안후이성 농민공은 매년 안후이성 바깥에서 '유동하는 안후이성'을 창출하고 있었던 것이다. 또 그들이 일해서 번 급여는 매년 고향으로 돌아왔는데 적어도 300억 위안은 될 것이다. 이 액수는 분명히 안후이성의 지방재정 수입보다 많다. 말하자면 외지에서 돈을 버는 안후이성의 농민들은 매년 외지에서 '유동하는 안후이성'을 창출함과 동시에 또 하나의 '회귀하는 안후이성'도 창출하고 있었던 것이다.

우리가 찾아간 벽지의 농촌에는 항상 찌그러지고 다 낡은 농가 중에서도 보기 좋은 집들이 몇 채가 있곤 했다. 이 집들의 주인은 물어볼 것도 없이 특권층인 향촌 간부가 아니면 돈 벌러 외지에 나간 농민공이었다.

안후이성이 농업대성에서 농업강성(農業强省)으로 도약하기 위해서는 도시로 나간 농민공들을 중시하고 잘 이용하지 않으면 안 된다. 사실 안후이성에서는 일찍부터 농촌의 잉여노동력이 도시로 흘러들어갔는데, 세비개혁이 심화됨에 따라 성위원회와 성정부가 잇달아 '사방으로 활약하는 농민기업의 별'이라는 명칭으로 크게 표창했다.

1960년대 초 구미 각국의 학자들이 일본의 하코네에 모여서 현대화의 문제를 진지하게 토론하고 있을 때, 중국은 천재(天災)에 인재(人災)가 겹쳐 대기근에 시달리는 중이었고, 이어서 또 10년에 걸쳐 엄청난 재난을 가져온 '문화대혁명'이 폭발했다. 그래서 근대화를 실현하기 위해 개혁을 추진하려고 할 때 어떻게 해야 할지를 잘 알지 못했다. 근대화를 위해서는, 특히 농업의 근대화를 위해서는 무엇보다도 농업인구를 대폭 감소시키고 농촌의 잉여노동력을 도시로 이동시켜야 한다. 이것은 근대화를 위해 현재의 중국이 거스를 수 없는 역사의 물결이다.

역사를 돌아보면, 세계에서 가장 경제가 발달한 미국은 농업인구가 총인구의 7퍼센트를 차지하고 있을 뿐이다. 일본은 메이지유신 이후에 역사상 가장 빠른 경제발전을 이루었는데, 그때 농업인구가 85퍼센트에서 15퍼센트로 감소했다. 타이완의 경우도 예외가 아닌데, 그고속 발전은 농업인구가 총인구의 80퍼센트에서 15퍼센트로 감소했을 때 일어났다.

중국은 현재 13억 명의 인구를 갖고 있는데, 농업인구는 9억 명에 달하며, 그중 노동연령 인구는 5억 명 정도이다. 그런데 지방기업은 겨우 수천만 명 정도를 포용할 수 있을 뿐이고, 농업생산인구도 1억 명 정도면 충분하다. 나머지 3억~4억 명의 과잉노동력은 유출되기를 기다리고 있다.

따라서 수많은 농민을 토지에서 내보내 시민화해야 비로소 중국의 근대화는 희망이 있다고 할 수 있을 것이다. 그러나 지금 중국의 도시는 억만의 농민공의 입장에서 말한다면 사랑의 종착역일 수는 없을 것이다. 그들 중 절대다수의 사람들이 방랑하는 생활 속에서 상실감을 느끼며 살고 있기 때문이다. 그들은 진정으로 도시 사람들과 대등하게 살 수가 없는 것이다. 정부에서 부여한 직권을 이용하는 일부 사람들은 그들을 먹잇감으로 대한다. 그들을 가장 두렵게 만드는 것은 그들의 앞뒤에 널려 있는 수많은 함정이다. 초과근무를 해도 초과수당이

나오지 않고, 건강을 해쳐가며 생명을 위협하는 노동을 해도 기초적인 노동보험도 적용받지 못한다. 사기를 당하는 사람도 많고 열심히 일해도 급여를 받지 못하기도 한다. 게다가 일하다가 상해를 입거나 병이 나거나 장애자가 되기라도 하면 바로 쫓겨나버린다. 더욱 비참하게는 거지나 매춘부, 마약중독자 또는 마약밀매자로 전락하는 사람도 있다.

사회학자 리창(李强) 등의 연구에 의하면, 2001년 한 해에만 베이징의 외래 농민공 네 명 가운데 한 명꼴로 임금을 못 받거나 체불당하고 있다. 각종 원인으로 농민공 중 36.3퍼센트는 수중에 돈 한푼도 없다. 60퍼센트가 하루 노동시간이 10시간이 넘고, 3분의 1은 12시간이 넘으며, 16퍼센트가 14시간 이상을 노동하고 있다. 46퍼센트가 질병을 앓은 적이 있으며, 93퍼센트가 직장에서 한푼의 의료비도 지급받지 못했다. 이러한 일들이 모두 중국의 수도 베이징에서 벌어지고 있다.

수많은 농민공들이 땀과 눈물로 심신이 지쳐가며 도시의 번영과 풍요를 쌓아 올렸지만, 도시의 일부 주민이 농민들에게 가르치고 있는 것은 '착해서는 부자가 될 수 없다'는 것이다. 같은 하늘 아래 사람과 사람 사이에 있어야 할 평등과 상부상조, 우애, 존중과 겸양의 미덕은 무정하게도 철저하게 부서지고 그들을 위한 연민과 온정은 조금도 남아 있지 않다.

호적제도에 명시된 이원적인 사회구조는 이미 인위적으로 시민과 농민 신분의 불평등과 발전 기회의 불평등을 조성해 수입의 격차가 더 벌어졌고 도시와 농촌 간의 흐름이 단절되었다. 그리하여 도시중심주의가 억만 시민의 잠재의식에 파고들었으며, 일부 시정부의 부당행위가 시민의 뿌리 깊은 전통 관념을 더욱 강화해서 도시에 진출한 농민은 제도적으로 천민 계층에 속하게 되었다.

농민공이 처한 열악한 환경과 비인도적인 대우는 근래 늘 신문 지상에 보도되고 있어 이미 뉴스가 되지 않을 정도이고, 사람들의 의식도 마비되기 시작하고 있는 것 같다.

우리는 이미 21세기라는 새로운 시대에 들어와 있는데도 여전히 이러한 소식에 시달리며 놀라고 있다. 농민의 순수입은 계속 떨어지고 있고 빈부격차 현상은 갈수록 심해지고 있다. 국무원 발전연구센터 부주임 루즈창(魯志强)은 통렬하게 지적하고 있다. "중국은 이미 빈부격차가 심한 나라로 되어가고 있다. 소득분배에 대해 민중은 불만을 품고 있고, 70퍼센트 이상이 빈부격차가 사회의 안정을 위협하고 있다고 생각한다."

현재의 중국에서는 능력이 있는 사람은 모두 농촌에 머물러 있으려고 하지 않는다. 머리가 똑똑하면 진학 시험을 봐서 도시에 들어가고, 조금이라도 길이 있으면 모집에 응한다든가 친척에 기대 돈을 벌러 도시로 간다. 1980년대에 지방기업이 번창한 것은 당시의 농촌에 인재가 있었기 때문이다. 그러나 그 이후 농촌의 인재가 끊임없이 유출되어 지방기업은 인재 확보가 곤란해졌다. 창조정신과 창업자원의 궁핍과 고갈은 틀림없이 최근 지방기업이 후퇴하게 된 중요 원인일 것이다.

도시와 농촌의 격차는 한 국가의 재부를 도시로 집중하게 하는데, 재부에는 인적 자원뿐만 아니라 물적 자원도 포함된다. 농촌에서 도시로 인재가 움직일 때는 사람만 움직이는 것이 아니라 대량의 자금도 움직이는 것이다. 우리가 입수한 데이터에 의하면, 1985년부터 1994년까지 10년간 순수하게 농촌에서 유출된 자금의 누계는 3,057억 위안으로 연평균 300억 위안이 넘는 돈이다.

보도에 의하면 공안부는 1985년 호적법 개정을 기초하면서 도시와 농촌 출신 간의 불평등한 격차를 철저하게 메꾸려고 했다고 한다.

그런데 18년이라는 긴 세월이 흐른 지금도 중국 농민이 고대하던 호적법은 아직 나오지 않고 있다. 그 주요한 원인은 정부 각 부문의 저항이 크기 때문이다. 농업 호적과 비농업 호적의 이중구조를 철폐하는 데는 정부에서 거의 일치단결해 반대하고 있는 것이다.

보기에는 불가사의한 것 같지만 사실은 정부기관들이 계획경제 시대에 얻은 이익과 전통적인 특권을 포기하지 않고 고수하기 때문이다. 무너져가는 것을 지킬지언정 새로운 것을 하려고는 하지 않는 것이다.

또 도시의 이직 노동자들의 재취업 압력이 커짐에 따라서 각 도시는 농민공을 퇴직시키거나 한시적으로 농민공을 고용하거나 외지인의 취업 직종 범위를 제한함으로써 일자리를 찾지 못한 농민공들이 귀향하는 일이 매년 늘어갔다. 이것은 지금의 통계에는 잡히지 않는 방대한 농업 실업자군인데, 이 수는 도시의 실업자와 이직자의 수보다 훨씬 많다.

농업의 사회보장이 하루아침에 해결될 수는 없는 일이고, 새로운 제도가 마련되어 농촌에 여전한 농민의 생로병사 문제를 해결할 수 있는 것도 아니라면, 농민은 다만 제한된 토지밖에는 의지할 데가 없다. 피동적이라 해도 어쩔 수가 없는 일이다. 만약 오늘날 중국의 농업이 여전히 다수 농민의 수입의 주요 원천이라면 도시와 농촌 간, 지역 간의 빈부격차는 필연적으로 더욱 확대될 것이다. 도시의 상품을 농촌의 시장이 받아들일 수 없다면 상품은 과잉이 될 것이고 디플레이션이 일어날 것이다. 농촌이 장기적으로 현대화의 과정에서 배제된다면 젊은 농민 세대는 사회의 불안정 세력이 될 가능성이 크고, 도시와 농촌이 단절될 위험은 더욱 커질 것이다. 이로부터 벌어질 사회적인 충격은 재난의 규모가 될 가능성이 높다.

48. 샤오강촌小崗村의 우려

2002년 가을, 안후이성의 농촌세비개혁은 3년째를 맞이했다. 성위원회와 성정부가 농민부담 경감을 결심하기까지 기울인 노력과 고심은 결코 작다고 할 수 없지만, 농촌에는 여전히 부당한 징수 관행이 계속되고 있었다. 마치 "들판에 불이 다 꺼지기도 전에 봄바람이 불어와 다시 살아난다"는 식이었다.

이처럼 맹렬한 반동의 기세는 많은 사람들이 예상하지 못한 바였다.

『신안만보』의 보도에 의하면, 2002년 8월 20일부터 9월 1일까지 겨우 13일 동안 학생과 보호자가 부당한 교육비 징수로 투서한 건수가 369건에 달하며 안후이성 전역에 걸쳐 있다고 한다. 그중 린촨현이 53건, 푸난현이 36건, 구전현이 30건, 타이허현이 14건, 쓰현이 21건, 딩위안현이 46건, 왕장현(望江縣)이 16건, 타이후현(太湖縣)이 16건, 톈창현(天長縣)이 15건, 츠저우시(池州市) 구이츠구(貴池區)가 19건 등이다.

사실 문제의 심각성은 안후이성 물가국에 인민의 투서가 쇄도했다는 데 있는 것이 아니다. 각지의 투서 내용은 교육 방면만이 아니고, 또 1년 중 8~9월만 그랬던 것도 아니며, 농촌세비개혁이 실험된 이래로 부담경감 작업이 상당히 고압적으로 진행되어 왔음에도 농촌에서 비용 징수문제가 여전히 경제발전과 사회안정을 방해하는 요소였다는 데 있다.

안후이성 가격검사소는 이 때문에 비용 징수에 대해서 대대적인 검사를 실시했고, 이를 통해 지방에 따라 징수 항목이 10여 항목, 수십 항목, 많게는 100개 항목이나 되는 곳도 발견했다. 징수기관은 교육,

토지, 사법, 민정, 전기, 재정, 세무, 공상, 위생, 공안 등이었고, 징수 내용은 취학, 건축, 결혼, 생로병사, 농산품 판매 등 다양했다. 이렇게 되면 '꺼진 불이 다시 살아난' 격이라고 할 수 있을 것이다.

개혁 실험의 당초 성정부가 보낸「농민들에게 드리는 편지」의 규정에 의하면, 농민이 집을 지을 때는 토지관리기관에서 5위안의 토지증명 수수료 외에 어떠한 비용도 징수하지 못하도록 되어 있었다. 그러나 지방에 따라서는 건축 허가를 받는 과정에서 납부하는 항목이 여전히 많고 액수도 높아서 농민이 감당할 수가 없었다. 예를 들면 토지증명 수수료는 물론이고 토지징수관리비, 토지유상사용비, 토지권리변경비, 토지조성비, 개간비, 수익금, 경지점용세, 건축영업세 등등이었다. 농민이 자기 청부의 토지에 집 한 채를 짓기 위해 승인을 얻는 데 필요한 이런 비용을 합하면 3,000위안 또는 5,000위안 이상이 되기도 했던 것이다.

이 외에 농민공이 외지로 일하러 나가기 위해 신분증을 만들 때도 호적증명비 또는 신분증발급비를 내야 했고, 농민이 결혼할 때에는 상담 등 많은 항목의 유상 서비스를 강요당했다. 또 농촌 전력망 개조는 분명히 국가가 투자한 사업인데도 농민이 의무노동과 잡역비 심지어 시공 인원의 식사비까지 제공해야 했다.

안후이성 당위원회 서기 왕타이화는 다시 한 번 탁자를 치며 벌떡 일어섰다.

농촌세비개혁의 성과를 공고히 하고 농민의 부담을 실질적으로 경감하기 위해 안후이성위원회와 성정부는 각 관련기관에 지시해, 민중이 강력하게 항의한 중소학교의 부당한 징수와 농촌의 건축비 등의 안건에 대해 엄정히 조사 시정하고 이러한 반동적 현상을 단호하게 방지하라고 명령했다.

조사 결과 첸산현(潛山縣)의 물가국과 현교육위원회가 합동으로 월권해 규정을 위반하고 행정사업성 징수 문건을 하달해 제멋대로 중소학교의 징수 기준과 범위를 변경한 사실이 드러났다. 물가국 국장은 면직과 함께 강등 처분을 받았고, 현교육위원회 주임과 물가국 부국장은 중과실로 행정기록에 기록되는 처분을 받았다. 쓰현 다좡진(大莊鎭)의 건설소 소장과 서우현(壽縣) 양셴진(楊仙鎭)의 당위원회 서기와 진장 및 멍청현 싼자오진(三覺鎭), 화이위안현 주퉌향(朱瞳鄕), 푸난현 싼타진(三塔鎭) 등 향진의 당정 책임자들도 불법 징수로 인해 각각 파면, 과실기록, 또는 당내 엄중경고 등의 처분을 받았다.

성위원회 사무실과 성정부 사무실은 전형적인 농민부담 가중 안건들에 대해 하급기관에 통보했다. 통보에서는 성위원회가 각지에서 농촌세비개혁 지도를 더욱 강화함과 동시에 규정 위반과 함부로 농민부담을 가중시키는 안건에 대해서 단호히 발견하고 철저히 조사해 결코 임시변통으로 처리하지 않을 것이며, 농민부담 문제가 심각한 지방에 대해서는 직접 책임자를 문책하는 외에 현, 시, 구의 당정 주요 간부의 책임을 물을 것이라는 뜻을 밝혔다. 또한 성과 시에 이미 농민 관련 문제에 대한 조사처리실이 설립되었으니, 각 현과 지구도 속히 이러한 조사처리실을 설립하고 또한 제보전화를 공개해 성 전역에 농민 문제를 감독하는 네트워크를 형성하도록 요구했다.

안후이성위원회와 성정부는 또한 기회를 놓치지 않고 농촌징수문제 바로잡기 화상회의를 개최했다. 성위원회 부서기 겸 성기율위원회 서기인 양둬량(楊多良)이 회의를 주재하고 중요 담화를 발표했다. 성위원회 상임위원회, 상무 부성장 장평은 다시 설득하고 이와 관련한 배치를 했다.

이 무렵 우리도 지난 2년 동안 인터뷰했던 농민 친구들로부터 편지나 전화를 계속 받았는데, 그들의 얘기는 세비개혁을 해서 이제 좀 마음 놓고 살아보나 했더니만 며칠 안 가서 현과 향과 촌의 간부들이 다시 손을 벌려 각종 명목의 징수가 되살아났다고 하소연했다.

허다하게 많은 부당 징수의 명목 중에는 말도 안 되는 것도 있었지만 사람을 놀라게 하는 것도 있었다. 두 개의 성과 여러 현에 걸쳐 사람들을 놀라게 한 '다가오촌 사건'은 농민들이 지금도 두려워서 말을 꺼내지 못하는 사건인데, 사건이 발생한 링비현 펑먀오진에서는 세비개혁 이전과 마찬가지로 불법징수를 자행하고 있었고, 간부들은 만약 위에서 개혁사업을 시찰하러 오면 문제가 있다고 해서는 안 된다, 그렇지 않으면 "절대 가만두지 않겠다"고 위협을 가하고 있었다.

가장 이해하기 어려운 것은 린촨현 바이먀오진 왕잉촌에서 벌어진 사건이었다. 왕잉촌 촌민이 관련 방면에 보낸 8,000자에 달하는 고소장은 다음과 같은 말로 시작된다.

21세기를 맞이해 중국이 이미 법제사회로 진입하고 있는 오늘날, 우리 왕잉촌 촌민의 민주 권리, 재산 권리, 인신 권리는 아직도 야만적인 침해를 당하고 있습니다. 보십시오, 바이먀오진 당위원회 부서기 리샤(李俠)와 진민(鎭民) 정치협상위원회 주임 저우잔민(周占民) 그리고 촌지부 서기 왕쥔빈(王俊彬)이 왕잉촌에서 행하고 있는 폭행을!

여기서 우리는 왕쥔빈의 이름을 보고 깜짝 놀라지 않을 수 없었다. 생각해보니 이 사람은 전에 사람들을 이끌고 상방하러 갔다가 지명수배당하고 체포된 후 당적을 제명당한 그 사람, 중앙에서 문제를 해결한 후에 복적되어 촌지부 서기에 선임된 그 왕쥔빈이 아닌가?

왕잉촌이 핍박받아 할 수 없이 집단으로 상방하러 갈 때 리더였던 그가 이제는 오히려 상방의 대상이 되었단 말인가?

고소장을 보면 왕잉촌에서는 또다시 간부가 민가에 들이닥쳐 양곡을 뺏아가거나 사람을 때리는 일이 벌어지고 있고, 국가에서 교부한 '재해 감면금'을 숨기고 있었다. 촌민들이 의견을 제시하자 간부들이 화를 내고는 이전처럼 경찰을 동원해 사람들을 잡아갔다고 한다. 고소장에서는 '재해 감면금' 사건을 진술한 후 이렇게 쓰고 있다.

'재해나 흉작에 의한 농업세 감면 조항'은 중앙재정과 성재정이 재난의 해에 재해 지역의 농민에게 교부해 농업세를 감면해주려고 하는 특별금입니다. 이것은 농민에게 휴식을 주기 위한 것으로서 당연히 농민에게 당과 정부의 따뜻함을 느끼게 하고, 당과 정부가 늘 농민의 생활과 생산을 배려하고 있고 농촌경제의 발전에 주의하고 있다는 것을 알게 하기 위한 것입니다. 이러한 돈을 책상머리에 앉아 있는 관료들이 떼어먹은 것입니다. 이 돈은 보통의 돈이 아니라 재해지구 농민에 대한 당과 정부의 애정의 표시인데도 말입니다.

고소장을 읽고 우리는 마음을 가라앉히기가 힘들었다. 왕쿤빈의 변신도 우리를 괴롭게 했다. 오늘날 중국 농촌에 남아 있는 구체제는 정말 그 속에 빠진 사람을 완전히 변질시켜버리는 무슨 '마의 연못'이라도 된다는 말인가?

이 일로 우리는 2001년 봄 샤오강촌에 갔을 때의 일이 생각났다. 당시는 전국농촌세비개혁실험회의가 허페이에서 개최되었을 때였는데, 우리는 20여년 전에 중국 최초로 청부제를 도입해서 세계를 놀라게 한 개혁의 발상지—'중국 개혁 제1호 촌'인 샤오강촌의 현재의 모습이 매우 알고 싶어졌다.

샤오강촌에 가서 우리는 공화국과 나이가 같은, 촌민들이 촌장이라고 부르는 촌위원회 주임 옌훙창을 만났다.

농민부담 이야기를 꺼내자 옌훙창은 과거에 만났던 촌장들과 마찬가지로 곧바로 머리를 절레절레 내저었다. 그는 이렇게 말했다. "샤오강촌이 유명해진 것은 간부가 '전면청부제'를 했기 때문이지요. '전면청부제'의 뜻은 이미 모두 알고 있습니다. '국가에 납부하고, 집단에 남겨두고, 남는 것은 자기가 갖는다'라는 것이지요. 나중에 이 말 때문에 귀찮게 되리라는 것은 생각도 못했지요. 위에서 뜯어가는 '삼란'(三亂)은 모두 국가와 집단의 이름으로 합니다. 나중에는 납부한 다음에 남겨두고 어쩌고 할 수가 없게 되더군요. 돼지를 치면 돼지세를 내야 합니다. 많으면 그만큼 더 내야 합니다. 화가 난 촌민들은 아예 돼지 치는 것을 그만둬버렸습니다. 누가 트랙터를 사면 기계관리세를 또 내야 하는데 그것만으로 그치는 게 아닙니다. 대로를 다니기 때문에 도로사용비, 도로관리비, 검측비 중 하나라도 안 내면 안 됩니다. 또 밭에 특산물이 있든 없든 특산세를 내야 합니다. 물론 세비개혁 이후 이런 말도 안 되는 세비는 모두 사라졌지만, 촌정부의 수입은 일반적으로 줄어들어서 새로운 문제가 생긴 겁니다." 그는 계속해서 말했다. "현재 촌정부의 운영비는 한푼도 없습니다. 진정부도 형편이 좋지 않아 샤오강촌에 지급되는 경비는 1년에 겨우 3,080위안입니다."

그는 오른손을 우리 앞에 펴더니 손가락을 꼽아 세어가며 말했다. "촌 간부가 일곱 명인데, 지부 서기, 주임, 비서의 연봉이 각각 1,800위안이고, 나머지 네 명은 겨우 1,000위안인데, 이것을 많다고는 할 수 없지만 합치면 9,400위안입니다. 촌에는 돈을 버는 기업도 없기 때문에 우선 촌 간부의 월급을 지급하기가 어렵습니다. 우대 대상의 보조금, 빈곤가정의 구제도 곤란합니다. 또 촌에는 생활보호세대가

3세대가 있는데 매 세대가 1년에 1,800위안이니 3세대면 5,400위안의 공양비가 필요하지만 이런 공양비도 지급하기 어렵습니다."

촌장은 어쩔 수가 없다는 뜻으로 청산유수처럼 말을 내뱉었다. "국가재정은 하늘로 치솟아 올라가고, 현의 재정은 비틀비틀 휘청대고, 향진 재정은 무슨 이름조차 없고, 촌의 재정은 완전히 텅빈 상태로다."

촌장은 씁쓸하게 웃으며 말했다. "이번 세비개혁사업을 잘 하라고 중앙과 성정부에서 모두 특별예산이 할당됐습니다. 평양현은 200만 위안을, 촌은 크든 작든 일률적으로 5,000위안을 할당받았는데, 이것은 분명 우리를 최대한 지원해준 것이지만, 촌의 결손액이 너무 커서 결국 이것으로는 아무 도움도 되지 못합니다. 샤오강촌 간부인 우리는 아무리 곤란하더라도 농민들에게 다시 손을 벌릴 수는 없습니다. 촌의 '일사일의'도 15위안을 초과해서는 안 된다고 규정하고 있지요. 그래서 세비개혁 첫해에 납득할 수 없었던 촌 간부 중에는 일을 그만둔 사람도 있었습니다. 리위안촌(梨園村)의 지부 서기와 부촌장, 옌강촌(嚴崗村)의 부촌장, 둥좡촌(東莊村)의 촌 간부들은 도시로 일하러 가버렸지요. 요 2년간 촌에서 지출한 돈은 모두 합쳐 16위안밖에 안 됩니다. 그 돈은 우리가 샤오시허진(小溪河鎭)에 거민위원회(居民委員會)가 설립되었을 때 축하하는 데 썼습니다. 그리고 현에서 회의가 열려 참가할 때면 방법이 없어서 전부 우리 주머니돈을 털어야 합니다. 촌정부에서 필요한 사무용품도 다 우리 주머니에서 나가는데 이미 200위안 이상 썼습니다."

촌장의 말을 듣고 우리는 놀라서 물었다. "촌장의 급여가 연봉제로 1,800위안이면 다달이 150위안(한화로 약 2만 7000원—옮긴이)을 받는다는 말인데, 이 돈으로는 가족을 봉양하는 것도 곤란할 테고 회의 참가비며 사무용품도 모두 자비로 사야 한다면, 도대체 어떻게 생활을 한다는 겁니까? 이래가지고 촌장을 할 수 있는 겁니까?"

옌훙창은 소리 높여 웃었다. "자식들한테 의지하고 마누라한테 의지해야지요." 그러고는 자랑스레 이렇게 말했다. "둘째 옌위산(嚴余山)과 셋째 옌더란(嚴德蘭) 남매는 일찍부터 선전에 들어가서 지금 벌이가 괜찮습니다. 옌위산은 기업체에서 관리직을 맡고 있습니다. 다섯째 옌더진(嚴德錦)은 시내 방송국에서 경제부 기자를 하고 있고, 제수인 돤융샤(段永霞)는 집에서 돼지를 치고 있는데 수입이 괜찮아요. 내가 촌장 일을 하는 거는 전부 이들이 도와주는 덕분입니다."

샤오강촌을 떠나 허페이로 돌아온 후에도 우리는 줄곧 샤오강촌에 대해 생각하고 있었다. 옌훙창 같은 사람들은 '중국 개혁 제1호 촌'이라는 명예에 긍지를 갖고 이를 지키기 위해 이렇게 공평무사하고 고상한 마음으로 각오와 책임감을 다지며 자리를 지키고 있는 것이다. 그들은 아무리 괴롭고 힘들어도 결코 농민들의 주머니를 털지는 않을 것이다. 그러나 이것은 다른 지방의 관리들도 옌훙창처럼 '극기복례'(克己復禮)하며 전체를 위해 사적인 어려움을 참고 견딘다는 것을 의미하는 것은 아니다.

세비개혁이 비교적 고압적으로 진행될 때는 일부의 사람들은 행동을 자제할지도 모른다. 그러나 중국 농업체제와 정책상의 많은 폐단과 결함을 근본적으로 개혁하지 않으면, 농민의 불합리한 부담을 철저히 배제하기란 거의 불가능할 것이다. 농민부담의 반동은 늦게 오느냐 빨리 오느냐의 차이뿐인 것이다.

농민의 불합리한 부담을 경감하는 것이 이렇게 어려운 일인데, 어떻게 농민을 풍요롭게 하고, 농업을 현대화하고, 도시와 농촌의 차별을 해결할 수 있을까?

이렇게 볼 때 세비개혁을 한다든지, 농민부담을 경감한다든지, 과학적 영농을 한다든지, 농업과 산업의 구조조정을 한다든지 하는 것은 모두 매우 필요하고 절박한 일이지만, '삼농문제'를 해결하는 근본적인 해결책은 분명히 아닌 것이다.

49. 전환점에 선 중국의 개혁

도대체 중국 농업의 갈 길은 어디에 있는가? 중국 농촌의 발전을 가로막는 장애는 무엇인가? 어떻게 하면 중국 농민이 1980년대 초기에 보여준 하늘을 찌를 듯한 정열과 에너지를 다시 환기시키고, 다시 그들 마음속에 숨어 있는 거대한 잠재능력을 일깨워 21세기 중국의 새로운 문명의 역사를 쓰게 할 수 있을까?

우리는 많은 전문가를 인터뷰하고 다량의 연구보고서를 읽었다. 그들의 말은 모두 일리가 있는데, 우리는 확실히 긴급히 해야 할 일들이 산적해 있다.

저명한 경제학자인 우징롄(吳敬璉)은 심오한 이론보다는 역사적 사실을 예로 들어 설명하면서 감동을 준다. 그는 이렇게 말하고 있다. "어떠한 개혁도 순풍에 돛단 듯이 진행되지는 않는다. 당초 개혁이 제기되었을 때 1982년에 개혁의 물결이 나타나리라고는 아무도 예상하지 못했다. 그리고 제12기 전국인민대표대회에서 계획경제를 위주로 한다고 제창했지만, 1984년에 번복되었다. 제12기 제3회 중앙위원회 전체회의에서는 「당중앙의 경제체제 개혁에 관한 결정」이 통과되어 사람들이 모두 엄청나게 흥분했지만, 몇 달 후 인플레이션이 일어나

개혁은 후퇴하고 말았다. 1986년 국무원이 제정한 개혁 안배 방안은 거의 실시에 부쳐질 것 같았고 사람들도 이제 개혁이 본궤도에 오른다고 흥분했지만, 몇 달 후 실시하지 않기로 결정되었다. 이전에는 천지개벽할 일이 나타나주기를 희망했지만 이제는 나는 한 걸음 한 걸음 전진해도 괜찮다고 생각한다. 우리는 앞길을 맹목적으로 낙관만 할 수는 없다. 근래의 중대한 개혁이 끊임없이 좌절된 경험은 우리에게 중국의 개혁이 지금 큰 전환점에 서 있다는 것을 가르쳐준다."

우징롄은 중국 정치와 사회변혁에 대해 과감한 탐구를 진행해 '우시장'(吳市場)이라는 별명을 얻은 경제학자인데, 근 2년간은 특히 찰스 디킨스(Charles Dickens)의 『두 도시 이야기』의 앞 부분을 인용해 중국의 개혁에 대해 암시적 해석을 하고 있다. "이것은 가장 좋은 시기이기도 하고 가장 나쁜 시기이기도 하다. 또한 가장 현명한 시대이기도 하고 가장 어리석은 시대이기도하다. 신뢰의 시대이기도 하고 회의의 시대이기도 하며, 광명의 계절이기도 하고 암흑의 계절이기도 하다. 희망의 봄이면서 실망의 겨울이기도 하다. 전도가 양양한 것 같으면서 동시에 희망이 아득하게 느껴지기도 한다. 우리는 모두 천당을 향해 가는 것 같지만 전혀 다른 방향으로 가고 있는 것 같기도 하다."

우징롄은 말한다. "복잡하고 혼란한 대전환의 시대에 우리는 반드시 좋은 것과 나쁜 것이 모두 존재하고 따라서 두 가지 길이 모두 가능하다는 것을 알아야 한다. 우리는 물론 가장 좋은 길이 있기를 희망한다. 그러나 중국의 미래는 오직 우리의 현재의 인식과 노력에 의해 결정되는 것이다."

50. 황종희黃宗羲의 법칙을 벗어나라

후베이성 셴닝시(咸寧市)의 셴안구(咸安區) 위원회 서기 쑹야핑(宋亞平)은 후베이성에서 '개혁 서기'로 불리는 유명한 인물이다. 셴안구 간부들의 시장경제 적응력을 높이고 개혁의식을 증강하기 위해 쑹야핑은 간부 중 3분의 1을 남방의 도시로 파견해 일을 하는 훈련을 시켰다. 1인당 월급을 500위안씩 주고 나머지 모자라는 부분은 간부들 스스로 벌어서 마련하게 했다. 그래서 사람들은 그를 '아르바이트 서기'라고도 불렀다.

2002년 8월, 쑹야핑은 농촌세비개혁의 주창자인 허카이인을 직접 만나 안후이성에서 실험 중인 '비용을 세금으로 바꾸는' 개혁에 대해 이야기를 나누려고 허페이를 방문했다. 그런데 허카이인의 단도직입적인 이야기는 쑹야핑의 의중을 크게 벗어났다.

허카이인은 이렇게 말했다. "'비용을 세금으로 개편하는 것'은 농민의 부담을 30~40위안 줄여주는 것에 불과합니다. 지금 세금과 비용을 전부 면제하고 농민들에게 한푼도 징수하지 않는다고 해도, 그것이 중국 농촌경제에 본질적인 변화를 가져오는 것은 아닙니다."

쑹야핑은 그 말을 듣고 놀라서 멍하니 허카이인을 쳐다보았다.

허카이인이 계속 말했다. "내가 생각하기로는 개혁이란 혁신이어야 합니다. 체제를 혁신하는 것이고, 기제를 혁신하는 것이고, 제도를 혁신하는 것이죠. 중대한 개혁은 혁명이어야 합니다."

허카이인은 덩샤오핑이 1988년 6월 7일에 했던 연설의 한 대목을 인용했다. "현재 당면한 문제는 전진하지 않으면 후퇴하는 것이고 후퇴한다면 길이 없다는 것입니다. 오직 개혁을 심화하는 것, 그것도 종합적인 개혁을 추진해야만 비로소 이번 세기 내에 소강(小康) 수준에 도달할 수 있고 다음 세기에 더 전진이 가능한 것입니다."

덩샤오핑의 개혁론을 인용한 다음 허카이인은 이어서 말했다. "세비개혁은 다만 농민의 과중한 부담을 조금 경감할 수 있을 뿐, 결코 주요 모순을 해결할 수 있는 것은 아닙니다. 청부제 실시 이후 개혁개방의 새로운 형세 아래에서 농촌에는 적지 않은 새로운 모순이 생겼습니다. 당시의 농민부담은 이미 사회적인 문제로서 사회 전체를 흔들 수도 있는 중요한 관건이 되었기 때문에 우리는 이를 돌파구로 삼아 우선 농민의 과중한 부담을 줄이고 동시에 그 외의 구조적인 모순을 전면에 끌어내어 그 경중과 완급에 따라서 각각 대책을 취해 해결해나가려고 했지요."

여기까지 말하고 허카이인은 다시 어쩔 수 없다는 듯이 쑹야핑을 바라보며 말했다. "유감스러운 것은 재정부에 설치된 농촌세비개혁 사무실이 농촌개혁의 전면적인 강화에 대해 이해하지 못하고, 농촌개혁을 단순히 '비용을 세금으로 개편하는 것' 정도로만 생각했다는 것이지요. '비용을 세금으로 개편하는 것'이 농민의 부담을 줄이고 간부와 민중의 관계를 개선해 사회를 안정시키는 데는 큰 성과를 올렸지만, 한편으로는 오히려 새로운 문제를 만들어내어 농촌개혁을 전면적으로 강화하기 어렵게 했고, 일부 지방에서는 농민의 부담이 다시 나타나기도 했습니다. 그 원인을 따져보면 간단한데, 재정부가 구체적인 직능기관에 불과해서 기타의 기관을 대신해서 정책을 제정할 수가 없었기 때문입니다. 따라서 '비용을 세금으로 개편하는 것'을 중국 농촌의 제3의 개혁으로 간주하는 것은 오해입니다. 개혁의 상징은 농촌계획경제를 시장경제로 전환하는 것입니다. 이를 위해서 우리는 이미 소리 높여 외쳤고 현재의 세비개혁 방안을 개선하라고 끊임없이 요구했습니다. 그러나 우리가 낸 소리는 결국 너무 미약했습니다. 힘이 모자라 뜻대로 되지 않는다는 것을 느꼈습니다."

"지기와 마시는 술은 천 잔도 모자라고 뜻이 맞지 않는 사이라면 반 마디도 너무 많다"라는 말이 있지만, 지금 허카이인은 후베이성에서 온 '개혁 서기'를 마주하고 농촌개혁에 대해 말하면서 거의 몇 개월에 걸쳐 할 수 있는 이야기를 한 번에 다 토해냈다. 허카이인은 이렇게 말했다.

"세비개혁은 사실 내용이 풍부합니다. 위로는 농촌의 호적제도, 금융체제와 양곡수매정책의 개혁, 특히 가장 근본적인 토지제도의 개혁과 연관되어 있습니다. 아래로는 농촌 기층의 세금체제, 재무제도, 농촌 의무교육과 농촌 과학기술체제의 개혁, 특히 가장 중요한 것으로 향진촌 정부기구의 개혁과 연관되어 있습니다. 요컨대 농촌세비개혁은 하나의 복잡하고 심각한 사회변혁인 것이죠. 이렇게 중대한 개혁은 반드시 총리와 담당 부총리가 직접 지도하고 중앙농촌공작지도소조사무실이 주지하고, 개혁사무실을 국무원의 종합기관으로 설치해 각 관련 부처에서 업무를 잘 알고 정책을 이해하는 걸출한 인재들을 뽑아서 업무를 담당하게 해야 합니다. 우선 재정부가 세비개혁 방안을 수정 보완해 기타 개혁을 선도할 수 있게 한 다음, 양곡 부문에서 새로운 양곡수매정책을 제정해 체제개혁을 진행하고, 교육부는 의무교육법을 수정하고 각 성에서는 시행 세칙을 제정하고, 공안부는 농촌 호적제도의 개혁 방안을 제정하고, 인사부는 향진 기구의 개혁 방안을 제정하고, 농업부는 농촌 과학기술체제의 개혁 방안을 제정하고, 민정부는 촌급기관과 농민 사회보장 방안을 제정하고, 위생부의 계획출산 부문은 농촌 공공위생 및 의료보장 체계의 계획 방안을 제정하고, 환경국토자원부는 농업부와 협력해 토지제도의 개혁 방안을 제정하고, 아울러 시장경제의 미시적(微視的) 주체를 창건해 농민을 이끌고 농업 구조조정을 해나가야 합니다. 이상의 모든 방안들을 종합개혁사무실에 수합해서 상호 수정을 거친 뒤 최후에 상호 조화를 이룬 종합개혁 방안을 만들어 전면적인 추진을 실현해야 합니다. 이렇게 함으로써 비로소 농촌개혁의 전면적 강화가 이루어질 수 있고 농업의 대발전이 촉진될 수 있을 겁니다."

쑹야핑은 허카이인의 주장에 공감했다. 쑹야핑 자신도 과거 농촌 현장에서 다년간 사업을 한 적이 있어서 '삼농'의 현실을 잘 알고 있었고 이 방면에 대해 공부도 했기 때문이다.

두 사람은 어떻게 중국의 농업을 발전시키고 농촌을 진보시키고 농민을 부유하게 할 수 있을 것인가에 대해 서로 의견을 나누었다.

두 사람은 현재의 중국 농촌에 대해서는 우선 '휴식'의 정책을 실시해서 농민에게 징수하는 일체의 농업세와 부가세를 면제해야 한다는 데 의견이 일치했다. 그렇게 하면 첫째로 농민의 부담을 줄여줌으로써 농민이 부를 축적하고 농업의 확대재생산에 기여할 수 있을 것이며, 둘째로 향촌의 간부들을 징수 업무에서 해방시켜 농민과의 관계를 개선할 수 있다. 재정의 손실 부분은 일을 줄이고 인원을 줄이고 지출을 줄이는 방법으로 해결할 수 있다. 이렇게 하면 농촌세비개혁 과정에서 중앙과 성정부가 지급한 돈을 농촌의 의무교육과 위생사업에 이전해서 쓸 수 있는 것이다.

두 사람은 또한 '휴식'의 정책과 동시에 '무위(無爲)의 치(治)'의 전략을 추진하자는 데 의견이 일치했다. 현재의 5등급 정부를 점진적으로 3등급 정부로 회복하고, 향을 진으로 통합해서 현재의 향진정부를 진공소(鎭公所)로 전환해 현급(縣級)정부의 출장소로 하자는 것이다. 만약 현재 조건이 구비되어 있지 않다면 우선 대규모로 향진의 기관을 간소화하고 당정 간부를 번갈아 임명하는 방법으로 4대 기관을 하나로 통합함으로써 향진의 지도간부의 직책과 인원을 재편하고 불필요한 인원을 정리한다. 참(站)이니 소(所)니 하는 향진의 수많은 파출기관들은 공안파출소와 직할 관리하는 것 외에는 모두 중개 서비스 기구 또는 전문적인 경제 조직으로 개편하고, 개편 후에는 농촌경제 건설과 사회발전의 요구에 밀착해 농업생산과 농민생활에 필요한 서비스를 제공하며 스스로 책임지고 독립적으로 경영하는 기업 법인이 되도록 한다. 촌민위원회에는 원칙적으로 행정관리 직능을 부여하지 않고, 점진적으로 촌민위원회의 민주 권리를 확대하고 촌민위원회의 자치 행위를 더욱 규범화한다. 이와 동시에 농민이 경제, 정치, 문화, 과학, 기술 등 여러 분야에 걸쳐 농회조직(農會組織)을 결성하는 것을 지원한다. 농회조직은 성격상 도시의 부녀연맹이나 노동조합 등 대중 조직과 마찬가지로 당의 영도 아래에서 동등한 정치적 지위를 갖고 경제발전과 사회안정에 적극적인 역할을 하도록 한다.

당연하지만, 양곡의 국가수매를 폐지해 수매가격을 개방하고 양곡시장도 개방한다. 토지는 농민에게 반환하고, 농민이 자신의 토지사용권을 질서 있게 거래하는 것을 허락한다. 농민이 도시로 이주하는 것을 격려하고 지지하며, 점진적으로 도시와 농촌에 하나의 개방된 노동력 시장을 형성한다. 시민과 농민이 취업과 발전의 기회에서 평등한 지위를 갖도록 한다. 이것들은 모두 대단히 중요한 일이다.

또한 국가와 단체 그리고 농민 개인이 공동으로 출자하고 합리적으로 부담하는 농촌의료보험제도와 농촌양로제도도 적극 모색할 필요가 있다. 농촌의 구빈(救貧)정책과 기타 민정의 보조정책을 결합해 농민최저생활보장제도를 시행해야 한다. 이러한 정책은 반드시 착수하지 않으면 안 된다.

또한 국가는 농촌의 인프라 건설에 대한 투자를 더 강화해야 하고…….

그리고 또 농촌의 금융관리체제를 개혁하고 농촌 금융을 활성화해야 하며…….

허카이인은 이렇게 말했다. "중국 역사상 몇 번이나 농촌세비개혁을 한 적이 있습니다. 당나라 때는 양세법, 명나라 때는 일조편법, 청나라 때는 탄정입묘(攤丁入畝)의 개혁 조치가 실시되었죠. 그러한 중대한 개혁은 모두 당시 징수 명목이 번다하고 탐관오리가 중간에서 사복을 채워 농민이 과중한 부담을 감당할 수 없었던 상황을 타개하기 위해서 추진된 것이었습니다. 개혁 내용도 기본적으로 비용을 세금으로 개편하고, 번다한 것을 간소화하는 것이었습니다. 이러한 개혁들은 단기적으로는 종래의 폐단을 일소하고 농민들에게 휴식의 기회를 줄 수 있었습니다. 그러나 결국 하나의 예외도 없이, 당시의 사회적 정치적 환경의 한계로 인해 개혁이 부정적으로 발전해서 이후의 세비 증가를 위한 발판이 됨으로써 농민의 부담은 오히려 더 무거워지고 말았지요. 명말 청초의 사상가 황종희(黃宗羲)는 이 점을 간파하고 '세액은 누적은 되나 줄어들지는 않는 해악'이라고 칭했는데, 후세 사람들이 말하는 유명한 '황종희의 법칙'이 바로 이것이지요."

허카이인의 말은 이렇게 이어졌다. "우리가 지금 살고 있는 시대는 과거와는 다른 시대입니다. 우리는 철저히 인민의 이익을 위해 일하는 공산당원이 이 황종희의 법칙을 벗어나주기를 간절히 바랍니다."

쑹야핑은 후베이성 셴닝시로 돌아간 지 얼마 후에 허카이인과의 토론 끝에 나온 12조의 건의를 담은 편지를 성위원회 서기에게 보냈다. 허카이인도 아주 상세한 개혁 방안을 작성해서 다시 중앙정부에 솔직하게 직언했다.

이제 막이 열리고 있다

우리가 이 작품의 제2고를 완성한 지 얼마 되지 않아 아주 반가운 소식이 들려 왔다. 2002년 11월 8일에 중국공산당 제16차 전국대표대회가 수억 인민의 기대 속에 열렸다는 것이다. 이 대회는 중국공산당이 신세기에 처음으로 여는 대표대회이자 사회주의 현대화 건설의 제3단계 전략적 상황에서 열린 매우 중요한 대표대회이다.

회의에서는 소강사회의 전면적 건설을 놓고 참가자들이 열띤 토의를 벌였다. 사람들의 관심의 눈길은 우선 중국 농촌으로 향했다. 소강사회를 전면적으로 건설할 수 있느냐의 관건은 농촌에 있고, '삼농문제'는 소강사회 건설을 위해 빠져나가야 할 병목이기 때문이다.

장쩌민은 회의에서 도시와 농촌의 경제와 사회를 총괄해서 발전시킬 것을 제시했다. 이것은 개혁개방 24년간 경제건설을 중심으로 진행되어온 당의 방책 중에서 최초로 도시와 농촌의 경제와 사회를 총괄해서 발전시키도록 제시한 것으로 주목된다.

이 대회가 또한 역사적으로 중요한 것은 중앙 영도집단의 신구 세력이 순조롭게 교체되어, 후진타오를 총서기로 하는 새로운 중앙위원회가 탄생했다는 점이다.

후진타오는 회의가 끝난 후, 곧 제7기 중국공산당 전체회의가 열렸던 허베이성 핑산현(平山縣) 시바이포촌(西柏坡村)으로 가서 전체 당과 전국 인민에게 겸허하고, 근신하고, 교만하지 말고, 조급하지 않는 태도와 각고분투하는 태도를 견지해주기를 당부하며 눈 속을 뚫고 농가를 방문했다. 신임 정치국 상무위원 원자바오는 랴오닝성 푸신(阜新) 탄광을 시찰하고 720미터의 갱내 작업장에서 광부들과 제야의 밤을 같이 보냈다. 이것은 물론 원자바오로서는 처음 있는 일은 아니었다.

해가 바뀌어 2003년 1월 6일, 중앙농촌공작회의가 베이징에서 열렸다. 중앙농촌공작회의는 매년 열리지만, 이번의 회의는 다른 때와는 분위기가 달랐다. 도시와 농촌의 경제 사회 발전을 통합한 보완된 체계를 강조했고, 그전처럼 임시변통은 아니었다. 이 점은 중국이 신세기에 들어와 농촌문제를 해결하려고 한 새로운 사고 방향이라고 인정되는데, 그 칼끝이 겨눈 목표는 분명히 도시와 농촌의 이중구조이다. 회의에서 새롭게 제시된 것은 '삼농문제'를 전체 당 사업 중에서 가장 중요한 문제로 삼았다는 것이다. 즉 "중국의 미래에서 본다면 전면적으로 소강사회를 건설하는 웅대한 목표를 실현하는 데 가장 복잡하고 가장 힘든 임무는 농촌에 있다. 농민의 소강(小康)이 없다면 전국 인민의 소강은 없는 것이고, 농촌의 현대화가 없다면 국가의 현대화는 없는 것이다"라고 강조하고 있다.

이어서 국무원 사무국은 2003년 제1호 문건의 형식으로 「농민의 도시취업 관리와 서비스사업에 대한 통지」를 공포했다. 이것은 공산당신지도부가 중국 농민에게 준 큰 선물로서 9억 농민이 오랫동안 고대해온 '도시 주민과 동등한 대우'가 마침내 중앙의 문건으로 승인을 받게 된 것이다. 문건에는 많은 규정들이 있지만 그 근본적인 뜻은 농민에게 '국민의 대우'를 회복해준다는 것이었다.

중국의 농촌개혁에 대해 잘 아는 사람이라면 '다섯 번의 제1호 문건'의 역사를 잊을 수 없을 것이다. 1982년에서 1986년까지 당중앙은 5년 연속 제1호 문건의 형식으로 농촌사업에 관한 중대한 정책을 제정하고 반포했다. 이 다섯 번의 문건은 당시 수많은 농민의 적극성을 극도로 자극해 농촌사업에 큰 돌파구를 마련했던 것이다. 이번에 '제1호 문건'이 다시 출현한 것은 당중앙이 '삼농문제'에 얼마나 절실한 관심을 갖고 있는지 짐작케 한다.

2003년 3월에 세인의 관심을 끈 두 차례의 회의가 베이징에서 열렸는데, '삼농문제'는 이번 회의에서 가장 사람들의 관심을 모은 주제라고 할 수 있을 것이다. 이번 회의에서는 원래 학술 용어였던 '황종희의 법칙'이 신임 총리 원자바오의 입을 통해 세간에 널리 알려지게 되었다. 원자바오가 "공산당원은 황종희의 법칙의 악순환을 벗어날 수 있다"라고 한 말은, 신정부의 '삼농문제' 해결에 대한 용기와 결심을 분명히 보여주는 것이었다.

원자바오가 국무원 총리로 취임한 지 16일째인 2003년 4월 3일, 전국농촌세비개혁사업 화상회의가 열렸다. 행동의 신속함과 타이밍의 절묘함은 전대에 보지 못하던 바였다. 한다고 했으면 바로 실천에 옮기는 태도는 그가 취임 당일에 기자회견에서 보여준 모습을 상기시켰다. 그는 당시 이렇게 말했다. "나는 온화한 사람입니다. 그러나 또한 신념이 있고 주관이 있고 책임질 줄 아는 사람입니다." 원자바오는 이번 화상회의에서 장중하게 선포했다. "당중앙은 금년에 농촌세비개혁의 실험사업을 전국 범위로 확대할 것을 결정했습니다. 이것은 농촌개혁을 심화하고 농촌발전을 촉진하는 중대한 결정입니다."

그것은 확실히 또 하나의 상징적 의의를 갖는 중대한 결정이었다. 그것은 신구 두 정부가 관심을 가져온 개혁을 더 깊은 단계로 이끄는 하나의 이정표라고 해도 좋을 것이다.

개혁의 심도는 실험 지역의 전국적 확대라는 점에서만 볼 수 있는 것이 아니라 총리의 담화를 통해 밝혀진 새로운 소식에서도 알 수 있었는데, 그것은 농업특산세가 완전히 폐지된다는 소식이었다.

신임 재정부 장관 진런칭(金人慶)은 인터뷰에 응해 이렇게 말했다. "도시는 농촌에 보은해야 하고, 공업은 농업에 보은해야 합니다. '삼농문제'를 해결하는 것은 이번 정부의 주요 시정목표의 하나입니다. 우리나라는 아직 그렇게 부유하지 못하고, 농촌은 공공의 재정을 전부 주어도 부족한 상황입니다. 그러나 우리는 꿋꿋하게 앞으로 전진하지 않으면 안 됩니다. 지금부터 점진적으로 이 방면에 재정을 투입할 생각입니다. 국민 수입의 분배구조를 농업과 농촌과 농민에게 유리한 방향으로 조정할 것을 당중앙은 이미 확정했고, 앞으로 문화, 위생, 교육 방면의 지출을 늘려 농업에 중점적으로 투입할 것입니다."

그리고 겨우 한 달이 지난 6월 1일에 기쁜 소식이 안후이성에서 흘러나왔다. 안후이성이 세비개혁의 뒤를 이어 다시 양곡체제의 개혁을 솔선해서 추진해 양곡수매가격과 양곡수매시장을 전면개방했다는 소식이었다. 동시에 양곡의 보조금제도를 조정해 원래 국가양곡체제에서 나온 간접보조금을 국제 통용의 방법으로 개정해 직접 농민에게 지급하는 방식으로 전환한다는 것이다. 이러한 양곡 보조금 방식을 핵심으로 하는 개혁은 중국 농업정책의 중대한 돌파구라 할 수 있을 것이다.

다시 한 달이 지난 7월 1일, 후진타오 총서기는 담화에서 '당은 공(公)을 위한 것이고, 정치는 민(民)을 위한 것'이라는 점을 강조하면서 각급 간부들에게 인민의 이익을 가장 중시하도록 당부했다. 이어서 8월 30일 전국인민대표대회 상무위원회는 '행정허가법'을 통과시켰다. 이것은 획기적인 입법이었다. 종래 중앙에서 지방까지 행정 승인을 받을 때 한 건마다 비용을 징수하고 있었는데, 비용은 공개되지 않고 불투명해서 일반인들은 알 수가 없었다. 이제 새로운 법에 의해 권력을 행사하는 과정에서 파생하는 부패 현상을 원천적으로 막을 수가 있고, 농촌의 징수문제도 법률적으로 해결할 수 있는 근거가 생긴 것이다.

이러한 일련의 중대한 조치들은 틀림없이 상처난 개혁을 수복하는 것이다. '수복'(修復)은 아마도 '돌진'에 비해 화려하거나 격렬하지는 않을 것이다. 큰 칼이나 도끼를 휘두르는 것이 아니며, 폭풍우가 몰아치듯 강력하게 추진하는 것도 아니다. 다만 민정(民情)을 살피고, 민의(民意)를 이해하고, 민지(民智)를 모으고, 민력(民力)을 아끼는 것을 중시한다. 그리고 이러한 것을 말로만 하는 것이 아니라 실제로 한다는 것을 신정부의 실무적인 정책이 점점 전개되는 모습에서 사람들은 볼 수 있었다.

물론 이번 농촌세비개혁의 전국적 확대에 여전히 '실험'이라는 두 글자가 남아 있다는 점에 우리는 주의를 기울이고 있다. 여기서 우리는 이미 '전면 추진, 연동 진행'으로 확정된 위대한 농촌개혁이 장차 상당히 복잡하고 험난한 과정을 겪게 되리라는 것을 예견할 수 있다.

지금 중국의 농촌개혁은 틀림없이 최대의 관건 그리고 최대의 곤란한 시기를 맞이하고 있다. 물러날 길은 없고 발 아래는 지뢰밭이다. 개혁은 본질적으로 소유제 문제에 걸려 있고, 경제체제와 정치체제 문제와도 걸려 있어 전에 없이 곤란하다.

그러나 사회의 이익 주체는 다원화로 형성되어 오늘날의 개혁개방은 이미 거스를 수 없는 사회적인 추세가 되었고, 특히 후진타오를 수반으로 하는 기대할 만한 새로운 당중앙이 있으므로, 우리는 9억 명 농민과 함께 중국 역사상 다시 한 번 장엄한 일출을 맞이할 수도 있을 것이다.

2001년 10월 초고

2003년 10월 3고